MAÇONARIA
100
INSTRUÇÕES DE APRENDIZ

Raymundo D'Elia Junior

MAÇONARIA
100 INSTRUÇÕES DE APRENDIZ

MADRAS®

© 2024, Madras Editora Ltda.

Editor:
Wagner Veneziani Costa (*in memoriam*)

Produção e Capa:
Equipe Técnica Madras

Revisão:
Silvia Massimini
Wilson Ryoji Imoto

CIP-BRASIL. CATALOGAÇÃO-NA-FONTE
SINDICATO NACIONAL DOS EDITORES DE LIVROS, RJ

D39m
D'Elia Junior, Raymundo
Maçonaria : 100 instruções de aprendiz / Raymundo D'Elia Junior. –
São Paulo: Madras, 2024
10 Ed.

Inclui bibliografia

ISBN 978-85-370-0207-0

1. Maçonaria. 2. Maçonaria – Simbolismo. I. Título.

07-0896.	CDD: 366.1	
	CDU: 061.236.6	
20.03.07	29.03.07	000919

É proibida a reprodução total ou parcial desta obra, de qualquer forma ou por qualquer meio eletrônico, mecânico, inclusive por meio de processos xerográficos, incluindo ainda o uso da internet, sem a permissão expressa da Madras Editora, na pessoa de seu editor (Lei nº 9.610, de 19/2/1998).

Todos os direitos desta edição, em língua portuguesa, reservados pela

MADRAS EDITORA LTDA.
Rua Paulo Gonçalves, 88 — Santana
CEP: 02403-020 — São Paulo/SP
Tel.: (11) 2281-5555 – (11) 98128-7754
www.madras.com.br

Amados Irmãos

Nada é mais enobrecedor no homem do que sua luta, pois a luta por um ideal, qualquer que seja, o faz sair da condição de um ser apenas voltado a si, e o eleva à nobre preocupação com o próximo.

Raymundo D'Elia Junior

Amor e Gratidão

Aos que muitas vezes privamos em prol dos afazeres maçônicos, mas que se constituem nos baluartes de nossa existência, de quem só se recebeu compreensão:

Minha querida esposa Adelina Teresa,

Meus estimados filhos Fabiana e Fernando, e

Meus caros pais Deolinda e Ir∴ Raymundo (in memorian)

Índice

Prefácio 11
I – Prólogo 12
II – Mensagem 13
III – Conceitos sobre "INSTRUÇÃO" 16
IV – Instruções com:
A – Teor Simbólico 17
   1. Acácia – Árvore Sagrada 18
   2. Avental de Aprendiz 21
   3. Bode – Denominação e Significado 26
   4. Cadeia de União 29
   5. Cerimônias de Incensação e do Fogo 32
   6. Colunas 36
   7. Corda de Nós ou Borda Dentada – I 39
   8. Corda de Nós ou Borda Dentada – II 42
   9. Delta Luminoso ou Radiante 46
   10. Escada de Jacó 49
   11. Espada 53
   12. Esquadro e Compasso 56
   13. Gabinete de Reflexão 59
   14. Iniciação Maçônica 64
   15. Instrumentos da Construção 69
   16. Livro da Lei 71
   17. Malho e Cinzel 76
   18. Marcha do Aprendiz 79
   19. Painel da Loja 82
   20. Pavimento Mosaico 87
   21. Perpendicular e Nível 90
   22. Por Que Trabalham ao Meio-Dia 93
   23. Secção Áurea 96
   24. Simbolismo da Cruz 99
   25. Simbolismo das Romãs 102
   26. Simbolismo das Velas 104
   27. Simbolismo dos Animais 107
   28. Simbologia da Maçonaria 111
   29. O Sino e as Doze Badaladas 114
   30. Templo de Jerusalém 118
   31. Títulos e Jóias dos Cargos 121
   32. Três Luzes 130

33. Tríada(e) – Simbologia dos Números 134
34. Valor Numérico das Linhas 137

B – Teor Filosófico 139
35. O Aprendiz e o Telhamento 140
36. A Árvore e o Maçom 143
37. Atitude de Aprendiz 147
38. Chegar ao Céu – Visão Maçônica 150
39. Conceitos sobre Maçonaria – I 153
40. Conceitos sobre Maçonaria – II 156
41. Confúcio – Sábio e Pensador 160
42. Controle da Mente 163
43. Enfoque sobre Mentalização 165
44. Espiritualidade na Maçonaria 168
45. Espiritualidade no Grau de Aprendiz 172
46. Lendas, Fábulas e Mitologia 175
47. Livre e de Bons Costumes 178
48. Maçonaria – O Segredo 181
49. Maçonaria e a Espiritualidade 185
50. A Maçonaria e os Chacras 189
51. Mestre – Valor da Palavra 193
52. Missão do Aprendiz 196
53. Mistério da Dualidade 199
54. O Que É o "Taoísmo" 202
55. Origem do Templo 205
56. Pensamento Maçônico 209
57. Princípios Filosóficos do Grau de Aprendiz 213
58. Religião Na Maçonaria 217
59. Rito Adonhiramita – Conceitos 220
60. Ritual e Magia 224
61. Templo – Considerações Exotéricas 227
62. Tempo e Espaço – Premissas Básicas 230

C – Teor Prático 233
63. Aspectos Gerais da Maçonaria – I 234
64. Aspectos Gerais da Maçonaria – II 237
65. Circulação em Loja 240
66. Comportamento em Loja 243
67. Comunicação Verbal na Maçonaria 247
68. Diferença entre "Loja" e "Oficina" 249
69. Esoterismo e Exoterismo na Maçonaria 252
70. Essênios 255
71. Filantropia e Maçonaria 261
72. Ideal de uma Loja Maçônica 264
73. Importância da "Palavra" na Maçonaria 267
74. Lei do Silêncio 270

75. Loja "Justa e Perfeita" e as "Sete Luzes" 274
76. Loja e Templo 276
77. Maçonaria e Seus Objetivos 281
78. Marcha no Templo 285
79. Origem dos Ritos 290
80. Origens da Maçonaria 293
81. Paciência – Perseverança – Tolerância 298
82. Palavras 'Entrecolunas' 301
83. Por Que Sou Maçom? 305
84. Que Pedra É Você? – O Desbaste de Si Mesmo 309
85. Razão e Velhice na Maçonaria 311
86. Surgimento da Egrégora 315
87. Tempo: não Desperdice esse Aliado 319
88. Tolerância e Conivência 322
89. Trabalho em Grupo 325
90. Tradição Secular da Maçonaria 328
91. Três Pontos 331
92. Tronco de Solidariedade ou Saco de Beneficência 334

D – Teor Institucional 337
93. A Bíblia e a Maçonaria 338
94. Direitos e Deveres do Maçom 341
95. *Landmarks* – Comentários 345
96. O Maçom e o Mundo Profano 348
97. Maçonaria – Aspectos da História Moderna 352
98. Maçonaria: de Operativa a Especulativa 356
99. Números e Nomes das Lojas 360
100. Templos À Virtude 362

Bibliografia 365

Prefácio

Verbalizar o pensamento de forma que se possa fazer entender, nem sempre é fácil. Ao contrário, quase sempre é muito difícil. Isto porque as pessoas dentro da sua individualidade, mentalizam seu aprendizado e entendimento, de acordo com seus arquivos internos, isto é, seu conhecimento adquirido através dos anos.

Tornar-se uma tarefa delicada, a de levar uma mensagem escrita para alguém.

É necessário que quem está escrevendo, tente de alguma forma, se colocar no lugar do leitor, e por meio do seu modo único de ver o Mundo, coloque suas idéias.

Cada indivíduo tem sua forma de enxergar as coisas, dentro de cada um, existe um juiz que determina o que deve ou não ser consumido, lido, visto etc...

Dentro deste parâmetro e baseado no leque de informações recebidas por cada um, deve aquele que se predispõe a escrever, concentrar-se para levar sua mensagem. Esta mensagem pode ser advinda de conhecimento adquirido ao longo de anos, através de pesquisa específica, de um estudo profundo.

De qualquer maneira, há de se ter um desprendimento de si próprio para colocar-se a aprender, ou ordenar as palavras para emprestar ao outro (um desconhecido), seu aprendizado.

É como se disponibilizar e doar-se em forma de colaboração escrita. Sob este ponto de vista enfocado até o momento, focalizo a figura do Amado Irmão Raymundo, na certeza de que ao apresentar este compêndio de informações, seu objetivo maior foi o de contribuir para o desenvolvimento intelectual de cada Irmão dentro da Doutrina, na esperança de que cada um que pratica a Maçonaria verdadeiramente dentro de si, possa atingir a Liberdade individual.

Liberdade de se expressar, de contribuir, de desafiar, e até mesmo, de negar.

Esta obra nos mostra e nos alerta, que é somente através do estudo, da pesquisa e do interesse de aprender, que se conquista um dos principais ideais maçônicos, que é a Liberdade.

Parabéns ao Irmão por mais este desafio que impôs a si mesmo, na certeza da contribuição junto aos Irmãos de Ordem.

"Praticar a virtude e cavar masmorras ao crime", também se faz estudando obras sérias como esta.

Irmão Raymundo, que o G∴A∴D∴U∴ abençoe-vos, e abençoe também a todos os privilegiados leitores desta Obra.

Aos 22 dias do mês de setembro do ano de 2006 da E∴V∴

Am∴ Ir∴ Osmar Maranho (Francisco Glicério)
Ex-VM da ARLS Reais Construtores

I – Prólogo

Aos Irmãos gostaria de deixar registrada a intenção, de que nada contido neste simples trabalho fosse caracterizado pelo ineditismo, tanto no referente ao seu conteúdo filosófico, quanto ao simbólico.

O verdadeiro sentido deste, é a tentativa de auxílio às Lojas que trabalham nos vários Ritos, contarem com algumas INSTRUÇÕES, que poderão ser repassadas aos Aprendizes acrescentando-lhes conhecimentos maçônicos de maneira ágil, mas não por demais profunda, buscando criar o necessário espírito de aguçamento das suas curiosidades sobre os temas (simbolismo) da Sublime Ordem, possibilitando que procurem seu aprofundamento nos vários aspectos escolhidos.

Estas INSTRUÇÕES foram divididas em Capítulos, com o intuito de ser percebida a verdadeira mensagem de seus conteúdos, desde o simbolismo mais simples, até algo com teor pouco mais filosófico, demonstrando que o universo da Ordem tem amplitude incomensurável.

A forma de apresentação deste trabalho, conduz todas as Luzes das Oficinas a participarem nas exposições das INSTRUÇÕES, trabalhando como JOGRAL, que contribui para a criação de agilidade no falar, não tornando cansativo o discurso de um só expositor, nem tampouco utilizando um único timbre de voz aos ouvintes, o que aumenta a concentração dos integrantes da Loja, tanto naqueles que usam do verbo ecoando de diversos pontos do Templo, quanto aos que se instruem ouvindo-os de vários recantos.

Ao longo de vários anos militando na Ordem, quando se teve a oportunidade de conhecer algumas diferentes maneiras de serem ministradas as INSTRUÇÕES, aquela que mais competente se mostrou na criação de clima propício ao entendimento e concentração de todos, foi a da exposição em forma de JOGRAL, daí ter recaído nesta forma a escolha do exposto, que deve ser entendida apenas como sugestão.

Raymundo D'Elia Junior

II – Mensagem

1. Objetivo

A proposta deste trabalho é a de conter INSTRUÇÕES, com visão superficial sobre simbologia – alegorias – emblemas – história – e tradições, servindo de guia prático aos que desejarem instruir seus pares com conhecimentos sobre Maçonaria.

O trabalho não satisfará tão amplamente como seria desejável, se for considerada a vastidão e complexidade dos temas; assim a preocupação foi a da compilação, mostrando apenas um guia de apresentação e enriquecimento de conhecimentos sobre a simbologia da Sublime Instituição, e desta maneira, propõe-se que sejam relevadas as lacunas que porventura possam conter os textos.

Não existe a pretensão de mostrar nenhuma originalidade nestes textos, pois seu conteúdo não será novidade para os conhecedores dos assuntos abordados, somente tratando-se de um trabalho de compilação coordenada, sendo a maior dificuldade a de encontrar – selecionar – e compendiar, o que está esparso em parte da bibliografia existente que foi consultada, e assim as matérias estão divididas em Capítulos para maior facilidade de busca – escolha – e apresentação.

Este modesto material representa o resultado de pesquisas feitas através do muito que se tem escrito sobre Maçonaria.

O futuro responderá se este trabalho satisfez aos IIrm∴, o que será aferido conforme as críticas recebidas, que se construtivas serão muito bem aceitas, porém, após a apreciação do trabalho é necessária reflexão momentânea, e considerar que a intenção é a de fraternalmente alertar quanto a agressões ou críticas destrutivas, pois foi a mais pura nobreza de sentimentos que norteou sua elaboração, cientes todos que: "Nada mais é enobrecedor no homem do que sua luta, a luta por um ideal, qualquer que seja ele, que faz o homem sair da simples condição de um ser apenas voltado a si, e o eleva à nobre preocupação com o próximo".

Recebam nosso sincero T∴F∴A∴

2. Recomendações

Por vezes são encontradas, inadvertidamente, em diversas publicações (revistas) – artigos – ou publicidade, sobre Sociedades Secretas, Lojas Maçônicas, Maçons, Rosa-Cruzes, etc, fotos de cerimônias consideradas totalmente secretas pelas Autoridades Maçônicas, já que sendo a Maçonaria um mundo selecionado de bondade – inteligência – e energia, será sempre a Instituição criadora das obras da salvação humana, pois hoje como ontem, os Iniciados na verdade e no bem, continuam a construção do Templo da Humanidade Perfeita.

Assim, os trabalhos maçônicos devem ser secretos, porque as injúrias que o povo maçônico tem sofrido, alertam para que sua técnica deva ser a mais perfeita, evitando a repetição de fatos que além das graves conseqüências, desprestigiam-na aos olhos dos adversários profanos.

Na organização da Maçonaria Universal o Segredo possui vital importância, pois se propõe a derramar a Luz, e sob a honra dos seus aderentes exige segredo de tudo o que a ela se refere.

Como é assegurada a observância do Segredo Maçônico?, o é pelas Constituições e Regulamentos dos Grandes Orientes e demais Potências, no Brasil ou em todo o Mundo; a Disciplina Maçônica consiste na íntima ligação de todos os IIrm∴, no respeito fraternal de cada um pelo outro, sob a orientação dos Corpos Superiores – na satisfação do cumprimento dos Deveres – e na observância do Sigilo Maçônico.

Partidários sinceros e entusiastas do que é grande – nobre – e elevado, e do que é possível se decifrar pelas augustas palavras da mais nobre trilogia conhecida: Liberdade, Igualdade e Fraternidade, pode-se concluir que a Maçonaria é uma Instituição Universal – a mais antiga, tendo portanto sua história, que com orgulho pode ser apresentada onde for, à consideração – observação – e raciocínio dos homens que pretendem instruir-se nas suas doutrinas e idéias.

Quando foi fundada a Instituição ao certo ninguém sabe, os profundos e pacientes investigadores da ciência e da filosofia da história não dão, por lhes ser inteiramente impossível, a data certa e exata de sua fundação, porém, um fato não deixa dúvidas, a Maçonaria através de séculos vem se afirmando e desenvolvendo com o respeito de todos que conhecem sua digna história.

Por que a Maçonaria é a Vida e o Pensamento em ação permanente?

Porque é a Inteligência e o Livre Exame em contínua luta contra a ignorância e os preconceitos; pois é a Moral e a Solidariedade sempre latentes, pois é a fonte imensa de Luz em perpétuo conflito com as Trevas; porque é a Alma radiosamente divina, porque atira dardos de sua glória imperecível, e faiscas da sua doutrina de Paz, Harmonia, Concórdia, Grandeza e Beleza – doutrina que transformará o Mundo, irmanando os povos, educando e instruindo para os elevar ao cume de verdadeira civilização e progresso.

Assim, segundo Theobaldo Varolli Filho (Curso de Maçonaria Simbólica):

"A Maçonaria repousa em três Colunas, Sabedoria, Força e Beleza reunidas, o que quer dizer que a Instituição não pretende ser um cenáculo de sábios, nem um agrupamento de poderosos e ricos, nem uma academia de estetas, mas uma Ord∴ que busca o poder da Justiça, com a sabedoria do amor e a beleza moral, como de fato é o que mais se verifica numa Loj∴, apesar das exceções, numa comunhão de criaturas humanas sujeitas a erros como as demais".

Os Maçons não se abstêm da responsabilidade que devem ter por seus atos, e a sabedoria deve ser estendida a todos; deste princípio resulta a permanente preocupação maçônica de impor o ensino em todos os seus Graus.

Na Maçonaria não há ninguém melhor, todos são iguais e irmãos, existindo respeitosamente apenas superioridade cultural e intelectual; primeiramente o

Maçom aprende a conhecer a si mesmo, sabendo que é falível e que suas virtudes podem decair, e se for exibicionista comprometerá a Sublime Instituição.

Nessa censura incidem os que fazem propaganda maçônica em via pública ou através da imprensa, se apresentando com aventais – espadas – etc, tornando-se destacados aos profanos que não sabem o segredo da simbologia da indumentária, pois ignoram que sendo conhecidos tornam-se visados, e é quando a maldade profana poderá aproveitar-se para denegrir a Instituição, porque os ataques à Maçonaria sempre foram engendrados por falsa indução e grosseira generalização.

Da Constituição Maçônica do Grande Oriente Lusitano Unido, retira-se o seguinte Preceito Maçônico a ser sempre considerado em todas as ações:

"Nos teus atos mais secretos, supões que tens todo o Mundo por testemunha".

III – Conceitos sobre "INSTRUÇÃO"

De início, valeria e caberia transcrever artigo encontrado, que devidamente adaptado, versa sobre o tema deste trabalho:

Instruir, significa ensinar, isto é, provocar responsabilidades, e distribuir ensinamentos.

Aquele que instrui também aprende, pois no desenvolver do seu discurso mental, se utilizando de seu aprendizado interior armazenado no subconsciente, vai recordando o já muitas vezes esquecido, e este processo reanima sua mente e o alerta para a conquista de novos conhecimentos.

Muito mais que mostrar o caminho, aquele que se predispõe a "instruir", abre espaço para adquirir; mutuamente dando e recebendo, ambos os lados, são favorecidos.

Isto implica que somente juntos, de mãos dadas, é que se consegue o verdadeiro aprendizado.

O autor se doa, e recebe a troca; o receptor recebe e devolve, ao informar e repassar seu aprendizado.

Poucos se predispõem a se utilizarem de seu armazenamento interior, e de sua busca e investigação exteriores, para juntarem-se àqueles que não possuem condições físicas e na grande maioria, mentais, de desenvolverem 'Instruções'.

Se assim o fazem (se negam), é porque sentem-se repletos de conhecimento, acima dos demais que não o compreenderão, ou como age a maioria, ignoram o tanto de aprendizado de que estão se privando.

Auxiliemos àqueles que instruem, busquemos orientá-los antes de tudo quanto à responsabilidade, mas também quanto ao júbilo e gratidão de ensinar, quer dizer, de doar, e desta forma, agir conforme um dos principais preceitos da Ordem que é o de 'repartir, para somar'.

Ir∴ Francisco Glicério

IV – Instruções com:

A – Teor Simbólico

ACÁCIA
Árvore Sagrada

VM

A palavra *ACÁCIA* tem origem no grego *AKAKIA*.
Significa o nome genérico de diversas plantas da sub-família das *Leguminosas Mimosáceas*.
Essa árvore possui muitas espécies, estando disseminada no *Egito – Arábia – e Palestina*, e, por isso, supria os hebreus da sagrada e aromática madeira *Shittim ou Sitim*, conforme constante na Bíblia em Êx. 27:22 e 30:24.

1º Vigilante

No *Egito* as *Acácias* eram consideradas *Árvores Sagradas*, quando então recebiam a denominação de *Shen*.
Sua madeira era utilizada nas construções, enquanto sua cortiça era destinada ao complicado processo egípcio de curtição das peles de animais.
Esses egípcios cultivavam *3 (três) espécies de Acácias*, a saber:

- *Nilótica,*
- *Lebsch, e*
- *Fístula,*

sendo que as duas últimas espécies eram originárias da *Índia*.
Na *Arábia antiga* essa árvore era reverenciada, particularmente, pela tribo Ghalfon, e se constituía no principal objeto de culto da tribo de *Corest*.
Por ordem do líder espiritual *Maomé, Kaled – da tribo Corest* – mandou cortar essas árvores pela raiz, e matar a sacerdotisa dessa divindade.
Já os árabes esculpiam com a madeira da *Acácia* seu ídolo *Almzza*, o qual *Maomé* também mandou destruir.

2º Vigilante

Assim, para as civilizações antigas, a *Acácia* significava o *Emblema do Sol*, da mesma maneira que a *Flor de Lótus*.
As *Flores de Lótus* se abrem aos primeiros raios do *Sol nascente*, e tornam a se fechar quando esse astro desaparece no horizonte, sendo a flor coberta por uma espécie de penugem, parecendo imitar o disco radiado do *Sol*, e dentre as suas muitas espécies existentes, a maioria exibem flores brancas, apesar de existirem outras que ostentam colorido intenso e brilhante.
Tanto os egípcios quanto os árabes, consagraram a *Acácia* ao *Deus do Dia*, e dela fizeram uso nos sacrifícios que ofereciam àquela divindade.
Em conjunto com a *Argila (terra)*, foi a *Madeira* a mais antiga matéria prima artesanal, utilizada na execução de todas as peças destinadas à construção,

e, por longo tempo, conservou-se a mesma em sua forma, função e simbolismo intrínsecos, até que as *Pedras* a substituíram.

Orador

Em grego, a palavra *HYLE* que significa *Madeira*, designa também o princípio substancial da matéria-prima do *Mundo*.

Caberia aqui destacar algumas espécies importantes de *Acácias*:

- *Acácia Farenciana = com flores amarelas e muito perfumadas, que produzem um óleo de alto valor comercial;*
- *Acácia Senegal = de regiões desérticas, fornecem a 'goma arábica', através de incisões em seu tronco;*
- *Acácia Pycnatha = ricas em tanino, que é utilizado para curtir peles, também chamada Acácia Dourada;*
- *Acácia Decurrens = também chamada de Acácia Bronzeada, que se subdivide em duas variedades – a Negra e a Prateada.*

Secretário

Na *Fraternidade Rosa-Cruz*, e em alguns *Ritos Maçônicos europeus* já desaparecidos, chegou-se a ensinar que a *Acácia* era a *Madeira* com a qual foi feita a *Cruz* em que *Jesus* foi executado; porém, essa afirmativa é pura especulação, pois não é conhecido nenhum relato sobre tal uso.

O que está registrado em muitos *Rituais Maçônicos*, e possui testemunho bíblico, é que o *Tabernáculo – Tenda ou Santuário erigido por Moisés*, o *Templo* nômade e portátil dos hebreus, durante a peregrinação desse povo pelo deserto, inspirador e antecessor do *Templo de Salomão*, era feito de *Madeira de Acácia*.

De modo análogo, tal afirmação é válida para a *Arca da Aliança (Êx. 25:10) – a Mesa dos Pães Propiciais (Êx. 25:23) – e o Altar dos Holocaustos (Êx. 27:1).*

Na *Maçonaria*, além de ser o símbolo maior da *Grande Iniciação*, na *Exaltação ao Mestrado*, que significa o ponto alto da caminhada em direção à *Luz*, a *Acácia* representa também a *Pureza e a Imortalidade*, além de ser o *Símbolo da Ressurreição*, por influência da tradição mística dos hebreus e dos árabes.

Guarda (ou Cobridor)

A flor de muitas espécies de *Acácias*, como já dito, lembra o *Sol* por sua cor e formato, o que maçonicamente está relacionado com os *Mitos Solares da Antigüidade*, isto é:

- *Osíris dos egípcios,*
- *Apolo dos gregos,*
- *Mitra dos persas,*
- *Shamash dos sumerianos,*

e em decorrência disso, se relaciona intrinsecamente com a *Lenda do III Grau*.

A espécie de *Acácia* citada no *Êxodo* bíblico, pela narração geográfica, deve ser a *Acácia Senegal*, pois é própria de regiões desérticas, e, como é sabido, o êxodo dos hebreus ocorreu em regiões de deserto arenoso, do tipo que predomina no *Norte da África no deserto do Saara*, e na *Península Arábica no deserto da Arábia*.

Já que o *Tabernáculo* era armado como *Templo* nômade, segundo instruções que *Moisés* teria recebido no *Monte Horeb no Sinai*, e de acordo com o relato bíblico, tudo ocorrendo exatamente nessa região, é muito provável que a madeira utilizada na confecção daqueles móveis citados tenha sido a da *Acácia Senegal*.

VM

Por todo o explicitado, a *Acácia Senegal* deveria ser também a *Acácia Maçônica*, embora, por se ater ao simbolismo, a *Instituição* permita serem usadas outras espécies em seu cerimonial, encontradas com maior facilidade nas diversas partes do *Mundo*, de acordo com a localização geográfica dos *Orientes* e suas respectivas Lojas.

AVENTAL DE APRENDIZ

VM

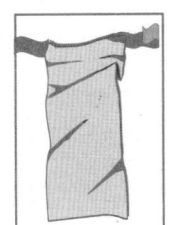

O *Avental* é o *primeiro símbolo* que o *Novo Maçom* recebe como parte do *Cerimonial de Iniciação*, quando por ordem do VM, ou por seu *apresentador (padrinho)*, o *Iniciando* é revestido com o *Avental*, para nunca mais adentrar qualquer *Templo* sem estar devidamente composto por essa investidura, isto é, estar *Vestido*.

O *Avental*, que pode ser chamado de *Vestido*, da direito ao *Recém-Iniciado* se assentar entre os demais integrantes, e de sempre que se apresentar em uma Loja, deve revestir-se com ele, porque é o *Símbolo do Trabalho*, indicando que o *Maçom* deve ter uma vida ativa e fugir da ociosidade, a mãe de todos os vícios, e por isso, deve sempre usá-lo e honrá-lo, pois o *Avental* jamais os desonrará.

Os *Aventais Maçônicos* são ornamentos necessários e simbólicos, que para chegar aos modelos atualmente em uso, passaram por muitas alterações ao longo do tempo, pois sempre foram peças de vestuário destinada ao trabalho, tendo sido herdada dos artesãos profissionais de longínquo passado.

1º Vigilante

Inicialmente, foram cópias dos *Aventais* usados pelas *Antigas Corporações*, que os usavam na investidura nos *Antigos Mistérios*, significando a operosidade, e fator marcante nas *Cerimônias Iniciáticas dos druidas, essênios e outros*.

Os *Aventais* diferenciavam-se assim nas diversas *Corporações*:

• *Os gauleses tinham especial respeito pelos Aventais, chegando a utilizar esse símbolo de maneira simplificada em suas moedas;*
• *Ao ser aberto o sarcófago do Faraó Tutankhamon, que reinou no Egito no século XIV a.C., verificou-se que sua múmia estava revestida com um Avental, com características próprias dos egípcios;*
• *Entre os essênios era o principal objeto entregue aos neófitos, e obrigatoriamente na cor branca, sendo também um Emblema Astronômico, quando de formato semi-circular simbolizando o Hemisfério Sul, e quando retangular representava a Parte Elíptica de onde vem a Luz.*

Todos os sacerdotes das *Grandes Religiões Antigas* usavam *Avental*, e o próprio *Rei Salomão* é mostrado usando essa peça, já na edificação de seu *Templo*.

Além dele, os obreiros daquele *Templo* também usavam *Aventais*, que eram confeccionados em couro, sendo grandes os dos Aprendizes, que protegiam do peito aos joelhos, pois trabalhavam em *Desbastar Pedras Brutas e Cortar Madeiras*, o que gerava muitas *lascas*, enquanto os dos *Companheiros* eram médios, porque executavam o ajustamento das peças, e os dos *Mestres* eram ainda menores, por orientarem o assentar e acabamento dos conjuntos.

De acordo com a *Lenda Maçônica*, na construção de seu *Templo*, *Salomão* teve a necessidade de criar *distinções* entre os *Mestres* que trabalhavam no ornamento e confecção das peças destinadas aos *Cultos*, e para esses criou diversas *Câmaras*, dando a cada uma *Aventais* com ornatos próprios, para diferenciá-los conforme a importância de seus trabalhos, sendo que tais *Aventais* eram portados com muito orgulho por seus detentores.

O mesmo orgulho deve ser sempre sentido por todos os *Maçons*, que se consideram plenamente imbuídos como verdadeiros construtores do *Templo Interior Simbólico da Humanidade*.

As *Guildas – Associações formadas na Idade Média entre as Corporações de operários da construção, artífices ou artistas, sendo portanto, Corporações de Ofício, isto é, de trabalhadores qualificados –*, tiveram forte influência na origem da *Maçonaria Inglesa*, e principalmente, no tocante ao emprego do *Avental* como seu *Principal Símbolo*.

2º Vigilante

No início, cada *Loja ou Maçom* confeccionava seu próprio *Avental*, do modo e tamanho que mais lhe aprouvesse, decorados com figuras que o agradassem, *pintadas – bordadas – ou ornadas com pedrarias*.

Como resultado ocorreram acirradas polêmicas e discórdias, chegando ao exagero de os *Aventais* conterem motivos de pinturas usadas nas duas cidades chamadas *Tebas*:

> • *Uma grega a 70 km de Atenas, e*
> • *Outra egípcia a 800 km do Cairo, onde os faraós residiam e capital do país por cerca de 1500 anos (de 2050 à 661 a.C.).*

Variavam de tamanho e formato, e cada qual escolhia a pintura e cores que quisesse, porém, todos eram feitos de pele de carneiro curtida ao *Sol*, contendo, geralmente, uma grande abeta que chegava ao pescoço, presa por tiras do mesmo couro, mas, por vezes, era usada abaixada e o *Avental* preso à cintura por outras tiras do mesmo material.

No *Século XIV* os *Aventais* eram confeccionados em couro de boi, sendo que em alguns casos, o couro não era raspado, deixando os pêlos originais do animal, que o tornava mais espesso, e assim oferecendo maior proteção.

Para harmonizar e terminar com as deturpações e aberrações surgidas, a *Instituição* tentou regulamentar o uso do *Avental* pelas Lojas e seus integrantes, o que não foi conseguido, e tudo permaneceu da mesma maneira por mais algum tempo.

Os *Aventais Maçônicos* representam o que há de mais significativo para o *Maçom* no sentido de importância, pois simbolizam o *'labor'* a que se deve dedicar para o próprio benefício, bem como, e principalmente, para seu semelhante.

O *Maçom* só está *Vestido* quando usando seu *Avental*, do qual, obrigatoriamente, deve estar sempre revestido nos trabalhos em qualquer Loja.

O *Maçom* obriga-se a não ser vaidoso, e conforme o *Cargo* que ocupa, deve ostentar *alfaias, jóias, faixas e condecorações*, mas essas exigências não o livram de sempre ter de portar principalmente o *Avental*, única alfaia que o torna *vestido* para quaisquer trabalhos.

Orador

Sendo os *Aventais* feitos de couro, lembram que está ligado aos órgãos humanos que deve proteger, pois o couro, desde há muito tempo, é tido como o protetor que abriga *de acidentes, da intempérie e das más influências*.

Alguns autores maçônicos pretendem, esotericamente, que o *Avental de Aprendiz*, com a abeta levantada, deva proteger o *Plexo Solar* que corresponde ao *Chakra Umbilical* e está ligado ao epigastro, que antigamente era considerado o centro dos sentimentos e emoções psíquicas, contra os quais o *Iniciado* deve ser protegido se quiser conquistar a *Serenidade de Espírito*, que possibilita tornar-se um *Verdadeiro Maçom*.

O *Avental do Companheiro* era menor, porque este busca a assimilação de maior espiritualidade, deixando estável a materialidade, enquanto o do *Mestre* era menor ainda, pois almeja, com serenidade e consciência, a plena submissão às *Forças Cósmicas do Universo*.

Sobre este assunto outros escritores afirmam:

"O Avental que reveste todo Maçom, é um emblema do corpo físico, com o qual os transforma em verdadeiros artistas, oferecendo o magistério ou domínio completo sobre o Mundo".

Se o *corpo físico* nada mais é do que o *invólucro material* visível do *Espírito*, que tem obrigação de participar da *Construção do próprio Templo Interior,* ou ainda, que a *parte superior do corpo* é a *sede da potencialidade*, haveria a necessidade da proteção do *Avental* para alcançar a magnitude de sua *Serenidade*, no entretanto, cobre simbolicamente a parte *inferior do corpo*, principalmente o *ventre*, que é a *sede da afetividade e das paixões*.

Secretário

Isto significa que só a *parte superior do corpo*, que é a *sede das faculdades racionais e espirituais* deve participar do trabalho, pois é só esta que permite alcançar a *Serenidade do Espírito*, fator primordial que o tornará em um *Verdadeiro Iniciado*.

À época, a *Maçonaria Especulativa* considerava ponto negativo que o *Avental* protegesse os *chakras, plexos e outros*, que estavam habituados a considerar, mas que não davam muita credibilidade às suas funções e reflexos, chegando até a *'não'* mais usar os *Aventais* e *'não'* os entregar aos *Iniciados* em muitas Lojas.

Tornava-se urgente tomar uma providência saneadora, pois já em 1725 a *Maçonaria Especulativa* começava a estruturar-se e, dentro dos parâmetros maçônicos, instituíram o uso e modelos para os *Aventais* dos *Três Primeiros Graus*, e quando, em 1747, consolidam-se os *Altos Graus*, determinaram seus respectivos *Aventais*, com alegorias condizentes a cada *Grau*, porém continham rebuscados motivos nas composições.

Entretanto, a polêmica continuava e era necessário um consenso, e para isso foi convocada uma reunião dos *Supremos Conselhos,* que se realizou em *Lousanne* em 1875, onde ficou decidida a *'Obrigatoriedade de uso dos Aventais'*, quando lhes deram formas e dimensões apropriadas, quase as padronizando, a saber:

- *As dimensões dos 'Aventais' podiam variar de 30/35 e 40/45 centímetros;*
- *O Avental de Aprendiz seria branco, feito de pele de carneiro, com abeta levantada em forma de triângulo, sem nenhum enfeite;*
- *O Avental de Companheiro também seria branco, com abeta para baixo, e podia ser orlado de vermelho (não obrigatoriamente); e*
- *O Avental de Mestre seria branco com a abeta abaixada, orlado e forrado de vermelho.*

Parece vir daí que tenha triplo significado material e matafórico, isto é:

- *O Maçom tem obrigação de dedicar-se ao 'Trabalho';*
- *O Maçom pertence a um 'Meio de Trabalho'; e*
- *O Maçom deve 'Proteger-se contra os riscos do Trabalho'.*

Guarda (ou Cobridor)

Atualmente, o *Avental de Aprendiz* tem forma retangular, medindo cerca de 30 cm de altura por 40 cm de comprimento, cingido na cintura por cordel ou elástico, na cor branca e forrado ou não com tecido da cor, desprovido de símbolo.

Além da parte retangular, ainda é composto por uma abeta com cerca de 15 cm de altura, em forma triangular, fixada em toda a extensão superior do *Avental*, na mesma cor.

O *Avental do Aprendiz* deverá sempre ter a abeta levantada – erguida.

Como uma túnica de pele, a *percepção* do *Avental* como vestimenta ou envoltório externo, tal qual o *revestimento material da essência do ser*, para o *Maçom* representa a *Visão Espiritual* conseguida pela constante busca da *Luz*, procura esta que parte do *Ocidente, o Espaço dos Sentidos*, chegando até o *Oriente, o Espaço da Realidade*.

Por isso o *Maçom* nunca deve desprezar seu *Avental*, pois é parte integrante da manifestação sincera do *Homem Iniciado* na própria vida, pela qual se depura a escalada em busca da *Existência Divina*.

Pode-se dizer que o triângulo formando a *abeta*, mais o *Avental* decomposto em *2 (dois) outros triângulos*, se somados representam simbolicamente as *3 (três) Forças Vivas do Homem*, a saber: *o Espírito, o Corpo e a Alma*, sendo que o primeiro se manifesta pela *Inteligência*, o segundo pela *Matéria*, e a terceira pela *Locomoção*, ou seja, a *Vida!*

VM

Porém, atualmente as determinações dos *Supremos Conselhos (1875)* não mais são observadas, pois os *Aventais* variam de acordo com os *Ritos, Obediências e Países* onde se encontram.

Tem-se notícias que o *Avental* vem sendo *'dispensado'* em *Câmaras de Altos Graus de alguns poucos Ritos*, só ocorrendo quando o trabalho puramente maçônico não está sendo praticado, isto é, quando os integrantes trabalham apenas em assuntos administrativos, mas nos trabalhos ritualísticos o *Avental* é *'sempre obrigatório'*.

Há um grave erro que algumas Lojas ainda praticam, quando o VM e os Oficiais *'acham, e há sempre os inventores'*, que usando apenas o *Colar com a Jóia de seu Cargo*, estão dispensados do uso do respectivo *Avental*, mas isto é uma gravíssima falta que nunca deve ser cometida, pois o *Avental* é o *Verdadeiro Símbolo do Trabalho Maçônico*, e a investidura do verdadeiro traje maçônico é indispensável em qualquer *Trabalho* no interior do *Templo*, e ainda, que *Maçom* algum pode furtar-se de seu uso.

Também no passado o uso do *Avental* foi deturpado, para não dizer explorado, pois algumas *Corporações Profissionais* obrigavam seus *Aprendizes* a trabalharem gratuitamente, como paga pelo direito de usarem seus *Aventais*.

Finalmente, pode-se dizer que não é só o problema com os *Aventais* que é difícil de ser solucionado na *Instituição*, há também as demais *Alfaias* que não estão padronizadas, e que dificilmente se tornarão homogêneas, porque haverá sempre aqueles que querem que suas opiniões prevaleçam, e muitos vaidosos que desejam exibir *Aventais* mais vistosos.

Tais pendências somente serão definitivamente solucionadas, quando os responsáveis por todas as *Potências* se unirem e decidirem acatar as decisões que poderiam ser tomadas coletivamente, no que se refere à padronização de todas as *Alfaias*, fato que se tornaria uma melhor e auspiciosa realidade, mas que, infelizmente, parece ser uma utopia!

BODE
Denominação e Significado

VM

Na *Ordem Maçônica*, de maneira geral, muitos integrantes desconhecem o verdadeiro *motivo* da denominação de *Bodes*, que por vezes são *'apelidados'*.

Infelizmente, também são assim chamados no *Mundo Profano*, por aqueles que se dizem deveras conhecedores da *Instituição*, e que utilizam essa denominação de modo extremamente pejorativo, estendendo conseqüentemente tal atitude de demérito para toda a *Ordem*.

Dentre as diversas configurações, tanto *lendárias* como *históricas*, além das instituídas por *usos e costumes*, existentes sobre esse tema, uma das origens de tal denominação data de 1808; porém, para ser obtida uma razoável explicação de seu significado, deve-se remontar ao passado bem mais remoto.

1º Vigilante

Deste modo, aproximadamente a partir de 33 d.C., vários *Discípulos (Apóstolos) de Jesus Cristo* partiram em peregrinação pelo resto do *Mundo*, com a finalidade de proporcionar a divulgação do *Cristianismo*.

Parte deles seguiu para a *Palestina*, alojando-se no lado de fora dos muros da cidade, como era costume à época, na localidade onde também se concentrava a grande maioria da população judaica.

Nesses locais, curiosamente, passaram a notar uma prática usual daquele povo, qual seja, observaram judeus falando ao *'ouvido de um Bode'*, animal extremamente comum na região.

Por conta disso, buscaram informações que esclarecessem a causa efetiva daquele estranho monólogo; porém, depararam-se com enormes dificuldades na obtenção de respostas.

Ninguém se propunha a esclarecê-los, e assim crescia ainda mais a curiosidade dos *Discípulos Cristãos* com relação àquele fato.

2º Vigilante

Até que finalmente o *Apóstolo Paulo*, conversando com um rabino que também imigrara de uma outra aldeia, que por lá estava apenas de passagem e, portanto, sem maiores compromissos com os demais, foi informado que aquela *Espécie de Ritual* era utilizada como instrumento de *Expiação de Erros Pessoais*, isto é, uma maneira de *Confissão dos Próprios Pecados*.

Naquele tempo, fazia parte da cultura do povo judaico contar suas faltas a alguém de sua extrema confiança, mesmo quando as cometida escondido, pois mesmo essa falha não tendo sido vista por nenhum ser humano, não passaria despercebida do *Criador*.

Acreditavam que, com isso, se alguém mais soubesse de suas faltas, o pecador ficaria mais aliviado em sua consciência, pois estaria dividindo com outro, tanto seus sentimentos quanto seus mais íntimos problemas.

Porém, o *Apóstolo Paulo* quis saber mais e encontrar resposta para, principalmente, duas indagações que ainda o perturbavam:

- *Porque dividir suas confissões com um 'Bode'?, e*
- *Porque um animal como o 'Bode', poderia ser utilizado como seu melhor e mais adequado confidente?*

Orador

A explicação recebida daquele rabino esclarecia que:

"Como o 'Bode' não fala, o confesso ficaria mais seguro de que seus segredos seriam para sempre mantidos secretos."

Muito tempo depois, a *Igreja Católica* introduziu em sua *Concepção Ritualística* a instituição do *'Confessionário'*, mas que só alcançaria a eficácia procurada se fosse complementado com o imprescindível *Voto de Silêncio* do padre confessor.

A história não relata se foi o *Apóstolo Paulo* quem viabilizou ou concretizou essa idéia; porém, certamente tal idéia se transformou num benefício para os cristãos por longo tempo.

Com a implantação do *Confessionário*, respaldado pelo competente *Voto de Silêncio*, a população adepta do *Cristianismo*, pode passar a contar suas falhas, faltas ou pecados a alguém de confiança, e continuar sempre a tê-los em *Segredo*.

Secretário

Atualmente, com a evolução humana e a globalização das informações, tal confiança se encontra cada vez mais debilitada, o que diminuiu de forma considerável o número de cristãos dispostos a se *Confessar*, tanto quanto de *Confessores*, conseqüentemente, de *Confessionários*, crescendo em substituição a quantidade de divãs de *Psicanálise*.

Outra concepção, provavelmente lendária, diz respeito a que os *Maçons* seriam conhecidos como *'Bodes'*, tendo em vista a criteriosa manutenção de seu rigoroso *Silêncio*, e também dos aspectos que devem nortear sua *exemplar conduta*, qualificadas pela adjetivação de *justas e perfeitas*.

Por isso, tal comparação se faria com o *'Bode'*, praticamente o único entre todos os animais da natureza, que possui um quase *'fechamento perfeito quanto ao ajuste'* entre as arcadas dentárias superior e inferior da boca, movimento este conhecido como *justo e perfeito*.

Mas, retornando a 1808 na *França de Napoleão Bonaparte*, que após o *Golpe do 18 Brumário*, investiu-se tanto como o novo *líder político* quanto como *líder da Fé*, em seu país.

Unida a *Bonaparte*, consta que a *Igreja* iniciou uma séria perseguição, aos integrantes de todas as *Organizações* que não tivessem caracterização de *Cunho Governamental ou Católico*.

Guarda (ou Cobridor)

Assim, como se constituía numa *Ordem* que propugnava o *Livre Pensamento*, isto é, a *Liberdade generalizada de Idéias e Ideais*, por pura perseguição, a *Maçonaria* teve os direitos suspensos e seus *Templos* fechados, sendo terminantemente proibida de se reunir.

Porém, sendo a *Sublime Instituição* composta por integrantes que se caracterizavam, principalmente, pela *fibra e coragem* demonstradas, de acordo com relatos históricos disponíveis, estes insistiam em se reunir na clandestinidade, tentando modificar e substituir aquele caótico arbítrio reinante.

Nesse período muitos *Maçons* foram presos pela *Igreja*, sendo submetidos aos mais terríveis interrogatórios, e conseqüentes sacrifícios físicos, tudo em nome da *Santa Inquisição*.

Mas a *Maçonaria* nunca encontrou entre seus integrantes nenhum covarde ou delator e, surpreendentemente, chegando ao extremo de um dos inquisidores afirmar ao seu superior a seguinte frase:

> *"Senhor, estas pessoas (Maçons) parecem com 'Bodes', pois por mais que eu os flagele, não consigo arrancar-lhes nenhuma palavra."*

VM

A partir dessa afirmação, todos os *Maçons* adquiriram, para os inquisidores, muito a contra-gosto, a denominação de:

> *'Bode' – aquele que não fala, pois sabe guardar qualquer segredo.*

Finalmente, é possível depreender que desde aquela época, e respaldada na tradição, a denominação de *'Bode'* aos *Maçons* permanece até a atualidade.

CADEIA DE UNIÃO

VM

O simbolismo da *Cadeia de União*, também comumente conhecida como *Corrente*, significa a *União de todos os Maçons na Terra*, isto é, a formação da *Corrente Universal entre Maçons* pela qual são extraídas e absorvidas *Forças Magnéticas e Astrais*.

A palavra *CADEIA*, com origem no latim *CATENA*, simboliza os elos que relacionam o *Céu e a Terra*, ou ainda, a *'ligação'* de dois extremos ou de dois seres.

Platão se referiu à *Corrente Dourada* como a *Corda Luminosa que encadeia o Universo*, isto é, a união do *Cosmos* com o *Planeta*, e foi ainda por meio dela que *Sócrates* unia conceitualmente a *Felicidade do Homem* à *Prática da Justiça*.

Já *Homero* citou a *Corrente de Ouro* como a *'Ligação da Abóbada Celeste à Terra'*, relacionando a *Corrente* com o *Cordão Astral ou Corda Astral* que unia o *Espírito* à *Psique*, ou seja, o *'Nous – a Razão, e a Alma – Animus, Anima'*.

1º Vigilante

Geralmente, é a *Cadeia de União* o símbolo dos *Elos de Comunicação* ou *União de toda Ação Comunitária*, e por isso é executada a *Corrente* com as *'Mãos'*.

Essa *Cadeia Mágica ou Magnética* tem incío pela *União Física* na qual os *Maçons* se dão as *'Mãos'*, e no *Plano Mental* quando é realizada *Oração* dirigida á diversas pessoas, para quem se deseja obter, de maneira sobrenatural ou paranormal, o fenômeno da *ajuda, cura e correlatas*.

Assim, formar uma *Corrente Magnética* é originar uma *Corrente de Idéias*, pela qual pode ser produzida a *FÉ*.

A *Cadeia* pode ser formada de 3 (três) maneiras, a saber:
- *Pelo 'Sinal';*
- *Pela 'Palavra'; ou*
- *Pelo 'Contato Físico'.*

A *Cadeia de União* é também utilizada na transmissão da *Palavra Semestral*, mas pode ser realizada em outras ocasiões, com diversas finalidades de ajuda.

2º Vigilante

Na formação da *Cadeia de União* para transmissão da *Palavra Semestral*, não poderão tomar parte os *Visitantes*, pois esta *Palavra* dá regularidade aos integrantes da Loja, e só o VM pode transmiti-la, atestando assim que a *Oficina* está em dia com os compromissos com sua *Obediência*, além de somente poder ser repassada aos obreiros assíduos nos *Trabalhos*, e que não tenham pendências com a tesouraria da Loja.

Nos *Ritos* em que o uso de *luvas* é obrigatório, a *Cadeia de União* deve se formar com as *'Mãos Nuas'*, procurando ser sempre feita em torno do *Altar dos Juramentos*, principalmente quando este é instalado no centro do *Templo*, como no caso do *Rito Escocês Antigo e Aceito*.

A *Cadeia* é formada com todos os integrantes presentes, dispostos em *'círculo'* dando-se as *'Mãos'*, posicionando-se o VM no centro, de costas para o *Trono* de onde desceu, o Mestre de Cerimônias no lado oposto à sua frente, ladeado pelos Vigilantes na direção das respectivas *Colunas*, estes formando com o VM um triângulo imaginário, e em complementação, estarão ladeando o VM o Orador e o Secretário na direção de seus *Altares*, e finalmente, os demais integrantes se postarão em igual número dos dois lados.

Orador

Todo esse posicionamento hierárquico é de grande relevância, porque as *Luzes* da Loja *(VM, Vigilantes e Oficiais)*, distribuídas no *círculo* que monta a *Cadeia*, proporcionarão o real equilíbrio que espargirá as *Forças Espirituais*, pois essas autoridades maçônicas são portadoras de maior *Potência Magnética*.

A *postura correta* de cada integrante na *Cadeia* é muito importante, isto é, os pés devem estar em esquadria com os calcanhares unidos e as pontas tocando as que lhes estão aos lados, sendo que os braços cruzados à frente devem ter o direito sobre o esquerdo, porque qualquer *Maçom* jamais se completará sozinho, sendo necessário unir-se a outro(s) para que encontre a *si próprio*, e os pés em ângulo de 90° buscam seus pares ao tocá-los, procurando o *Quadrado Perfeito*, que demonstra o seu *Amor Fraterno*.

Os *braços cruzados*, pelas *Leis da Física*, lembram o *'acoplamento de pilhas'* em que se reúnem o eletro-positivo ao eletro-negativo, sendo que a *mão direita* ativa *'emite e transmite o fluído'* recebido pela *esquerda* que é passiva, e portanto, é necessário que o *braço direito* comunique esta força para o integrante postado a sua esquerda.

Secretário

Se o *encostar dos pés* produz o *primeiro contato*, o *aperto das mãos* ultrapassa o *simples toque*, pois desempenham a *Função de Garras*, que firmam os músculos exigindo a passagem de energia, constituindo-se no *segundo contato*, e o *terceiro contato* imaterial se completa através *das mentes*.

O *Fluído* passa com facilidade de um integrante a outro, ocorrendo a *Aproximação dos Corações e a União da Solidariedade* com a *Ligação das Consciências*, além de que:

> • Desse campo magnético surge a Concentração do Pensamento Coletivo, pela energia da Prece Unificada, completada pelas Forças Cósmicas.

Por este *Ato Mágico e Místico*, onde ocorre a *ligação do Visível com o Invisível*, são convocados os que não estão mais aqui, isto é, aqueles que já deixaram a *materialidade*.

Para *Plantageneta*, a *Cadeia de União* simboliza a *Universalidade da Ordem*, tanto que seu *'sentido'* também é demonstrado nas *Associações de*

Operários, Igrejas e em determinadas Seitas, embora em algumas delas com formas cênicas diferentes.

Guarda (ou Cobridor)

Esse mesmo pesquisador afirma que a *Cadeia de União na Maçonaria* procura formar uma *única família* na *Terra*, não importando a *Pátria, Raça ou Religião* de quem a compõe.

Seus *Efeitos Reconfortantes* transmitem uma *Paz interior e exterior* com extremada *harmonia* entre os integrantes, e essa é a razão de que, intencionalmente, a *Cerimônia da Cadeia de União* foi introduzida na composição dos *Rituais*, permitindo, de modo singelo mas competente, a formação de um *'ambiente propício no encerramento dos Trabalhos'*.

A *Cadeia* só pode ser composta com o número mínimo de *7 (sete) componentes*, e a *ruptura* se processa mediante um comando, dado depois da *tríplice pressão das mãos*, simultaneamente com o *tríplice oscilar dos braços*, pois aí ocorre a *projeção* ao exterior depois da longa e necessária concentração.

VM

Finalmente, se cada *Maçom* tivesse consciência de seu exemplar papel a desempenhar, não apenas toda a *Maçonaria*, mas o próprio *Mundo*, receberiam a *Influência Benéfica* emanada desde as Lojas, e desse trabalho eficiente e sem publicidade, pois deve ser executado em silêncio e com meditação ativa, e não passiva, os *Pensamentos* se transformariam na adição de *Idéia + Força*, pois é pela *Cadeia de União* que essa *Soma de Idéia + Força* se projeta para o *Mundo Profano*.

CERIMÔNIAS DE INCENSAÇÃO E DO FOGO

VM

Estas *Cerimônias* são praticadas atualmente apenas no *Rito Adonhiramita*, e por isso, se resolveu citá-las atendendo a alguns com *Esclarecimentos*, e a outros enriquecendo seus *Conhecimentos* sobre a *Maçonaria* em geral.

As *Práticas Litúrgicas* dessas *Cerimônias* nem sempre são perfeitamente compreendidas, e tampouco executadas com a ritualística exigida.

Em virtude da *beleza e do alto significado* das *Cerimônias*, o autor *José Castellani* menciona, destacando sobremaneira a grandiosidade do *Rito Adonhiramita*, que:

> *"O Rito Adonhiramita é o mais complexo e o de maior riqueza cênica, não só nas Cerimônias de Iniciação, Elevação e Exaltação, mas até nas Sessões mais simples (Econômicas), quando nenhuma das práticas próprias do Rito é omitida. E essas práticas são as Cerimônias de Incensação e o do Fogo – o Reavivamento da Chama Sagrada tirada do Fogo Eterno, e as Doze Badaladas, em todas as Sessões."*

1º Vigilante

A razão das *Cerimônias* não serem perfeitamente compreendidas, decorre por absoluta falta de literatura e pesquisa sistemática da liturgia daquele *Rito no Brasil*.

O autor *Osvaldo Ortega*, em uma excepcional pesquisa, apresentou um trabalho de comparação da *'Movimentação das Colunatas e o Acendimento das Velas'*, onde aborda as práticas da *Cerimônia de Incensação e do Cerimonial do Fogo*, da seguinte maneira:

> *"Ao que se saiba, não existia o 'Ato de Incensar' quando da transposição da Maçonaria Operativa para os chamados Aceitos, razão de se perguntar qual o motivo da Incensação no contexto do Rito Adonhiramita. Deduz-se ser a Cerimônia tão-somente uma preparação, pois que psicologicamente Sublimará as Almas dos Irmãos participantes, em uma Ação Mística num Rito que também é místico."*

Preceitua o *Ritual do Rito* que para a execução da *Cerimônia de Incensação*, o Mestre de Cerimônias deverá conduzir um turíbulo ao *Altar* do VM, para receber sobre as brasas *'Três pitadas de Rosa ou Olíbano, Mirra e Benjoim'*, misturadas e trituradas, na proporção de 3:2:1, respectivamente.

Em seguida, incensará por *Três vezes* o VM, aos lados e na direção da cabeça, pronunciando em voz alta *Sabedoria*, e segurando o turíbulo com as duas mãos à altura do coração, se dirige ao 1º Vigilante, também o incensando por *Três vezes*, seguindo a mesma ritualística, dizendo a palavra *Força*, e ainda à frente ao 2º Vigilante procede igualmente, e diz a palavra *Beleza*.

2º Vigilante

Após a *Incensação* das *Luzes da Loja*, retorna ao Oriente postando-se à frente do Orador, a quem incensa por *Uma única vez* sem nada pronunciar, só mentalizando a palavra *Justiça*, e colocando-se à frente do Secretário procede ritualisticamente de maneira análoga, mentalizando a palavra *Memória*, pois representam as *Funções* que lhes cabem.

Quando no centro da balaustrada, antes do retorno ao Ocidente, provê a Incensação do Templo por *Três vezes*, mentalizando a cada ducto a *Tríade Maçônica: Liberdade, Igualdade e Fraternidade*.

Segue ao Ocidente e se posta *'Entre Colunas'* voltado para o Oriente, de onde incensará novamente o *Templo* por *Três vezes*, e em perfeita sintonia com os gestos, a cada ducto dirá *'Que a Paz reine nas Colunas'*, e todos em uníssono responderão *'Que assim seja'*.

Depois disso, incensa o Cobridor Interno (Guarda) na altura da cabeça, mentalizando a palavra *Diligência*, entrega-lhe o turíbulo e dele recebe a espada tomando seu lugar, conforme ritualística própria, e recebendo o turíbulo o Cobridor incensa o Mestre de Cerimônias que tomou seu lugar, por *Uma única vez* na altura da cabeça mentalizando a palavra *Harmonia*.

Assim, o Mestre de Cerimônias na função de Cobridor, abre a *Porta do Templo* para que este, sem deixar o *Templo*, incense externamente os 1º Experto e Cobridor Externo, mentalizando respectivamente *Paz e Harmonia*; quando retorna, a *Porta* é fechada e desfeita a troca do material litúrgico, pelo inverso da ritualística inicial.

Orador

Finalmente, o Mestre de Cerimônias dirige-se ao *Altar dos Perfumes* no *Oriente* ou, na falta deste, ao da *Sabedoria*, onde deposita o turíbulo e retorna ao seu lugar, concluindo assim o *Cerimonial de Incensação*.

Por ser o *Simbolismo* uma forma de *Transmitir Conhecimentos*, o autor *Ortega* entende que a *Cerimônia de Incensação* tem por objetivo, por intermédio do olor exarado, ativar as mentes pela via do olfato, levando os integrantes incensados, nas suas psiques, a um estado de *Exaltação Espiritual*, porque na queima das resinas os eflúvios se elevam, levando consigo para junto do $G\therefore A\therefore D\therefore U\therefore$ todas as preces, pedidos de perdão e solicitações de ajuda, para em troca receber esta oferenda.

Assim sendo, por ocasião dessa prática mística, os integrantes, ao serem incensados olhando de frente para o Mestre de Cerimônias, apesar de não constar do Ritual, mas em nada prejudicar o *Cerimonial*, poderão abrir seus braços inclinando-os para a frente com as mãos espalmadas, predispondo-se a aceitar as solicitações do *Mundo Cósmico*, pois, partindo do pressuposto de que não basta que o corpo esteja disponível, é indispensável que a alma também esteja em algum lugar alcançável no tempo e no espaço.

A *Cerimônia de Incensação* é uma *'Alegoria Esotérica'*, que tente concentrar todas as *Energias do Universo em uma Força Única*, no simbolismo de um eixo de ligação que procura unir a *Matéria Terrestre com a Espiritualidade Cósmica*, isto é, do *Homem ao G∴A∴D∴U∴*, representando também a *Purificação*, a permitir que por meio da *Fé e da Harmonia*, se estabeleça a *União Fraternal dos Irmãos* na Sessão.

Secretário

Estando a Loja purificada com a *Incensação*, e propiciada a *União Fraternal* de todos os integrantes presentes, torna-os aptos a merecer a presença da *Luz do Onipotente*, que os protegerão e libertarão das *Trevas*.

Por sua vez, o *Ritual* ao se referir ao *Cerimonial do Fogo*, estabelece que o Mestre de Cerimônias com o acendedor se dirige ao *Fogo Eterno*, que se encontra no *Oriente* entre o *Altar dos Juramentos e o da Sabedoria*, acende-o e mentaliza *'Com a graça do G∴A∴D∴U∴, acendo'*, e a seguir se dirige ao VM que recebe o acendedor e inflama a vela existente em seu *Altar* quando suplica *'Que a Luz da Sua Sabedoria ilumine os Trabalhos'*, e em uníssono todos repetem *'Que assim seja'*, e acesa a vela, diz *'A Sua Sabedoria é Infinita'* e devolve o acendedor.

O Mestre de Cerimônias segue ao *Ocidente* e ao 1º Vigilante, que, antes do acendimento da vela, em voz alta roga *'Que a Luz de Sua Força assista essa obra'*, e todos repetem *'Que assim seja'*, e complementa *'A Sua Força é Infinita'*, e finalmente, dirigindo-se ao 2º Vigilante que acende sua vela e pede *'Que a Luz de Sua Beleza se manifeste nessa obra'*, e todos novamente repetem *'Que assim seja'*, e por fim, diz *'A Sua Beleza é Infinita'*.

Guarda (ou Cobridor)

No encerramento dos trabalhos a prática ritualística se repete, com o *Adormecimento do Fogo Sagrado (Apagar das Velas)*, iniciando agora pelo 2º Vigilante que antes de *Adormecer a Chama*, em voz alta suplica *'Que a Luz de Sua Beleza continue Flamejante nos Corações'*, e o 1º Vigilante, analogamente, roga em voz alta *'Que a Luz de Sua Força permaneça atuante nos Corações'*, e ainda, o VM da mesma maneira suplica *'Que a Luz de Sua Sabedoria habite nos Corações'*, sendo que após cada suplica todos repetem *'Que assim seja'*.

As *Lojas Adonhiramitas* devem obedecer rigorosamente ao seu *Ritual*, para evidenciar a existência da *Invocação e Avocação do G∴A∴D∴U∴*, por:

Sua Onisciência, representada pela Sabedoria,
Sua Onipotência, demonstrada pela Força, e
Sua Onipresença, mostrada na Beleza, pois tudo é por Sua Perfectibilidade.

VM

Pelo exposto, e em análise complementar, o escritor *Ortega* comenta:

"... que a união em trilogia das palavras SABEDORIA – FORÇA – e BELEZA, dirigidas à Luzes da Loja quando da 'Incensação', e unida ao 'Acendimento das Velas', demonstra de modo hermetizado a 'Doutrina Filosófica do Rito', que é 'Teísta', e desenvolve sua ritualística numa liturgia cultural – religiosa."

Finalmente, pode-se afirmar que no desenvolvimento da *Cerimônia de Incensação e do Cerimonial do Fogo*, fica demonstrado claramente que o *Ser Humano* é colocado em total dependência do *G∴A∴D∴U∴*, pelo *Seu* demonstrado *Saber, Poder e Perfeição*.

COLUNAS

VM

O entendimento material de *Coluna* para a *Maçonaria*, é o de uma *Viga Cilíndrica Vertical Oca* que sustenta, simbolicamente, o *Templo*.

Arquitetonicamente, as *Colunas* possuem diversas formas de adornos, sendo encimadas por *capitéis*, com composições variando entre gregas, egípcias, romanas, etc.

Desde que o *Templo Maçônico* deva ser entendido, principalmente, como *Espiritual*, a *Coluna* se torna o seu centro, o ponto nevrálgico e o comando das decisões, assim:

> • *A Coluna pode ser considerada como o esteio, o sustentáculo e a parte principal das coisas.*

1º Vigilante

Em toda *Loja Maçônica* existem *'Três Colunas'* representativas principais, a saber:

- *A do VM que significa a 'Sabedoria',*
- *A do 1º Vigilante que mostra a 'Força', e*
- *A do 2º Vigilante que representa a 'Beleza'.*

Quando se trabalha em *Oficina de Aprendiz*, deve ser mais destacada a *Coluna do 2º Vigilante*, que se denomina *Coluna 'B'* em alguns *Ritos*, e *'J'* em outros, mas sempre representando a *Alegria*, pois é a *Coluna dos Aprendizes*, em razão de ser essa *Coluna* o lugar onde se assentam em Loja pela primeira vez os *Recém-Iniciados*.

O lugar dos *Aprendizes* é o local de *Quietude*, a mais sábia de todas as *Virtudes*, por isso é a *Coluna do Silêncio, da Beleza e da Alegria*, pois seria onde esses integrantes receberiam seus *Salários* durante cerca de *Três anos*, tempo necessário inicialmente para se formar um *Aprendiz Maçom*.

Essa *Coluna* se localiza no *Setentrião*, por se tratar da *'Parte Menos Iluminada do Templo'*, para que, em *Silêncio*, os *Aprendizes* possam observar e meditar para melhor aprender a *Arte Real*.

2º Vigilante

Outro dever do *Aprendiz* é o de *Controlar suas Idéias*, pois em sua *Coluna* usará ferramentas, não para construir algo material, mas sempre na busca da própria *Verdade*, sob sua total responsabilidade, pois, como tarefa principal, deverá estar erguendo, embelezando e dando acabamento ao próprio *Templo Interior*, porque em cada um, é lá que está a *Divindade*, e que habitará exemplarmente esse *Templo*.

Deverá o *Aprendiz* estar desprovido de quaisquer sentimento contrário aos princípios norteadores da *Sublime Ordem*, para que entenda o exato sentido da *Verdadeira Luz* que recebeu por meio da *Iniciação*.

O *Aprendiz* quando foi colocado em estado primitivo de cegueira, desprovido de metais, e nem nu e nem vestido, recebeu simbolicamente como ferramentas de trabalho o *Maço e o Cinzel*, instrumentos que, no seu descanso, serão guardados longe das vistas profanas, no *'interior'* daquela que é a sua *Coluna*.

Orador

A *Beleza* é representada por seu Vigilante, cujo encargo é fazer repousar os integrantes e fiscalizá-los nos trabalhos, para que ao VM resulte *Honra e Glória* ao G∴A∴D∴U∴.

A *Coluna* é o ponto de reunião dos *Aprendizes*, e simboliza a delicadeza dos sentimentos nobres e fraternos do verdadeiro *Maçom*.

Essa *Coluna* relembra a *Infinita Sabedoria do G∴A∴D∴U∴*, que a *Sua Força Onipotente* e a *Beleza de Sua Capacidade Criadora*, resplandece com *Ordem e Simetria* na Natureza, porque demonstra o *'Ternário Sublime'* de *Sua Lei*, isto é:

A VERDADE – A JUSTIÇA – e A HARMONIA.

Aos *Ritos* que denominam essa *Coluna* pela letra *'J'*, vale mencionar essa letra é a inicial do nome do *terceiro filho de Simeão*, sendo este filho de *Jacó, o pai dos Jakinitas*, que formaram a 21ª das 24 famílias sacerdotais dos judeus.

A letra *'J'* significa *Homem Justo* e também *Estabelecer ou tornar Estável*, motivo pelo qual a *Coluna* é tida ainda como a do *Estabelecimento*.

Secretário

Parte dos símbolos maçônicos foi legada pelos *Maçons Operativos* aos *Especulativos*, e outra parte pelos *cabalistas, hermetistas e alquimistas*, todos *Maçons Aceitos* que pertenceram às primitivas *Lojas Especulativas*.

Naquela fase, eram *'ocultistas'* os que legaram parte da ritualística da *Ordem*, como a utilização de *velas, espadas, painéis, etc*; contudo, as *Colunas* são legados da *Maçonaria Operativa*, tendo seu significado esotérico ampliado pela *Maçonaria Especulativa*.

Dos vestígios cabalísticos, alguns foram acompanhados por *Pensamentos Hermetistas*, sendo o caso da significância das *Colunas 'J e B'*, que demarcam a entrada do *Templo Maçônico*, porque é exatamente ali, *'Entre as Colunas'*, que se situa a *Porta imaginária desse Templo*; portanto, antes do alinhamento dessas *Colunas*, estar-se-á internamente no edifício, mas não no *Templo*.

Cabe salientar que a *'ordem'* das *Letras B e J nas Colunas*, que depende do *Rito adotado pela Oficina*, não deve alterar a conduta e as ações dos *Aprendizes*, de vez que em qualquer dos *Ritos* a *Coluna do 2º Vigilante* sempre é a da *Beleza*, ou a *Coluna da Pedra Bruta*.

Guarda (ou Cobridor)

Como já dito, as *Colunas* são *ocas* e *'guardam'* as ferramentas que são utilizadas apenas pelos *Maçons*.

Tais ferramentas devem ficar ocultas das vistas profanas até o *Novo Trabalho*, porque é também ao pé das *Colunas* que devem ser pagos os *Salários* dos *obreiros*, para em seguida *'Despedi-los contentes e satisfeitos'*.
Assim:

- *Como se concebe alguém satisfeito sem ter feito um bom Trabalho?, ou*
- *Que Trabalho Espiritual ou Moral teria feito em prol de alguém ou alguma coisa, que o ajudasse a 'Desbastar sua Pedra Bruta'?*

ora, de nada adiantaria relatar, examinar ou pesquisar as *Colunas do Templo*, se delas não se compreendesse seu significado mais amplo.

Certamente, nada útil resultará referente ao *Simbolismo dessas Colunas*, se a *Porta do Templo do seu Eu Interior* estiver fechada aos ensinamentos da *Sublime Instituição*.

Desta maneira, os *Maçons* devem deixar constantemente abertas as *Portas de seu próprio Templo*, a permitir que a *Beleza da Coluna* adorne integralmente todos os seus atos, sem nenhuma exceção, sejam essas atitudes profanas ou maçônicas.

VM

Finalmente, o *Maçom* com:

- *O Controle de suas Ações,*
- *A Estabilidade de suas Emoções,*
- *A Submissão de sua Vontade, e*
- *A Firmeza e Retidão de sua Conduta,*

é muito provável que consiga *Vencer suas Paixões*, e somente assim, será possível fazer *Novos Progressos*, mantendo bela a própria vida, o que permitirá calçar de novo as *'Brancas Luvas'* para um *Novo Trabalho*, com a consciência exultante e limpa do *Dever Cumprido*.

Que o G∴A∴D∴U∴ os Ilumine e Guarde!

CORDA DE NÓS OU BORDA DENTADA – I

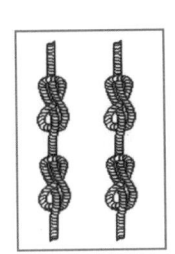

VM

Vale salientar que a *Corda de Nós* ou *Borda Dentada*, como também é conhecida, em alguns *Ritos* da *Maçonaria*, aparece instalada no *Topo (Cimo) das Paredes dos Templos*, e também nos *Painéis* das *Lojas dos Graus de Aprendiz e Companheiro*.

Como a própria denominação indica, trata-se de uma *Corda* que na sua extensão conta com alguns *Nós*, também chamados de *Laços de Amor*, terminando essa *Corda* em uma *Borla* em cada extremidade.

Apesar dessa descrição da *Corda*, sabe-se que existem muitas opiniões divergentes sobre esse tema.

Mas também há várias opiniões díspares quanto a interpretação de muitos *Elementos, Símbolos e Gravuras* próprias da *Maçonaria*, levadas a efeito por estudiosos e autores maçônicos da importância de *Ragon, Vuillaume, Plantageneta e Wirth*.

1º Vigilante

Estes estudiosos discordam quanto à *Quantidade de Nós* que deveriam compor a *Corda*, e assim pode-se indicar que:

- *Ragon* – 'não' determina o número de *Nós*;
- *Vuillaume* – menciona Sete Nós no '*Quadro de Aprendiz*', mas silencia quanto ao número no de '*Companheiro*';
- *Plantageneta* – apresenta Sete Nós no '*Quadro do Aprendiz*', e Nove no de '*Companheiro*'; e
- *Wirth* – atribui Três Nós aos dois '*Quadros dos Graus*'.

Porém, quanto a definição da *Borda Dentada* em si ocorre o inverso, pois neste aspecto as opiniões dos autores e estudiosos são *sensivelmente convergentes*.

2º Vigilante

Sobre o tema, informa *Ragon*:

> "*Esses Nós entrelaçados que, sem se interromper, formam a Borda Dentada dos Templos, são a imagem da União Fraterna que liga, por uma cadeia indissolúvel, todos os Maçons do Globo, sem distinções de Seitas nem de condições. Seu 'entrelaçamento' simboliza também o Segredo que se vê rodear nossos Mistérios. Sua 'extensão circular sem descontinuidade' indica que o império da Maçonaria, ou o reino da Virtude, compreende o Universo no Símbolo de cada Loja.*"

e continua *Ragon*:

> "*A Borla Dentada... lembra as 'bandas amarelas, verdes, azuis e brancas' dos Templos egípcios, e as 'bandas brancas, vermelhas e azuis' das*

antigas igrejas de França, sobre as quais os senhores altos ou justiceiros, aplicavam seus brasões, e que, nos Monumentos Sagrados ao Culto Solar, representavam o Zodíaco."

Orador

Enquanto *Wirth* expõe que:

"Um 'lambrequim dentado' forma um friso, e tem uma Corda terminada em Borlas que se juntam perto das Colunas J e B. Esse enfeite foi chamado, impropriamente, de Borda Dentada. A Corda contém entrelaços, chamados Laços de Amor, e representa assim a Cadeia de União que une todos os Maçons. Os Nós podem ser em número de 12, para corresponder aos Signos do Zodíaco."

E *Plantageneta* explicita:

"A Borda Dentada simboliza a Fraternidade que une os Maçons, motivo pelo qual é uma 'reprodução material e permanente' da Cadeia de União."

Relevante é a opinião de *Nagrodski* no artigo *"O instrumento desconhecido":*

"Os instrumentos utilizados pelo Maçom Simbólico, correspondem exatamente ao equipamento normal de um Companheiro Maçom Operativo. Por possuírem o mesmo nome, um operário qualquer o reconheceria nos tapetes dos Graus do Aprendiz e do Companheiro. Somente não entenderia que o Cordel, instrumento indispensável na profissão, recebeu na Maçonaria Simbólica o nome de Borda Dentada, com os Laços de Amor, representando a Cadeia de União que une os Maçons."

Secretário

Os primeiros *Maçons* deram a esses *Nós* o significado de *Laços de Amor*, que se consistem em um *anel (fêmea)* onde é introduzida a *extremidade (macho)* da *Corda*, sendo por isso de fácil confecção.

Esquematicamente, esse símbolo representa o *LEMNISCATO*, do grego *LEMNISCO*, que significa a *'fita ou a curva algébrica do 4º grau'*, ou seja, uma *curva em forma de um 8 (oito) deitado*, que em Matemática representa o *infinito*(∞).

O sentido dessa espécie de corrente é revertido após uma dupla inversão a seu sentido primitivo, e a figura central do laço mostra uma *Dupla Cruz*.

O *Tipo de Nó* não foi escolhido ao acaso, porque tem sua simbologia.

Em heráldica o *Laço de Amor* é definido como *Cordão Entrelaçado*, cujos extremos atravessam o centro e tornam a sair por baixo, à esquerda e direita.

Como exemplo pode-se citar que as *Armas e Sinetes dos Cardeais – Bispos – e Abades da Igreja Católica*, mostram abaixo do chapéu, um *Cordão* formado por *Laços de Amor* terminado em *Borlas*.

Guarda (ou Cobridor)

Imagina-se que os primeiros *Maçons Especulativos* ao trocarem o *Cordão Operativo* por um *Ornamental*, deram a esse *Cordão* a forma de *Laços de Amor*, figurando esses *Nós* nas *Armas* e *Quadro (ou Tapete) da Loja*, já que enfeixavam os *símbolos essenciais* da Maçonaria, considerados como o *Armorial Maçônico*.

Por não existir até a atualidade nenhum documento que mostre uma justificativa convincente para a denominação de *Laços de Amor* a esses *Nós*, acata-se a hipótese de que são a representação de órgãos humanos, porque os mais diversos tipos de *Nós* conhecidos, apresentam características que levam à interpretação de *feminino e masculino*.

Os estudos relativos à *Cadeia de União* não contemplam a *Corda de Nós*, apesar de mencioná-la no seu desenvolvimento, porque a *Cadeia de União* se constitui de um cerimonial – uma ação – em si própria, e por isso, deverá ser alvo de futura análise específica.

VM _____

Finalmente, por todo o exposto poder-se-ia depreender que o significado da *Corda de Nós ou Borda Dentada*, encontra seu limite nas representações antigas, pois atribui-se '*3 (três) Nós ao Grau de Aprendiz*, e *5 (cinco) ao de Companheiro*', apesar de que em alguns *Ritos*, no *Painel de Aprendiz* é apresentada com '*7 (sete) Laços de Amor*'.

CORDA DE NÓS OU BORDA DENTADA – II

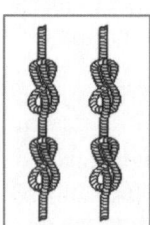

VM

Há quem defenda com muita convicção que o *Universo*, em todas as suas facetas e manifestações, esta *inteiramente regulado* pela *Matemática*, e conseqüentemente, pelos *Números*, presentes em absolutamente tudo.

A *Numerologia* é a *Ciência* que estuda com profundidade os *Números*, suas características, poderes, e influência sobre todas as coisas, principalmente sobre os *Homens*, e por isso trata-se de uma *Ciência* muito disseminada, com seguidores espalhados por toda a *Terra*.

O *Número 3 (três)* tem alto valor místico, e esteve sempre presente em todas as antigas civilizações, até porque:

- *3 (três) foram os filhos de Noé (Gê – 6, 10);*
- *3 (três) foram os varões que apareceram a Abraão (Gê – 18, 2);*
- *3 (três) foram os dias de jejum dos judeus desterrados (Es – 4, 6);*
- *3 (três) foram as negações de Pedro a Jesus (Ma – 26, 34);*
- *3 (três) são as Virtudes Teológicas; etc.*

1º Vigilante

As *Tríades Divinas* sempre existiram em todas as *Religiões*, e nelas o *Número 3 (três)* é considerado um *Número Perfeito*, assim pode-se citar:

- *Osíris, Ísis e Horus, dos egípcios;*
- *Brahma, Vishnu e Siva, dos hindus;*
- *Yang, Ying e Tao, do taoísmo;*
- *Buda, Dharma e Sanga, do budismo; e*
- *Pai, Filho e Espírito Santo, do cristianismo.*

Dentre as superfícies, o *Triângulo* é a forma que corresponde ao *Número 3 (três)*, sendo essa figura geométrica considerada a mais *Perfeita*, e composta por *3 (três) linhas* e *3 (três) ângulos*, formando um todo completo e indivisível, além de que todos os demais polígonos subdividirem-se em *triângulos*, sendo a base da construção de todas as superfícies.

O *3 (três)* é também o *Número*:

- *da Luz na sua tríplice concepção: Fogo, Chama e Calor;*
- *do Tempo que se divide em 3 períodos: Presente, Passado e Futuro;*
- *do Movimento diurno do Sol nas 3 fases: Nascer, Zênite e Ocaso;*
- *da Vida dividida em 3 etapas: Nascimento, Existência e Morte, ou ainda, Mocidade, Maturidade e Velhice;*
- *da Família que é constituída por 3 elementos: o Pai, a Mãe e os Filhos;*
- *do Ser Perfeito composto de 3 partes: Espírito, Alma (Mente) e Corpo.*

No *Templo Maçônico* por toda parte encontra-se o *Número 3 (três)*, a partir do *Ternário* do qual o *Delta Sagrado* é o mais luminoso emblema.

Nas Lojas o *Ternário* é também simbolizado pelos *Três Grandes Pilares: Sabedoria, Força e Beleza*, que representam as *Três Grandes Luzes*, significando o sustentáculo de tudo, isto é, *a Sabedoria que cria, a Força que suporta e a Beleza que adorna*.

O *Quadrado de 3 (três) é 9 (nove)*, e de *9 (nove) é 81 (oitenta e um)*, estando aí, provavelmente, a explicação lógica e racional para o *Número de Nós da Corda*.

2º Vigilante

A *Corda de 81 (oitenta e um) Nós* é um símbolo ligado à construção, e como tal tem o condão de transmitir aos *Iniciados* lições *Morais, Éticas e Espirituais*, que fazem parte da doutrina da *Ordem*.

Simbolicamente, a *Corda* comporta duas interpretações, uma *Emblemática e Alegórica* de fácil entendimento, e outra *Mística, Hermética e Esotérica*, mais complexa.

A *Corda* em conjunto com o *Pavimento Mosaico, as Romãs e a Cadeia de União*, representa que todos os *Maçons* espalhados pela *Terra* devem formar uma *Única família*.

Quanto ao seu *conteúdo emblemático*, a *Corda* foi um grande instrumento nas antigas construções, como continua sendo, pois foi utilizada nas edificações das *Pirâmides* para arrastar as pedras por planos inclinados, nas paliçadas e pelos pedreiros como reforço dos cercados.

Simboliza a *Força obtida pela União*, sendo consolidada pelos *ensinamentos morais* e imprescindíveis à construção do *Grande Edifício*, ao que é necessário *esforço e perseverança*, suprível só com a *União e a pura Fraternidade*.

A *Corda* é um dos ornamentos do *Templo Maçônico*, estando no alto das suas paredes junto ao teto, acima das *Colunas* que ornamentam as mesmas paredes, nos *Ritos* que as possuem, sendo que deve ser instalada de modo que seu *Nó Central* fique sempre acima do *Trono* do VM, e distribuindo-se igualmente os demais *Nós (80)* nas duas laterais, sendo *40 (quarenta) Nós* eqüidistantes de cada lado, terminando caídas junto aos batentes da *Porta do Templo em 2 (duas) Borlas*, representando cada uma *Temperança e Coragem, e Justiça e Prudência*.

O *Nó Central* sobre o *Trono* do VM representa o *Número 1 (um) – a Unidade Indivisível*, representa o *Símbolo de Deus – princípio e fundamento do Universo*.

Por isso o *Número 1 (um) é considerado Sagrado*, e sua relação com os *Números 3 (três) e 9 (nove)* é constatada de várias maneiras, pois dividindo-se a *Unidade (1) por 3 (três) [1/3]* resulta uma sucessão de *3 (três)*, isto é, uma *dízima periódica (1/3 = 0, 333333333333...)*.

Orador

Quando se divide a *Unidade (1) por 7 (sete) [1/7]*, obtém-se *0,142857 142857...*, que se repete indefinidamente, porém nunca não aparecendo o *Número 3 (três)* e seus múltiplos imediatos, que são o *6 (seis) e o 9 (nove)*.

Estas propriedades originaram um *Símbolo*, resultante da *Divisão do Círculo em 9 (nove) linhas*, que são derivadas da *Unidade (1) dividida por 7 (sete) [1/7]*, e da *Unidade (1) dividida por 3 (três) [1/3]*.

Ou seja, o *Círculo foi dividido em 9 (nove) partes* vindas dos *Números 3 (três), 6 (seis) e 9 (nove)*; da *Divisão da Unidade (1) por 3 (três) [1/3]*, e dos *Números 1 (um), 2 (dois), 4 (quatro), 5 (cinco), 7 (sete) e 8 (oito)*; da *Divisão da Unidade por 7 (sete) [1/7]*.

A figura final cujo *significado real* é privilégio de poucos *Iniciados*, tem *Movimento* e é a *Pedra Fundamental* dos alquimistas.

Já o *Número 40 (quarenta), número de Nós da Corda de cada lado do Templo*, representa *Provação, Espera, Preparação, ou Castigo*, é o *Número simbólico da Penitência e Expectativa*, encontrado em inúmeras passagens bíblicas com essa conotação, sendo o *Número da realização de um Ciclo*, que não se repete com mudanças radicais, assim:

- *A Quaresma – preparação para a ressurreição pascal, dura 40 (quarenta) dias;*
- *Os Funerais entre os peúles africanos duram 40 (quarenta) noites;*
- *Entre os bambaras africanos são oferecidos 40 (quarenta) bois, 40 (quarenta) cavalos e 40 (quarenta) cauris, nos processos de Iniciação Suprema.*

Secretário

No *Direito Feudal* da antiga *França*, consta a *Quarentena do Rei*, período de *40 (quarenta) dias* estabelecido por *Luís IX*, para a espera antes que uma pessoa ofendida pudesse exercer sua vingança pela injúria sofrida.

É também de *40 (quarenta) dias* o intervalo de tempo, que os índios da *América Equatorial* esperavam para desenterrar um cadáver, limpar seus ossos e colocá-lo em local definitivo.

Após *40 (quarenta) dias* é feita a purificação da *'iurta'*, tenda russa de forma cilíndrica usada na *Ásia Central e Ártico*.

Modernamente, o uso da *Quarentena* encontra raízes na crença milenar de que são necessários *40 (quarenta) dias* para que um novo ciclo de vida aconteça.

E o que se dizer então, do dito popular tão conhecido, segundo o qual *'A vida começa aos 40 (quarenta) anos'*?

Pode ainda ser encontrada outra possível explicação para o *Número 81 (oitenta e um) dos Nós da Corda*, que seria advinda do *Artigo II da Constituição e Regulamentos* do *Soberano Grande Conselho dos Príncipes do Real Segredo para os Orientes de Paris e Berlim, edição de 1762*, que determinava para ser atingido o *Grau 25, à época o último do Rito Escocês*, eram necessários *81 (oitenta e um) meses*, isto é, quase *7 (sete) anos* de atividades maçônicas para a escalada ao *Grau*, respeitados os respectivos interstícios.

Exotericamente, a *Corda de 81 (oitenta e um) Nós* simboliza a *União Fraternal e Espiritual* que deve existir entre todos os *Maçons* do *Mundo*, representando ainda a *Comunhão de Idéias* a respeito dos objetivos da *Maçonaria*, que evidentemente, devem ser os mesmos em qualquer parte do *Planeta*.

Guarda (ou Cobridor)

Segundo alguns autores especializados, a *Abertura da Corda* em torno da *Porta do Templo* com a formação de *Borlas*, simboliza que a *Maçonaria* está sempre *predisposta (aberta)* ao acolhimento de novos integrantes.

Em verdade, essa *Abertura* significa que a *Ordem é dinâmica e progressista*, estando portanto, sempre *aberta a novas idéias* que possam contribuir para:

- *O progresso do Homem, e*
- *A evolução racional da Humanidade,*

de vez que é vedada a participação na *Maçonaria* dos que rejeitam *Pensamentos Novos*, em benefício de um conservadorismo retrógrado e rançoso, muitas vezes dogmático, e conseqüentemente, altamente deletério.

A literatura francesa registra em artigo de *Raoul Vergez* em 1861, que após um acidente fatal ocorrido na *Igreja de Notre-Dame em Paris*, mais de *500 Maçons* formaram uma *Cadeia de União* em torno da *Catedral*, enquanto o cônego celebrava os necessários serviços religiosos em intenção do acidentado, o que talvez signifique que a *Cadeia de União* seja a representação do *Cordel* que se serviram os *Maçons Operativos*, para delimitar o contorno de um edifício.

Como a Loja Maçônica pretende também ser a *representação simbólica* do *Cosmos*, a *Cadeia de União* seria a *projeção celeste do Cordel Terrestre*, formando nas paredes do *Templo* uma *moldura* instalada num plano não pertencente às *3 (três) dimensões comuns*, assim, a *Cadeia de União* seria o *Cordel* projetado ao infinito que se materializa na parede do *Templo* através de uma *Corda* que se cruza e recruza em *81 (oitenta e um) Nós*.

O que significariam os Nós? Os *Nós* podem representar também todos os *Maçons* unidos, mas que nem por isso perdem sua individualidade ou personalidade, que são perfeitamente identificáveis como *Laços de Amor, Lacs ou Noeuds D'Amour*, e em contrapartida, inversamente os *Nós* poderiam ser entendidos como os *Símbolos das Dificuldades* que a vida apresenta.

A *Corda* é composta por múltiplos fios que isolados são frágeis, mas quando agrupados na *Corda* são muito resistentes, confirmando o conhecido adágio:

- *A União faz a Força,*

não permitindo que os *Maçons* se esqueçam que enquanto *Unidos e Fortes*, poderão sempre lutar contra todos os *Vícios, Iniqüidades e Injustiças*.

VM

Conta-se que:

> - *Um velho pai, em seu leito de morte, já em seus estertores, chamou todos seus filhos que eram numerosos, ordenando que lhe trouxessem um feixe de varas. O ancião determinou aos filhos que quebrassem o feixe, e todos tentaram mas nenhum conseguiu, ao que o velho as tomou vara por vara, quebrando-as todas sem grandes dificuldades. Disse então à família reunida em volta do leito, que extraíssem daquele episódio a seguinte lição necessária: "Enquanto se mantivessem unidos, nada e ninguém poderia quebrá-los ou superá-los em qualquer coisa, mas se por qualquer infelicidade essa união fosse quebrada, tornar-se-iam presas fáceis do infortúnio e da tragédia";*

e vendo que todos haviam assimilado tão sábio ensinamento, o velho partiu em paz, certo de que deixara um bloco monolítico e inquebrantável de união permanente entre seus familiares.

DELTA LUMINOSO OU RADIANTE 9

VM

Nos alfabetos *fenício, grego e latino*, o símbolo *Delta* é grafado como um *triângulo*, que representa a *'letra D'* do alfabeto atualmente utilizado no *Ocidente*, porém, através do tempo, passou a ter significados muito mais amplos.

Na geografia, o *Delta* representa as margens junto a desembocadura de rios, em seu encontro, que possui formato triangular e é produzido pelas forças das águas na junção das correntes, sendo o mais conhecido historicamente o *'Delta do Nilo'*.

1º Vigilante

O *Delta* como um *Símbolo*, intrinsecamente, possui uma poderosa carga mística, filosófica e alquímica.

É representado por um *triângulo* no alfabeto grego, quando na forma maiúscula, grafado com os *Três lados iguais*, como um *triângulo eqüilátero*, simbolizando a *Tríada Sagrada* para as antigas civilizações.

O *Delta*, além de ser considerado de natureza neutra, tem como aspecto mais importante a representação do perfeito equilíbrio entre os *Três componentes da Divindade*, a saber:

- *No hinduísmo – Brahma, Vishinum e Shiva;*
- *Para os sumérios – Shamash, Sim e Ictar;*
- *No taoísmo – Yang, Ying e Tao;* e
- *Para os egípcios – Osíris, Ísis e Hórus.*

2º Vigilante

Quando o *Delta* tem seu vértice voltado *para cima*, simboliza as *Qualidades Espirituais*, e com seu ápice voltado *para baixo*, representa as *Qualidades Materiais*.

A junção das duas figuras forma a *Estrela de 6 (seis) pontas*, de alto valor místico e simbólico.

Para a *Instituição Maçônica*, o *triângulo* mais importante é o *Eqüilátero*, que em sua representação como *Delta Luminoso ou Radiante*, se constitui num dos principais símbolos da *Ordem*.

A palavra *Radiante* tem origem no latim *'Radians, Antis'*, significando *O que emite raios de Luz, de Calor ou o que Resplandece*, e assim o *Delta* também recebe, em complemento, a denominação de *Luminoso*, e desta forma, pode o *Delta* ser apresentado no centro de um imponente *Feixe de Raios*, como se fossem luminosos, dispostos de maneira radial em todo seu perímetro.

Orador

Em alguns *Ritos Maçônicos*, no centro do *Delta* é adotada a inscrição do nome de *Deus* em hebraico, através da *1ª (primeira) letra – IOD*.

Em outros *Ritos* inscrevem a *letra 'G'*, que representa a *Geometria ou God, Deus em inglês*, e ainda, em outros *Ritos*, vem representada a figura de *'um olho esquerdo'*, denominado o *'olho que tudo vê'*, a significação de *Deus*.

Complementando, o *'olho'* é também a representação do *Sol*, portanto, da *Luz* que simboliza *a inteligência, o espírito, a sabedoria, o discernimento e o equilíbrio*.

O ato da *'visão'*, reflete uma *Ação do Espírito*, e por isso, demonstra simbolicamente o *Conhecimento*.

Secretário

O *Delta Luminoso 'não'* deve ser encoberto em nenhuma ocasião, pois é o mais importante Símbolo fixo da Onipotência no Templo, estando ali instalado para *sempre ser lembrado, visto e reverenciado*, tendo a incumbência de ser o *dirigente orientador* dos *Pensamentos, Conduta, Trabalhos e Ações* de todos os integrantes no *Templo*.

Na parte externa frontal dos edifícios dos *Templos*, a fachada desses prédios era composta por grandes triângulos maciços, geralmente apoiados em colunas, que completavam sua arquitetura.

A obra em forma de *triângulo* tinha *'dois lados iguais'*, como um *triângulo isósceles*, com o lado da base mais longo, assumindo representatividade tanto mais *grave* quanto *menor fosse sua altura*, isto é, quanto mais considerável a *'abertura de seu ângulo superior'*.

Guarda (ou Cobridor)

Os seres humanos são representados pela derradeira configuração dos *triângulos*, isto é, aquele que tem os 3 (três) lados absolutamente desiguais, denominado *triângulo escaleno*, que simboliza *'todas as desigualdades de sua própria natureza'*.

Assim, relatadas as *representatividades* das *3 (três) formas de triângulos*, bem como da importância inerente de cada uma delas, é possível entender o significado profundo do denominado *Delta Luminoso ou Radiante*.

Na busca da mais significativa representação para a *Divindade*, a forma descrita não foi adotada por simples opção, mas sim por estudos desenvolvidos quanto à significância, que foram calcados em conhecimentos conseguidos por estudiosos particularmente exotéricos, e por conseqüência, foi composto com simbolismo extraordinário.

VM

Seria de interesse saber que no decorrer de milênios, ficou configurada a *importância simbólica do triângulo*, especialmente o *'eqüilátero'* que tem os *lados iguais*, por representar a *Perfeição* traduzida pela *Sabedoria, Força e Beleza*.

Essa *tríade, – Sabedoria, Força e Beleza –*, de modo individual, compõem os objetivos buscados incessantemente pelos *Iniciados*, que se empenham na edificação do próprio *Templo Interior*, lastreados nos conceitos basilares da *Instituição*:

LIBERDADE – IGUALDADE – FRATERNIDADE.

ESCADA DE JACÓ 10

VM

Degrau é definido como uma *superfície plana de piso*, destinada a sustentar o corpo humano, que em conjunto com outras, normalmente de mesmas dimensões, em sentido ascendente ou descendente, conduz de um plano a outro, e um conjunto de *Degraus* compõe então uma *Escada*.

Plano é definido também como *uma superfície paralela ao solo*, com área de piso suficiente à circulação de pessoas ou instalação de móveis.

O *Templo* apresenta-se dividido em *Dois Planos Principais*, onde estão instaladas as *Autoridades*, sendo duas delas no *Primeiro* e uma no *Segundo*, a saber:

- *Os Vigilante no Primeiro Plano Principal que é o das Colunas – o Ocidente, e*
- *O VM no Segundo – o Oriente,*

sendo o acesso do *Primeiro ao Segundo Plano Principal*, é feito por degraus.

1º Vigilante

A *liberdade* estabelecida que permite a circulação entre esses *Planos*, é também indicativa tanto da realidade, como do simbolismo, referentes às oportunidades oferecidas a qualquer integrante da *Ordem*, de *Progresso e Ascensão* nos *Graus Simbólicos*, e na *Hierarquia Administrativa da Loja*.

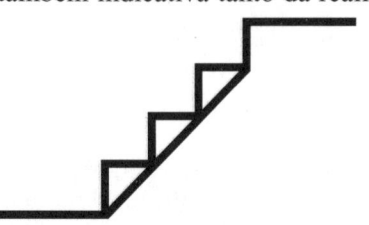

O *Plano das Colunas* é aquele que se acessa sem a utilização de *degraus*, e dali pode ser observado o *Oriente* com degraus para até lá chegar, em *número de 3 (três)*, que resulta em *4 (quatro) Patamares (Pisos)*, sendo que o primeiro degrau esta instalado sobre o piso do *Plano das Colunas*, e o último imediatamente abaixo do *Patamar (Piso) do Oriente*.

'Não' existem, portanto, *4 (quatro) degraus*, pois se houvesse, o último se confundiria com o *Piso do Oriente*, e seria apenas um prolongamento deste.

Cada um dos *degraus* tem um significado específico, e são simbolismos dos mais importantes dentro do *Templo*.

O integrante que sustenta seu corpo sobre um desses *degraus*, simbolicamente, faz isso porque possui em seu caráter a qualidade representada pelo *degrau* no qual está apoiado, e muito mais além disso, porque os demais componentes reconhecem que possui tal qualidade, pela observação de seu *Avental* e respectiva *Jóia*.

Esclarecendo:

• *O Primeiro Degrau que leva ao Oriente simboliza a Força, correspondendo ao Grau de Aprendiz;*
• *O Segundo representa a Beleza, que corresponde ao Grau de Companheiro;* e
• *O Terceiro significa a Ciência, correspondendo ao Grau de Mestre,*

além de que, como já demonstrado, esses *degraus*, representando os *Graus Simbólicos*, são instalados antes do *Plano do Oriente*, não o compondo, isto é, são parte do *Ocidente*.

2º Vigilante

A *correspondência* entre os *degraus* e os *3 (três) Graus do Simbolismo* é *absoluta, indiscutível, intuitiva e etmológica*, porque em latim *Degradus* significa *Degrau*, derivado de *Gradus* que significa *Grau*, e por isso, teoricamente, o *Aprendiz* poderia se sustentar no *Primeiro degrau*, o Companheiro no *Segundo degrau*, e o Mestre no *Terceiro degrau*.

Contudo, fazê-lo e permanecer estacionado, sem poder continuar a subida, certamente não teria sentido, e, como no *Templo* tudo o que é realizado se reveste de profundo sentido esotérico, tais situações seriam descabidas; assim, a menos de condições excepcionais, todos os integrantes detêm a possibilidade de se movimentarem nos *degraus*, desde que cumpridas as exigências regulamentares, e cientes de que apenas quando forem detentores do Grau de Mestre, é que poderão alcançar e circular pelo *Oriente*.

O *Plano das Colunas* simboliza a qualidade do *Trabalho*, enquanto o *Plano do Oriente* significa a característica da *Virtude*, e nesses *Planos* os trabalhos maçônicos se desenvolvem com a *Força na Coluna do Sul*, com a *Beleza na do Norte*, e com a *Ciência na Câmara do Meio*.

Nenhum dos *Dois Vigilantes* ascendem ao *Oriente*, não porque estejam desprovidos da característica da *Virtude*, mas porque devem, obrigatoriamente, ocupar-se com os trabalhos dos integrantes que dirigem em suas respectivas *Colunas*.

Orador

Assim, os Vigilantes se ocupando quase exclusivamente com aqueles trabalhos, durante as Sessões não se preocupam tanto com a *Virtude*, e desta maneira, conduzem seus dirigidos a também não se preocuparem tanto com essa característica nesse período, nem por livre iniciativa.

Os que devem se preocupar intensamente com a *Virtude* são os Mestres que têm assento no *Oriente*, e que nele podem circular, já que para ter assento no *Oriente*, ou a ele ascender, é necessário ter sua *Virtude* reconhecida em *Caráter Definitivo, Provisório ou Eventual*.

Dessa maneira, têm *assento* no *Oriente*:
• Em Caráter Definitivo:

• *Todos os Mestres Instalados, que podem ascender sem serem convidados, por serem considerados 'Guias da Fraternidade',*
• *O VM porque adquiriu a qualidade de Mestre Instalado, após ter tido, no Ato da Eleição, sua Virtude reconhecida pela Loja,*

- Em Caráter Provisório:
  - *O Orador e o Secretário, porque de modo análogo, no Ato da Eleição, tiveram sua Virtude reconhecida pela Loja.*

Secretário

Podem *circular* pelo *Oriente*:
- Em Caráter Provisório:
  - *O Mestre de Cerimônias e o Hospitaleiro, porque tiveram a Virtude reconhecida pelo VM.*
- Em Caráter Eventual:
  - *Os Mestres em quem o VM reconheça a Virtude, designando-os para substituir os integrantes de ofício nos respectivos cargos, quando da ausência destes em dada Sessão,*
  - *O Mestre, Companheiro ou Aprendiz, que o VM determine sejam ali conduzidos pelo Mestre de Cerimônias, independente de reconhecer-lhes Virtude, pois estão sendo acompanhados por quem já a tem reconhecida,*
  - *Os Iniciandos conduzidos por quem tem a Virtude já reconhecida.*

As expressões *Caráter Definitivo, Provisório ou Eventual*, correspondem às seguintes situações, respectivamente:
- *'Caráter Definitivo' – direito projetado no tempo, sem interrupção previsível;*
- *'Caráter Provisório' – direito que tem prazo previsto para sua extinção;*
- *'Caráter Eventual' – direito cujo gozo cessa ao encerrar a Sessão.*

Guarda (ou Cobridor)

Convém esclarecer que o VM ocupa o *Oriente* em *Caráter Definitivo* como *Mestre Instalado*, porém, toma assento no *Trono*, dito de *Salomão*, em *Caráter Provisório*, pois deverá ser substituído quando da *Eleição* seguinte.

No referente aos *Planos de Autoridade*, o 2º Vigilante se instala no *Plano* que simboliza a *Pureza*, pois seria impossível conceber-se que os trabalhos pudessem produzir *Beleza*, sem o concurso do *Refinamento do Espírito,* o estado de *Pureza da Alma*.

Da mesma forma, o 1º Vigilante também se instala no mesmo *Plano* que representa a *Pureza*, pois deve ter esmerada essa qualidade, porque os que compõem sua *Coluna* já a têm caracterizada.

Com muito maior propriedade isso se faz necessário, pois a região em que se instala o 1º Vigilante, se encontra a *meio caminho* da observância da totalidade da *Luz*, enquanto a do 2º Vigilante ainda permanece às escuras em relação ao *Templo*, tendo plena consciência de ser apenas no *Templo*, que os *Aprendizes* devem procurar ver e ouvir os ditames da *Instituição*.

O *Trono de Salomão*, onde se assenta o VM, encontra-se no *Plano que simboliza a Verdade*, ao qual se ascende por mais *Dois Degraus*, chegando ao *Terceiro Patamar*, a partir do *Piso do Oriente, Degraus* estes que simbolizam *a Pureza, e a Luz*.

VM

Valeria ressaltar que *'da Força, da Beleza e da Ciência*, resulta o *Trabalho*, enquanto *'da Pureza e da Luz'* surge fulgurante a *Verdade*.

A *Luz* mencionada não é aquela adquirida na *Iniciação*, que é a do *Iniciado* para si mesmo; aqui se trata da *Luz* que *é Projetada* para os demais integrantes, uma *Luz Irradiada* que é refletida pela própria *Iluminação Interior* de cada componente.

Já a *Verdade* também significa o *Dever indeclinável, incondicional e perene*, que o VM, ao converter-se em *Mestre Instalado*, assumiu para com a Loja e a *Sublime Ordem*, isto é, de ser a personificação do *Rei Salomão*, sempre *dizendo, praticando e cultuando a Verdade*.

Assim, a *'ascensão nos Graus, nos Degraus e nos Planos*, esta revestida dos mais *Altos Valores*, os quais distinguem:

- *Os integrantes da Instituição dos profanos, e*
- *As Luzes e Oficiais dos demais que estão na sua própria 'Senda Ascensional'.*

Finalmente, espera-se que com esta visão de parte da *Simbologia Maçônica*, os integrantes da *Ordem* possam compreender melhor o que deles se espera, resumido na divisa:

PARA FRENTE, E PARA CIMA!

ESPADA

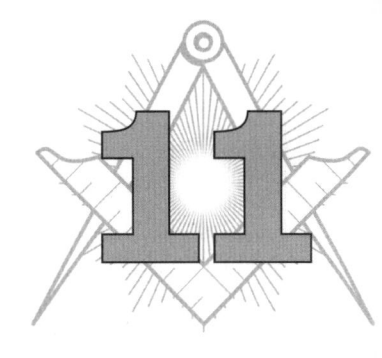

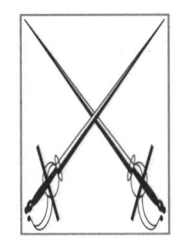

VM

A *Espada* é definida como:

> • *Arma branca, de lâmina longa e aguda, com corte num ou ambos os lados, fixada a um punho e guardada numa bainha,...*

O uso da *Espada* vem de eras remotas, atravessando séculos, e sendo admitida na *Maçonaria* como *Símbolo*; inclusive no *Livro Sagrado*, onde a *Maçonaria* se baseia, existe menção à *Espada*.

Como em quase tudo que o cercava, a evolução humana fez novas descobertas: no início usava instrumentos rudimentares, mas, após a *Lança* e o *Escudo*, chegou à *Espada*.

1º Vigilante

A *Espada* se presta a uma *vasta interpretação simbólica*, e por isso, mesmo tendo sido usada antigamente por nobres e espadachins, que proporcionaram no curso da História, muitos duelos que se tornaram famosos, a *Espada* também passou a figurar na *Maçonaria*, só que como *Símbolo de Igualdade*, em razão do nivelamento de seus integrantes, que têm as mais variadas origens, e que indistintamente se assentavam na *Sublime Instituição*.

O porte da *Espada* na *Instituição* deixou de ser um *privilégio* para tornar-se uma *prática*, que para o *Maçom* não é ofensiva, senão moralmente, demonstrando o *combate* que o *Iniciado* deve sustentar na *defesa* da *Justiça e da Verdade*, já que lhe cabe mais do que a qualquer outro, o *dever de lutar sempre* contra a *Injustiça e a Mentira*, com as competentes *Armas Legais* – Direito de todo cidadão –, das quais a *Espada* é o mais tradicional simbolismo.

Diversos estudiosos, por vezes, estranham que a *Espada* figure entre os *Símbolos Pacíficos* da *Maçonaria*, por entendê-la *apenas* como sendo uma *arma de luta ou de defesa individual*, e indagam se a *Espada* estaria verdadeiramente em seu lugar numa *Loja Maçônica*.

Um *costume antigo* prescreve que diante da *Porta do Templo* deverá se postar um integrante encarregado de afastar os profanos, armado com uma *Espada* desembainhada.

2º Vigilante

A *Bíblia* diz que:

> *"A entrada do Paraíso era guarnecida por dois querubins armados de 'Espadas', brandindo-as num círculo de fogo." (Gênesis, cap. III, vers. 24),*

e ainda que:

> *"Não fizeram os antigos construtores uso da 'Espada' nas suas Iniciações?",*

ignora-se, porém, esse fato; depois do uso do *Machado e do Martelo*, o *'Gládio'* tornou-se a arma sagrada por excelência.

Os *mágicos* não puderam fazer uso da *Espada*, senão lhe atribuindo uma *ação misteriosa*, a saber:

> • *Como prolongamento do braço a 'Espada' conduzia, seguindo sua crença, às emanações dos indivíduos, projetando-as longe.*

É em razão do papel atribuído à *Espada*, que esta se tornou depois também o *Símbolo do Verbo*, a emanação ativa do centro universalmente radiante.

O estudioso e autor *Nicola Aslan* descreve a arma, com base na Lenda de que os construtores do *Segundo Templo de Jerusalém*, erigido por *Zorobabel*:

> • *"Seguravam a colher de pedreiro (trolha) com a mão direita, e a 'Espada' com a mão esquerda."*

Orador

Narram os *ocultistas* que a *Espada*, inútil para os construtores, é uma *arma mágica* temível aos fantasmas, como mostra *Homero na Odisséia* quando canta seu herói, que evoca a sombra do divino *Terésias*, e acrescenta:

> • *"Saibamos manejar este aço, e nenhuma calúnia poderá alcançar-nos."*

e ainda complementa Aslan:

> • *"Considero a 'Espada' obrigatória em certas Cerimônias, como no Ato do Juramento, no qual desempenha o Símbolo da Honra, Valor e Dignidade. E nenhum Maçom é considerado investido em seus diferentes Graus, se antes não prestar solenemente o Juramento ritualístico, perante o Símbolo de Honra e Dignidade, a 'Espada' que os Maçons juram exaltar."*

A importância da *Espada* na *Maçonaria* reafirma-se pela criação, em alguns *Ritos*, do oficial *Porta-Espada*, que se posta no lugar à frente do *Secretário*, e ainda tem a missão de conduzi-la nas solenidades como *Emblema de Poder*.

Também, em certos *Ritos*, a *Espada* é empunhada desembainhada na *Porta do Templo* pelo *Cobridor, o Guardião da Entrada*, além de ser portada pelos *Mestre de Cerimônias, 2º Experto e Aquiteto*.

Assim como, no *Grau de Aprendiz*, três integrantes munidos de *Espadas* cobrem o *Orador* formando o *Pálio, tal qual uma pirâmide*, com os braços direitos e as *Espadas* estendidos, tocando-se e cruzando-se no alto, enquanto é aberto e lido o *Livro da Lei*, ritualística repetida no encerramento dos trabalhos das *Sessões*, quando o mesmo é fechado.

Secretário

Nas *Cerimônias de Iniciação* as *Espadas* são utilizadas:

> • *Na produção do 'Tinir das armas', simbolizando a luta do novo Maçom para triunfar sobre as paixões, tanto as próprias quanto as dos demais,*
> • *No ritualismo do 'Perjúrio', e*

- *No momento da 'Concessão da Luz', na montagem do semi-círculo de aço, única ocasião em que são portadas na mão esquerda, que defenderá o Recém-Iniciado.*

No culto ao *Pavilhão Nacional*, em sinal de respeito, as *Espadas* são estendidas pelos integrantes a 45° em direção ao solo na mão direita, em sua passagem, quando estiver sendo introduzido ou deixando o *Templo*.

Quando sentado, o portador deve manter a *Espada apoiada* no solo com a ponta para baixo, segura com as duas mãos superpostas na cruzeta, a mão direita sobre a esquerda no ápice do punho, com as pernas ligeiramente entre-abertas e a arma no meio, tanto para protegê-la como para não a deixar cair.

Na formação da denominada *Abóbada de Aço, cerimônia especial em homenagem a Dignatários*, os integrantes se postam de frente em duas filas paralelas, estendem o braço direito armado de *Espadas*, voltadas para cima e para frente a 45°; as *Espadas* devem ser empunhadas com o dorso da mão para fora e a lâmina na vertical, os quatro dedos unidos e o polegar na cruzeta, e tocando a arma do integrante à sua frente, montando a cobertura.

Guarda (ou Cobridor)

Historicamente, quando o *Rei Luiz XVI* entrava no *Hotel de Ville, em Paris, França,*. em 17/Julho/1789, os *Maçons* presentes o homenagearam formando uma grande *Abóbada de Aço* na escadaria existente.

A *Espada Maçônica* deve ter:

- *No ápice do punho, um triângulo contendo o esquadro e compasso,*
- *Na haste horizontal do punho, a 'Estrela Flamígera',*
- *Em um lado, outro esquadro e compasso,*
- *No outro lado, a trolha e o malhete, todos 'símbolos' da Ordem, e*
- *Seu comprimento deve ser padronizado, tal que 'não' toque o solo quando em reverência empunhada na diagonal.*

Há autores maçônicos que descrevem a *Espada* de modos diferentes, e profanamente, no campo militar sua descrição é ainda mais diversa.

A *Espada Flamígera* utilizada pela *Maçonaria*, é considerada como a *Espada de Fogo*, tanto que o escritor *Boucher* descreve seu significado *Esotérico e Simbólico*:

- *"Segundo autores e filósofos, a Espada do Venerável Mestre denomina-se 'Espada Flamígera, Flamejante ou Chamejante'. 'Não' é uma arma, na acepção do termo, mas um aparelho transmissor iniciático, razão pela qual, do seu punho cruciforme se estende a lâmina ondulada e sem gume, e seu uso é privativo do Mestre Instalado."*

VM

A *'Espada Flamígera'* deve estar alocada na Loja no *Altar da Sabedoria*, e em alguns *Ritos*, junto a *Bíblia, Esquadro e Compasso*, e cabe posicioná-la conforme o *Grau* em que a *Oficina* esteja desenvolvendo seus trabalhos.

Finalmente, valeria mencionar que sua *Lâmina ondeada significando o Fogo*, é um dos mais antigos *Símbolos da Antiguidade*, pois os *Druidas* já usavam denominando-a *Belino*, isto é, a tinham materialmente significando o *Deus Sol*.

ESQUADRO E COMPASSO

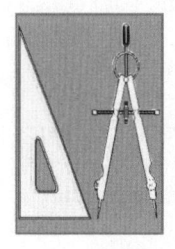

VM

Esses 2 (dois) instrumentos, que são legados pelos pedreiros, devem estar sempre *'juntos e associados'*.

O *'Esquadro'* é responsável pelas linhas retas em esquadria, com ângulos de 90°, tem a propriedade de auxiliar no traçado do *'quadrado'*, porém, deve estar acompanhado do *'Compasso'* que lhe alivia a incumbência, pois segue o que é responsável pelos *'círculos'*.

1º Vigilante

O *'Esquadro como Jóia no Fitão ou no Avental do Venerável'*, significa a *'retidão de propósitos'* que deve ter em observar a *'inviolabilidade' das Leis da Loja*, tanto quanto *'no perfeito estabelecimento da equipe'*, porque o *'Esquadro'* retifica – ordena – e representa, sem dúvida, o *'Bem ou a vontade do Bem'*.

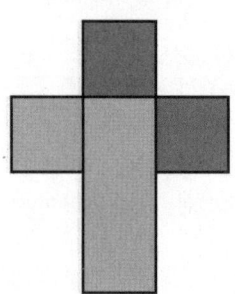

A intenção de ser considerado o *'Esquadro como Jóia do Venerável'*, presume-se, foi porque o Venerável tem como atividade primordial a criação de *Maçons* foi porque o Venerável tem como atividade primordial a criação de *Maçons Perfeitos*, como sinal de *retidão*, e se constitui no *'instrumento principal'* de promoção da transformação da Pedra Bruta em Pedra Cúbica ou Polida.

Com 2 (dois) *'Esquadros'* forma-se o *maior símbolo cristão*, isto é, a Cruz, enquanto na simbologia pitagórica o *'Esquadro'* é o signo dos *'gnomos'*.

2º Vigilante

Já o *'Compasso'*, criado para construir *'círculos perfeitos'*, indica *o centro – o raio – e o diâmetro desse círculo*.

É possível vislumbrá-lo como sendo a *'imagem dos pensamentos'* nos diversos *'círculos'* que percorre, e pelo *'afastamento ou aproximação de seus braços'* estar-se-ia diferenciando os diversos *'modos de raciocínio'*, que de acordo com as circunstâncias, devem ser *abundantes, amplos, precisos, conclusivos, claros e persuasivos*.

O *'Compasso'*, segundo Wirth, é o *'símbolo do relativo'*, que lembra um ser humano com a cabeça e 2 (dois) braços que se afastam a vontade, medindo *o 'domínio' que este ser humano pode atingir*, isto é, *o conhecimento ou o incognocível*.

Orador

Segundo alguns escritores, o *'círculo centrado pelo ponto'* representa o *Sol ou o Emblema Solar*, assim, combina:

- *'Círculo infinito e o ponto'* ao *'símbolo do início de toda a manifestação'*.

Ainda assim, o *'Absoluto e o Relativo'* estão representados pelo *'Compasso'*, símbolo que é a figura:

- da Dualidade – por seus Braços, e da União – pela Cabeça do *'Compasso'*.

O *'Esquadro'* é um instrumento <u>fixo</u>, enquanto o *'Compasso'* é <u>móvel</u>, por isso, pode-se inferir que em relação ao *'Esquadro passivo o Compasso é ativo'*.

Dada a elasticidade de abertura de seus braços, que podem atingir 90° ou mais, o *'Compasso o símbolo do Espírito'*, com poderes sobre o *'Esquadro que simboliza a Matéria'*.

Secretário

Por essa razão, é que a abertura de seus braços vai aumentando de acordo com o *'Grau maçônico atingido'*, porém, devendo chegar ao *'máximo de 90°'*, isto é, *'a esquadria'*.

Nas várias Sessões da Loja, o *'Compasso e o Esquadro'* são colocados sobre o Livro da Lei aberto no Altar dos Juramentos de modos diferentes, dependendo do Rito adotado pela Oficina, porém, no Grau de Aprendiz o *'Esquadro'* sempre deve ser sobreposto ao *'Compasso'*.

Segundo *Plantageneta*, essa antiga tradição significa que naquele *Grau*, o *'Esquadro'* representando a *'Matéria'*, cobre os 2 (dois) braços do *'Compasso'* que simboliza o *'Espírito'*, demonstrando que o Aprendiz só pode ser merecedor de atenção, pois não está em condições de oferecer muito conhecimento, pois dele só é possível exigir-se *'sinceridade e confiança'*.

Sendo o *'Esquadro a representação da Matéria'*, e o *'Compasso do Espírito'*, pode-se aferir que no 1º (primeiro) Grau de Aprendiz:

- *'A Matéria domina o Espírito'*.

Guarda (ou Cobridor)

Já no 2º (segundo) Grau de Companheiro, o *'Esquadro'* é entrecruzado com o *'Compasso'*, com um de seus braços sobre uma das hastes do *'Esquadro'*, significando que o *'Misto'* não cumpre sua tarefa às cegas, e que a moral do símbolo é *'Sinceridade e Discernimento'*, assim, no Grau de Companheiro pode-se dizer que:

- *'O Espírito e a Matéria se equilibram'*.

Enquanto no 3º (terceiro) Grau de Mestre, o 'Esquadro' é colocado debaixo do 'Compasso', o que permite estabelecer que a moral do símbolo é 'Discernimento e Justiça', a saber, neste Grau de Mestre:

- *'O Espírito se eleva acima da Matéria, e a transcende'*.

Conforme o Rito adotado pela Loja, por exemplo no Adonhiramita, o *'Compasso'* é utilizado no Cerimonial de Iniciação ao 1º (primeiro) Grau, no momento em que é pronunciado o *Juramento* que o ligará à *Maçonaria*, quando o recipiendário apóia sobre o peito as pontas de um *'Compasso'* seguro pela mão esquerda.

VM

Segundo o pesquisador e autor *Ragon*, quando o *'Compasso'* é colocado sobre o peito nu – entendido como o *'alojamento da consciência'* –, deve lembrar ao recipiendário que em sua vida passada, seus objetivos e iniciativas nem sempre podem ter sido regrados por esse *'símbolo de exatidão'*, e que, indiscutivelmente, a partir de sua Iniciação, deverá sempre passar a dirigir seus *'pensamentos e ações'*.

Finalmente, o *'Compasso'*, representando o *'Espírito'*, deve significar que acima do sentimento (do coração), convém colocar, não a razão – seca e fria, mas antes o *'Espírito Iniciático'* em toda sua transcendência.

GABINETE DE REFLEXÃO

VM

Os símbolos colocados no Gabinete (ou Câmara) de Reflexão são: *Ossos ou Esqueleto Humano – Crânio Humano – Pão – Água – Enxofre – Sal – Ampulheta – figura de um Galo – Mercúrio – Bandeirola – e Inscrições*, algumas *pintadas, copiadas ou no original*.

Pão e Água

Segundo o autor *Gédalge*, o *Pão e a Água* compararam o *Gabinete de Reflexões* a um *in-pace*, onde o profano se recolhe na expectativa do *pior*, mas é também a imagem do *ovo* no qual o germe se desenvolve, e por conseqüência, o *Pão e Água* são os emblemas da *simplicidade* a orientar a vida do futuro Iniciado.

1º Vigilante

O *Pão* está ligado ao símbolo de *Ísis e Deméter*, e que em muitas religiões representa a *carne* de *Deus Sacrificado*.

O *Pão e a Água* simbolizam os *alimentos do Corpo e do Espírito*, alimento material e espiritual, necessários ao homem.

Sobre este tema o escritor *Oswald Wirth* diz:

> *"O Pão e a Água constituem a reserva alimentar que, no fruto e no ovo, servem para alimentar o germe no desenvolvimento".*

Pelas *Sagradas Escrituras* sabe-se que o *Profeta Elias*, dormindo sob uma árvore recebe de um anjo *Pão e Água*, e após comer e beber, subiu o *Monte Oreb*.

Simbolicamente, ao profano é oferecido alimento, visando suportar as provas a que será submetido, assim:

- *A Água – indispensável à sua vida, e*
- *O Pão – pois viria do trigo, sua força moral e o alimento espiritual.*

Não esquecer que o *Pão* foi partido e distribuído por *Jesus Cristo na Santa Ceia*, lembrando que na *Páscoa Judaica* o *Pão* servido não pode ser fermentado, e atualmente, no *Catolicismo*, o *Pão* simboliza a *Comunhão* em forma de hóstias.

Enxofre, Sal e Mercúrio

O '*Enxofre, Sal e Mercúrio*' são *3 (três) Princípios Herméticos* definidos:

- *Enxofre simbolizando o Espírito,*
- *Sal significando a Sabedoria e a Ciência, e*
- *Mercúrio, representado pelo Galo, como explanação do atributo de Hermes.*

Além disso, são também definidos:

- *O Enxofre como o 'princípio masculino',*
- *O Mercúrio como o 'princípio feminino',*
- *O Sal como 'neutro'.*

Já pelas *teorias antigas* da simbologia associada ao *ovo*, constava:

- *O Mercúrio era simbolizado pela clara,*
- *O Enxofre pela gema, e*
- *O Sal pela casca.*

Na composição de um metal qualquer, o *Enxofre* tinha como significado a *Alma – o Fixo*, e o *Mercúrio* o *Corpo – o Volátil*, até porque o *Enxofre* concedia ao metal suas propriedades químicas, e o *Mercúrio* as físicas.

2º Vigilante

Até a atualidade todo o exposto acima não perdeu valor, pois aquelas significações aplicam-se a *princípios* e não a *corpos químicos*.

Por conta do *Enxofre* também simbolizar o *ardor*, e o *Sal* a *ponderação*, pode ser esclarecido ao recipiendário que deve comportar-se com *entusiasmo*, porém com *moderação*.

Já o *Mercúrio* representado pela figura de um *Galo*, simboliza *ousadia e vigilância*, e sobre esse assunto diz o autor *Fulcanelli*:

"*O Galo representa o azougue (entendido como vivo, esperto) secreto*",

e o estudioso *Kreuzer*:

"*Que lembra em primeiro lugar 'São Pedro', em segundo a 'Penitência', e em terceiro as 'Assembléias dos fiéis reunidos ao seu primeiro canto'.*"

Em resumo, recomenda aos leigos a *Vigilância*, tanto que a figura do *Galo* encimava a maioria das *Igrejas na Idade Média*.

Curioso é que os *Maçons* colocam o *Galo* nos *Gabinetes de Reflexão*, praticamente escondido, enquanto os cristãos o colocam nos pontos mais altos de suas *Igrejas*.

Na *Maçonaria* o *Galo* anuncia a *Luz* que o recipiendário *'vai receber'*, constituindo-se no *signo esotérico* dessa *Luz*.

Bandeirola

O autor *Gédalge* compara a *Bandeirola – Vigilância e Perseverança*, à *Escola Mística (ou Nems)*, um dos emblemas na *Abobada Celeste*.

Encontra-se também como símbolo na *Arca da Aliança, e nos cintos e estolas de Afrodite, de Íris, de Deméter*, etc.

As palavras *Vigilância e Perseverança* também podem ser interpretadas como *Velar Severamente*, indicando ao futuro *Maçom* que deve atentar aos *magníficos e exemplares sentidos* ofertados pelos símbolos, cujo entendimento só será conseguido através do respectivo estudo e entendimento por inteiro, o que demanda trabalho, a ser exercido com muita *perseverança*, caso deseje obter sucesso nesse objetivo.

Orador _____

V. I. T. R. I. O. L.

Estas letras são atribuídas à divisa dos *'Rosa-Cruzes'*, que significam:

- *'Visita Interiora Terrae Rectificandoque, Inventes Ocultum Labidem'*, ou
- *'Visita o Interior da Terra, Retificando, Encontrarás a Pedra Oculta'*,

tratando-se, portanto, da procura do *Ego* profundo – a *Alma* humana, em silêncio e meditação.

Para o escritor *Theobaldo Varolli Filho*, quando no exercício do cargo de *Grande Secretário de Orientação Ritualística*, aquela frase é:

- *'A original expressão dos antigos alquimistas'*.

As Perguntas

Muitos *Maçons* continuam a crer, injustificadamente, que quando foram introduzidos na *Câmara de Reflexões*, a finalidade do ato seria de intimidação.

No entretanto, ali só se encontram peças que se prestam a infundir *respeito e meditação* ao recipiendário, tal como várias *Perguntas* que devem responder por escrito, na tentativa de que esses futuros *Iniciados*, influenciados pela ambientação inédita onde se encontram, reflitam e consolidem pela escrita os seus próprios conceitos.

Além delas, também existe o *Testamento Simbólico*, documento solene da confissão de deveres que devem ser aceitos, tratando-se de um *Testamento Iniciático*, portanto, diferente dos *testamentos* mais comuns com regulamentação através do *Direito Civil*.

Entre outras, há diversas *Perguntas* que são feitas, como:

1ª) Quais são os 'Deveres' do homem para com Deus?

Sabedores, de que os rasgos da eloqüência humana proferidos até estes dias, não conseguiram expor a *exata compreensão* de *Deus*, ninguém pode narrar a *natureza* do *Supremo Criador*.

De fato, tanto a *compreensão* como a *natureza* do *Grande Mestre* – o *Autor de todas as coisas*, não são passíveis de *'unânime interpretação positiva'*, e assim, devem ser *admissíveis* as opiniões individualizadas, sem qualquer traço de violência à *Razão*.

Secretário _____

Tal é o respeito dos *Maçons* por essas opiniões, porque não podem ser de outra forma concebido pelos homens, pois a prova cabal de *Sua Existência* nasce da experiência das intenções dos próprios homens, que podem gerar circunstancialmente a intuição de que o *Divino Poder* se faz na *Razão*, sem a qual nada existiria.

Os homens podem *senti-Lo* em todos os momentos, e por isso, *O* colocarem acima de todo o precário do *Mundo, identificando-O* com o que é *'infinito'*, e assim, por si mesmos criaram *Deveres* para com *Ele*, sendo que a determinação desses *Deveres* implica em no reconhecimento, primordialmente, da *Sua Existência*.

A idéia da *Moral* tomou vulto nos sentimentos dos obreiros da *Arte Real*, através da sublimação do *Justo e do Bem*, e assim, a verdadeira finalidade da *Maçonaria* resultou na elevação da *Humanidade* na prática das *Virtudes*, conforme deixa impresso em sua obra básica – *A Constituição*, e esse seria o alvo a atingir no cumprimento dos *Deveres* para com *Deus*.

E seguem as demais *Perguntas*, a saber:

> *2ª) Quais são os Deveres do homem para consigo mesmo?;*
> *3ª) Quais os Deveres do homem para com a Humanidade?;*
> *4ª) Quais os Deveres para com a Pátria e a Família?*

O autor *Louis Claude de Saint Martin* afirma que:

> *"O Homem é o verdadeiro Templo, e que ele possui em si os mesmos flabelos (ventarola), o sacrificador, os perfumes e as oferendas, o altar e o fogo".*

Guarda (ou Cobridor)

Em questões referentes à *Deus, à Pátria e à Família*, deve-se sempre ser prudente e aceitar as recomendações estatutárias, considerando que a cada um cumpre determinar suas apreciações e preferências nos diversos casos.

Já na questão referente aos *Deveres* para consigo mesmo, espera-se que, antes de qualquer posicionamento, a resposta deva ser *sincera*, o que parece difícil à primeira vista, porque, normalmente, o homem se reveste de muitas personalidades, tal qual um ator, pois sempre é diferente sua atitude frente a cada pessoa que encontra ou convive.

A *sinceridade* que é exigida do recipiendário, obriga-o a se mostrar como é, constituindo uma das condições que tornarão válida ou não sua *Iniciação*.

Para com a *Humanidade* as respostas obtidas aos *Deveres*, geralmente, são muito precisas para consigo mesmo, e não tão exatas para com os demais, e por isso, seria necessário esclarecer aos recipendiários que a *Maçonaria* espera que todos os *Maçons* sejam:

- *'Benevolentes', sem por isso chegar à fraqueza,*
- *'Atenciosos', segundo os princípios da Moral e da Virtude,*
- *Praticantes da 'Beneficência',*
- *'Colaboradores' na assistência aos Irmãos, minorando seu infortúnio, ou transmitindo conselhos, luzes e saber,*
- *'Regulares' na Loja,*
- *'Controlados e Respeitadores' com seus pares e dirigentes maçônicos, e*
- *'Obedientes' aos Estatutos e Regulamentos da Ordem, jurados na Iniciação.*

VM

Há de se admitir, pacificamente, como verdadeira as afirmações:

- *Que o homem se mantém ligado aos outros, e*
- *É imprescindível reputá-lo como vivendo socialmente,*

pois *todos são cidadãos do Mundo*, oriundos da mesma *Fonte Criadora*, com idênticos direitos de serem respeitados e acatados, já que são semelhantes para com as finalidades do existir.

Finalmente, a *Humanidade* vista maçonicamente, é a *Pátria do Ideal*, porque quando:

- *O coração se pronuncia, a 'Pátria é o Berço',*
- *O ideal fala, a 'Pátria é a Humanidade', e*
- *O interesse prima, a 'Pátria é o Estado',*

porém, quando o coração está voltado à sentimentos mais elevados:

- *A 'Pátria' são os 'Seus Semelhantes'.*

INICIAÇÃO MAÇÔNICA

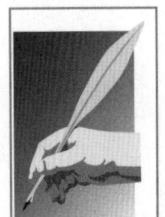

VM

Em todas as *Escolas Herméticas* há uma *Cerimônia* com a qual recebem os *Candidatos* – é a *'Cerimônia de Iniciação'*.

Essa *Cerimônia*, que não é de imediato compreendida pela maioria dos *Candidatos*, trata-se de um ato significativo cuja importância está oculta sob a enganosa aparência do véu exterior.

A palavra *Iniciação* deriva do latim *Initiare ou Initiatio*, cuja origem etimológica vem de *Initium*, que significa *Início ou Começo*, enquanto outros entendem sua possível origem em *Inire*, que se compõem de 2 (duas) partes, a saber, *In = para dentro* e *Ire = ir*, que pode ser entendida como *Ir para dentro, Penetrar, Ingressar ou Começar novo estado de coisas*, e assim, o termo *Iniciação* carrega o duplo sentido de *Iniciar ou Ingressar*.

E dessa etimologia da palavra, pode-se depreender que o significado da *Iniciação* seria:

• *O ingresso no novo mundo interno para começar uma vida nova,*

e por isso, a *Iniciação Maçônica* é uma jóia inestimável na coroa do simbolismo.

Sob o aspecto esotérico, a *Iniciação* seria um *Rito de Transição*, que simbolicamente imita um *Novo Nascimento*, ao qual se submete o *Aspirante* a provas que balizam no curso da existência humana.

Os *hindus* têm uma expressão para definir os *Iniciados*:

• *"São os nascidos duas vezes",*

a primeira vez de sua *'mãe natural'*, e a segunda vez do *'interior de si mesmo'*, através do rompimento da *materialidade* que aprisiona, o que proporciona o desenvolvimento da *espiritualidade*.

Sendo o *Gabinete (Câmara) das Reflexões* o *símbolo do interior do homem*, pois ao cerrar os sentidos para o mundo externo, o *Candidato* se acha em sua *Própria Câmara das Reflexões*.

Estando isolado na obscuridade, que representam as trevas da *matéria física* que rodeiam o *espírito*, deve aprimorar-se até sua completa maturidade, além de ser este interior obscuro, o estado de consciência do profano que vive sempre fora do *Templo*, no meio daquelas trevas.

1º Vigilante

Quando o *Candidato* começa, por introspecção, a se dirigir à *Luz do Pensamento*, concentrando-a em seu próprio interior, a *Verdadeira Iluminação* começa invadir seu *Templo Interno*, e dominar sua mente.

Ao *Iniciante*, então, é o que dirige seu *Pensamento ao Mundo do Espírito*, que conduz ao *Conhecimento do Universo, do Corpo e de Deus*, que nele habitam, pois o *Espírito Único e Universal* está em todos os seres do *Universo*.

Os *Deuses do Universo* têm representantes no *Corpo do Homem*, e esses representantes podem ser os *átomos*, e por isso, assim dizia *Trimegisto*:

- *"O que esta em cima é como o que esta embaixo",*

e também disse Jesus:

- *"O reino de Deus esta dentro de vós".*

A *Porta da Verdadeira Iniciação* que conduz ao *Reino de Deus ou Mundo Interno*, é o *Coração*, enquanto o *Corpo* seria esta *Porta* no *Templo*, isto é, a representação das coisas *celestiais e espirituais*, sendo então o *Corpo* venerado nas *sublimes realidades*.

O *Candidato* deveria conhecer os *Mistérios das Antigas Iniciações*, para compreender e praticar, conscientemente, a *Iniciação Moderna*, até porque, para a real compreensão da *Verdade* deve ser muito estudado o *Simbolismo – verdadeiro caminho da Sabedoria*.

Com relação ao *Egito* na *Antiguidade*, os egípcios praticavam a *Iniciação* na *Grande Pirâmide*, sendo que este *monumento* jamais foi uma tumba de faraós, como querem demonstrar alguns estudiosos, e ainda, porque o termo *Pirâmide* tem origem em *Pyr* que significa *Fogo*, e simbolicamente, *Espírito*.

Tem-se na *Grande Pirâmide* uma fidelíssima cópia do *Corpo Humano*, e assim, seria possível dizer-se que, simbolicamente, é a tumba do *Deus Íntimo* que se encontra no interior do homem, e para este retorne à composição de uma promissora *Unidade com o Deus Íntimo*, deve sempre buscar *'A própria Iniciação em seu Mundo Interno'*, do mesmo modo como nos tempos antigos, quando o *Aspirante* adentrava na *Grande Pirâmide* realizando sua *Iniciação*.

2º Vigilante

As *Religiões* e *Escolas Iniciáticas* materializam os *Mistérios* por duas razões:

- *Para velá-los aos olhos do Profano, e*
- *Facilitar a compreensão do Candidato.*

Tanto que *Amedes* diz a *Shetos*, chegando aos pés do *Santuário da Iniciação*:

> "Seus caminhos secretos conduzem os homens amados dos deuses a um fim que nem sequer posso nomear. É indispensável que façam nascer em si o desejo de alcançá-lo. A entrada da Pirâmide está aberta a todos, porém, compadeço-me dos que tem que procurar a saída pela mesma porta cujos umbrais franquearam, não conseguindo outra coisa senão satisfazer sua curiosidade, imperfeitamente, e ver o pouco que lhe foi dado conhecer".

O *Aspirante*, insistindo na *Iniciação*, atrás do *Mestre* escala o *Lado Norte* da *Pirâmide* até uma *Porta quadrada estreita sempre aberta*, que se acessa por um passadiço apertado, o que simboliza as características do *Espírito*.

A *Iniciação* na *Pirâmide* equivale à:

- *Comunicação com os 'Grandes Mistérios do Espírito', e*
- *União do 'Reino de Deus Interno com o Pai'.*

Desta maneira, esta *Chama do Pensamento*, que não é uma espécie de *fogo* material, nem tampouco o *fogo e a luz dos sóis*, seria um tipo de *fogo* que *não queima* mas *arde* interiormente ao *Iniciado*, mil vezes mais excelso.

A *Grande Pirâmide Iniciática*, dentro da qual penetravam os *Candidatos*, é o símbolo do seu *Próprio Corpo*, e nela se iniciando, evolutivamente, chegariam à condição de *Adeptos Divinos*, condição de todos aqueles que provém a *Iniciação* aos demais seres inferiores.

Orador

A *Porta estreita da Pirâmide* é a mesma do *Evangelho* que conduz à *Salvação*, e estando *sempre aberta*, significa que para poder nela entrar, dever-se-ia *Iniciar ou dobrar a si mesmo*, conduzindo-se ao *Mundo Interno* através do *Pensamento*.

As *Leis da Maçonaria* são as mesmas das *Religiões*, que objetivam descobrir:

- *'O Verdadeiro Ser Interior'*, e
- *'O Conhecimento de Si Mesmo'*,

porém, como sucede em muitas *Religiões* e não na *Maçonaria*, essas tentam materializar seus *Pensamentos* para adorá-los como *Deuses*, ao invés de *Espiritualizar suas obras*.

Sabe-se que os *Conhecimentos Exotéricos das Religiões e da Maçonaria* são, atualmente, mostrados a todas as pessoas, porém, os *Verdadeiros Mistérios da Instituição* não se encontram nos *Livros, Rituais ou Cerimônias*, mas estão no mais *Íntimo do Espírito*, cuja *Porta* está sempre *guardada e vigiada* pelo *Anjo da Espada Flamígera*.

O *Símbolo* como *Verdadeira Arte*, nunca deve falar aos sentidos, mas excitar a imaginação; porém, infelizmente, o ser humano tem-na tão lerda, que não se anima a esquadrejar nada, contentando-se em adorar o *ídolo* que gerou, e por isso, o *real objetivo* da *Maçonaria* é a *Investigação da Verdade*, que deve ser *interna e subjetiva*, e que pensem muito bem nisso os *Maçons* descrentes.

Diz-se que os *Símbolos* são a *Alegoria da Verdade*, mas *Não são a Verdade*, apenas exprimem a *imagem da realidade das coisas*, pois o *símbolo* é o *corpo físico da idéia*, mas, para a conhecer tem-se que senti-la e concebê-la, porque a finalidade da *Maçonaria* é que cada ser humano *Conheça a Si Mesmo*, cultuando o *Próprio Conhecimento*, não o estudo de anatomia, embora muitas vezes a magnificência da anatomia conduza esse ser à meditação deste *maravilhoso mistério*.

Secretário

Considerações sobre a Cerimônia

A Iniciação é o ponto alto da Vida Maçônica, é o momento de maior emoção para o *Maçom*, pois trata-se de experiência inesquecível, e parafraseando o adágio popular, *é a primeira impressão que perdura*, porém, nem sempre a *Cerimônia* é realizada com a *beleza, emotividade e seriedade* que deveria ter.

Por vezes a *Sessão* é relegada à condição de uma simples reunião, com seu ápice no posterior banquete, porém, seria mais *digno – coerente – e apropriado*, que não fosse dada tanta importância a essa celebração posterior; assim, sempre dever-se-ia cuidar com muito *esmero* a própria *Sessão*, no mínimo em maior intensidade do que dedicam ao ágape.

Por mais experiência que uma *Administração* tenha em realizar *Iniciações*, jamais deveria dispensar ensaio prévio, pois é nesse treinamento que são adquiridos os conhecimentos do *texto, desenvoltura e rigor* para conduzir o drama litúrgico.

Por vezes, a *Cerimônia* é conduzida de maneira trôpega, e o *Candidato*, vendado, infere que os participantes não dominam o que estão fazendo.

Então como criar:

- *Uma atmosfera de emotividade?,*
- *As condições para a necessária introspecção?, e*
- *Uma egrégora apropriada à condução de tão importante trabalho?,*

se a *Administração* estiver procurando:

- *O trecho a ser lido,*
- *O utensílio necessário,*
- *O local para acomodar o inevitável visitante atrasado,*
- *A música apropriada,*
- *A luz para leitura, e*
- *Tantos outros detalhes,*

que quebram o andamento do *Cerimonial*, que já deveriam estar devidamente providenciados.

O data da *Iniciação* é repleta de atividades na Loja, havendo mesmo casos em que os preparativos alongam-se por todo o dia, sendo preciso que pelo menos 2 (duas) horas antes da *Sessão*, toda a *Administração* e os escalados para o trabalho devessem estar disponíveis na Oficina, para a condução da etapa na *Câmara de Reflexões* com o rigor cabível e sem atropelos de última hora, pois pergunta-se como pode o *Candidato* chegar à preciosa e necessária reflexão, se apenas dispuser de parcos 15 (quinze) minutos para o início da *Sessão?*

Guarda (ou Cobridor)

O *Aspirante* será levado à *Câmara de Reflexões* para fazer seu *Testamento Moral e Filosófico*, devendo sempre dispor do tempo necessário para compor suas idéias, pois o nome da *Câmara* é próprio à finalidade, que todavia, ultimamente, tem sido muito desvirtuada.

Logicamente, a *Câmara* não é uma *Casa de Terror* de um *Parque de Diversões*, mas:

- *Uma viagem ao seio da Terra,*
- *A volta à própria origem,*
- *A 'morte' simbólica do profano, para seu 'renascimento' como Maçom.*

A *reflexão e tomada de decisão* com vista à seriedade do ato a praticar, é ainda a *Câmara* apropriada para que o *Candidato* reflita sobre sua *vida material*, para que sinta o conteúdo dos *Ideais* que norteiam a *Instituição ou Sociedade* a que pretende pertencer.

A seguir, o *Aspirante* deve ser guardado afastado do assédio dos demais integrantes, que movidos por razões até pueris, como uma brincadeira descabida ou desejo de se identificar antes do momento exato, podem perturbar o *Candidato* quando disponibilizados nos espaços da Loja.

Deve ser relembrado o *Ritual*, como por exemplo o do *Rito Adonhiramita*, que observa sobre as inconveniências com relação aos *Candidatos*:

> *"Nas Sessões Magnas de Iniciação, que são o contato ativo inicial que o Recipiendário tem com a Ordem, todos devem ter comportamento solene e grave. É proibido molestarem, sob que pretexto ou forma for, o Recipiendário quer durante o Cerimonial, quer na Câmara das Reflexões, quer no desenrolar do drama litúrgico do Rito".*

VM

O fato é que o *assédio* aos *Candidatos* transformou-se em inconveniências, que ferem a sensibilidade dos que pensam estar adentrando a uma *Instituição Solene*, composta de homens ligados a objetivos superiores, e de repente, descobrirem que alguns desses integrantes agem como jovens estudantes, tentando aplicar-lhes o *trote* comum aos calouros de *Universidades*.

Pode ainda esse não autorizado ou recomendado *trote* ser composto por:

- *Levar um bode para os Candidatos tocarem,*
- *Tentar assustá-los jogando objetos pesados e ruidosos no chão,*
- *Ordenar que tateiem objetos de variadas espécies,*
- *Dirigir-lhes gracejos,*
- *Contar casos para intimidá-los, etc,*

porém, o *excesso* às vezes é ultrapassado:

- *Quando conduzem os Aspirantes à 'Pseudo-Prova de Coragem'.*

Finalmente, os *Recipiendários* devem ser muito bem cuidados, com toda responsabilidade, disciplina e organização que a *Cerimônia* requer, demonstrando-se toda cautela e respeito que sempre serão merecedores.

INSTRUMENTOS DA CONSTRUÇÃO 15

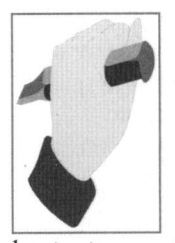

VM

Para toda construção são necessários *Instrumentos* adequados, e sem dúvida, dado o caráter especial da *arquitetura individualizada*, simbolicamente, tais objetos devem ter sua significância buscada no âmago dessa mesma individualidade.

Com efeito, as *Colunas* do *Templo de Salomão* eram ocas, para poder *'conter'* os instrumentos utilizados na obra, e guardá-los tanto quanto os *'Salários'*, a digna recompensa pelos esforços dispendidos.

1º Vigilante

Assim, tampouco a *Recompensa ou Salário* deve ser buscado através de qualquer *resultado exterior*, mas sim pelo *crescimento interior*, como a raiz da árvore cujo fruto deve amadurecer, inevitavelmente, quando chega a estação oportuna.

Estes *Instrumentos* são os mesmos que o *Maçom* adquiriu, conheceu e usou no curso de suas viagens na *Iniciação* e depois dela, *Instrumentos Mentais e Espirituais* que só podem ser encontrados e desenvolvidos *no oco da sua Coluna individual*, isto é, *aquela que lhe cabe*.

Dentre os *Instrumentos* utilizados, ao *Martelo ou Maço, o Cinzel, a Régua, a Alavanca, o Compasso e o Esquadro*, pode-se agregar o *Prumo, o Nível, a Trolha, a Espada, a Prancha de Traçar e uma Corda com Nós*.

2º Vigilante

Esse total de *12 (doze) Instrumentos*, cuidadosamente guardados no interior das *Colunas*, permanecerão como um *verdadeiro tesouro* individual do obreiro.

Neste texto foram propositadamente elencados apenas 4 (quatro) dos *Instrumentos* para terem os simbolismos descritos, deixando os demais para adiante, sendo escolhidos *a Trolha, a Espada, a Prancha de Traçar e a Corda de Nós*.

A *Trolha (Colher de pedreiro)* é:

- *O 'instrumento' condutor que o obreiro perfeito terá constantemente na sua mão direita,*

com o objetivo de:

- *Fixar ou estabelecer em seu lugar definitivo, por meio de cimento ou argamassa, 'as pedras escolhidas e trabalhadas para a construção',*

depois de ter assegurado, com o auxílio do *Prumo e do Nível*, que sua disposição e assentamento definitivo sejam *justos e perfeitos*.

Representa o *Espírito de União e Solidariedade*, bem como a *Benevolência Iluminada* com a qual tem-se que fixar as *Pedras do simbólico edifício*, que se levantará por meio dos esforços individuais e coletivos.

Orador

Tais *Conceitos e Espírito* se fazem tanto mais necessários, quanto menos perfeitas forem as pedras com as quais tem-se que contar para a construção.

A *Espada* é para o *Maçom*:

• *Uma faculdade que indica 'seu discernimento', ou seja,*
• *'A capacidade de penetrar nas aparências e reconhecer a realidade', o interior (coração) e a natureza mais íntima e profunda de todas as coisas.*

É o *Pensamento Iluminado e o Poder da Verdade*, com os quais se vence e dissolve a ilusão em cada um de seus aspectos, é o *místico instrumento* que foi dado, e diante dele fantasmas e sombras desaparecem como por encanto.

Secretário

A *Prancha para Traçar* é:

• *Um utensílio com o qual são 'desenhados e aprovados' os planos da construção.*

Os *Maçons* devem conhecê-la e adestrar-se ao seu uso, pois só assim se acharão capazes de interpretar esses planos e cooperar com inteligência na sua realização.

Ainda que não se consiga dominá-la completamente, deve-se exercitar os *Princípios da Geometria* que explica a gênesis individual e universal, desenvolvendo o *gênio iniciático*, e isto não pode ser feito sem a *Prancha* simbólica, que por sua natureza delicada deve ser guardada com especial cuidado, no tesouro de seus *instrumentos ou potencialidades latentes.*

Guarda (ou Cobridor)

A *Corda com Nós* tem a dupla função de:

• *'Isolar' os Iniciados das influências profanas, e de*
• *'Estreitar' mais intimamente o laço da união invisível, que os une no interior por meio de seus mesmos ideais e aspirações.*

Perfeitamente tensa, a *Corda* serve também aos *Maçons* para *verificar* a retidão das paredes de sua simbólica construção.

Porém, em seu significado mais verdadeiro e profundo, representa:

• *A própria consciência interior,*
• *A capacidade de relacionar todas as imagens e concepções mentais, com suas idéias interiores e as percepções exteriores,*
• *O relacionar do Mundo dos Sentidos com a suprema realidade, e*
• *O relacionar a própria personalidade com a individualidade que na mesma se expressa.*

VM

Finalmente, é algo assim como o fio da intuição que dá o *Sentido da Unidade*, e o coloca em harmonia com o *Plano Divino*.

Além disso, permite dirigir justamente todos os passos no *labirinto da vida*, tornando ao mesmo tempo harmônica e feliz a *Construção da Própria Existência!*

LIVRO DA LEI 16

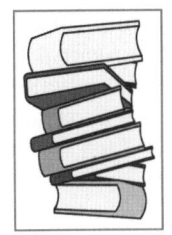

VM

Os *Rituais da Sublime Instituição* dispõem que conforme a decoração prevista para a Loja, no centro do *Oriente* entre os degraus do *Trono de Salomão* e a balaustrada que divide o *Ocidente*, deve ficar o *Altar dos Juramentos*, que por vezes se constitui de uma *mesa triangular ou uma pequena coluna com cerca de 1 (um) metro de altura*, sobre o qual estão postados o *Livro da Lei, um Esquadro e um Compasso*.

A *Bíblia Sagrada* é usada como *Livro da Lei* nas Oficinas filiadas ao *Grande Oriente do Brasil – GOB*.

A *Bíblia* é constituída por uma *coleção de muitos Livros* de autores diferentes nas origens e línguas, pois foram escritos em *aramaico, hebraico e grego*, apresentando gêneros literários tão diversos quanto os conteúdos das:

- *Narrativas históricas,*
- *Código de Leis,*
- *Pregações,*
- *Orações,*
- *Poesias,*
- *Cartas, e*
- *Romance.*

Os *Livros* provêm de autores com *convicção única*, excetuando a teologia, pois entendiam que:

- *"Deus os destinou a formar um povo que tomará lugar na história, com legislação própria e normas de vida pessoal e coletiva".*

1º Vigilante

Os *Livros* descrevem testemunhos do que *Deus* fez pelo povo, e o inverso também, ou seja, o que este realizou por *Aquele*, além de relatar os apelos e desafios de *Deus*, e a resposta aos homens por *Indagações, Queixas, Louvor e Ações de Graça*.

O primeiro povo posto a caminho por *Deus* foi o de *Israel*, surgido por volta de *1200 a.C.*, envolvido, como os vizinhos, nos movimentos que agitaram o *Oriente* até o início desta *Era*.

Entretanto, a forma da *Religião* o tornava um povo à parte, que cultuava um único *Deus (monoteísmo) invisível, onipotente, onipresente e transcendente*, isto é, o *Senhor*.

Reverenciavam com o que os unia à *Deus*, pela utilização de termo específico, a saber, a *Aliança*, tanto é que toda a parte hebraica da *Bíblia* se refere à *Aliança*, vivida e pensada pelo povo de *Israel* até o *Século II a.C.*.

A história do antigo povo judaico é muito movimentada, e com freqüência trágica, desenvolvendo-se, principalmente, em terras de exílio; ademais, entre *70 e 135 d.C.* ocorreu uma dispersão, acelerando a destruição do seu centro religioso, *Jerusalém*.

Existiram diversas facções e tendências dentro do povo de *Israel*, e todas tinham por fundamento a *Escritura e a Lei*, venerada como a palavra do *Senhor*, e os judeus liam o conjunto de *Livros*, através dos quais, fundamentavam sua conduta e tradições.

Foi no *Século I* o *quase desaparecimento* da nação judaica, com o conseqüente nascimento da *Cristandade*, que se afastou progressivamente do *Judaísmo*.

Para os cristãos a história do povo de *Deus* se relacionava com o nascimento de *Jesus de Nazaré*, sendo que teria sido por *Ele* que *Deus* reuniu as pessoas de todas as origens, formando um povo regido por uma *Nova Aliança – um Novo Testamento*, que era a do *Messias* profetizado no *Antigo Testamento*.

2º Vigilante

Essa *Aliança* seria definitiva, pois vigorava no povo de Israel como uma mera etapa, que embora indispensável, não estava destinada a ser superada, enquanto os cristãos denominaram-na de *Antiga Aliança*, assim como ao conjunto de *Livros Bíblicos* sobre a pessoa, obra e mensagens de *Jesus*, de *Novo Testamento*.

Os discípulos de *Jesus* e seus sucessores, que redigiram o *Novo Testamento*, viam na figura do *Cristo* aquele que *concretizaria a esperança* do *Povo de Deus*, respondendo à ansiedade e expectativa universal tão expressa no seio desse povo, que almejava:

- *"Encontrar a terra prometida em que corre leite e mel".*

Com toda a naturalidade, utilizaram a linguagem dos *Livros Santos de Israel*, com a plenitude da *densidade histórica e experiência religiosa* acumulada no decorrer dos séculos.

Conseqüentemente, a comunidade cristã *reconheceu* no *Antigo Testamento* a palavra de *Deus*, e as *Escrituras Judaicas* vieram a ser, então, a primeira *Bíblia* dos cristãos.

Mas iluminados pela fé em *Jesus, o Cristo*, o *Antigo Testamento* tomou um sentido novo para os cristãos, tornando-se como um *Novo Livro*, sendo entendido como *profecias* que com a vinda de *Jesus* estariam se realizando.

O *Novo Testamento*, portanto, não é senão a confirmação do *Antigo Testamento* restrito, sendo centrado na pessoa daquele que era considerado o *Salvador – Jesus de Nazaré –*, cuja vinda foi a profetizada nos textos dos *Antigos Profetas*.

À época, *judeus e cristãos* tinham em comum os *Livros dos Profetas e Patriarcas*, para mais tarde serem denominados pelos cristãos de *Antigo Testamento*, porém, sempre permanecendo inconteste que ambas comunidades os viam sob óticas distintas.

Não obstante, a *Bíblia* continua a convidar a todos, dos diversos países e através dos tempos, a ingressarem no conglomerado que incessantemente *busca a Deus*, pelo entendimento através de legados dos:

- *Antigos Profetas e Patriarcas, e*
- *Jesus e de seus discípulos,*

e sendo visto como o *Livro do Povo de Deus*, a *Bíblia* torna-se o *Compêndio* de um *povo* ainda a caminho.

Orador

Os *Livros* que compõem a *Bíblia* são obras de autores reconhecidos como portadores da *Palavra de Deus* no meio de seu povo, afirmando que agiram sob *Sua* inspiração, descrevendo a vida, preocupações e esperanças de um *Povo*, mesmo quando escravizado, tornando escritas as *tradições* da comunidade.

Anteriormente à compilação, os *Livros* circularam durante muito tempo entre o *Povo*, e por conseguinte, sofreram *modificações* em razão *das reações de seus leitores*, sob a forma de retoques, anotações e até de reformulações; afinal, eram a *história de um Povo*, portanto, dinâmica e mutável ao longo do tempo.

A *Bíblia* está profundamente marcada pela cultura do *Povo de Israel*, com características voltadas à compreensão da existência do homem e o que o circundava.

Assim, o conjunto de *Livros* componentes da *Bíblia*, representa a ótica de um *Povo* com seus costumes e instituições, acrescidos das reações dos indivíduos, cujas *Profecias e Lições* são, inegavelmente, definidoras do exercício da *Fé*.

Para um perfeito entendimento da *Bíblia*, notadamente do *Novo Testamento*, que é pleno de experiência religiosa, seria preciso considerar *'todo seu contexto'* e a vida das comunidades da época, que prolongam a existência de *Israel*.

Daí a *grande dificuldade*, nestes tempos, de extraírem a *perfeita compreensão da Bíblia*, principalmente em razão do tempo que tudo transforma e corrói, bem como, das enormes diferenças culturais da *Humanidade*.

Admirando detidamente a *Bíblia*, não seria possível reduzi-la à *poucos Livros Antigos*, ou a *mera Documentação Histórica de um Povo*, em verdade, a parte das *definições religiosas, dogmáticas e teológicas*, a *Bíblia* é definida como sendo:

- *"A forma escrita que Deus fala ao Homem".*

Não se está diante de *palavras jogadas ao léu, ditas ou escritas sem finalidade certa, não são vernáculos sem importância*, pois, definitivamente:

- *"É a vida de todos".*

e para os cristãos significa ainda:

- *"A crença e confirmação da vinda do Salvador",*

porque consideram que:

- *"Contém sinais para que creiais que Jesus é o Cristo – o Filho de Deus', e para que crendo, tenhais a vida abundante em seu nome (Jó 20/30/31).*

Secretário

Jamais deve ser conduzida a *leitura* da *Bíblia*, de modo a ignorar que se está diante de um *meio de comunicação (mídia)*, entre *Deus e o Homem*.

Admite-se que o leitor seja *livre* para resistir a este conceito, e apreciar a *Bíblia* apenas como um literato ou apreciador da história antiga, porém, se o leitor aceitar os desafios contidos nos diálogos dos autores, que na essência são *testemunhos de Fé*, não poderá fugir à necessidade de uma decisão referente à questão proposta, isto é, o *Sentido da Vida*.

A *Bíblia* convida a um *'Exercício de Fé'*, embora restrita a uma em particular – a do povo de *Israel* –, e pretendem diversos comentaristas específicos, que, genericamente, a *Bíblia* seja entendida como *Porta-voz da palavra de Deus*, sendo dirigida a todos os homem, indistintamente, em todo tempo e lugar, independente de seus próprios credos.

Ao longo dos tempos, muitos encontram nesse *Livro* a *força necessária* sustentadora de sua caminhada, meditando sobre suas *mensagens*, e assim, não é sem razão que nos *Cultos ou Ofícios* se lêem ou cantam:

- *Os Salmos,*
- *O Antigo Testamento, e*
- *As Epístolas com o Evangelho,*

desde que a unidade buscada, é a *Unidade da Fé*.

Muitos, por meio da *Bíblia* alimentam sua *Fé*, até mesmo alguns não-crentes, pois nas comunidades muitos integrantes têm seu próprio *modo de vida*, notadamente sua relação com os demais e seus projetos, conduzindo-o pela história humana contida na *Bíblia*, e cujos valores e condutas se acentuam pela mesma *Fé*; por isso, a *Bíblia* lhes é mais do que *a mera história de um Povo*, sendo na verdade considerada como *um magnífico exemplo de Fé*.

Quanto a *Maçonaria*, também compreende a *Bíblia* – ou *História Sagrada* – como a mais competente compilação a tratar de *filosofia, história, mística, mitologia e religião cristã e hebraica*, além de reconhecê-la como a base dessa milenar da *Instituição*.

Por isso, a *Bíblia* é considerada como o *Livro da Lei* para a *Ordem*; no entanto, o *Iniciado ou Maçom* tem o *direito* de prestar seus *Juramentos* exigidos pela *Sublime Instituição sobre o Livro Sagrado de sua Crença*, e, neste caso, nos seus *compromissos ritualísticos e litúrgicos* poderá fazer uso de outro *Livro Sagrado* que não necessariamente a *Bíblia*, como o *Livro da Lei*.

Guarda (ou Cobridor)

No *Grau de Aprendiz*, ver-se-á como é *'aberto'* o *Livro da Lei* – a *Bíblia*:

- *Rito Escocês Antigo e Aceito – e Rito Brasileiro*: o *Livro da Lei* é aberto no *Livro dos Salmos*, sendo lido o *Salmo nº 133 da Concórdia Fraterna*, assim:
  "Oh! Como é bom, e como é suave, que os irmãos convivam em união. É como o óleo precioso sobre a cabeça, que desce para a barba, a barba de Arão, e que desce à orla das suas vestiduras. É como o orvalho de Hermon e como o que desce sobre os montes de Sião, porque ali o Senhor ordena a bênção e a vida para todo o sempre".
- *Rito de York*: o *Livro da Lei* é aberto em *'qualquer'* parte, e *'não'* lido o texto, porém, a presença do Livro é *'obrigatória'*.
- *Rito Schroeder*: o *'Esquadro e o Compasso'* são entrelaçados sobre o *Livro da Lei 'fechado'*, mas também a presença do Livro é *'obrigatória'*.
- *Rito Adonhiramita*: o *Livro da Lei* é aberto em *São João Evangelista – cap. I, vers. 6 a 9*, assim:

"Houve um homem enviado por Deus que se chamava João. Este veio por testemunha, para dar testemunho da luz, a fim de que todos crescem por meio dele. Ele não era a luz, mas veio para que desse testemunho da luz. Era a luz verdadeira, que alumia a todo homem que vem a este mundo".

- *Rito Moderno:* 'não' é exigida a presença do *Livro da Lei*, portanto, nem a abertura ou leitura, e a prática consagrou que o *'Esquadro e o Compasso'* permanecem *'sobre'* a *'Constituição de Anderson ou da Obediência'*.

Nos *Ritos Adonhiramita, Escocês e Brasileiro*, a abertura do *Livro da Lei* e a leitura do versículo apropriado a *cada Grau*, sempre foi uma *exigência inarredável* desses *Ritos*, e a falta desse *Ato Litúrgico*, inclusive, torna *irregular a Sessão*.

A *Bíblia* é considerada como um dos grandes *Luzeiros da Maçonaria*, e esta combinada com a *tradição do nome inefável ou palavra perdida*, explicita aos *Maçons profunda significação*, sendo também assim considerados em outros povos para a *Instituição, o Corão, o Zenda Avesta, o Vedas, o Talmud e o Bhagavad Gita, dentre outros*, pois complementam os *Templos Maçônicos* nos diversos países em que se encontram.

VM

Tal como o *Esperanto* foi criado para ser a *Língua Universal* da união dos *Povos*, a *Maçonaria* poderia ser adotada como uma *Doutrina Universal – entendida no 'sentido estrito' da palavra –*, pois cuida de promover *a União, a Aproximação e a Harmonia* de todos esses *Povos*, sem jamais prover qualquer tipo de restrição à todos os que professam os mais diversos *credos, religiões, seitas, doutrinas e filosofias*.

De modo análogo como seria *impossível admitir que irmãos não se entendam por diferenças de língua*, maior ainda seria o absurdo *em se admitir que as várias religiões desunissem as criaturas de Deus*.

Neste aspecto, seria de extrema importância reconhecer que a *Maçonaria* seria categoricamente muito superior à criação e instituição do *Esperanto*, porque não se restringe à mera *tentativa de aproximação de todos os homens através da adoção de um idioma comum*, mas sim, por meio da *busca incessante da felicidade plena para toda a Humanidade!*

A *Maçonaria* procura realizar essa tarefa, através da verdadeira conscientização e efetiva implantação dos basilares conceitos de *Verdade, Moral, Justiça, Perfeição e Benemerência*, apenas para citar alguns, desde que a *Ordem* une seus integrantes de diferentes línguas, que professam credos diversos, tendo como objetivo comum a todos, o aperfeiçoamento moral e espiritual do homem ligado ao *Ente Supremo – o G∴A∴D∴U∴*, qualquer que seja a forma pela qual é concebido, pressupostos estes que podem ser traduzidos pela exemplar *tríade* que norteia a *Sublime Instituição*:

LIBERDADE – IGUALDADE – FRATERNIDADE

MALHO E CINZEL 17

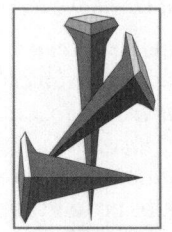

VM

Como define o autor maçônico *Jules Boucher* em sua obra *A Simbólica Maçônica*, *Malho* significa *Massa ou Martelo*, e tem sua origem no latim *Malleus*.

Já *Cinzel* representa *Cortar*, tendo também sua derivação do mesmo latim, de *Cisellus*.

1º Vigilante

Tomando-se como exemplo o explicitado em um dos *Rituais de Aprendiz*, dos diversos *Ritos* praticados no *Brasil*, mais explicitamente do *Rito Adonhiramita*, no tópico referente ao *Interrogatório*, dentre outras consta a seguinte indagação:

"Amado Irmão Digníssimo 2º Vigilante, em que trabalham os Aprendizes?",

quando então aquela *Luz da Oficina* responde:

"Em desbastar e esquadrejar a Pedra Bruta".

Assim, a partir dessa pergunta é possível depreender que, para as providências do *desbastamento* da sua *Pedra Bruta*, os *Aprendizes* devem se utilizar daqueles *dois Instrumentos usuais nas construções*, e que estão, em particular, simbolicamente ligados á esse *Grau de Aprendiz*.

Sabe-se que o *Malho e o Cinzel* representam, do mesmo modo como o *Compasso e o Esquadro* em uma de suas significações, o *Ativo e o Passivo*.

Por isso, poder-se-ia depreender que o *Malho – o emblema do trabalho e da força material –*, auxilia em:

• *Derrubar seus 'obstáculos'*, e
• *Superar suas 'dificuldades'*.

2º Vigilante

Enquanto o *Cinzel*, que representa *a escultura, a arquitetura e as belas artes*, seria um *Instrumento* praticamente nulo, sem a utilização do *Malho*, significando que *ambos utensílios (instrumentos)* devem ser sempre empregados *em conjunto e de forma inseparável*, para produzirem seus melhores e mais importantes efeitos.

Do ponto de vista intelectual, ambos concorrem para *um mesmo objetivo*, porque o *Malho – também simbolizando a Lógica –*, sem a qual *não seria possível raciocinar corretamente*, e assim, não podendo ser dispensada pela *eficiência*, necessita do *Cinzel* que é a imagem dos *argumentos*, com os quais se consegue destruir *os sofismas dos erros*, isto é, reparar os próprios erros cometidos.

Resulta daí que:

• *Tais 'símbolos e seus significados', representam tanto as belas artes, como as várias atividades industriais, enquanto*
• *A Lógica dirige o comportamento de todos os elementos que permitem ao Homem tornar-se independente.*

Orador

Segundo os estudiosos *Ragon e Plantageneta*, o *Malho* também seria a representação *da inteligência que age e persevera*, inteligência que dirige o pensamento, e anima a meditação daqueles que, no silêncio e na sua consciência, procuram incessantemente a *Verdade*.

O *Malho – representado pelo malhete –*, também se constitui numa das insígnias do VM e dos Vigilantes na Loja.

O *Malho – como simples Instrumento –*, tem *ligações místicas* com os deuses:

• *O germânico Donar,*
• *O celta Sucellos (ou Sukellos), e*
• *O escandinavo Thor.*

O *Malho* costumava ser feito de *'buxo – uma espécie de madeira escolhida por sua dureza' –*, e conforme as considerações do padre *Corblet*, o *'buxo'* seria o símbolo da *Firmeza e da Perseverança*.

Ao VM é costume também presentear-se com um *Malhete (Malho) de madeira marfim*, simbolizando a *Pureza e a Força* que deve demonstrar no cargo que ocupa, principalmente na condição de presidente dos trabalhos da Oficina.

Os integrantes da *Instituição* têm ciência de que o *Trono do Rei Salomão* era feito de *ouro e marfim*, simbolizando todo seu *poder material e espiritual*, respectivamente.

Secretário

Todos os *Dignatários da Sublime Ordem*, devem ser obrigatoriamente recebidos em Loja, sob os aplausos de *bateria incessante*, bem como do *brandir* dos *Malhetes – a representação dos Malhos*.

O *Malho e o Cinzel* encontram ainda definição do escritor *Oswald Wirth*:

> *"Estes 2 (dois) Instrumentos são inseparáveis, para talhar a Pedra Bruta. O primeiro representa as soluções aprisionadas em nosso espírito, é o Cinzel de aço, que é aplicado sobre a Pedra, seguro pela mão esquerda, lado passivo, que corresponde a receptividade intelectual, ao discernimento especulativo. O outro representa a vontade que executa, é o Malho, insígnia do comando, que a mão direita, o lado ativo, brande, e está relacionado com a energia que age, e com a determinação moral, cujo resultado é a realização prática."*

Guarda (ou Cobridor)

Por isso, o *Malho* também simboliza a *vontade ativa do Aprendiz*, não devendo ser apenas entendido como uma simples massa metálica pesada e bruta, pois essa *vontade* não deve ser *nem obstinação nem teimosia*, mas sim *firme e perseverante*.

Porém, como não é possível agir diretamente com as próprias mãos na transformação da matéria, então o *Cinzel* será útil como intermediário.

Da mesma forma como o *Cinzel* deve ser amolado freqüentemente, também o homem deverá rever continuamente seus *conhecimentos* já adquiridos, *não permitindo que lhe escapem em todas as suas atitudes*, tanto no *Mundo profano como no maçônico*.

Caso tais *conhecimentos* não tenham sido bem empregados, com o *Cinzel* simbolicamente empunhado pela mão direita, a *'intelectualidade se torna passiva e o instrumento estará fora de uso'*.

VM

Finalmente, poder-se-ia concluir que:

> *"O Malho age de forma 'descontínua', o que mostra que 'o esforço só pode ser perseguido sem interrupção, mas sempre com a pressão devida', pois caso contrário, se utilizado com pressão desmedida e contínua, tiraria do Cinzel toda sua precisão necessária, 'que verdadeiramente é o que todos buscam'.*

MARCHA DO APRENDIZ 18

VM

Como *neófito* nos *Mistérios da Arte Real*, e com base em *Conceitos dos Orientadores (Escritores) Maçônicos*, poder-se-ia dizer que o *recipiendário* é aquele que acabou de receber o *'batismo'*, tornando-se recém-convertido, ou recém-admitido, em uma *Corporação, Ordem ou Sociedade*.

A palavra *neófito* tem sua origem no grego *Neóphytus* e no latim *Neophytu*, chegando à estes dias com a significação de *planta nova*, talvez sua melhor interpretação.

Uma *planta nova* em que há pretensão de bem ser cultivado, necessita de dedicação e muitos cuidados, pois é preciso ser *alimentada, adubada e regada*, e de modo análogo, o *Aprendiz Maçom*, ao terminar suas viagens iniciáticas, assim também deve ser orientado.

1º Vigilante

A partir deste momento, as *Portas do Templo*, até então cerradas e proibidas ao *candidato*, estarão franqueadas e começam a se abrir, surgindo as *Luzes*, e o *recipiendário* renasce para a *Nova Vida*.

Essa *Iniciação Verdadeira* é única (una) no tempo, espaço e *Rito*, apesar dos costumes sociais e étnicos dos integrantes, por vezes, serem completamente diferentes.

Caberia destacar que a *Consagração Ritualística* de um novo *Maçom*, é um *Ato de Criação* que procede de uma vontade, a do VM, que pelos *poderes* que lhe são conferidos, age em nome da *Maçonaria* por intermédio de uma *vibração sonora*, traduzida pelas *3 (três) pancadas* que são dadas pelo VM com o *Malhete sobre a Espada Flamígera*.

A *nova criatura* nasce, e os efeitos salutares dos eflúvios que saindo da *Espada*, a atravessam, devem constituir a *nova impregnação* a penetrar no *recipiendário*.

2º Vigilante

Mesmo que, dentre outras definições, *Iniciado* significa dizer *colocado no caminho*, o verdadeiro *Maçom* sincero, aprende que quando se tornar *Companheiro ou Mestre*, e se *tiver sede de saber e for perseverante*, ainda poderá se sentir como um eterno *Aprendiz*, isto é, que apesar de sua evolução nos *Mistérios da Ordem*, ainda assim buscará a *Verdade* munido simbolicamente com os *atributos e instrumentos* correspondentes aos *Aprendizes*.

Pela *liturgia* da ritualística iniciática maçônica, *o profano, recipiendário, candidato ou neófito*, ao receber a *Luz* presta seu *Juramento* e é *Consagrado* tornando-se *Aprendiz Maçom*, e nessa nova condição deve:

- *Romper sua casca mental,*
- *Fugir do racionalismo,*
- *Esterilizar-se, e*
- *Atingir a transcendência,*

ciente de que, apenas e tão somente após o *rompimento dessa casca ou invólucro*, é que se torna possível seu acesso à *Verdadeira Iniciação*.

Simbolicamente, o *rompimento da casca* corresponde ao *desbastamento da Pedra Bruta*, que representa as imperfeições *do espírito, do coração e da alma*, que o *Maçom* deve se esforçar para corrigir.

Orador

Na *Iniciação – sinônimo de um novo nascimento –*, o *Aprendiz* reencontra o estado da natureza, e liberta-se de tudo que a sociedade impingiu de *artificial, ruim e incorreto*.

E ainda reencontra o *equilíbrio, a espontaneidade e volta-se para o bem*, além do principal, isto é, reencontra a *Liberdade de Pensamento*, e com os *instrumentos* que são oferecidos – *Maço e Cinzel* –, desbasta ele próprio sua *Pedra Bruta*, procurando deixar perfeita e imprimindo-lhe um caráter de personalidade que será único e exclusivamente seu.

O primeiro contato do *candidato*, que aspira receber a *Luz* com a *Simbologia Maçônica*, será sempre na *Câmara das Reflexões*.

Mesmo em estado de total ignorância de tudo que está a sua volta, torna-se um participante imprescindível do *Ato de maior importância da Maçonaria que é a Iniciação*, pois, incontestavelmente, é sempre através desse *Cerimonial Litúrgico* que a *Ordem se renova, se fortalece e se perpetua*.

Secretário

Na *Câmara das Reflexões* o *Aspirante* encontrará diversos *símbolos maçônicos*, e estará separado do *Mundo* por instantes em uma cela minúscula, dispondo apenas *de material de escrita, mesa e cadeira*, enquanto nas paredes haverá inscrições que conduzem à meditação.

O *candidato* não se apercebe, mas, é seu *momento supremo no Cerimonial Iniciático*, quando estará na fronteira entre a *vida anterior e a vida de Maçom*, estando por indução ou vocação, determinando:

- *'A morte do Profano existente, e o nascimento de um Ser Iluminado'.*

Pode-se depreender que começa aí o *novo aprendizado*, pois após suas *viagens simbólicas, compromissos e juramentos*, o *neófito* recebe a *Luz* tornando-se um *Aprendiz Orientado*, momento em que aprende a soletrar as *Primeiras Palavras*, e são ensinados os *Primeiros Passos no Novo Caminhar*, quando então também toma consciência de que é a *Arte Real, também designada à construção do Templo Ideal*, o principal objetivo da Maçonaria.

Tal como todos os demais integrantes da *Instituição* já realizaram, seus *Primeiros Passos, o Novo Caminhar ou a Marcha do Aprendiz*, têm início na *Porta do Templo* em direção única do *Ocidente para o Oriente*, no eixo da Loja, por *3 (três) passos completos com os pés em esquadria*, simbolizando a *necessária e obrigatória retidão de conduta*, que a partir de então deverá para sempre nortear sua *Nova Vida*.

Guarda (ou Cobridor)

Assim, o *Primeiro Passo da Marcha do Aprendiz* simboliza sua *Luta*, sabedor que é representado pelo *Cordeiro, animal símbolo do ardor e da coragem*, demonstrando a disposição que deve ter o *Aprendiz* para dedicar-se aos *conhecimentos* de seu *Grau*.

O *Segundo Passo* simboliza a *Perseverança*, indicando que o *Maçom deve ser forte e trabalhar com prudência, mas sem temor*.

E o *Terceiro Passo* simboliza a *Fraternidade*, sendo considerado como *o símbolo da Amizade e União*, que deve aglutinar todos os *Maçons*.

Completado o *Terceiro Passo*, o *Aprendiz* chega vitorioso dos esforços que empregou, mais distanciado das *trevas e iniquidades* da sociedade profana.

Então descobre que a *Marcha* representa os *dotes* que devem distingui-lo na sua *Iniciação*, a saber, *Sabedoria, Força e Beleza*, e ainda que os *Passos* representam também *o Nascimento, a Vida e a Morte*, correlacionados com as *provas físicas* a que se submeteu no *Cerimonial Iniciático* através das *primeira, segunda e terceira viagens simbólicas*.

VM

Pode-se concluir que a *Marcha do Aprendiz* revela a firme decisão de caminhar sempre do *Ocidente para o Oriente* em busca da *Luz*, e ter a consciência de que ao executá-la reafirma sua decisão de se aperfeiçoar moralmente, andando, como jurou, pelo caminho *da Virtude e da Perfeição*, procurando constantemente sua própria *Iluminação e Evolução Espirituais*.

Finalmente, combinando a *Marcha com os Sinais*, os *Aprendizes* reafirmam seus *'juramentos ritualísticos'*, e em complementação, *'juram'* novamente jamais esquecer *as razões da existência e perenidade* da *Sublime Instituição* a que pertencem!

PAINEL DA LOJA 19

VM

Da mesma maneira que os filósofos egípcios, que para subtraírem os *Segredos e Mistérios* das vistas profanas *ministravam seus Ensinamentos através dos Símbolos*, a *Maçonaria*, dando continuidade à tradição, também *encerra sua filosofia e conhecimentos nos símbolos*, pelos quais oculta suas *Verdades* ao *Mundo Profano*, só as revelando àqueles que ingressam ritualisticamente nos seus *Templos*.

Tendo no *1º Grau (Aprendiz)* o embasamento da *Filosofia Simbólica*, que resume a *Moral maçônica do aperfeiçoamento humano*, compete aos *Aprendizes* a importante tarefa de *desbastar sua Pedra Bruta*, isto é, de se *desvencilhar dos próprios Defeitos e Paixões*, que se constitui na *Principal e Verdadeira Obra da Sublime Instituição*.

O *Painel da Loja* representa o *caminho que o Aprendiz deve trilhar*, para atingir, através do trabalho e observação, o próprio domínio, pois o único desejo que deve ter é o de *Progredir na Grande Obra*, que iniciou quando adentrou o *Templo*.

1º Vigilante

Quando praticamente concluído o trabalho de *Aperfeiçoamento Moral*, simbolizado pelo desbaste da Pedra Bruta, e tiverem conseguido, através da *fé e do esforço*, transformá-la em *Pedra Polida* apta á construção do próprio *Edifício Interior*, será possível descansar o *Maço e o Cinzel* para empunharem outros *instrumentos*, condição apenas alcançada pela ascensão na *escala da hierarquia da Maçonaria*.

Para tanto, devem receber o *mínimo de 5 (cinco) Instruções no Grau de Aprendiz*, simbolizando os *5 (cinco) anos* que, antigamente, o *Aprendiz* era encerrado no *Templo*, no qual adentrava somente após *2 (dois) anos* de observações por parte dos *Companheiros e Mestres*, completando os *7 (sete) anos* exigidos, naquela época, para assumir-se o devido compromisso no *1º (primeiro) Grau da Instituição*.

No *Painel da Loja* condensam-se *todos os símbolos* que devem ser conhecidos, e se forem devidamente *interpretados*, fácil e clara se tornará a assimilação dos conhecimentos transmitidos por quaisquer *Instruções* subseqüentes.

A *forma arquitetônica* da Loja é de um *quadrilongo (ou retângulo)*, tendo:

- *Comprimento do 'Oriente ao Ocidente, de Leste a Oeste',*
- *Largura de 'Norte ao Sul',*
- *Profundidade desde a 'superfície ao centro da Terra', e*
- *Altura do 'Planeta ao Cosmos',*

sendo que essa vasta extensão simboliza a *universalidade da Ordem*, onde a *Caridade é ilimitada, e regida pela Prudência*.

A *orientação* da Loja é *do Oriente para o Ocidente*, como todos os lugares dirigidos ao *Culto Divino*, tal como os *Templos antigos*, e por isso, as *Lojas Maçônicas* também devem estar assim dispostas, pois:

> • *O 'Sol', que é a maior Glória do Senhor, nasce no Oriente e se oculta no Ocidente,*
> • *A 'Civilização e a Ciência' vieram do Oriente, espargindo as suas mais benéficas influências no Ocidente,*
> • *A 'Doutrina do Amor e da Fraternidade', e o 'Exemplo da Lei', originaram-se também do Oriente para o Ocidente, trazidos pelo Divino Mestre.*

2º Vigilante

A primeira notícia descritiva de um local destinado *exclusivamente* ao *Culto Divino*, é a do *Tabernáculo* erigido por *Moisés* para receber *a Arca da Aliança e as Tábuas da Lei*.

O *Tabernáculo* era orientado *de Leste para Oeste*, e serviu como modelo, tanto no referente à sua *planta de arquitura*, quanto da sua distribuição e posicionamento internos, ao *Templo de Salomão*, cuja edificação por seu *esplendor, riqueza e majestade*, foi considerado *a mais esplendorosa maravilha* da época.

Daí o porque de as *Lojas Maçônicas*, simbolizando o *Templo de Salomão*, serem *orientadas do Oriente para o Ocidente*.

As Lojas são *sustentadas* por *Três Colunas* denominadas *Sabedoria, Força e Beleza*, a saber:

> • *A Sabedoria orientando o 'caminho da vida',*
> • *A Força para 'animar e sustentar' nas dificuldades, e*
> • *A Beleza para 'adornar' as ações, o caráter e o espírito.*

O *Universo é o Templo da Divindade*, a *Quem* todos devem *servir*, estando em torno de *Seu Trono*, tal qual os *pilares* de *Suas Obras, a Sabedoria, a Força e a Beleza*, pois:

> • *Sua Sabedoria é Infinita,*
> • *Sua Força Onipotente, e*
> • *Sua Beleza manifesta-se na natureza pela Simetria e pela Ordem.*

Maçonicamente, as *Três Colunas* representam também:

> *1. SALOMÃO – pela Sabedoria em construir, completar e dedicar seu Templo de Jerusalém ao serviço de Deus,*
> *2. HIRAN – Rei de Tiro, pela Força que deu aos trabalhos do Templo, fornecendo homens e materiais, e*
> *3. HIRAM ou ADONHIRAN (dependendo do Rito adotado na Loja) – pelo primoroso trabalho de coordenação e direção das obras.*

As *Colunas* teriam sido executadas segundo algumas *ordens de arquitetura*, sendo a *Jônica*, representando a *Sabedoria*, a *Dórica*, significando a *Força* e a *Coríntia*, simbolizando a *Beleza*.

Todo esse *simbolismo* procura demonstrar que na *Obra da Construção Moral*, sempre deve aflorar e vir à luz, a plenitude da *potencialidade individual*, assim considerada se totalmente despojada das *próprias ilusões*.

Orador

Nesse trabalho difícil e oneroso, só será *Sábio quem possuir a Força*, pois a *Sabedoria* exige sacrifícios que se realizarão pela *Força*, porém, sendo *Sábio e detentor da Força deverá obrigatoriamente também dispor da Beleza*, pois a falta da mesma torna o posicionamento impossível, porque é a *Beleza que faz surgir a sensibilidade*.

O *Teto* das Lojas representa a *Abóbada Celeste* com suas variadas nuances de cores, sendo que o caminho para a *Abóbada (ou Céu Infinito)* é representado pela *Escada* existente no *Painel da Loja*, conhecida por *Escada de Jacó*, denominação que a *Maçonaria* conserva como *guardiã das antigas tradições*.

A *Escada* com seus muitos *degraus*, demonstra que cada um *representa uma das Virtudes* exigidas ao integrante da *Ordem*, na busca incessante da própria *Perfeição Moral*.

Na *base, no centro e no topo* do *Painel*, destacam-se *três símbolos* por demais conhecidos no *Mundo Profano*, traduzidos por *Fé, Esperança e Caridade*, *virtudes morais* que devem sempre ornamentar o *Espírito e o Coração* dos seres humanos, e principalmente do *Maçom* que jamais deve se furtar em ter:

- *'Fé' no G∴A∴D∴U∴,*
- *'Esperança' na Moral, e*
- *'Caridade' aos semelhantes.*

Assim:

- *A FÉ é a 'Sabedoria do Espírito', senão nada é conseguido,*
- *A ESPERANÇA é a 'Força do Espírito', amparando nas dificuldades, e*
- *A CARIDADE é a 'Beleza a adornar o Espírito e Coração', e abrigar os puros sentimentos humanos.*

O interior da Loja contém *Ornamentos, Paramentos e Jóias*, sendo que esses *Ornamentos* são o *Pavimento Mosaico, a Estrela Flamígera e a Orla Dentada*.

O *Pavimento Mosaico* com seus *quadrados brancos e pretos*, mostra que apesar da diversidade das coisas da *Natureza*, em tudo reside a harmonia, sendo extremamente útil para:

- *Nunca ser considerada a 'diversidade de cores e raças',*
- *Nem o 'antagonismo das religiões',*
- *Assim como os 'princípios' dos diferentes povos,*

mas, certamente apenas como a *Exterioridade de Manifestação*, pois a *Humanidade* foi criada para conviver em *Harmonia e Fraternidade*.

Secretário

A *Estrela Flamígera ou Flamejante*, representa a *Principal Luz* da Loja, simbolizando o *Sol – Glória do Criador*, e significa *o exemplo da maior Virtude a preencher o coração do Maçom, a Caridade*.

Simbolicamente, o *Sol ensina a prática do Bem*, através do espargir de *Luz, Calor e Conforto*, até onde atingem seus raios vivificantes.

A *Orla Dentada* mostra o *Princípio da Atração Universal do Amor*, com seus *múltiplos dentes* representando os *Planetas gravitando em torno do Sol*, e também significando, por seus *Ensinamentos e Conceitos de Moral* transmitidos, por exemplo:

- *O povo reunido em torno do chefe, e*
- *Os filhos reunidos em volta dos pais,*

enfim:

- *Os 'Maçons unidos em Loja'!*

Os *Paramentos* da Loja são o *Livro da Lei, o Compasso e o Esquadro*.
O *Livro da Lei* representa:

- *O 'Código Moral' que deve ser seguido e respeitado,*
- *A 'Filosofia' a ser adotada, e principalmente*
- *A 'Fé' que governa e anima o ser.*

O *Compasso e o Esquadro* quando unidos na Loja, representam toda a amplitude da *medida justa e perfeita*, demonstrando que jamais se deveria afastar da *Justiça e da Retidão*, e por isso, devem reger todos os *Atos* do verdadeiro *Maçom*.

As *hastes do Compasso* ocultas sob o *Esquadro*, significam que o *Aprendiz*, trabalhando na própria *Pedra Bruta*, ainda não pode usar o *Compasso*, enquanto sua *Grande Obra* não estiver *esquadrejada, polida e acabada*.

As *Jóias* da Loja são compostas por *'3 (três) Móveis e 3 (três) Fixas'*.

As *Jóias Móveis* são o *Esquadro, o Nível e o Prumo*, assim denominadas pois serão transferidas periodicamente com a passagem à *Nova Administração* eleita.

O *Esquadro* – símbolo maior da Fraternidade, sempre aparecia esculpido nas *Catedrais e Igrejas* como *emblema maçônico* dos *construtores*, representando:

- *A 'Ação do homem sobre a Matéria', e principalmente,*
- *A 'Ação do homem sobre si próprio'.*

Então o *Esquadro* seria:

- *O 'Símbolo da Retidão' a que o homem deve sujeitar suas ações, e*
- *A 'Virtude' que deve retificar os corações,*

estando pendente no *Colar ou Fitão* do VM, significando que sua vontade é subordinada aos *Regulamentos da Ordem*, e que só deve agir no *Sentido do Bem*.

Guarda (ou Cobridor)

O *Nível – símbolo da Igualdade e base do Direito Natural*, não pode implicar no nivelamento dos valores, mas sim lembrando o dever de serem consideradas as coisas com a mesma e igualitária serenidade.

É a *Jóia* do 1º Vigilante, que é o responsável pela *Perfeita Igualdade* que deve reinar na Loja, pelos *Princípios da Equidade e da Justiça*.

O *Prumo* é a *Jóia* do 2º Vigilante simbolizando a *Retidão*, que deve presidir a conduta de todos integrantes fora da Loja, pois essa postura permite a vida plena de *Graça e Beleza*.

O *Prumo*, que por tradição também é denominado *Perpendicular*, ainda representa a *Irrestrita e Total Liberdade* do homem, até quanto à *ignorância, vício, erro e paixões descabidas*, características que o embrutecem e escravizam por seus desejos.

As *Jóias Fixas* são a *Prancheta, a Pedra Bruta e a Pedra Polida*, assim chamadas porque *permanecem imóveis na Loja* como um *Código de Moral*.

A *Prancheta*, também dita *Prancha de Traçar*, simbolicamente exprime que os *Mestres* guiam os *Aprendizes* no trabalho indicado, *traçando* o caminho a ser seguido para seu próprio *aperfeiçoamento*, que possibilita, conseqüentemente, o progresso na *Arte Real*.

A *Pedra Bruta* é o material da jazida em estado natural, até que pela constância e trabalho do obreiro fique com a forma adequada à construção do edifício.

Representa *a inteligência e o sentimento do homem primitivo, áspero e despolido*, e nesse estado permanecerá até que, pelas *Instruções* dos Mestres, adquira *educação liberal e virtuosa*, tornando-se culto e capaz de pertencer à sociedade civilizada.

A *Pedra Polida ou Cúbica* é o material perfeitamente trabalhado, com linhas e ângulos retos que o *Compasso e o Esquadro* mostram estar talhadas conforme as exigências da *Arte*.

Representa *o saber do homem no fim da vida*, enquanto aplicou a *Piedade e a Virtude*, ambas perfeitamente verificáveis pelo *Esquadro da Palavra Divina* e pelo *Compasso da consciência esclarecida*.

VM

Como a *Prancheta* é o *traçado objetivo*, o *Livro da Lei* é o *traçado espiritual*, ambos dirigidos ao *aperfeiçoamento*, para atingir o *Topo da Escada de Jacó*, após ter desbastado a aspereza do seu *Eu*, aspereza representada pela *ambição, orgulho, egoísmo e demais paixões* que torturam os corações profanos.

Finalmente, as *características* de um *Maçom* devem ser *a Virtude, a Honra e a Bondade*, que embora banidas de outras sociedades, devem sempre compor seus corações.

PAVIMENTO MOSAICO 20

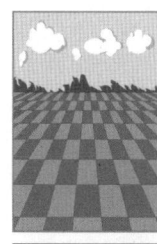

VM

O *Pavimento Mosaico* é um *tabuleiro de báculos em preto e branco*, sendo um dos *ornamentos* que se estende sobre, ou faz parte, do *piso* de uma Loja *Justa e Perfeita*, cuja nomenclatura jamais deve ser confundida com o adjetivo *mosaico relativo à Moisés*.

O *Pavimento quadriculado* teve origem na *Mesopotâmia – na Ásia*, situada entre os *Rios Eufrates e Tigre*, região também conhecida como o *Vale do Nilo*, que abrigou na *Antiguidade* as civilizações desenvolvidas da *Terra*.

1º Vigilante

Naquela parte do *Planeta*, também se encontrava a região de *Sumer – localizada ao Sul*, e dentre os símbolos religiosos dos *sumérios*, constava um *Pavimento quadriculado composto de quadrados brancos e pretos intercalados*, simbolizando *'os opostos'*, principalmente o *Dia e a Noite* – já que o culto desenvolvido por aquele povo era Solar, isto é, cultuavam o Sol, além de também simbolizar o *Bem e o Mal, a Virtude e o Vício e o Espírito e a Matéria*.

As *Pedras brancas e pretas* são interligadas por *Cimento – símbolo da união dos Maçons do Mundo*, e por isso, invisível aos profanos que no *Pavimento* vêem simples ladrilhos, o que para os *Iniciados* significam *um caminho por onde seguem, denominado via estreita*, mais fina que o fio de uma navalha, é uma *via exotérica* que é atravessada *entre o branco e o preto*, e portanto, não havendo *obstáculo nesse caminho*.

Além da finalidade ornamental, o *desenho e a disposição das pedras* propiciam muita especulação sobre o ocultismo e o simbologismo místico encerrados no *conjunto*, que também pode ser considerado como uma *única figura*, sugerindo, segundo a livre interpretação, que, paulatinamente, sejam desvendados os *Augustos Mistérios da Maçonaria*.

As cores *preta e branca* lembram também a *Noite e o Dia*, que representam, ritualisticamente, o *Fim e o Início dos Trabalhos Maçônicos*.

2º Vigilante

A cor *preta* imprime o *Vício* e mancha *as Virtudes da cor branca*, que são *a Fé, a Esperança e a Caridade*, completadas pela *Prudência, a Justiça, a Força e a Temperança*.

A batalha *do preto com o branco*, cientes que nenhum predomina no *Mosaico Maçônico*, está ligada à *Iniciação*, quanto se permanece um período vendado e depois sem venda, fazendo com que a *Luz* recebida na *Iniciação* revele, pela retina, todas as magníficas cores contidas no arco-íris, desvendando assim o *mistério da dualidade* existente no ser humano, que o conduz *para o bem ou para o mal*.

Portanto, simplesmente não existe meio termo entre *o que é*, e *o que não é*.

As *Pedras talhadas em ângulos retos* determinam a *Retidão de Conduta em direção à Virtude*, segundo os *passos justos e perfeitos* dos *Maçons*, isto é, a *transformação em Pedras Espirituais* não mais como *artífices da Arte Real*, mas como *Pedreiros de um Templo Moral*.

O *branco e o preto*, que lembram o *tempo inicial dos ofícios ao Meio-dia e o terminal à Meia-noite*, sugere aos *Maçons* que prestem contas ao *G∴A∴D∴U∴*:

• *pelas horas desperdiçadas, e*
• *pelas horas consideráveis pelos corretos trabalhos produzidos.*

Orador

O *branco e o preto* contido na indumentária, designa o *masculino do Sol e o feminino da Lua*, de modo análogo ao *principiar e finalizar do dia*, bem como a *fertilidade da cultura* das atribuições dos *homens e mulheres* protagonistas na *obra da Criação*.

Essa é uma das razões do rigor exigido nas *vestimentas maçônicas*, que também se refletem no *Piso Mosaico*, que é *mítico e místico* por configuração.

O *Pavimento Mosaico* não se confunde com o *Mosaico das Tábuas da Lei* – que são os *Mandamentos do G∴A∴D∴U∴*, reguladores da conduta humana e recebidos por *Moisés* no *Monte Sinai*, sabedores que este *decálogo* foi gravado em *duas pedras desbastadas*.

Os preceitos do homem sendo *positivos e negativos*, podem ser representados pelas:

• *Pedras brancas – os preceitos 'positivos', e*
• *Pedras pretas – os preceitos 'negativos'.*

Embora o processo mnemônico do *Mosaico* se assemelhe ao mítico *Piso Mosaico*, *nada tem a haver* com a dualidade das *pedras do Pavimento da Loja*, sinalizando o *caminho do bem e do mal*, a juízo do livre arbítrio dos *Maçons*.

Secretário

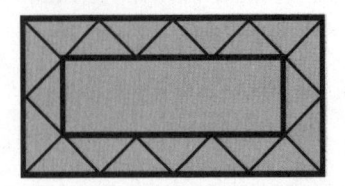

Ao redor do *Pavimento Mosaico* existe uma *Orla Dentada*, que simboliza:

• *A união e o entrelaçamento de todos os Maçons,*
• *Os Planetas que gravitam no Cosmos ao redor do Astro-Rei, e*
• *Os Integrantes unidos em torno do G∴A∴D∴U∴..*

A O*rla* tem formato *triangular em azul*, com cada vértice dos triângulos voltados para fora, e as bases fundidas no plano, enquanto, de maneira intercala entre os *azuis*, existem *triângulos de cor branca* alocados como *opostos aos* *anteriores*, isto é, com os vértices voltados para dentro, mantidas também as bases no plano.

Sua representação é a *do caminho que o Maçom trilha para dentro de si mesmo*, encontrando assim a estabilidade para sua construção em bases sólidas.

São muitos os *Mistérios do Piso Mosaico* a serem desvendados, complementando-se conforme o *Grau de Aprendiz, Companheiro e Mestre*.

Em cada um desses *Graus*, será revelado conforme os talentos conseguidos, pois a intenção é translar este símbolo, singelo mas de muito forte impacto, a quem o souber visualizar e transportar à própria vida, seja ela *Maçônica ou Profana*.

Guarda (ou Cobridor)

Os *quadriculados bicolores do Mosaico* são um lembrete de que sendo diferentes em *raça, credo, cor, etc*, são todos os seres iguais para o G∴A∴D∴U∴.

Para a *Humanidade*, lado a lado caminham o *bem e o mal, a humildade e a vaidade, a busca por uma vida melhor e a ganância desenfreada*, infelizmente, com base no *custe o que custar, e de salve-se quem puder!*

Assim, como na música onde cada nota deve estar em harmonia com as demais, caso o *Maçom* se coloque como *real integrante* do *Pavimento Mosaico*, entenderá como *deve ser simétrico, agir com igualdade e como não pode querer ser maior que ninguém*, para haver a verdadeira harmonia entre os integrantes da *Ordem*; porém, eis aí a grande dificuldade.

Porque o homem é *inconstante*, e muitas vezes, por *falta de princípios ou falha de caráter*, prefere alternar seu comportamento, agindo como reflexo ora do *quadrado branco*, ora do *preto*, querendo conviver com realidades opostas, chegando até a aceitar o *jogo da vaidade, da ambição e da fortuna*.

Porém, deve entender que o *Pavimento mostra a bondade do Criador*, pois oferece a oportunidade de retornar ao *quadrado das Virtudes*, toda vez que cair na intenção do *Vício*.

VM

O *Pavimento Mosaico recebe a Luz do Sol ou a Escuridão da Noite*, através de seus *quadrados*, assim, caberia indagar:

> • *Por que deixar que o orgulho, vaidade e desamor, diferencie os Irmãos entre si?*

Finalmente, poder-se-ia afirmar que:

> • *"Só o G∴A∴D∴U∴ poderia mostrar com clareza que todos os Irmãos são iguais, têm limites que não colidem com os dos outros, e a doação e vontade pessoal de cada um funcionará como a argamassa para assentar e ajustar o Pavimento Mosaico."*

PERPENDICULAR E NÍVEL 21

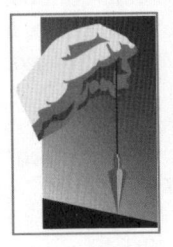

VM

A *Perpendicular ou Prumo, e o Nível* fornecem, respectivamente, aos alinhamentos *Vertical e Horizontal*, e representam no simbolismo o *Ativo e o Passivo*.

Representam também:

- *Rajas e Tamas dos hindus, dois opostos, cujo jogo recíproco condiciona a Vida do Universo,*
- *As Alternâncias da Expiração e da Inspiração de Brahma, e*
- *As duas Versões da Sexualidades que Geram a Vida.*

Simbolicamente, a *Vertical* demonstra o *Movimento e a Ação*, enquanto a *Horizontal, a Inércia e o Repouso*.

1º Vigilante

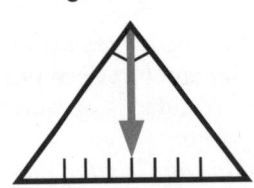

O tradicional *Nível do Maçom* é composto por um *Triângulo*, em cujo *Àpice – Ângulo Superior,* vem atado *Um fio de Prumo,* e essa peça, para o *simbolismo maçônico,* deve ser formada por um *Esquadro Justo,* isto é, deter na angulação de seu ponto superior a medida de exatos *90º*.

Em Loja, nas *Cerimônias Ritualísticas*, o *Nível* é o atributo e a jóia do 1º Vigilante, enquanto o *Prumo* é o do 2º Vigilante.

Segundo o autor maçônico *Ragon*:

- *O Nível simboliza a Igualdade Social, base do Direito Natural, e*
- *O Prumo significa que o Maçom deve possuir exemplar Retidão de Julgamento, jamais contendo alguma ligação de interesse ou de parentesco, que seja capaz de perturbar suas decisões.*

Já para outro escritor, *Plantageneta*:

- *O Nível é o símbolo da Igualdade Original, o que não implicaria, em nenhum sentido, no Nivelamento dos Valores, ao contrário, deve relembrar que é preciso Considerar todas as coisas com igual Serenidade.*

2º Vigilante

Enquanto opina outro autor, *Oswald Wirth* que:

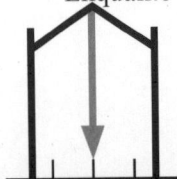

- *Sendo o Nível representado pelo 1º Vigilante, este deve ser o Guardião a manter o ardor Laborioso, isto é, pelo Trabalho, que incessantemente deve estimular, logo que perceba estar esse Trabalho diminuindo de intensidade.*

Ao 2º Vigilante, cujo atributo é o *Prumo*, o autor menciona o dever da *Doçura no Tratar*, pois:

• *Deve compreender tudo, e saber desculpar o que é desculpável em relação ao constrangimento do Iniciante, o qual, pelo tratamento que lhe é dispensado, passa a confiar em seus ensinamentos.*

O *Prumo* procura determinar a *Vertical*, que simbolicamente incita *O Espírito a Descer e Subir*, considerando que caso o integrante se aprofunde nos estudos, vem também a *descobrir seus próprios defeitos*, e se elevando acima do plano geral, provavelmente passe a *desculpar os defeitos alheios*.

Orador

Embora o *Prumo – simbolizando o Ativo*, pertença ao 2º Vigilante, pode parecer estranho que o *Nível – simbolizando o Passivo*, seja o atributo do 1º Vigilante, mas a realidade é um pouco diferente, porque:

• *O 'Nível indicando a Horizontal' também está, em complemento, munido da 'Vertical', tal qual a 'Perpendicular'.*

Por isso:

• *O 'Nível' é mais completo que o 'Prumo' sozinho,*

sendo esse é o motivo pelo qual qualifica o 1º Vigilante como substituto eventual do VM em suas ausências.

Cientificamente, o *Prumo* sempre aponta á *Direção do Centro da Terra*, representando também o *Símbolo da Profundidade do Conhecimento e da Retidão*, porque *previne qualquer desvio oblíquo*.

O *Nível* oferece a *Linha reta em esquadro, com relação a um ponto fornecido pelo Prumo*, demonstrando que o *Conhecimento deve relacionar-se com o plano terrestre*, o único capaz de interessar diretamente à criatura humana.

Secretário

Conceitualmente, é partindo *de fiadas sólidas e bem assentadas*, que o *Maçom* pode e deve trabalhar com vistas à própria *Elevação Espiritual*.

Quanto a *Igualdade – tida apenas no estrito sentido de uma característica abstrata*, à qual ainda se quer associar a representatividade do *Nível*, a plenitude da *Natureza* demonstra que essa ligação poderia não passar de mera mistificação.

Porém, o autor maçônico *Ragon*:

• *Em seus textos refere-se à 'Igualdade Social',*

enquanto outro conceituado escritor *Plantageneta*:

• *Particulariza, dizendo que a 'Igualdade' não implica em 'Nivelamento de Valores'.*

Quanto á *Moral imposta aos símbolos maçônicos*, necessário se faz afirmar que esse aspecto da *Moral*, apesar de sempre *relativa e particular, varia de acordo com os lugares, as épocas e os agrupamentos*.

Guarda (ou Cobridor)

Assim, o *Conhecimento proporcionado pela Iniciação*, é que deve, na opinião de muitos autores específicos e integrantes da *Ordem, substituir a Moral particularizada, que tende para o Absoluto.*

Por isso é que são propostas as necessárias *Sindicâncias*, através das quais é esperado que *seja indicado o melhor*, com o propósito de ser resguardada, dentro de certos limites, a composição do agrupamento de *Maçons*.

Pois bem, no que tange aos vários *Instrumentos*, que foram legados pelos *Pedreiros Livres* e que compuseram a *Maçonaria Operativa*, estão ainda sendo entendidos e estudados como *símbolos*, e em efetiva ligação com o *Grau de Aprendiz*, para mais adiante, em outros *Graus*, serem transmitidos novos conhecimentos ligados à *Arte da Construção*.

VM

Finalmente, por todo o exposto, melhor seria propor um rápido retorno ao início, isto é:

> • *Ao 'Gabinete de Reflexão' onde constam muitas citações, materiais e símbolos a serem estudados e interpretados!*

POR QUE TRABALHAM AO MEIO-DIA 22

VM

A expressão *Meio-Dia – como divisão de tempo*, é sinônimo de *'12 (doze) horas'*, marcante no instante teórico em que o *Sol* se encontra no zênite do local considerado, tal qual no *Centro da Abóbada Celeste*.

Praticamente, é o mesmo em que os relógios marcam as *'12 (doze) horas do Dia'*, com o *Sol* no meridiano e sua própria base em cada *País*.

O significado da expressão *Meio-Dia* é universal, e portanto, perfeitamente válido em qualquer ponto da *Terra*, quer no *Hemisfério Norte* ou no *Sul*.

1º Vigilante

Quando é *Meio-Dia*, teoricamente *nenhum corpo projeta nenhuma sombra*, e o *Maçom*, por sua vez, *começa a trabalhar sem fazer sombra a ninguém*, ou seja, *despojado de qualquer vaidade*, e além disso, ao *Meio-Dia – hora de maior esplendor do Sol*, toda edificação, como a própria construção dos integrantes da *Instituição*, pode ser amplamente verificada com a devida precisão.

Diz a *Lenda Maçônica* que os antigos construtores assim procediam, encarregando os *Mestres* de verificarem *se tudo corria bem*, e poderem proclamar a seguir *se tudo se encontrava justo e perfeito*.

A configuração maçônica denomina como *Meio-Dia* a parte *mais iluminada da Loja*, com exceção do *Oriente*, pois o *Meio-Dia da Oficina* seria o local onde têm assento os *Mestres*, que são os componentes do *Quadro de integrantes da Loja, um pouco mais esclarecidos* que os *Aprendizes e Companheiros*, até porque detêm apenas um pouco mais de tempo nas *Colunas da Oficina*, e essa parte da *Loja* seria assim denominada, pois em qualquer uma delas é sempre reservada àqueles *Iniciados, os Mestres*.

2º Vigilante

Como todos os *Ensinamentos e Conceitos* da liturgia maçônica são traduzidos através da *simbologia*, ou então apresentam um velado aspecto exotérico de *doutrina*, começar os trabalhos ao Meio-Dia simbólico, e prolongá-los durante *'12 (doze) horas figuradas'*, pois estes se encerram à *Meia-Noite*, significa que o *Maçom* deve empregar *metade do tempo* de seu *dia completo* na realização de *tarefas úteis*, primando por instruir-se convenientemente.

As *horas alegóricas* na *Maçonaria* transladam à *'Tradição'* seus *Iniciados*, segundo a qual *Zoroastro* – ou antes, *Zaratustra, dos primeiros criadores dos Mistérios da Antiguidade* –, recebia seus discípulos nos *Dias de Reunião ao Meio-*

Dia, e os despedia à *Meia-Noite*, depois da realização da *Ceia Fraternal*, *Ato* que encerrava os trabalhos.

Os *Aprendizes 'iniciando'* seus afazeres simbolicamente ao *Meio-Dia*, e os *'encerrando'* à *Meia-Noite*, significa que *procuram se empenhar*, na *metade* do tempo útil de seu *Dia Completo – nas 12 (doze) horas de suas realizações –*, ao hábito de bem se *instruírem nos fundamentos*.

Estas *Instruções* referem-se ao *conhecimento das Verdades*, prodigalizadas pela *Grande Doutrina*, posta sempre em guarda na *defesa da Humanidade*.

Orador

Quando os relógios indicam *Meio-Dia*, sabe-se que o *Sol* se encontra perfeitamente na vertical em relação àquela parte da *Terra*, o que simbolicamente significa que o *Aprendiz, como uma espécie de 'criatura na primeira infância'*, ainda possuindo olhos fracos para filtrar, direta e frontalmente, os *brilhos dos ensinamentos maçônicos*.

Por isso, para não sofrer ofuscamento, deve se esmerar nas suas *atividades inerentes*, resguardando-se de possíveis incidentes causados pela *luminosidade intensa* causada por *brilho excessivo*, e desse modo, estabeleceu-se a *tradição do Meio-Dia simbólico*, quando referida à *abertura dos trabalhos*.

Porém, torna-se de difícil entendimento ou compreensão, quando o *trabalho* se estende *desde o Meio-Dia até a Meia-Noite*, porque é sabido que são as *horas antes do Meio-Dia* as mais fecundas e úteis à realização de tarefas.

A *Tradição Chinesa e a Escola de Zoroastro* consideravam a *metade* do *Dia*:

• *Da 'Meia-Noite ao Meio-Dia', como o período em que o 'ar é ativo (yang)'*, e
• *Do 'Meio-Dia à Meia-Noite', indicado ao desenvolvimento intelectual e espiritual*.

E assim, seria esta a principal motivação porque tais *Escolas, como a Maçonaria*, trabalham do *Meio-Dia à Meia-Noite*.

Secretário

Existem outras explicações, e uma delas, aparentemente mais corrente, mas no entanto apenas aceitável para alguém dotado de espírito crítico, é que o *Homem* apenas aprenderia durante *a primeira parte de sua vida*, e somente quando chegasse ao *Meio-Dia de sua existência* se tornaria útil à comunidade, e nesse caso, a *Meia-Noite representaria a morte, e compreenderia os anos enfraquecidos da velhice*.

Sobre o tema, o autor *Oscar Wirth* diz que:

• *"A pesquisa da Verdade, objetivo principal do trabalho iniciático, não poderia ser instaurada com proveito desde a manhã da vida intelectual"*.

Mas, só é possível discernir o *'Meio-Dia vital'*, quando forem controladas as próprias faculdades, e chegar-se à *maturidade do pensamento*, condição que é praticamente atingida quando for alcançada *a metade do caminho da vida*, e então, como *Dante* se chega *à obscura floresta das provas iniciáticas*.

Efetivamente, a *'Loja só se abre quando é Meio-Dia no âmago dos operários espirituais'*, e os *Vigilantes, que devem ser conhecedores do nível de instrução iniciática de cada integrante*, se *pronunciam* sobre a hora esperada, e através dessa declaração de que é *Meio-Dia* tornam-se *fiadores da maturidade mental da assistência*.

Guarda (ou Cobridor)

Para o estudioso *Ragon*, a *astrologia* fornece a explicação mais acertada, e a significação esotérica para a expressão do *Meio-Dia à Meia-Noite*:

- *"O Homem despe-se das coisas exteriores, para voltar-se para o interior de si mesmo, isto é, para um mundo sutil e não material."*

Renascido em um *Novo Plano*, o *Maçom* traz sua exemplar doação à *Sociedade*, com o indício de que como *Maçom, não espera nenhuma recompensa por sua ação social*.

Durante as *'12 (doze) horas simbólicas'* de duração dos seus trabalhos na *Câmara de Aprendiz*, a *Maçonaria* quer sempre demonstrar aos seus integrantes dedicados, as *chaves* de todos os *Segredos da sua Doutrina*, através:

- *Da recordação de 'emblemas e programas',*
- *Dos comentários sobre as 'alegorias',*
- *Da interpretação das 'Leis tangentes e suas finalidades', e*
- *Fazendo tudo o mais com 'amor, dedicação, carinho e espontaneidade',*

isto é, se dirige aos *Maçons* doutrinando-os para que se conservem, perenemente, ligados à *Magna Instituição* na qual se *Iniciaram*.

VM

Assim, os integrantes da *Sublime Instituição* através do:

- *Combate incessante a tirania, a ignorância, os preconceitos e os erros, e*

peça glorificação:

- *Do Direito, da Justiça, da Verdade e da Razão,*

estarão correspondendo ao *antigo conceito* traduzido por:

- *"Levantar templos à Virtude, e cavar masmorras ao Vício."*

Finalmente, caberia esclarecer que as *antigas iniciações* falam *ao espírito e ao coração do Maçom*, e portanto, cria-se a oportunidade de poderem dizer que:

- *"Aprendi a aproveitar as '12 (doze) horas de trabalho', gravando na memória as idéias avantajadas, que hão de me levar ao Bem e à Verdade!"*

SECÇÃO ÁUREA 23

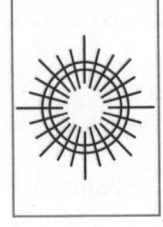

VM

Segundo o pensador *Heráclito*:

- *"O Homem é a 'medida' de todas as coisas"*.

E o cientista *Johannes Kepler, formulador das 'Leis da Movimentação Planetária',* disse que a *Geometria*, como ciência, possui *dois grandes tesouros:*

- *O Teorema de Pitágoras, e*
- *A 'divisão' de uma linha das proporções extremas pelas médias de seu comprimento, que é a Secção Áurea.*

1º Vigilante

O *Teorema de Pitágoras – o primeiro dos tesouros*, pode ser comparado a uma *medida da Secção Áurea – o segundo dos tesouros*, e esta *Secção* pode ser entendida como uma *jóia preciosa*.

Existem grandes considerações *estéticas, naturais e filosóficas* que envolvem esta *proporção*, a partir do instante em que a *humanidade* começou a *refletir* sobre as formas geométricas do seu *Mundo*.

Nas edificações, quando se busca reproduzir a *disciplina* existente nas *proporções dos Fenômenos Naturais*, demonstra-se a real proximidade da *Criatura* com a *Criação*, revelando a integração harmoniosa com o *Cosmos*, e evidenciando o relacionamento de todas as coisas.

Por isso, limitar a *Geometria Sagrada* apenas às figuras obtidas por seus instrumentos básicos, *Esquadro, Compasso, Régua, etc*, seria no mínimo incompatível.

A *Geometria* participa da harmonia cósmica também nas *proporções* das estruturas dos *seres humanos, vegetais, animais e minerais*, isto é, todo o pertencente ao *Universo*.

2º Vigilante

Esta mesma *proporção* pode ser encontrada nas *Artes Sagradas do Egito, da Índia, da China, do Islã e de outras civilizações tradicionais*.

Tanto quanto dominou *a Arte e a Arquitetura da Grécia Antiga*, permaneceu praticamente oculta em quase todos os *Monumentos Góticos da Idade Média*, para reaparecer abertamente e ser celebrada na *Renascença*.

Na *Maçonaria* tem-se um *esplendoroso e significativo símbolo* que utiliza esta *proporção*.

A *União do Pentágono e do Pentagrama* revela toda sua importância na *proporção* existente e demonstrada entre:

• Os *'lados do Pentágono'*, e as *'linhas que unem seus vértices alterados'*,
linhas estas que delimitam o *Pentagrama*.

Essa *proporção* exprime com exatidão a *Secção Áurea*, isto é, a *proporção constante na Estrela de Cinco Pontas*, que coloca em evidência a *proporcionalidade* existente entre:

• *A distância entre '2 (dois) vértices' da Estrela*, e
• *Cada uma das '5 (cinco) linhas' utilizadas para traçar essa Estrela*,

até porque, onde existir *funcionalidade e beleza*, ali a *Secção Áurea* será encontrada.

Orador

A *Proporção Áurea* também é estabelecida quando se divide uma linha em *'duas partes desiguais'*, e o comprimento das partes dessa operação, for executado de tal maneira que quando houver a *Divisão* da:

• *Medida do 'comprimento da linha inteira', pela*
• *Medida do 'comprimento da parte maior'*,

resultar na proporção da *Secção Áurea*.

O *Corpo Humano Perfeito*, em suas muitas dimensões, obedece a *Secção Áurea*, *proporção* que pode ser observada na *relação* entre *as diferentes partes do Corpo*, como por exemplo, a *Divisão* da *altura total desse Corpo* pela *altura do umbigo aos pés*.

Em complemento, os *preceitos da figura humana* mostrados pelo genial *Da Vinci*, se ajustam às *medidas* do *Corpo* quando dividido em *dois* pela região dos órgãos sexuais, tanto que na constituição do ser humano constam *proporções* médias e ideais para o *Corpo*, sendo que seu umbigo o divide conforme a *Sessão Áurea*.

Secretário

Em razão do exposto, seria fácil e simples de ser verificado *'o porque de tanta importância dada ao Pentagrama'*, importância esta corroborada por muitos, mas também e principalmente pelos *pitagóricos*, pois a *Estrela de Cinco Pontas* era tida como o *Emblema da Escola de Pitágoras, símbolo* por meio do qual apenas seus discípulos se reconheciam.

Outro exemplo seria a importância que também teve a *Estrela de Cinco Pontas* entre os arquitetos e artistas de séculos passados, tanto quanto foi o *Emblema Secreto* de diversas *Fraternidades Construtoras* de todos os tempos, especialmente os medievais, visto que nesse símbolo está oculto um dos mais preciosos e significativos segredos da *Arte*.

Apesar de estar inserido em *muitos aspectos* da *Natureza*, a partir dos quais os artistas buscavam suas inspirações, seria equivocado afirmar que alguém pudesse descobrir as relações da *Secção Áurea* na *totalidade dos aspectos* da *Natureza*.

Porém, o que pode ser dito em definitivo é que:

• *Onde existir uma 'intensificação de função', ou*
• *Uma particular 'beleza e harmonia da forma'*,

ali será encontrada a *Secção Áurea*.

Guarda (ou Cobridor)

O professor *Fechner*, em 1876, realizou uma experiência através da qual demonstrou que 75% dos escolhidos ao acaso, preferiram os *Retângulos de Proporções Áureas* a quaisquer outros que foram mostrados, o que talvez seja um indicativo de que o *homem*, na busca incessante por seu lugar no *Universo*, inconscientemente, saiba reconhecer *o que lhe pareça mais harmonioso*, e então, passe a se relacionar.

Logicamente, é trazido à lembrança o relacionamento e proporcionalidade do *Mundo criado com extrema perfeição, da sua origem e da sua potencial evolução futura.*

É também na *Arte Real da Vida*, que ensina à *Maçonaria* o valor da *Secção e Proporção Áurea*, que obedecem a *Lei do Pentagrama*, como indicadores da *medida áurea e da justa média* que deve ser buscada em todas as realizações e atividades, para que ao longo da existência se manifeste a beleza e harmonia que se encontra no *Planeta Divino*.

VM

Como os antigos afirmavam que:

• *"O Universo é Deus considerando a si próprio",*

a *Criação* não pode existir sem *percepção*, e *'percepção é afinidade'*, pois:

• *Ser é relatar, isto é, refletir,*

e os *padrões arquetípicos das afinidades* podem ser contemplados através das *Leis de Proporção,* contidas nos *Números e Formas Geométricas Puras.*

Finalmente, poder-se-ia concluir que:

• *A 'Secção Áurea' é a idéia ou forma transcendente, que deve existir tanto a priori quanto eternamente, antes das progressões que envolvem tempo e espaço.*

SIMBOLISMO DA CRUZ 24

VM

A *Cruz como um Símbolo*, foi usada por diversas corporações, milhares de anos antes da era cristã.

Nas *Paredes dos Templos e Obeliscos do Antigo Egito*, já constava a *Cruz como símbolo*, sendo representada no *Rosa-Cruz*, ou seja, *Duas linhas cruzadas como uma Cruz e uma Rosa no cruzamento*.

Essa *Cruz'* era constituída pelos antigos para *simbolizar* o *Corpo do Homem*, com a *Rosa* representando sua *Alma*, desenvolvendo-se e evoluindo através das *provas e atribulações* da experiência terrena.

1º Vigilante

Assim como a *Rosa*, também a *Cruz* expõe a dúvida dos contrastes entre *o celeste e o terrestre*, e disso advém a associação dos membros da *Fraternidade Rosa-Cruz*, pelo lema:

- *"Per Crucem ad Rosam", isto é,*
- *"Pela Cruz chega-se à Rosa".*

Apesar de notório que não foi *Jesus* o primeiro homem a ser crucificado, foi da *Igreja Cristã* a decisão da escolha da *Cruz com o corpo de Jesus*, como dos importantes e significativos *símbolos do Cristianismo*.

Assim, a *Cruz* tornou-se o *emblema maior* dos cristãos em todo *Mundo*, logicamente inspirado e motivado pela crucificação de *Jesus – o Cristo*, e ainda, tornou-se o *símbolo universal da Espiritualidade, da Consciência Cósmica, da Fé e da Imortalidade*.

Com significado *cosmogônico e filosófico*, a *Cruz* esteve associada às ciências iniciáticas e religiões antiquíssimas, como as dos povos *do Peru, Egito, Índia, China, Japão, Coréia, Tibete, Babilônia, Assíria, Caldéia, Pérsia, Fenícia, Armênia e Argélia*, e entre os habitantes pré-históricos da *Bretanha, França, Germânia e América*.

2º Vigilante

Na forma mais antiga, o que poderia sugerir a Cruz à mente do Homem primitivo?

Como resposta talvez fosse a *concepção da dualidade*, como sendo a idéia mais dominante identificada com a *Cruz*.

Atualmente, caso se quisesse representar em figura e forma bem simples, a 'unidade ou casamento' de duas condições ou coisas diferentes, poder-se-ia pensar num modelo mais expressivo do que uma singela 'Cruz Eqüilátera'?

Nem todas as *Cruzes* possuem a mesma base *psicológica e natural*, porque algumas têm um significado *religioso, místico e heráldico*.

Seria importante mencionar a existência de diversos trabalhos que apontam *'385 tipos ou modelos diferentes de Cruzes'*, porém, várias das quais têm desenhos puramente ornamentais, sem maior significância.

Existem várias formas de *Cruzes*, destacando-se as principais:

1) *Cruz Latina* – nos primeiros tempos chamada *'A marca de Deus'*; o mais exaltado emblema da fé cristã, o símbolo de todos os símbolos; sem comparação, o maior número de símbolos no Mundo ocidental é baseado, na forma ou em parte da forma, numa *'Cruz'*, sejam monogramas imperiais, sinais maçônicos, sinais de família, símbolos químicos, ou marcas registradas.

Orador

2) *Cruz de S. Pedro* – segundo a lenda, S. Pedro morreu numa *'Cruz invertida'*, isto é, a seu pedido, crucificaram-no de cabeça para baixo;

3) *Cruz de S. André* – *'Cruz'* na qual S. André foi martirizado, também chamada *'Cruz Decussata'*, era a marca das fronteiras usadas pelos Romanos, derivada da *'Cruz'* utilizada como barreira; isto é em *'X'*; na heráldica chama-se *'Aspa'*, sendo o símbolo da Escócia e da Rússia.

4) *Cruz Egípcia* – *'Cruz de S. Antão – Cruz Commissa'*, também chamada *'Cruz de Tau'*, da letra grega *'T (Tau)'*; S. Francisco de Assis usou-a como assinatura;

5) *Cruz Grega* – *'Cruz Immissa Quadrata'*; desta e da *'Cruz Latina'*, derivam-se entre outras, as seguintes formas na Idade Média, para fins heráldicos:
   5.1) *Cruz Patée* – da qual derivou a *'Cruz de Cristo dos Portugueses'*;
   5.2) *Cruz de Malta* – ou de S. João, com 8 (oito) pontas de significado místico, foi o símbolo dos Cavaleiros de S. João, da Ilha de Malta;
   5.3) *Cruz Trifoliada*;
   5.4) *Cruz Florida* – ou' *Cruz de Cleves'*;

Secretário

   5.5) *Cruz de Pomos* – Maçanetada;
   5.6) *Cruz Patriarcal* – ou *'Cruz de Lorena'*;
   5.7) *Cruz Papal* – ou *'Cruz Tríplice'* dos povos ocidentais;
   5.8) *Cruz Molina* – ou *'Cruz Potente'*;
   5.9) *Cruz com Oito Extremidades* – da Igreja Ortodoxa Russa;
   5.10) *Cruz Russa*;
   5.11) *Cruz Cruzetada* – chamada a *'Santa Cruz ou Cruz Germânica'*; entre os gnósticos, o símbolo dos Quádruplos Mistérios;
   5.12) *Cruz Suástica*;
   5.13) *Sagrada Cruz Romana*;
   5.14) *Cruz Vasada* – ou Gammadia, assim chamada por ser composta por quatro gamas; estreitamente relacionado a esta, é o belo e antigo distintivo dos clubes de ginástica alemães – os Turnverein.

6) *O 'Ankh'* – antiquíssimo símbolo egípcio da vida, é também chamado a *'Cruz Ansata ou Cruz Tau com Arco – A Chave do Nilo'*.

Guarda (ou Cobridor)

Nos *Altos Graus do Filosofismo* aparecem as seguintes *Cruzes*:

• *'Cruz Latina, Cruz de S. André, Cruz de Malta, Cruz de Lorena, e por fim a Cruz Papal ou Tríplice'*.

Centenas de formas de *Cruzes* estão registradas em *Livros de Simbolismo*, como por exemplo, do autor *Lehner – Symbols, signs and signets*, sendo possível pela simbologia do grafismo descobrir o sentido de cada modalidade, muitas se encontrando em *Insígnias de Ordens Militares, Condecorações, etc.*

O complexo simbolismo da *Cruz*, que não nega ou substitui, mas ratifica o sentido histórico na realidade do *Cristianismo*, onde constam *2 fatores essenciais*:

• *O da Cruz propriamente dita, e*
• *O da Crucificação ou de estar Sobre a Cruz.*

Em primeiro lugar, a *Cruz'* se oferece como uma derivação dramática, como uma inversão da *árvore da vida paradisíaca*, e por isso, na iconografia medieval, a *Cruz* é representada como uma árvore com nós, ou com ramos, em *'Y'*, ou em formas espinhosas.

Como acontece com a *árvore da vida*, a *Cruz* simboliza o *Eixo do Mundo*, estando no centro místico do *Cosmos*, colocando-se como a ponte ou escada pela qual se chega a *Deus*.

VM

Em algumas variantes, a *Cruz* pode ter *'sete degraus'*, como as árvores cósmicas em que figuram *'os sete céus entre os dois mundos (terreno e celeste)'*, mas também por causa do destacado travessão que corta a linha vertical, correspondente aos significados de *eixo do mundo ou símbolo do nível*, e conjunto sendo uma *conjunção dos contrários*, em que se casam o *princípio espiritual e vertical* com a *ordem da manifestação e da terra*.

Daí a transformação da *Cruz* em *sentido agônico de luta e de instrumento de martírio*, enquanto, por vezes, a *Cruz* aparece em forma de *'T'*, para ressaltar ainda mais a posição *quase equiparada (igualitária) de dois princípios contrários*.

Caberia ainda ser referida a *Cruz de Jerusalém*, que é também usada como jóia dos *Cavaleiros do Santo Sepulcro*, sendo uma *Cruz Grega colocada entre quatro Pequenas Cruzes*, tendo sido adotada como *emblema* do *Reino de Jerusalém*, e ainda hoje é o *símbolo* da *Cidade de Jerusalém*, e tida como *'marca'* da *Terra Santa*.

Suas *quatro Pequenas Cruzes* simbolizam *as quatro chagas de Jesus Cristo*, enquanto a *Cruz Central* simboliza *a morte do Divino Mestre*.

Finalmente, valeria a reveladora citação:

• *"Ó Cruz, és maravilhosa visitante, guardando teu lugar junto a Deus e a Natureza."*

SIMBOLISMO DAS ROMÃS

VM

Os frutos denominados *Romãs* têm um *simbolismo religioso* muito importante e forte, mas não apenas religioso, como poderá ser visto a seguir.

Como *características botânicas*, é possível afirmar que a designação científica da *romãzeira* é *Punica Granatum*, o que lembra uma provável origem *fenícia*.

Em *latim*, *Granatum* significa *Grãos, Malum – Fruto*, e *Punica – Fenícios*.

1º Vigilante

Os *romanos* traziam esta fruta de *Cartago*, sendo que a mesma foi introduzida na *Europa* pelos árabes, mais precisamente na região do *Mediterrâneo, ao sul da Espanha, na cidade de Granada*, nome este que na língua espanhola significa *Romã*.

Por isso as expressões *Malum Punicum* ou *Malum Granatum* significam *Maçã de Cartago* ou *Maçã de muitas Sementes*.

A semelhança da *Romã* com a fruta *Maçã* fica por conta apenas de seus formatos, já que o sabor da *Romã* é incomparavelmente superior ao da *Maçã*.

2º Vigilante

A casca da *Romã* é muito dura, geralmente *avermelhada ou amarelo-esverdeada*, contendo na extremidade superior uma *coroa* em forma de *cálice de flores*.

Acredita-se que existam no mínimo *dez espécies diferentes de Romãs*, sendo que o *arbusto ou arvoreta* da *romãzeira* atinge de *2 a 8 metros* de altura, vivendo em geral de *60 a 100 anos*.

Sua origem é por demais antiga, tendo sido descobertos fragmentos desta fruta em túmulos egípcios que datam de *2.500 anos a.C.*.

A *Romã* é mencionada nos textos de escritores renomados como *Alexandre Dumas e Shakespeare*, dentre outros.

Enfim, os atributos da *Romã* são imensos, intrigando até a atualidade os botânicos, valendo ressaltar, inclusive, seu elevado poder medicinal.

Orador

Como *características simbólicas*, pode-se dizer que nas *Duas Colunas (J e B)* constantes dos *Templos Maçônicos*, que ainda costumam ser representadas no *Painel da Loja de Aprendiz*, estas *Colunas* são encimadas por *'Três Romãs'* em cada uma, mostradas entreabertas, afastando-se desta maneira da descrição bíblica.

Logicamente, trata-se de uma *simplificação esquemática*, que é explicada pelo fato de que, antigamente, esse *Painel ou Quadro* era apenas traçado com giz no piso dos locais onde se reuniam os integrantes da *Ordem*.

Sobre o tema, o escritor *Ragon* menciona:

> • *"Philon e Josèphe fazem menção aos frutos da romãzeira e aos lírios, que encimavam as várias Colunas do Templo de Salomão; o lírio indica a inocência da sociedade, e as 'Romãs' a pureza da amizade..."*

Secretário

Pelo exposto, detém a *simbologia na Ordem* como:

> • *As 'Romãs da Amizade' cujos grãos, muito unidos, representam a Solidariedade da família maçônica, isto é, a propalada pura Fraternidade, assim como, significam o desejo da Prosperidade de todos os integrantes da Sublime Instituição.*

Em complemento, os grãos da *Romã* estando imersos numa *polpa transparente*, recordam que:

> • *Os Maçons devem estar unidos entre si por um ideal comum.*

Sendo a casca da romãzeira tóxica, e em contrapartida seu fruto muito saudável, simbolizaria que:

> • *Os Maçons vindos de um Mundo mau por essência, podem evoluir para um estado de 'excelsion'.*

Guarda (ou Cobridor)

A *Romã* simboliza ainda o *Sol*, por sua cor, pela fertilidade ou fecundidade proporcionada, através da união dos vários *Planetas* que ilumina e aquece, pela riqueza de seus raios esplendorosos, e simultaneamente, pela humildade que demonstra em sempre apenas servir.

Sob a casca da *Romã* estão ocultos tantos grãos suculentos, o que simboliza a *Caridade* apregoada pela *Ordem*, demonstrada por estes sem número de grãos.

Valeria ainda esclarecer que na mitologia grega, a *Romã* veio a se transformar numa espécie de *Inspiração dos Sonhos*.

A romãzeira, sendo uma planta milenar, atravessou os tempos revestida por mistérios e muita magia, mas sempre marcada pela tradição de proporcionar sorte, e cura de diversos males.

VM

Finalmente, retornando ao fruto, à *Romã*, o mesmo é resistente e suporta muito mais impactos que a *Maçã*, simbolizando maçonicamente que:

> • *Assim também devam ser os Maçons, resistentes às intempéries da vida, discretos, e em seu interior possuírem qualidades diferenciadas dos demais.*

SIMBOLISMO DAS VELAS 26

VM

O uso de *Velas* nas *Sessões Ritualísticas* dos *Ritos* que as adotam, muitas vezes não é compreendido, pois há a possibilidade de se depreender, erroneamente, que por isso haja qualquer conotação *religiosa ou mágica*.

Tal prática não é exclusiva da *Maçonaria*, pois também pode ser verificada em muitas outras *Ordens Iniciáticas*, as *Velas e suas Chamas* têm significado *místico – esotérico*, que precede e transcende ao encontrado na liturgia dos *Credos Confessionais*, por sua natureza *exotérica*.

De modo análogo, vale relembrar que o *Fogo* é um dos *Quatro Grandes Princípios ou Manifestações* da *Natureza*, complementado pelos outros *'Três: Ar, Água e Terra'*.

Se o *Fogo* até a atualidade impressiona os seres, seria também de imaginar o quanto foi impactante, num passado remoto, seus efeitos e simbologia às mentes dos homens.

1º Vigilante

É provável que a primeira manifestação do *Fogo* vista pelo homem tenha sido causada por um raio.

Isto deve ter ocorrido a partir da fulgurante crepitação no céu, para em seguida surgirem as chamas decorrentes da inflamação de folhas e galhos secos, e depois o conseqüente incêndio, muito realçado quando acontecia na escuridão da noite, e estes acontecimentos constituíram, sem nenhuma dúvida, uma experiência no mínimo impactante, como já dito.

Além desse, pode ser que uma erupção vulcânica tenha sido outro modo pelo qual o *homem primitivo* se deu conta da existência do *Fogo*, provavelmente, chegando até a provocar certo terror em seu coração e mente.

Com o passar do tempo, quando já estava mais familiarizado com o *Fogo*, o homem rapidamente aprendeu a utilizá-lo como um *instrumento de poder*, passando a cultuá-lo em função de preservar seu domínio sobre o mesmo, além de buscar a possibilidade de reacendê-lo toda vez que se extinguisse.

O *Culto ao Fogo* da maneira como se mostrava nos tempos antigos, na modernidade foi substituído por uma espécie de *fascínio* que quase todos têm.

Tanto que poder-se-ia indagar:

• *Quem não aprecia 'Velas' acesas criando uma atmosfera de aconchego, de intimidade e de afetividade num momento especial da vida?;*
• *Quem não se extasia ao contemplar a 'Chama', que em constante oscilação e pelas nuances de cor, parece sempre ter viva própria?; e*

• *Quem nunca se acomodou diante de uma lareira acesa, em introspecção a seus pensamentos, e deslumbrado com as 'Chamas' cintilantes?*

2º Vigilante

Graças a essa concentração provocada, tanto quanto ao modo como prende a atenção, a iluminação emanada pelo *Fogo* enleva os seres humanos ao caminho da própria meditação, e também da paz espiritual.

Estas *características comportamentais* diante do *Fogo* são arquetípicas, e fazem parte de um *'inconsciente coletivo'*, sendo arcaicas e comuns à todas as épocas e culturas.

Desta maneira, na atualidade o *Fogo* não tem só valor utilitário em termos de energia, para suprir as necessidades materiais, pois sob o *aspecto místico* o *Fogo*, como antigamente, ainda representa parte do processo de *purgação, purificação e regeneração'*, para muitas *Religiões, Seitas e Organizações Iniciáticas*.

Naquelas que as adotam, o *Espírito Santo – entendido como a Voz de Deus*, e a *Mente Cósmica*, com o auxílio do *Fogo* procuraram revelar tanto seus *Princípios Basilares*, quanto os julgados *Importantes Conhecimentos*, buscando conduzir o homem a uma forma de vida mais elevada, e com melhor qualidade.

No caso específico da *Maçonaria*, todo *'trabalho'* de construção do *Templo Interior – objetivo maior da Ordem, a partir do desbastar da Pedra Bruta*, visa alcançar a *regeneração espiritual, moral, mental e física* de todos os seus integrantes.

Orador

Para se tornarem *regenerados*, os *candidatos* devem ser simbolicamente purificados das próprias *imperfeições materiais*, e para os *Ritos Maçônicos* que as adotam, é este exatamente o simbolismo quando se expõe o *candidato às Chamas Purificadoras*, isto é, ao calor do *Fogo* utilizado no *Cerimonial de Iniciação*.

Por isso *a Luz concentrada no Fogo das Velas* é usada nos *Altares* dos *Ritos* que assim são compostos, sendo o *Fogo* sempre aceso com significativa cerimônia.

Maçonicamente, as *Velas* têm ainda outro sentido simbólico, porque a *Luz* propiciada pela *Chama Sagrada* representa a *Divindade e Sua Sabedoria*, e como complemento especial a *Compreensão Esotérica ou a Iluminação Pessoal*.

Tal como a *Luz*, o *Conhecimento* dissipa as *trevas da ignorância*, e como *obreiros sociais* cabe aos *Maçons* trabalhar para libertarem-se dessas sombras, e em seu auxílio ali estão as *Velas* acesas para lembrá-los sempre de tão importante tarefa!

A *Chama Sagrada*, que representa *O Fogo da Energia Divina*, deverá eternamente arder nas *Almas* dos integrantes, eliminando o próprio *sem afeto, sem sentimentos, ou a destruição pela compaixão*.

Secretário

Em termos cósmicos, a Luz *existe em todo* Universo, *e motivado por diversas condições, inclusive a posição relativa dos* Corpos *no espaço, tornam a manifestação da* Luz *mais intensa em certos lugares do que em outros*.

A *Luz nunca se dissipa*, se considerada a possibilidade de se extinguir no *Universo*, pois até num quarto completamente escuro a *Luz* existe, apesar de sua intensidade não impressionar a retina humana, e o fato da *Luz* não se dissipar constitui uma das características mais positivas do *Universo*, pois também faz parte da *existência da matéria*.

Assim, como conclusão, a *escuridão* é apenas um *grau infinitamente pequeno de Luz*.

Quando é acesa uma *Vela* de maneira mística, significa que *certa intensidade da Luz Maior – que permeia todo o Universo*, se concentra no objeto que detém a *Chama*, sempre exposta com propósito específico, isto é, o de *ensinar e demonstrar* algo na *Sessão Ritualística*.

Terminada a *Cerimônia – a Sessão*, ao serem *apagadas as Velas*, jamais significará que a *Luz* se fez extinta.

O mesmo se dá quando alguém morre, pois sua alma não se extingue, mas é integrada ao *Cósmico*, de onde se originou.

Guarda (ou Cobridor)

Por todo o exposto, em respeito ao ponto de vista do *misticismo*, a *Vela* deve ser sempre *apagada* com um *instrumento próprio*, jamais com os dedos ou outra qualquer parte do corpo, simbolizando que simplesmente foi mudada a *manifestação da Luz concentrada*, reintegrando-a novamente ao *Cósmico*.

Assim, *apagá-las com sopro*, para a Maçonaria, nada mais seria do que um simples procedimento profano, mas a *Ordem* interpretaria como sendo a *desintegração da Chama*, isto é, a tentativa de não mais existir enquanto *Luz*, embora seja impossível, pois sempre permanecerá existindo mesmo de *forma invisível, intrínseca, porém, com muita vibração*.

O *acendimento*, também no sentido *simbólico*, é feito a partir *da chama de outra Vela, tocha, lamparina, etc*, e *jamais* ser feito diretamente da *chama de um isqueiro, fósforo, ou correlato*, porque a *Vela – ou outro dispositivo*, a partir do qual são acessas as demais, representa a *Luz difusa no Universo*.

VM

No passado, até mesmo os materiais que eram feitas Velas, *também deviam ter uma* leitura simbólica.

A primitiva *Igreja Cristã*, e mesmo as *Ordens Fraternais*, usavam *Velas* feitas exclusivamente de pura *cera de abelha*, representando esta *cera* o produto final do exaustivo trabalho das *abelhas-operárias (obreiras)*, cujo determinante sentido de suas vidas se resumia ao *fabrico do mel*, nem que isso custasse o sacrifício dessas próprias vidas.

SIMBOLISMO DOS ANIMAIS 27

VM

Não apenas a *Bíblia* se utilizou de nomes de aves e animais, por suas nobres qualidades, para caracterizar diversos aspectos da *Divindade*.

Para os egípcios, a *Águia simbolizava a Inteligência; o Boi a Força, além de muitos outros*, pois alguns animais detinham *atributos*, e por isso poderiam figurar como *Símbolos*, pela semelhança desses *atributos* com os pressupostos da *Divindade*, para depois se tornarem sagrados, como o *Boi e o Crocodilo*, por vezes graças a superstição.

Na *Bíblia*, tanto os *judeus* como os *cristãos* usaram metodologia análoga, e se observa:

- *Em Ezequiel e no Apocalipse de João, um dos Evangelistas, que utilizou a 'Águia como símbolo do Olho Vidente',*
- *Lucas dizia que o 'Touro era o símbolo das Águas Vivas e da Força Cósmica',*
- *Marcos tinha no 'Leão a energia de intrépido valor', correspondente ao 'Fogo Cósmico',*
- *Mateus se valia de uma 'Cabeça de um Homem ou de um Anjo, sintetizando a simbologia dos três acima citados, combinando-os no 'Intelecto Superior do Homem e na Espiritualidade Cósmica'.*

1º Vigilante

Á época, por meio de *passes cabalísticos*, os *sacerdotes* dos hebreus depositavam as *vibrações negativas* sobre a *Cabeça de um Bode Preto*, que em seguida era solto no deserto, onde tais *vibrações* se perdiam sem poderem fazer mal aos fiéis, nem pela proliferação do mal.

Portanto, o *Bode Preto* simbolizava a capacidade de chamar para si a *expiação dos pecados e erros da humanidade*, levando-os a seguir para um local onde não existiam seres vivos, evitando que proliferassem, e assim, simbolicamente, seria *a capacidade de retirar a ignorância da humanidade e purificá-la com sua Sabedoria*.

O ser humano está irreversivelmente ligado aos animais, mesmo por questões biológicas de vez que é um deles, e desde tempos imemoriais tem-se notícias dessa ligação, até porque freqüentemente os homens tomavam para si as qualidades dos animais, e por isso os cultuavam, além de buscarem o próprio aperfeiçoamento ao se espelharem nesses animais, isto é, em suas características que mais se adequassem, e assim, muitos povos adoravam, e ainda adoram, animais como *Divindades*.

Sendo a *Maçonaria* riquíssima em simbolismo, não poderia deixar de estudar essa profunda ligação com os animais, chegando até a empregá-los em sua ritualística, pois conforme análise do estudioso *Zilmar P. Barros (op. cit. pg. 61)* que diz:

> • *"Na Maçonaria encontram-se figuras de uns tantos animais, simbolizando profundas verdades, além de máximas instrutivas regeneradoras."*

2º Vigilante

O *Galo* é uma ave doméstica, que se relaciona com a movimentação do cotidiano, mas que expressa o *valor relativo da vida*, pois quando o horizonte fica rosado anunciando um novo dia, é o *'Galo'* que avisa cantando que a hora de despertar se aproxima.

Seu cantar revigora o espírito humano na senda dos exercícios comuns, e quando o *Sol* apenas se anuncia, reverencia a *Criação* com seu canto sonoro.

Filosoficamente, é o símbolo da *Vigilância Cuidadosa*, transformada numa das funções mais repassadas de *Desvelo da raça humana*, isto é, simboliza a *Vigilância Espiritual*.

O *Boi* é representado nas *Cerimônias* como símbolo da *Força e do Trabalho*.

O *Cão*, na linguagem alegórica bíblica, personifica o *Perseguidor ou Profano*, entretanto na simbologia maçônica, figura em alguns *Graus* como emblema de *Fidelidade e Zelo* no cumprimento do dever.

A *Pomba* representa a *Pureza* entre os judeus, assim como representa o *Espírito Santo* para os cristãos, chegando até que os russos se abstêm de comê-la.

Na *Maçonaria* aparece em diversos *Graus*, configurando o fecundante e universal *Espírito da Natureza*.

A *Raposa* é o animal que para a *Ordem* representa o símbolo da *Astúcia e Dissimulação*, qualidades que devem ser desenvolvidas independente das do *Leão*, da *inteligência e vivacidade* do *Macaco*, e da *audácia e da visão* da *Águia*.

A *Serpente* é o símbolo da *Razão e da Imortalidade*, como também do *Poder Iniciático*, e entre os hindus denominada *Naga*, sendo o emblema do *Adepto ou Iniciado*, além de que na primitiva *Igreja Cristã* simbolizava a *vitória de Cristo sobre o Diabo*.

Orador

A *Águia* figura simbolicamente em quase todos os *Graus* da *Maçonaria*, conhecidos como *Filosóficos ou Altos Graus*, representando a *Audácia, a Perspicácia e o Gênio* com que todos os integrantes devem contemplar, serena e firmemente, a deslumbrante *Luz da Verdade*, bem como a *Vitória*.

A *Águia* se destaca como uma figura conhecida há muito tempo, tanto que na *Roma Antiga* era estampada nos *Estandartes das Legiões*, bem como no *Trono Imperial*, enquanto na *Rússia czarista* figurava solenemente nas múltiplas *Bandeiras Imperiais*, como símbolo de *Fidalguia e Poder*.

João, o Evangelista, considerado como o *Águia dos Doutores da Igreja*, fez com que todos os cristãos adotassem dessa *Igreja* na condição de prosélitos e, sobre a *Lenda Dourada*, o *Apóstolo* diz:

> • *"A Águia, de todas as aves, é a que voa mais alto, e contempla o Sol com mais firmeza."*

Assim, por analogia, a *coragem humana* quando descansa, pode voltar com *renovação de forças e mais ardor*, à meditação das coisas celestes.

A *Águia Bicéfala*, isto é, com *duas cabeças*, foi introduzida como símbolo na *Maçonaria* no ano de 1758, quando em *Paris* foi criado o *Corpo Maçônico* que se denominou *Conselho dos Imperadores do Oriente e do Ocidente*.

Naquela época, segundo o escritor *Zilmar P. Barros*, o *Rito* praticado era constituído de *25 Graus*, que formaram a base do *Rito Escocês Antigo e Aceito*.

Atualmente, na *Maçonaria* a *Águia Bicéfala* tem seu significado simbólico assentado nas características *da Elevação e da Coragem*.

Também figura entre os símbolos dos *Graus* de *Cavaleiros Kadosh* e dos *Príncipes do Real Segredo*, além de ser o *emblema ou jóia* dos *Soberanos Grandes Inspetores Gerais, Grau 33º*, do *Rito Escocês Antigo e Aceito*.

Secretário

O *Pelicano* é uma ave aquática que praticamente flutua, que se move, enfim, quase sobre as águas, mas que, quando em vôo, sempre prefere planar a baixa altitude

Essa ave era para os antigos egípcios o símbolo do *Espírito Santo*, da mesma forma como a *Pomba* também o representa para os cristãos.

O *Pelicano* é um dos principais símbolos do *Filosofismo Maçônico*, pois, conforme a *Lenda*, simbolicamente, se for preciso rasga o próprio peito para com seu sangue alimentar sua prole, demonstrando o auto-sacrifício que sintetiza o *Amor Materno e Paterno*.

Por isso, foi escolhido como símbolo do *Grau 18, de Cavaleiro Rosa-Cruz*, e assim sendo, no *Grande Dicionário Enciclopédico de Maçonaria e Simbolismo*, do autor especialista *Nicola Aslan*, existem referências da adoção do *Pelicano* como um dos mais significativos componentes da *Simbologia Maçônica*.

A *Maçonaria* manteve ligações com a *Alquimia Filosófica*, principalmente na *França* que adotou muitos de seus símbolos, sendo a maioria proveniente dos *Rosa-Cruzes*, que eram alquimistas por excelência.

A *Instituição* em seus *Altos Graus* adotou o mesmo *Pelicano* dos *Rosa-Cruzes* para simbolizar o *Grau de Cavaleiro do mesmo Nome*, isto é, *Rosa-cruz*, como já dito, pois se tratava de um *Grau Alquímico* por excelência, além de suas características eminentemente crísticas, já que é considerado de per si:

• *A síntese do Amor Materno e Paterno, isto é, do Amor Familiar*.

Tanto assim, que o *Pelicano* é sempre representado no momento que, lendariamente, *Abre suas entranhas para alimentar seus filhotes*, que nas figuras sempre aparecem em *Números tidos como Sagrados*, ou seja, em *3 (três), 5 (cinco) ou 7 (sete)*.

Guarda (ou Cobridor)

Em complemento, ensina *Nicola Aslan* que o *Pelicano* simboliza o *Emblema da Caridade*, assim como seria também um dos símbolos do *G∴A∴D∴U∴*, pois se o *Cosmos* se alimenta da *Sua Substância*, explica-se porque na jóia dos *Cavaleiros Rosa-Cruzes*:

• *O Pelicano é visto sobre ¼ de círculo, que sustenta seu ninho*.

A figura anterior *jamais foi satânica*, sendo apenas a imagem de um animal, de um *Bode* por exemplo, apenas *estilizado em uma estrela de cinco pontas invertida*, aludindo à impureza animal, em oposição à do homem puro, que também se *estiliza na mesma estrela, porém em posição ereta*, desde que, como é perfeitamente sabido o *Pentalfa* caracteriza todo o *Significado Maçônico*.

Verifica-se que na *Bíblia* constam sobre o *Bode* pelo menos três versões em *Mateus – 32, 33 e 34 –*, que tratam de *representações maléficas*, em contraposição ao *Cordeiro, considerado como o Símbolo da Bondade*, disso resultando então a *crendice profana* de que os *Maçons se reúnem para cultuar o Mal*.

Ainda em *Mateus*, o *Bode* representaria o *homem agressivo, impuro, odioso e maléfico*, contrapondo-se ao *homem manso simbolizado pelo Cordeiro*.

Na *Bíblia*, também em *Levítico (16)*, há referências ao *Bode Expiatório e ao Bode Mensageiro*.

O *Maçom* como homem que conhece *os perigos do ódio, da depressão, da inveja, do ciúme e da irritação*, é:

• *Um Bode que busca tornar-se Cordeiro*.

VM

O *Bode Expiatório* era sacrificado pela *expiação dos erros e mazelas dos pecadores impuros*, e simboliza *o idealista que vive sua missão sem esperar recompensas*, disposto a ser incompreendido pela ignorância dos outros a quem pretende servir.

Jesus, o Cristo, que foi *preterido* em benefício de *Barrabás*, seria um grande exemplo de *Amor Ilimitado* recompensado com ódio e incompreensão.

Finalmente, o *Maçom Bode* aceita o exemplo de *Cristo*, e pretende viver em harmonia com seus ensinamentos, consciente de que poderá também ter para si *a Incompreensão e o Ódio*, como retribuições *ao Bem que pretende transmitir*.

SIMBOLOGIA DA MAÇONARIA 28

VM

Como herdeira espiritual das *Sociedades Iniciáticas da Antigüidade*, a *Maçonaria* já estabelece em seus *Princípios Fundamentais*, a utilização de *Símbolos* para a formação de sua *Filosofia*, bem como de toda a inédita e exemplar *Prática Ritualística*.

O autor maçônico *Mackey* define, de maneira clara e com muita propriedade, que:

• *A Maçonaria é um 'Sistema de Moralidade', que foi desenvolvido por intermédio da 'Ciência do Simbolismo'.*

O *Símbolo* pode ser traduzido como:

• *Uma linguagem que fala e excita a imaginação,*

e *decifrar os Símbolos utilizados pela Sublime Instituição*, se constitui no que há de mais importante no representativo *Aprendizado Maçônico*.

Deste modo, é possível concluir que seria pelo *Simbolismo*, que a *Maçonaria* procuraria transmitir a seus *Iniciados* a *Tradição Mística da Antigüidade*, além de mostrar que seria também pelo mesmo *Simbolismo*, que a *Ordem* manteria vínculos com as raízes das *Antigas Civilizações Orientais*.

1º Vigilante

O *Simbolismo na Maçonaria* também tenderia à conservação *de todas as Profundas Verdades estabelecidas por essas Culturas Orientais*, assim como de seus pré-estabelecidos *Segredos Morais e Espirituais*.

Tanto que nessas *Culturas*, seu *Sistema de Ensinamento Sistemático e Progressivo* se constitui em uma excepcional *Escola de Aperfeiçoamento e Sabedoria*.

Necessário se faz atentar para o interessante significado da palavra *Símbolo*, que tem origem no grego *Sumballein, que significa Atar ou Juntar*.

Um *Sumbalon* era originariamente um *objeto cortado em duas metades*, cujo *confronto* entre essas mesmas partes, permitia aos portadores de cada uma reconhecerem-se como *Irmãos*, e assim acolherem-se como tais, *sem jamais se terem visto* antes da significativa confrontação.

2º Vigilante

Dentre os *Objetivos* da *Maçonaria*, certamente merece destaque sua busca incessante pela *Espiritualização dos Sentimentos*, a partir da qual realmente almeja a transformação de todos os *Homens em Seres Divinos*.

Por isso, poder-se-ia mencionar uma das mais importantes e significativas definições envolvendo a *Sublime Instituição*, a saber:

• *A Maçonaria é um Fato da Natureza, repetido diariamente em cada ser.*

As *Cerimônias Ritualísticas Maçônicas* são *rituais mágicos* que empregam *Palavras, Sinais e Movimentos Simbólicos de incrível significação*, perpetuados através dos séculos por suas antigas raízes.

Nessas *Cerimônias* são invocadas:

• *As forças externas da natureza,*
• *As entidades espirituais, e*
• *Manipulam energias poderosas,*

mas, e sobretudo, nos *Cerimoniais* é intensamente buscado:

• *O despertar o Eu Superior dos seus Iniciados.*

Orador

Porém, nunca deve ser esquecido que:

• *O G∴A∴D∴U∴ verdadeiramente atua no Eu Superior,*

e que assim sendo:

• *O G∴A∴D∴U∴ efetivamente se encontra no interior de cada ser!*

As reuniões de milhares de *Iniciados* em suas Lojas ao redor do *Mundo*, movidos pelos mesmos *Ideais Superiores* sob o mesmo *Simbolismo* em seus Templos, com certeza movimentam *Forças Energéticas Extraordinárias.*

Por isso, poder-se-ia com absoluta segurança que:

• *Cada Templo Maçônico é uma Usina Energética de Poder Incalculável, que unida à Cadeia de todos os Templos do Globo, irradia uma Força a se refletir nos Destinos da raça humana e do Planeta Terra.*

Secretário

Apoiados na *Teurgia* – definida como uma espécie de *Magia que se baseia na relação do homem com os Espíritos Celestes* –, há a possibilidade de serem entendidas as *Reflexões*, até mesmo o *Estudo de suas Influências* junto aos *Elementos Primários da Natureza*, a saber:

• *O Fogo, a Água, a Terra e o Ar.*

Caberia aqui relembrar que pela *Antiga Tradição Chinesa*, somente era permitido *'Penetrar'* no solo para *arar, plantar, enterrar, etc*, após a concessão de *Pedido de Autorização*, apenas depois da realização dos respectivos *Atos Litúrgicos ou Mágicos* pertinentes, só então era permitido *'Rasgar as Entranhas da Terra'.*

É certo também que o *significado* de todos os *Símbolos* da Loja, se encontram refletidos no *Corpo Humano.*

Guarda (ou Cobridor)

Como exemplo disso, pode ser citado que sendo *Dois* os *Irmãos Vigilantes*, postados um a direita e outro a esquerda, ambos também simbolizando:

• *O Positivo e o Negativo, ou*
• *O Consciente e o Inconsciente.*

Assim como os *'Três lados do Triângulo'* representam:

- *Fé, Esperança e Caridade,*
- *Sabedoria, Força e Beleza,*

ou ainda uma *infinidade de significados* que se encontram no interior do *Corpo do Homem*, tal como:

- *O 'Altar' é o Coração do Homem,*
- *O Irmão Orador tem o 'Poder do Verbo' que radica na garganta, e*
- *O Irmão Secretário representa a 'Memória' que tudo arquiva.*

VM

Finalmente, poder-se-ia afirmar que:

- *Sabendo orar no Templo Maçônico acompanhando a ritualística, o homem irá tornar-se energizado com o Alimento Divino, que depende de seu próprio esforço, como resume o conhecido conceito bíblico: Ajuda-te que te Ajudará.*

Desta forma, torna-se importante jamais ser esquecido que:

- *O Reino do G∴A∴D∴U∴ tem que ser conquistado!*

O SINO E AS DOZE BADALADAS 29

VM

O *Sino* se constitui num magnífico *Arcano Místico e Esotérico*, sendo grandemente utilizado em *Atividades Religiosas e Cerimoniais das Fraternidades Iniciáticas*.

Por esse motivo, a criação do *Sino* é atribuída aos egípcios, visto que através do mesmo seus sacerdotes anunciavam as importantes *Festas Religiosas e Iniciáticas de Osíris*.

Assim:
- *O Som do Sino simboliza O Poder Criador.*

1º Vigilante

Conforme as *Antigas Civilizações e Religiões*, sobre o *Sino* tem-se na:
- *Índia* – era o *'Reflexo da Vibração Primordial'*,
- *China* – representa a *'Harmonia Universal'*,
- *Grécia* – na mitologia, era o símbolo do *'Deus Priapo'*, e em Atenas os *'Sacerdotes dos Grandes Mistérios de Prosérpina e de Cibele'* só executavam os sacrifícios ao som dos *'Sinos'*, formalizando seus *'Mistérios'*,
- *Roma* – os utilizavam em suas *'Procissões Religiosas'*,
- *Japão* – feitos em bronze e chamados *'Dakatu'*, conhecidos desde 300 d.C., sendo encontrados na entrada dos Templos, e quando soam os fiéis oferecem uma moedinha, batendo palmas duas vezes, esperando ter seus desejos realizados,
- *Tibete* – nas Antigas Iniciações o Candidato levava na mão direita um *'Anel de Ouro e a Vara de Vajra'*, e na esquerda um *'Anel e uma Sineta de Prata'*,
- *Cristianismo* – É a voz de chamamento dos fiéis à Igreja, convidando-os à missa, era executado em prata para gerar o som *'Argenteo ou Argentino'* como é conhecido, e assim faziam por não ser estridente o som, cuja suavidade era distinguida só pelos cristãos da época, que fugiam das perseguições religiosas,
- *Budismo* – detém seu sentido nos *'Exorcismos e na Purificação'*,
- *Islã* – tem o som sutil da revelação do *'Alcorão – do poder Divino na existência'*, pois a percepção de seu ruído dissolve as limitações temporais, tal qual o *'Canon Budista'* que dizem semelhante às *'Vozes Divinas'* ao som de um *'Sino de Ouro'*.

2º Vigilante

Quando o *Sino* está instalado *suspenso*, esse posicionamento traz em si uma *Relação Mística*, pois, conforme essa instalação, logicamente seu som passa a envolver a todos como estando *Entre o Céu e a Terra*, e estabelecendo uma comunicação de *Ofício Religioso*, quer seja através de *Seitas Religiosas ou Iniciáticas*.

O *Culto do Sino* em muitas *Civilizações Antigas*, era utilizado no sentido de conclamar todos os *seres humanos*, e também os *sobrenaturais*.
Portanto, o *Sino* tornou-se:

- *O símbolo do chamamento de Deus.*

No *Oriente* os *Sinos* são golpeados por fora com um bastão, enquanto nos seus *Carros de Gala* eram ali pendurados para anunciar a presença do veículo, até porque a palavra *'Sino – Chung'* significa *'Passar por uma Prova'*.

Para os *alquimistas,* o *Argentum deriva de Prata*, que tem sua cor própria, assim, o adjetivo *Argentino/a deriva de Argenteo*, por ter um timbre fino como o da *prata*, e por isso as pancadas no *Sino* produzem sons que os *alquimistas* qualificam como um *Som Argentino*, que em latim seria *Batuculum*.

A palavra *Sino* tem origem no latim *Signo*, que seria um *Instrumento de Bronze*, cuja forma se assemelha a um *vaso cônico invertido*, produzindo som agudo e grave quando lhe é exercida a percussão através de um *badalo*, que é uma peça móvel de metal suspensa por uma argola colocada no interior dos *Sinos*.

Nos primórdios da *Religião Judaica*, o seu *Grande Sacerdote* ostentava trajes cerimoniais, tendo a túnica guarnecida com *Pequenos Sinos de Ouro e Romãs*, que tinham por finalidade anunciar sua presença no *Santo dos Santos*, além de evocar as *Divindades*, pedindo suas *Graças* para si e seu povo.

Orador

No *Ritual e Culto dos Sinos* da *Antiguidade*, que antecederam seu uso mais profano, acreditava-se que o som de metal dos *Sinos* anunciava a aproximação de *Espíritos do Além*.

Nos *Ofícios da Igreja Católica* os *Sinos* passaram a ser utilizados a partir do *Século VII*, pois seu som era considerado como a *Proteção Coletiva Contra Influências Malignas Astrais*, e também eram usados nos casos de *incêndios, tempestades, enterros, etc*, porém, quem os introduziu no *Culto da Igreja* foi *Paulino, Bispo de Nola*, durante o *Século I*, mas só foi oficializado no *Século VII*.

Antigamente, na *Maçonaria* o *Sino* era de uso comum nas *Cerimônias das Lojas Simbólicas*, a fim de anunciar *A Hora* de seus trabalhos, e o *Rito Adonhiramita* procurou coexistir com seu uso *jamais perdendo a Tradição dos antigos*, assim como, *a Tradição Religiosa, e os Costumes Iniciáticos dos Mistérios*.

Os autores *Oswald Wirth* e *Jules Boucher*, que são escritores mais modernos, a respeito do tema dizem que:

- *"As relações do Argentum como metal luminar, inclusive a Lua na Coluna do Aprendiz, se aliam com o som do Sino Argênteo"*,

e por isso, a *Grande Loja da Inglaterra* aconselhava que as *jóias portadas pelos Oficiais* fossem de *Prata*, por ser um metal *Argenteo* e representar os sons dos *Sinos*.

Secretário

A fim de complementar a *Doutrina do Som*, que não refere somente ao *Sino*, mas que possui uma maior abrangência, incluindo o *Mundo* propriamente dito.

Então, pode ser entendido que o *Som é uma Ciência Esotérica*, a ensinar que:

• *Cada som no Mundo visível, faz despertar o som nos reinos invisíveis,* impelindo a ação de uma ou outra força no lado oculto da *Natureza*, e além disso:

> • *Cada som corresponde a uma cor, um número, uma potência espiritual, psíquica ou física, em sensações de mesmo plano.*

Assim, todos encontram *Eco* em cada elemento desenvolvido, assim como, no plano terrestre nas vidas compostas na atmosfera, inclinando-as à ação.

A escritora *Helena Blavatsky* em sua *Doutrina Secreta*, comenta que:

> • *"O Som tem grande poder oculto, uma força estupenda potencial, que determina sons esotérico e espiritual, que pode reviver o moribundo ou alguém a exalar o último suspiro, cujo som lhe comunica vigor e energia, isto porque o som engendra ou atrai os elementos que produzem o Ozone, cuja fabricação está acima do poder da química, está no poder da Alquimia",*

e acrescenta:

> • *"Que cada Som no Mundo Físico, reflexa nos planos sutis e invisíveis da Natureza, bem como no Mundo Visível e Invisível."*

Guarda (ou Cobridor)

Pela *Ciência dos Números*, e como determina a *Ritualística do Rito Adonhiramita*, as *12 Badaladas do Sino* dizem respeito às *12 horas do Meio-Dia*, e às *12 horas da Meia-Noite*, pois este simbolismo teve origem nos *Mistérios Persas, Egípcios e Pitagóricos*.

A *Ciência dos Números*, também chamada de *Ciência Sagrada dos Números*, que também possuía outras denominações, era ensinada nos *Templos da Ásia e do Egito*, e por se tratar de uma *Ciência*, torna-se importante ao estudo do *Ocultismo*, de vez que fornece as chaves dos *Sistemas Esotéricos*, tanto que a *Chave dos Números* é aplicada na *Bíblia*.

O filósofo grego *Platão* considerava como o mais *Alto Grau de Conhecimento* a *Ciência dos Números*, interpretando-a como a essência da *Harmonia Cósmica e Interior*.

Existem vestígios da *Ciência* no *I-Ching*, e o historiador chinês *P'na-Ku* situa a origem da mesma na família *Hi-Ho*, à época do *Imperador Yao*, por representar a *Tradição Primordial*.

A *China* entende essa *Ciência* como sendo *tudo*, isto é, seria considerada a *Chave da Harmonia do Macro e do Micro*, em conformidade com o império das *Leis Celestes*, assim como dos *Ritmos Cósmicos*.

A *Ciência dos Números* foi muito familiar aos *pitagóricos*, podendo-se vê-la em quase todos os estudos desenvolvidos por sua *Escola*, chegando a associarem à *Música e Arquitetura*, além de advir desses estudos a utilização do *Número de Ouro*, reconhecido como a *Chave das Proposições dos Seres Vivos*.

Sobre o assunto, vários estudiosos diziam que:

> • *Boécio* assegurava que os *'Conhecimentos Supremos'* passavam pelos *Números*,
> • *Nicola de Cusa*, que o melhor meio para chegar-se às *'Verdades Divinas'* eram os *Números*,

• *San Marino, que os Números são os 'Invólucros dos Seres' que regulam a Harmonia Física, com as Leis Vitais, Espaciais e Temporais, além de ser a 'Relação dos Princípios'.*

VM

Como útil recomendação valeria citar que:

• *Não se deve empregar os Números intempestivamente,*

pois estes têm uma severa *Força Desconhecida*, até porque o *Número* é o *'Segredo dos Mistérios'*, sendo o *Produto da Palavra e do Signo*, pois é essencial e mais misterioso que seus componentes.

Sabe-se que o *Número 12* representa:

• *O 'Símbolo do Apostolado',*
• *O 'Princípio do Movimento Expansivo',*
• *A 'Consumação das Coisas',*
• *O 'Sacrifício Voluntário e o Altruísmo',*
• *A 'divisão do espaço temporal' que gera os Pontos Cardeais,*

e no *Plano Espiritual* significa o *Apostolado do Sacrifício Momentâneo Superior*, a fim de *involucionar o Inferior para o Bem*, que se realiza no *Plano Mental* e significa a própria representação da *Criação Mental*.

No *Plano Físico* representa *a consumação das coisas e inversões dos valores do Mal para o Bem*, sendo que tal posicionamento é a *Razão das 12 Badaladas do Sino*, soando em *vibrações Argentinas*, por exemplo, no *Ritual Adonhiramita*.

TEMPLO DE JERUSALÉM

VM

De acordo com registros históricos, e configurados tendo como modelo de disposição o *Tabernáculo de Moisés*, existiram *Três Templos*, todos erguidos no mesmo local, cada um dos *dois últimos*, teriam sido construídos sobre os escombros restantes da destruição dos anteriores.

O primeiro foi o *Templo de Salomão*, o segundo de *Zorobabel*, e o terceiro de *Herodes*.

Todavia, o de maior importância foi o *Templo de Salomão*, e assim, qualquer referência ao *Templo* neste texto, seria à este dirigida.

1º Vigilante

O *Templo* era considerado como *'A Casa de Deus na Terra'*, e secundariamente, como um exemplar *local destinado principalmente ao Culto, como também apropriado para realização de Assembléias*.

O *Templo de Salomão* não possuía dimensões exageradas, ao contrário, essas dimensões eram até modestas, principalmente à vista dos grandes monumentos e palácios edificados à época, assim tinha cerca de:

- 40 m de comprimento – aproximadamente 60 côvados,
- 13 m de largura – aproximadamente 20 côvados,
- 20 m de altura – aproximadamente 30 côvados, e
- Área total de cerca de 520 m2.

Internamente, o *Templo* era dividido em duas partes distintas, sendo que:

- Logo a partir da entrada, encontrava-se o maior espaço que se denominava 'Santo', como no Tabernáculo, onde eram instalados:
  - O 'Candelabro de Sete Braços',
  - A 'Mesa destinada aos Pães Propiciais', e
  - O 'Altar dos Perfumes'.

- A seguir, encontrava-se o menor espaço que denominavam 'Santo dos Santos', e tinha a forma de um retângulo com comprimento de 13 m (20 côvados) desde o fundo do Templo, e a mesma largura deste, onde eram instalados:
  - A 'Arca da Aliança',
  - A 'Urna do Maná', e
  - O 'Bastão de Aarão',

tudo lembrando *a Estada no Egito, e o Êxodo*.

2º Vigilante

O acesso ao *Santo*, isto é, ao *Templo* propriamente dito, era feito através de um grande *Pórtico ou Portal*, com *6,5 m* de profundidade e muita altura.

Essa *Portal* era flanqueado por *Duas Colunas de Bronze*, elaboradas com maestria sob a coordenação do exímio *entalhador, fundidor e transformador de metais Hiram Abif*, magistral artífice fenício a serviço de *Hiram, Rei de Tiro (Fenícia)*, que muito auxiliou o *Rei Salomão* na construção de seu *Templo*.

Ambas as *Colunas*, que eram *ocas*, tinham:

- *Cerca de 15,30 m de altura total,*
- *Sendo 12 m de Corpo ou Fuste,*
- *Capitel de 3,30 m,*
- *Perímetro ou Circunferência de 8 m – que significa cerca de 2,60 m de diâmetro, e*
- *Espessura de parede de 8 cm.*

Orador

As *Duas Colunas* erguiam-se fora do conjunto arquitetônico propriamente dito, pois compunham o *Portal* anterior, portanto, ornamentavam a entrada, e eram denominadas *Jachin ou Iachin e Boaz ou Booz*.

Essa denominação provavelmente referia-se a nomes de pessoas, porém, se lidas *da direita para a esquerda – como deve ser na escrita hebraica –*, formam uma *frase lógica*:

- *Iachin é formada pela junção de:*
- *Ieva – pronúncia de Deus em hebraico, e*
- *Achin – verbo estabelecer ou firmar.*
- *Booz que significa com força, em força, e com solidez.*

Secretário

Assim, a frase completa seria, praticamente, *Uma dedicação ao Templo*, isto é, *Uma oração propiciatória*:

- *"Ele (Deus) estabeleceu o 'Templo' com força (solidamente)",*

ou como querem alguns autores, em alusão *Ao hebreu como o povo escolhido por Deus:*

- *"Deus estabelecerá, solidamente, o reino de David na Terra".*

À frente do *Santo* e, portanto, das *Colunas*, havia uma grande escadaria, que levava a um *plano inferior*, descoberto, onde se encontravam:

- *O 'Altar dos Holocaustos' destinado exclusivamente aos Sacrifícios do Culto, e*
- *O 'Mar de Bronze', uma gigantesca bacia em bronze sustentada por 12 bois, divididos em 4 grupos de 3 peças, destinada a receber a 'Água para as Purificações Ritualísticas'.*

Guarda (ou Cobridor)

A *Edificação Central ou o Conjunto do Templo em si*, era totalmente circundada por *uma grande muralha*, da mesma maneira que um *amplo cortinado* delimitava a *Praça do Tabernáculo, ou a Praça que circundava o Templo*.

As *Colunas* do *Templo de Jerusalém* tinham seus *Corpos* praticamente lisos, apenas ornamentados com poucos detalhes, mas possuíam os seus *Capitéis* enormemente trabalhados e decorados, e em cada um podiam ser encontrados:

- *Folhas de Palma,*
- *Cadeias de Festões,*
- *Duas Fileiras de Romãs, com 200 unidades cada uma, e*
- *Quatro Fileiras verticais de Lírios abertos,*
- *Todos esses ornamentos em Bronze cobertos por uma Rede do mesmo material.*

VM

Um pouco abaixo dos *Capitéis*, envolvendo todo o *Corpo ou Fuste das Colunas*, existiam *Três Fileiras de Lírios*, sendo:

- *A Primeira Fileira com 'Botões',*
- *A Segunda com 'Flores Abertas', e*
- *A Terceira e última com 'Flores Murchas',*

simbolizando as *Três Etapas da Vida Humana*, a saber:

NASCIMENTO, EXISTÊNCIA e MORTE.

TÍTULOS E JÓIAS DOS CARGOS 31

VM

Como citava *Aureliur Augustinus*:

- *"Omnia sunt per allegorian dicta – Tudo é dito por alegoria"*,

e em complemento, *João Nery Guimarães* em *'A Maçonaria e a Liturgia: uma Poliantéia Maçônica'*, diz que:

- *"Para entendê-la é preciso ver através dos olhos do 'Espírito'."*

A *Maçonaria* trata os *Títulos e Jóias dos Cargos* da *Administração da Loja* de forma indissociável, isto é, cada *Título* se vincula a uma *Jóia* que o representa, e pela associação de ambos a *Oficina* se organiza.

Ao *Presidente da Oficina* é conferido um único *Título Especial*, o de Venerável Mestre – *VM*, e este com os *1º e 2º Vigilantes*, respectivamente, *1º e 2º Vice-Presidentes*, constituem as *'Luzes da Loja'*.

O *Orador, o Secretário, o Tesoureiro e o Chanceler* compõem as *'Dignidades da Loja'*, conforme o *Art. 88, p. 2º, do Regulamento Geral da Federação – RGF*.

Ainda compõem o *Corpo Administrativo da Loja*, os denominados *'Oficiais'*, nomeados pelo *VM*, aos quais é reservada a *Missão ou Ofício – daí o nome de Oficial –*, de auxílio nos trabalhos de qualquer *Sessão*.

No *Art. 101, o RGF* discrimina os *'Oficiais'* que poderão ser indicados pela *Loja* e nomeados pelo *VM*, a saber: *os Mestres de Cerimônias, de Harmonia e de Banquete, o Hospitaleiro, o Arquiteto, os Cobridores (Interno e Externo), os Expertos (1º e 2º), os Porta-Bandeira e Estandarte, e o Bibliotecário*.

Porém, o mesmo dispositivo legal esclarece que o rol de *Oficiais* não é taxativo, porquanto, além dos acima previstos, também considera outros necessários conforme o *Rito* adotado pela *Oficina*.

1º Vigilante

O *REAA*, por exemplo, estabelece *22 Cargos na Administração*, indicando ainda os *Adjuntos* para cada um já enunciado, exceção feita às *'Luzes'* e alguns *'Oficiais'* que trabalham apenas em *Sessões Especiais*, e além das *'Dignidades'* e demais *'Oficiais'*, aquele *Rito* detém os *Diáconos (dois) e Porta-Espada*.

As *'Jóias'* distintivas dos *'Cargos'*, estão fixadas nas extremidade dos *Colares, Fitões ou Fitas* das *'Dignidades e Oficiais'*, sendo que as *'Jóias das Luzes'* são conhecidas como *'Móveis'*, porque são repassadas aos sucessores na posse da *Nova Administração Eleita*.

Existem ainda as *'Jóias fixas'*: *Pedra Bruta, Pedra Cúbica e Prancheta*, que representam, respectivamente, os *Graus de Aprendiz, Companheiro e Mestre*.

VENERÁVEL MESTRE – ESQUADRO

A *'Jóia'* do *VM*, pelo cargo que ocupa, é o *'Esquadro'*, único instrumento adequado a traçar *Retas*, sendo símbolo de *Retidão de Caráter* que deve ter para dirigir os trabalhos.

O *VM* é a *Autoridade Máxima no Templo*, representando a *Natureza* em todas as suas manifestações, devendo presidir os trabalhos com *Justiça e Retidão* conforme a *Lei*, e de forma imparcial, traduzidas pelos sentimentos de *Equidade e Igualdade*, bem como manter a *Ordem Litúrgica e Ritualística* dos mesmos.

Instalado no eixo central e longitudinal do *Templo*, o *VM* deve ter atitude de *Neutralidade*, mas ser muito ativo em *Sociabilidade*, afinal sabe que só com o *Esquadro* tem o controle do talhar as *Pedras*, para a construção da *Grande Obra*.

Nessa tarefa, deve contar com a *Verdade* a controlar sua autoridade conquistada por suas *Virtudes, Coragem e Competência*, bases da *Sabedoria*, e assim, a *'Jóia'* do *VM* é o *'Esquadro com ramos desiguais'*, com o ramo mais longo do seu lado direito.

Cabe-lhe a nomeação de *Oficiais, Comissões e Sindicantes*, exercer autoridade disciplinar sobre os presentes, conceder ou retirar a *Palavra*, e a concessão de *Graus*, observadas as disposições legais, e sua atribuição administrativa é regrada pela *Constituição e Regulamento Geral da Federação*.

Deve ser o *Chefe Espiritual e o Orientador Litúrgico e Ritualístico*, a quem os demais confiaram os destinos da *Loja* por determinado tempo, cuja responsabilidade maior, não escrita, é a de prover a *Liberdade de Expressão, Pensamento e Crença*, além de praticar a *Igualdade* no trato e julgamento das atitudes maçônicas e profanas, e ser o *Artífice da Fraternidade* a unir os *Maçons da Terra*.

O *'Esquadro'* é composto pela junção de *uma horizontal e uma vertical*, formando um ângulo de *90° graus*, representando a *Quarta parte (¼) do Círculo*, com dois lados desiguais, como os dois lados do triângulo retângulo dos *pitagóricos*, sendo utilizado para traçar *Ângulos Retos ou Perpendiculares*.

O *'Esquadro'* é um *emblema* de muita expressão, na defesa da *Inteligência e Melhoramento Moral da Humanidade*, representando a *Retidão de Ação e de Caráter*, e ainda determina a *Moralidade da conduta humana*, mostrando que a *Linha e a Régua* maçônicas indicam o *Caminho da Virtude* a ser trilhado na vida, profana ou maçônica, por *Retos Pensamentos, Ações e Palavras* que tornam os *Maçon*s dignos do *G∴A∴D∴U∴*.

Essa *Representação* tem dois sentidos, um incide na *Ação do Homem sobre a Matéria*, e outro na *Ação do Homem sobre Si mesmo*, mas sempre dirigido a um único objetivo, *A vontade de praticar o Bem*.

O *'Esquadro'* constitui-se em um *Instrumento de Importância Única* para o processo de transformação da *Pedra Bruta em Cúbica*, e por isso, o *VM* tem a missão de *Criar Maçons Perfeitos*, e se obriga a ser o *Maçom* mais *Reto e Justo* da *Loja* que preside.

Os substitutos legais do *VM* em suas faltas ou impedimentos, pela ordem, são *o 1° e o 2° Vigilantes, o Ex-VM, os Grandes Beneméritos da Ordem* do Quadro, *os Beneméritos da Ordem* membros da *Loja,* e finalmente, o *Decano* dos integrantes presentes.

1º VIGILANTE – NÍVEL

O *1º Vigilante* é assessor direto do *VM*, a quem solicita a palavra diretamente por um *golpe de malhete* e a recebe de igual modo.

Tem o dever de dirigir e orientar a *Coluna dos Companheiros*, e de substituir o *VM* em suas ausências, cabendo ao *2º Vigilante* a orientação dos *Aprendizes*.

Essa ordem, por razões ainda não plenamente compreendidas, segundo alguns autores, talvez merecessem estudo apartado, pois não é seguida por todas as *Lojas*, sendo que muitas a invertem.

A *'Jóia'* do *1º Vigilante* é o *'Nível', ferramenta formada por um 'Esquadro' justo, com ângulo no ápice de 90º*, demonstrando que na *Ordem* todos são *Realmente Iguais*, e o instrumento representa o símbolo da *Força da Igualdade*, sendo utilizado para *Traçar Linhas Paralelas na Horizontal*, e para *Verificar a Horizontalidade de um Plano*.

2º Vigilante

Trata-se de um *Instrumento menos completo que o Esquadro*, porém, mais que o *Prumo*, e por isso é conferido ao *1º Vigilante*, objetivamente, e como função primordial, o *Nível* é o aparelho destinado a *Determinar a Horizontalidade do Plano*.

Simbolicamente, remete à reflexão acerca da *Igualdade*, base do *Direito Natural*, não permitindo ao *Maçom* esquecer que todos são *Irmãos, filhos da mesma Natureza*, e que deve interagir com *Igualdade Fraterna*.

Todos são dignos do mesmo *Respeito, Compreensão, Tolerância e Carinho*, seja o de mais elevado *Grau da Ordem*, ou o que inicia na *Vida Maçônica*, pois o *Nível* lembra que ninguém deve tentar dominar os outros.

A exemplo da *Morte, inevitável niveladora das efêmeras grandezas humanas, pois reduz todos ao mesmo estado*, o *Nível* lembra que a *Fraternidade* deve ser sempre praticada com *Igualdade*, sem distinções, mesmo com a hierarquia da *Ordem*.

Dentre as atribuições do *1º Vigilante*, cabe a direção da *Coluna do Sul*, respondendo pela disciplina e silêncio, além de instruir os integrantes, e lembrar o *VM* sobre eventuais omissões do *Ritual*.

2º VIGILANTE – PRUMO

O *2º Vigilante* mostra o *'Prumo'*, sem o qual não se edificam *Templos*, simbolizando a *Beleza da Fraternidade*, conquistada pela *Liberdade e Bons Costumes*.

O *2º Vigilante* responde pela direção e orientação da *Coluna dos Aprendizes*, sendo encarregado de substituir o *1º Vigilante* em sua ausência, devendo transmitir as ordens do *VM* à sua *Coluna*, por intermediação do *1º Vigilante*.

Sua *'Jóia'* é o *Prumo, instrumento composto de um peso, geralmente de chumbo, suspenso por uma linha (barbante), que forma a perpendicular*, sendo utilizado para a verificação da *Verticalidade*, podendo ser fixado no centro de um *Arco de Abóbada*.

Simboliza a *Profundidade do Conhecimento e da Retidão da Conduta Humana*, segundo a *Moral e a Verdade*, incitando à *Elevação Espiritual*, porque conduz à introspecção que permite descobrir os próprios defeitos, e com isso, ensina a marchar com firmeza, sem desvios na *Virtude*, condenando e não deixando predominar a *Avareza, Injustiça, Inveja e Perversidade*, e valorizando a *Retidão do Julgamento e a Tolerância*.

É considerado como o *Emblema da Estabilidade* da *Ordem*.

Dentre as atribuições do *2° Vigilante*, cabe dirigir a *Coluna do Norte*, responder pela disciplina e silêncio, além de instruir os integrantes, e fazer os anúncios do *VM* passados pelo *1° Vigilante*.

ORADOR – LIVRO ABERTO OU ELO DA SAPIÊNCIA

O *Orador ou Guarda da Lei*, é investido no dever de *Zelar e Fiscalizar* o rigoroso cumprimento das *Leis Maçônicas e dos Rituais*, daí ser a única *Dignidade* da *Administração* que não compõe o *Poder Executivo*, constituindo-se num *Membro do Ministério Público*, conforme o que dispõe o *Art. 96 do RGF*.

O *'Livro Aberto ou o Elo da Sapiência'*, dependendo do *Rito*, é a sua *'Jóia'*, que faz lembrar de que nada permanecerá escondido ou em dúvida, pois simboliza o *Conhecedor da Tradição do Espírito Maçônico, o Guardião da Lei Magna Maçônica, dos Regulamentos e dos Ritos*.

As atribuições do *Cargo* implicam no pleno conhecimento das *Leis, Regulamentos e Particularidades*, e como assessor direto do *VM*, pode solicitar diretamente a *Palavra*.

Como *Guarda da Lei* compete trazer luzes às dúvidas de ordem legal, e não é sem razão que a representação do *Sol sob o Dossel*, simbolicamente, está do lado do *Orador*.

O *Orador* obriga-se a *Observar, Promover e Fiscalizar o Cumprimento das Leis Maçônicas e dos Rituais*, prover a leitura e divulgação dos *Atos, Leis e Decretos* dos *Poderes Competentes*, opor-se a *Deliberações contrárias às Leis e aos Usos e Costumes da Ordem*, bem como *Concluir os Trabalhos* contemplando sobre a *Legalidade, Matérias, Instruções e Peças de Arquitetura* apresentadas em *Loja*, além de apresentar textos quando da *Celebração de Datas Comemorativas e/ou Maçônicas*.

SECRETÁRIO – DUAS PENAS CRUZADAS

As obrigações do *Secretário* são de manter atualizados os *Livros Regulamentares*, com os *registros da Loja* e dos integrantes do *Quadro*, receber e expedir a correspondência, atuar junto as *Potências* para as autorizações e registros consolidados de *Iniciação, Elevação, Exaltação, Filiação, Regularização e Desligamento*.

Representa a *Memória* da *Loja*, através da autoria dos *Balaústres (Atas) das Sessões ou Registros dos Trabalhos em Loja*, respondendo também pela guarda dos mesmos, além de manter a *Tradição* registrando essa *Memória* para a posteridade.

O *Secretário* é auxiliar direto do *VM*, assegurando que serão passadas à posteridade todas as ocorrências, assim como manter atualizados os *Arquivos*, além de outras atribuições do *Cargo*, que são inúmeras.

Da forma análoga, a representação da *Lua sob o Dossel* se encontra postada de seu lado, sendo um símbolo do *Cargo*, porque deverá *Refletir* o que ocorre em *Loja*.

A *'Jóia'* do *Secretário* é representada por *'Duas Penas Cruzadas'*, cientes da utilidade antiga da pena como *Instrumento de Escrita*, e sendo *Duas*, asseguram a ligação do *Passado com o Presente*.

Orador

TESOUREIRO – DUAS CHAVES CRUZADAS

Cabe ao *Tesoureiro* como *Guardião dos Metais*, praticar os atos inerentes às *Finanças e Contabilidade* da *Oficina*, como: *arrecadar toda Receita da Loja, pagar todas as Despesas, Taxas e Emolumentos, cobrar contribuições em atraso, zelar pelo numerário pertencente à Loja, apresentar Orçamento, Balancetes e Balanço Geral da Loja, saldar compromissos financeiros junto aos Grandes Orientes e organizar a Escrituração Contábil*.

A sua *'Jóia'* é representada por *'Duas Chaves Cruzadas'*, símbolo da sua atribuição de *zelar pelo numerário* da Loja, obedecendo o que é dito quando de sua posse: *"Essa Jóia deve lembrar que vosso dever é zelar pela arrecadação das contribuições e outras receitas, e zelar pela quitação das despesas."*

Deve manter atualizados os *Livros de Contas-Corrente, de Receitas e Despesas, e o Balanço*, apresentando-os à aprovação quando requerido, de acordo com a *Lei* específica, e *Zelar* pelos *haveres e patrimônio* da *Loja*.

CHANCELER – TIMBRE DA LOJA

Ao *Chanceler* é confiada a condição de depositário do *Timbre e do Selo da Loja*, quando assume a obrigação de timbrar e selar os papéis e documentos expedidos pela *Oficina*, dentre outras atribuições, como: *zelar pelo Livro de Presença da Loja, emitir Certificados de Presença aos visitantes, manter atualizado o Controle ou Registro de Freqüências para fins de votação (votar ou ser votado), informar sobre os integrantes que vem faltando sem justificativa, guardar o Livro Negro e o Livro Amarelo, e manter os arquivos com a qualificação dos integrantes, cônjuges e dependentes*.

A *'Jóia'* fixada em seu *Fitão* é o *Timbre da Loja ou Chancela*, a representar seu papel de *Guarda do Selo* da *Oficina*, não possuindo nenhum significado esotérico, representando apenas o símbolo alusivo ao *Título*.

MESTRE DE CERIMÔNIAS – RÉGUA OU TRIÂNGULO

O *Mestre de Cerimônias* se encarrega de todo *Cerimonial da Loja*, devendo, portanto, ser um *Profundo Conhecedor da Ritualística*.

A *Perfeição* dos trabalhos, tendo como conseqüência a *Paz e a Harmonia*, depende muito da sua exemplar atuação.

Sua *'Jóia'* é representada por uma *Régua Graduada ou um Triângulo Vazado*, dependendo do *Rito*, símbolo do *Aperfeiçoamento Moral, da Retidão, do Método e da Lei*, com tanta simbologia que mereceria estudo apartado.

Vale lembrar que o *Mestre de Cerimônias* empunha com a mão direita uma *Espada ou Bastão (seu sucedâneo)*, também dependendo do *Rito*, e no caso de portar o *Bastão*, este é encimado por um *Triângulo* a recordar o cajado dos primeiros pastores.

HOSPITALEIRO – BOLSA

O *Hospitaleiro* recebe atribuições relacionadas com os *Atos de Beneficência e Solidariedade Maçônicas*, em defesa dos menos favorecidos, passando desde a obrigação de fazer circular o *Tronco de Solidariedade ou Beneficência* durante as *Sessões*, até presidir a *Comissão de Beneficência*, quando a *Administração* houver por bem instituí-la.

Concretiza o *Verdadeiro Símbolo do Mensageiro do Amor Fraterno*, sendo confiada ao *Hospitaleiro* a *'Jóia'* representada por uma *'Bolsa'*, destinada a coleta dos óbolos destinados à *Beneficência*.

Secretário

DIÁCONOS (dois) – POMBA

A palavra *'Diácono'* tem origem no grego e significa *'Servidor'*.

Os *Diáconos são dois*, apenas no *REAA*, com a função de *'Mensageiros'*, sendo que o *1º Diácono* é encarregado de transmitir as ordens do *VM ao 1º Vigilante e às Dignidades e Oficiais*, para que os trabalhos transcorram em ordem.

Já o *2º Diácono* deve executar tarefa análoga, com as ordens partindo do *1º Vigilante* e transmitidas ao *2º*, zelando para que os integrantes se conservem nas *Colunas* com *Respeito, Disciplina e Ordem*.

A *'Jóia'* dos *Diáconos* é uma *'Pomba'*, em alusão ao sentido de *Mensageira* inerente a essa ave.

EXPERTOS (dois) – PUNHAL

Esses *Oficiais* são encarregados, dentre outras funções, de proceder ao *'Telhamento'* dos visitantes antes do ingresso no *Templo*, e o *1º Experto* como *Irmão Terrível*, de acompanhar e preparar os *Candidatos* à *Iniciação*, inclusive durante as *Provas* a que se submetem.

Durante a *Sessão*, podem ser *Substitutos Eventuais* dos *Vigilantes*, de acordo com o *Art. 109 do RGF*, em caso de ausência.

O *'Punhal'* é sua *'Jóia'*, simbolizando *o Castigo e o Arrependimento reservados aos Perjuros*, mas também representa *a Arma a ser usada na Defesa da Liberdade de Expressão*, tendo, ao invés do tradicional significado de *Traição*, uma simbologia ligada à *Força ou Fortaleza*.

PORTA-BANDEIRA – BANDEIRA

O *Porta-Bandeira* deve portar o *'Pavilhão Nacional'* segundo o protocolo de sua recepção, com o propósito precípuo de representar a *Pátria*, zelando pelo mais alto sentimento patriótico.

Assim, como não poderia ser diferente, é confiada a *'Jóia'* representada por uma *'Bandeira'*, que reproduz em miniatura o *Pavilhão Nacional*.

PORTA-ESTANDARTE – ESTANDARTE

Compete ao *Porta-Estandarte* guardar e transportar o *'Estandarte'* da *Loja*, fazendo-o presente em eventos como *Convenções, Solenidades, Congressos, Encontros Especiais e Reuniões Maçônicas*.

A *'Jóia'* que seria confiada é a miniatura de um *'Estandarte'*.

PORTA-ESPADA – ESPADA

Dependendo do *Rito*, quando houver a função do *Porta-Espada*, terá como *'Jóia'* uma *'Espada'*, mais especificamente a *Flamejante, representação da Espada de Fogo*, com suas 12 ondulações ou curvas, tida também como a *Espada dos Guardiões Angélicos*.

Com este desenho estilizado de *Raio*, lembra a *Espada de Fogo dos Querubins*, de acordo com Gênesis 2:24, *símbolo do Poder Criador ou da 'Vida*.

É apresentada nas *Sessões Magnas de Iniciação*, quando o *VM* promove a *Consagração do Recipiendário*, sendo posteriormente também utilizada, com função análoga, nas *Cerimônias de Elevação e Exaltação*.

Como somente um *Mestre Instalado (VM)* poderia tocar na *Espada Flamejante*, esse instrumento deveria ser-lhe entregue sobre uma almofada ou suporte próprio, quando então a empunharia pela mão esquerda.

COBRIDORES (dois) – DUAS ESPADAS CRUZADAS (INTERNO), E ALFANGE (EXTERNO)

Os *'Cobridores – Externo e Interno'*, possuem obrigações bem específicas.

O *Interno* deve guardar a entrada do *Templo*, zelando pela plena segurança dos trabalhos, e controlando a entrada e a saída dos integrantes, sendo o responsável direto pela proteção contra o *Mundo exterior*, e pela regularidade ritualística no acesso ao *Templo*.

Guarda (ou Cobridor)

Carrega no *colar 'Duas Espadas Cruzadas'*, símbolo do *Combate Leal e da Vigilância*, e estando em guarda para o combate, as *Duas Espadas* ensinam a estar em defesa contra os maus pensamentos, assim como zelam pela ordenação moral das ações, que são as armas da vigilância e de proteção contra o *Mundo profano*.

O *Externo* é o contato entre o *Mundo exterIor e a Loja em seu interior*, garantindo o rigoroso silêncio nas cercanias do *Templo*, e zelando para que não haja evasão sonora durante a realização dos trabalhos, para tanto deve permanecer no vestíbulo do *Templo* como seu *Guardião*, e prover o *Telhamento*, garantindo apenas a presença de *Iniciados*.

A sua *'Jóia'* é o *'Alfanje'*, um *sabre* de folha curta e larga, e sendo o *sabre* uma espécie de *espada*, é possível deduzir que seu sentido simbólico seria semelhante ao da *'Jóia'* do *Cobridor Interno*, isto é, o de defesa, no caso externa, contra quaisquer violações contra o *Templo*.

Infelizmente, o cargo de *Cobridor Externo* vem sendo abandonado pelas *Lojas*, até porque deve ficar ausente dos trabalhos internos, postando-se no lado de fora do *Templo*.

MESTRE DE HARMONIA – LIRA

Ao *Mestre de Harmonia* cabe o dever de *'Selecionar e Executar'* apropriadas e belas peças musicais, pertinentes a cada *Sessão*, em seqüência condizente com a *Luz do Ritual*.

A *'Jóia'* que lhe é confiada é a *'Lira'*, instrumento musical dos mais antigos de que se tem notícia, considerado *Símbolo da Música Universal*.

ARQUITETO – TROLHA

Ao *Arquiteto* são conferidas as tarefas de garantir tudo quanto compuser as *'Decorações e Ornatos'* do *Templo*, segundo cada *Sessão*, além de assumir a *Guarda e Responsabilidade* pelos materiais usados e inventariá-los.

Também pela verificação das condições de uso dos utensílios e móveis, providenciando eventuais reparos e substituições.

Tem como *'Jóia'* uma *'Trolha (Colher de pedreiro)'*, que simboliza a *Indulgência, Perdão, Tolerância, Equidade e União*, pois se trata de um artefato usual dos pedreiros, aqueles que manipulam a argamassa da *União Fraterna*, unindo as *Pedras do Edifício* na busca da *Unidade*.

A *Trolha* tem a função de *Reunir, Misturar e Unificar*, constituindo-se no símbolo do *Amor Fraterno* que deve unir todos os *Maçons*.

MESTRE DE BANQUETE – CORNUCÓPIA

O *Mestre de Banquete* está incumbido de organizar os *'Jantares, Coquetéis e Ágapes Fraternais'* de sua *Loja*.

Usa como *'Jóia'* uma *'Cornucópia'*, símbolo da *Abundância e da Fartura*, às vezes cercada por *Flores e Frutas*.

BIBLIOTECÁRIO – LIVRO FECHADO OU ABERTO, CRUZADO POR UMA CANETA OU UMA PENA

O *Bibliotecário* é responsável pela *'Biblioteca'* da *Loja*, cabendo-lhe *'Organizar e Coordenar'* a utilização dos livros pertencentes à *Oficina*.

Sua *'Jóia'* é um *'Livro fechado ou aberto, cruzado por uma caneta ou uma pena'*, dependendo do *Rito*, símbolo auto-explicativo para as atribuições do *Cargo*.

Essas são, resumidamente, as *Atribuições Principais das Luzes e Dignidades* da *Loja*, apesar de haverem outras que estão contidas no *RGF*.

E a despeito da brevidade dessas considerações, há de ser reconhecida a vital importância dos *Títulos dos Cargos e suas respectivas Jóias* na *Maçonaria*.

Em princípio porque desempenham relevante papel na *Administração* de uma *Loja Maçônica*, porquanto distinguem os *Cargos*, o que certamente contribui para a seriedade e disciplina dos trabalhos desenvolvidos.

VM

Quanto à *Liturgia*, os *'Títulos e Jóias'* também merecem deferência, pois a *Maçonaria* tem a força de sua expressão nos *Símbolos*.

A ampla compreensão e o pleno exercício dos *Ideais e Deveres Maçônicos* estão, indissoluvelmente, condicionados ao desafio de desvendar justamente as alusões do *Simbolismo Maçônico*, afinal, já dizia A. Micha em *'Le Temple de la Verité ou La Francmaçonnerie dans la veritable doctrine'*, In: João Nery Guimarães, na obra citada no início deste texto:

- *"Se a Verdade sobre a natureza essencial do ser e da vida universal, é tão alta e tão sublime que nenhuma ciência vulgar ou profana não pode chegar a descobrir, o simbolismo é, por sua vez, como uma espécie de revestimento, de meio de conservação ideal dessa Verdade e uma linguagem ideográfica que a Iniciação entrega à nossa meditação, e que só os Iniciados podem traduzir sem deformar-lhe o sentido."*

E, certamente, *os 'Títulos e Jóias'* são valiosos símbolos, merecedores de reflexão, visando libertar o pensamento universal, evoluir e se aproximar do G∴A∴D∴U∴.

TRÊS LUZES 32

VM

Introdução

De acordo com as *Sagradas Escrituras*, onde consta:

- *"No princípio Deus criou o céu e a Terra. A Terra era informe e vazia. As trevas cobriam o abismo, e o Espírito de Deus movia-se sobre a superfície das águas. Deus disse: Faça-se a 'Luz'. E a 'Luz' foi feita. Deus viu que a 'Luz' era boa e a separou das trevas."*

A narrativa bíblica, em sua gênese, associa a *Luz a algo positivo*, tendo para tanto a aprovação de *Deus*, que viu que *A Luz era boa*.

1º Vigilante

A *associação* de *Luz a algo positivo e bom*, sempre em *oposição às coisas más e sombrias*, está presente em todas as *Religiões, Crenças e Filosofias*.

Então, são *associações lógicas ao pensamento humano universal* os *Seres de Luz, os Espíritos Iluminados, os Entes que emanam Luz, a Luz da Sabedoria*, e outras.

Sem *Luz* não há vida, pois é um dos elementos essenciais aos seres vivos, que a captam do *Sol, para muitas Religiões a Personificação de Deus*.

Ao contrário, as *trevas*, além da *associação com o Mal*, representam a *Ignorância, a Ausência de Sabedoria e o Descaminho*.

Na *Maçonaria* jamais se deve apagar a *Luz representativa da Divindade* com *sopro ou qualquer parte do corpo, mas sempre com apetrecho próprio*, isto porque *poderia contaminar a denominada Chama Sagrada*, demonstrando-se nessa simbologia o *Respeito à Luz*, que tanto representa a *Criação*, quanto o *Conhecimento*.

Todas as reflexões referentes à *Luz* são importantes, pois culminam com a indicação do caminho à *Iluminação Maior*, afastando das trevas, em que até recentemente vivia.

As *Luzes do Templo* orientam no auxílio dos que adentrarão em busca da *Luz da Sabedoria e Conhecimento*, pois *Iluminado é quem reflete a Luz que recebe*, e não *quem somente a absorve sem multiplicá-la*.

2º Vigilante

Luzes do Templo

As *Três Luzes da Loja* são representadas pelos *VM, 1º e 2º Vigilantes*, as autoridades diretivas dos trabalhos com atribuições individuais, que se unidas compõem o todo harmônico.

Hierarquicamente, um precede ao outro, e ocorrendo a ausência do *VM, a primeira das Luzes*, a condução dos trabalhos fica a cargo de seu imediato, o *1º Vigilante*.

Cada uma das *Três Luzes da Loja* possui a própria *simbologia, jóias e respectivas responsabilidades*.

Venerável Mestre

Para chegar ao honroso cargo de *VM*, é necessário antes ter exercido outra posição em *Loja*, tal qual os cargos de *Vigilante ou Orador*, tendo assim experiência suficiente para desempenhar a contento as atribuições do cargo.

Para o preenchimento do cargo deve ser realizada uma *Eleição Secreta*, vencendo quem obter maioria dos votos, só votando os *Mestres, Aprendizes e Companheiros* não participam.

Orador

Conforme o escritor *Rizzardo da Camino*, o *VM* deve cumprir os seguintes *Deveres*:

   1 – Sentir-se Maçom, de preferência a qualquer outra formação doutrinária,
   2 – Ser discreto, justo e procurando ser perfeito,
   3 – Ser entusiasmado e interessado,
   4 – Ser disciplinado, disciplinador, tolerante e apaziguador,
   5 – Não ser invejoso, rancoroso ou intrigante,
   6 – Ser estudioso e meticuloso,
   7 – Ser humilde e inteligente,
   8 – Nas Eleições ter comportamento de Magistrado,
   9 – Não pleitear cargos ou posições nos Escalões Superiores,
   10 – Ser cumpridor dos Estatutos, Regulamentos e Constituições.

O *VM* se afigura como o *Referencial Moral e Intelectual da Loja*, e assim, o *Guardião do Equilíbrio a Reinar entre os Integrantes*, o que sem dúvida é um fardo pesado, entretanto, sendo conhecedor da *Arte Real*, sabiamente a utilizará nessa árdua tarefa.

A *'Jóia'* do *VM* é o *'Esquadro'*, pois *Sua linha traçada não deve pender para a direita ou esquerda*, representando a *Equidade* com que deve agir sempre.

Sobre o tema, diz o autor *Rizzardo da Camino*:

   • *"O Esquadro controla e talha as pedras, que só se ajustam quando não regulamentares. Aplicando-a a si mesmo, o VM dá o exemplo de impecável sociabilidade, praticando magistralmente a arte de saber viver, que traduz por uma constante afabilidade."*

Secretário

Seu conjunto de qualidades, confere ao *VM* o direito de *não censura* por ninguém, porém, deve revestir-se desses princípios, para tornar-se merecedor desse privilégio, devendo ainda contar com amizades de *Maçons* e profanos, demonstrar autoridade e ampla erudição.

Enfim, o *VM* deve ser *o guia, o referencial, o primeiro oficial e a primeira Luz* da *Loja*, além de ter consciência que suas características influirão, certamente, na *aprendizagem e vida maçônica* daqueles que estão nos primeiros passos de sua caminhada.

Os Vigilantes

As *Colunas do Norte e do Sul* são regidas *1º e 2º Vigilantes*, cada qual comandando a sua, e ambos unidos e subordinados ao *VM, representante da Sabedoria*, devem formar um *todo indivisível*, sinônimo da *harmonia* requerida nos trabalhos.

Algumas características são próprias dos *Vigilantes*, pois além do *VM*, são os únicos que se utilizam de *malhos ou malhetes*, além da prerrogativa ímpar de se pronunciarem sentados durante os trabalhos.

Quando surge o *Sol no Oriente*, onde se encontra o *VM*, caminha em direção a seu maior esplendor que é ao *Meio-Dia*, onde o espera o *1º Vigilante* e, forte e único, chega ao crepúsculo no *Ocidente*, onde o aguarda o *2º Vigilante*.

Quando um integrante deseja fazer uso da *Palavra*, é o *Vigilante da Coluna* onde se assenta, quem proverá a necessária *permissão*, logicamente, com a concessão do *VM*.

Aos *Vigilantes* cabe como seu objetivo primordial, *observar, vigiar e principalmente instruir* os *Aprendizes e Companheiros*, respectivamente.

Guarda (ou Cobridor)

Primeiro Vigilante

Pelas mãos do *VM*, o *1º Vigilante, representando a Força*, recebe simbolicamente o *Nível* que compõe seu *Altar*, pois o *Nível* representa o *Equilíbrio que deve dar à Loja,* sendo dois seus *Deveres Fundamentais*:

- *Verificar se o Templo está coberto, e*
- *Se todos os presentes são Maçons.*

A verificação acerca da *Cobertura do Templo* às vistas profanas, tem significado muito profundo, pois a *Cobertura também significa a proteção do G∴A∴D∴U∴*, cabendo ao *1º Vigilante verificar, sentir e ritualisticamente comunicar* ao *VM*.

Uma das diversas formas que o *1º Vigilante* dispõe para verificar se todos são *Maçons*, também seria através do *olhar*, posto que demonstra em cada um dos presentes a *comunicação espiritual* daquela condição, assim, o *1º Vigilante* deve *enxergar* se algo está interferindo na perfeição do *Espírito Maçônico* necessário aos trabalhos.

Outra função do *1º Vigilante* seria auxiliar no fechamento da *Loja*, pagando os obreiros e despedindo-os contentes e satisfeitos.

O *Altar* do *1º Vigilante* deve estar instalado sobre *dois degraus*, e a seus pés encontra-se uma *Pedra Polida*, representação dos integrantes que ocupam sua *Coluna*.

Segundo Vigilante

O *2º Vigilante, que representa a Beleza e a Concórdia*, tem seu *Altar* alocado sobre apenas *um degrau*, estando a seus pés uma *Pedra Bruta*, significando a precária condição dos integrantes de sua *Coluna*.

Dentre as funções do *2º Vigilante*, uma seria a de conclamar os obreiros para o trabalho, mostrada por sua *'Jóia'* que é o *'Prumo'*, representação da *Pesquisa e da Verdade*.

Sua função é *tão nobre* quanto a do *1º Vigilante*, estando também a seu cargo o auxílio no fechamento da *Oficina*, bem como substituir o *1º Vigilante* em suas ausências.

Finalmente, é possível afirmar que, representando a *Sabedoria, a Força e a Beleza*, as *Três Luzes do Templo*, tão necessárias à *iluminação do caminho que transforma os integrantes em Verdadeiros Maçons, na concepção maior do Espírito Maçônico*, são compostas pelo, *Venerável Mestre, Primeiro e Segundo Vigilantes*, respectivamente.

TRÍADA(E)
Simbologia dos Números
33

VM

A *Ciência dos Números* é conhecida, utilizada e muito conceituada desde a *Antigüidade*, sendo desde essa época transmitida pelas *Iniciações*.

Mesmo antes de *Pitágoras*, diversas nações como *China, Índia e Grécia*, conheciam e empregavam a *Ciência*, tanto que aplicavam *Símbolos aos Números*.

Estes facilmente se transformaram em *'Símbolos'*, configurando em *idéias simples* todas as *Relações Numéricas*.

As *doutrinas* compostas por *Relações Morais* e ligações com o *Mundo Material*, foram expostas por *Sistemas Numéricos* representadas pelos *Números*.

1º Vigilante

Por essas *doutrinas*, aos *Números Ímpares* eram atribuídas *Qualidades Misteriosas*, enquanto os *Números Pares* podiam transmitir *Influências Fatídicas*.

Com relação à representatividade dos *Três Primeiros Números*, tem-se:

- *O Número 1 representa a mônada individual, o astro e o homem*, isto é, o *'princípio ativo'*,
- *O Número 2 significa o divisível, o antagônico ou o 'passivo' com relação ao 1*, a saber: ao fogo a água, à luz a sombra, ao dia a noite, ao quente o frio, ao homem a mulher, ao bem o mal, etc, contudo, os antônimos coexistem embora contrários na aparência.
- *Ao Número 3 é atribuída a trindade de Deus: o pensamento, o amor e a ação*, isto é, a *'unificação entre antagonias e o equilíbrio perfeito'*, resumindo: *'A Tríada(e)'*.

2º Vigilante

O 3 é o primeiro número perfeito e completo em energia, pois observado *o primitivismo do 1 somado ao antagonismo do 2*, é gerado o *'equilíbrio, a expressão do absoluto'* porque contém o *'Ativo e o Passivo'*.

Os *pitagóricos* relacionavam a *'Tríada à Fisiologia'*, por ser a causa de tudo o que tenha dimensão tríplice.

Referindo-se a *Pitágoras*, o escritor *Shurê* diz:

- *"A Mônada, o 1, representa a essência de Deus, e a Díada, o 2, Sua faculdade geradora e reprodutiva. Ora, o mundo é real e triplo, e se o homem se compõe de três elementos distintos fundidos entre si, o corpo, a alma e o espírito, da mesma forma o Universo é dividido em três esferas concêntricas, o mundo natural, o mundo humano e o mundo divino. A Tríade – Lei do Ternário, a Lei Construtiva das Coisas, e Chave da Vida.*

Orador

A *Tríada é a base da Geometria*, pois o *triângulo é sua principal figura*, e também embasa a *música*, pois um acorde é composto por no mínimo três notas.

A *Tríada* está presente em tudo que diz respeito a *Astronomia, a Natureza e o Conhecimento dos Corpos Celestes*, interligando-os e os fazendo funcionar.

A *Tríada* faz parte da *composição mais singular da família*, isto é, *o homem, a mulher e o filho*, representando *o Ativo, o Passivo e o Resultado*.

No *Catolicismo* encontra-se a *Tríada* demonstrada com grande insistência, por exemplo, nos *Batismo, Crisma e Comunhão; Pai, Filho e Espírito Santo;* e nas suas três virtudes teológica *Fé, Esperança e Caridade*.

Secretário

O *Evangelho segundo Mateus* cita que *três reis* foram adorar o *menino* ao nascer levando *três presentes;* já *Pedro* recebeu as *três chaves* do *Paraíso*, porém renegou seu *Mestre* por *três vezes,* e o *Mestre,* após a morte, ressuscitou no *terceiro dia*.

Na *Maçonaria*, são infindáveis os atributos relacionados à *Tríada*!

Exemplificando, a *Maçonaria* é composta pelos *Aprendizes, Companheiros e Mestre,* o *Templo Maçônico* é sustentado principalmente por *Três Colunas: Sabedoria, Força e Beleza,* e a divisa da *Ordem* é composta pelos conceitos virtuosos de *Liberdade, Igualdade e Fraternidade,* guardando como um dos seus mais significativos *Símbolos – o Triângulo*.

Sobre o tema, escreve o autor *Ragon*:

> • *"Os Maçons devem aprender três coisas: a Moral, a Ciência Exata e a Doutrina Sagrada",*

e prossegue acrescentando que:

> • *"Uma Loja tem Três Jóias Móveis e Três Fixas."*

Guarda (ou Cobridor)

As *Três Jóias Móveis*, de acordo com *Antigas Tradições*, são:

- *A Bíblia – a guiar a Fé,*
- *O Esquadro – a dirigir as ações da vida, e*
- *O Compasso – a conduzir os deveres para com o próximo e seus Irmãos.*

Desde a *Iniciação*, o *Aprendiz* deve observar o emprego contínuo do *Número 3*, e à este estar sempre relacionado, pois, ritualisticamente:

- *Sua idade é '3 Anos',*
- *Para sua aceitação percorre 'Três Viagens',*
- *O 'anúncio' em Loja se faz por 'Três Pancadas à Porta',*
- *Adentrando ao Templo 'Marcha por Três Passos',*
- *No 'Cumprimento, Toque e Bateria', o 'Três' está presente, e*
- *Para alcançar o 'Grau de Mestre', deve subir o 'Três Primeiros Degraus'.*

Os *Aprendizes*, antigamente, levavam *'três anos para atingir o Grau subseqüente',* tempo chamado simbolicamente de *tríplice,* período de busca do aprimoramento do aprendizado, ganhando e lapidando conhecimentos pelo estudo e dedicação.

VM

A *Maçonaria* orienta-se principalmente pelas *Três Primeiras das Artes*, a saber:

• *A Gramática, a Lógica e a Retórica,*

e o *Aprendiz* deve voltar sua dedicação à primeira, isto é, à *Gramática*.

Finalizando, cabe citar o *'Telhamento'* que também está ligado à configuração do *três*, onde há repostas compostas por *'tríplice analogia'*, assim:

P – *Que trazeis?*
R – *Amizade, Paz e Prosperidade a todos meus Irmãos.*

P – *Nada mais trazeis?*
R – *O VM de minha Loja, v∴ s∴ p∴ t∴ v∴ t∴.*

P – *Que vindes aqui fazer?*
R – *Vencer as paixões, submeter a vontade, e fazer novos progressos na Maçonaria.*

VALOR NUMÉRICO DAS LINHAS

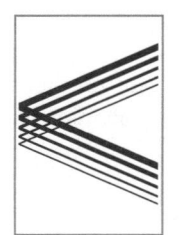

34

VM

O *Número 1* quando grafado em algarismo romano equivale à *Letra 'I'*, considerada como o *Símbolo da Unidade da Vida*.

Esta configuração é para muitos autores considerada como o *'Falo – do grego Phallós e do latim Phallu*, isto é, o *órgão de reprodução masculino*.

Este foi muito adorado por diversos povos da *Antiguidade*, como o *Símbolo da Fecundidade na Natureza*, traduzido esse seu significado como sendo a *Positividade*.

Por isso, veio a representar o *homem* em toda sua plenitude, chegando até a ser adotada essa representação quando na condição de *Pai*.

1º Vigilante

Já o *Número 2*, simbolicamente, deve agir de forma *dualística*, isto é, como *duas linhas paralelas*, tal qual se expressa nos algarismos romanos, sendo na prática a duplicação do *Número 1* romano, ou ainda, poderia ser representado como *uma linha perpendicular (vertical) unida no topo inferior a outra linha horizontal*.

Se o *Número 1* representa o *Pai*, conseqüentemente, ao *Número 2* caberia a representar a *Mãe*.

O *Número 2* demonstra o *Antagonismo de duas Unidades*, e estas exprimem *A Noção do Movimento e da Geração*.

2º Vigilante

Diferentemente dos primeiros, o *Número 3* é representado pelo *Triângulo*, obtido como resultado do *Movimento do Pêndulo* ou da *Vertical do Fio de Prumo em Oscilação*.

De maneira *mística* o *Número 3* expressa a *Trindade ou Tríade Divina*, a saber:

- *Vita = a Existência*,
- *Verbum = a Expressão, ou Verbo*, e
- *Lux = a Sabedoria, ou Luz*.

Quanto à *Trindade Divina*, esteve quase sempre presente nas *Várias Doutrinas dos Povos da Antiguidade*, que estenderam e legaram sua *sabedoria e culto* por séculos.

Orador

Dentre outras, por exemplo, na *Índia* a *Trindade Divina* é representada pelas figuras de *Brahma, Shiva e Vishnu*, enquanto no *Egito* antigo era cultuada e demonstrada através de *Osíris, Isis e Horus*, já os sábios judeus destacavam o seu *Ternário*:

- *Kether* – como o *'Poder Supremo'*,
- *Chocmah* – como a *'Sabedoria'*, e
- *Binah* – como a *'Inteligência'*.

E assim, o *Ternário – Símbolo Maçônico por excelência*, está também contido, desde a *Revolução Francesa*, nos basilares e significativos conceitos da *Tríade* orientadora da *Sublime Instituição*:

Liberdade, Igualdade e Fraternidade.

Secretário

O *Triângulo – composto através da unificação de três linhas retas ligadas por seus extremos*, justificadamente é o *Símbolo dos Grandes Mistérios*, e, por conseqüência, ao mesmo tempo detém uma das simbologias da *Divindade*, senão a mais importante e significativa.

O *Triângulo* refletido, por exemplo na água, expressa a *Sombra da Divindade ou Seu oposto*, ou ainda em outras palavra a própria *Matéria*.

A imagem refletida seria o *Inverso da Mesma Figura*, enquanto a imagem original tem o vértice apontado para o alto, que significa dirigir-se ao *Supremo*, portanto, à *Positividade*.

Guarda (ou Cobridor)

Quando o *Triângulo* estiver em *sentido contrário – em posição inversa*, isto é, com o vértice apontado para baixo, logicamente, o *Triângulo* equivaleria à *Negatividade*.

Por isso, é sempre utilizado em *Magia Negra ou Goécia*.

Tal como o *Triângulo e sua imagem refletida*, dois *Triângulos* podem se compor *superpostos ou entrelaçados*, para tanto um deverá estar com o vértice apontado para cima, e o outro para baixo, representando nesse posicionamento o *Positivo e o Negativo*, e que simbolicamente mostram o *Equilíbrio entre o Espírito e a Matéria*.

VM

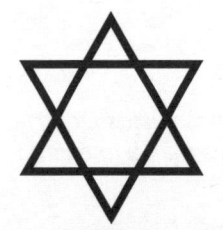

Finalmente, nessa figura se observa que as *Linhas que os compõem – duas horizontais e quatro inclinadas –* perfazem o *Número 6*, apenas considerado no jogo de sua *simplicidade geométrica*.

O *Número 6*, que simboliza *o fator equilibrante entre as forças*, tanto de ascendência como de descendência, em resumo, identificam e caracteriza o *Movimento Evolutivo da Vida*.

B – Teor Filosófico

O APRENDIZ E O TELHAMENTO 35

VM

Buscando mostrar que no âmago do *Telhamento*, isto é, oculto nas palavras de verificação da *qualidade de ser Maçom*, quando na recepção de *visitantes*, pode o integrante ter contato com outros aspectos dos *Princípios*, que certamente o auxiliarão no despojamento de suas *Vaidades e Paixões*.

E se ainda buscar nos denominados *Preceitos Básicos e Imutáveis da Maçonaria – que são os Landmarks,* recorrendo, no caso, à *Classificação de Mackey*, principalmente pelos de *Números 14 e 15*, poderá descobrir que:

1º Vigilante

• *Nº 14: "O direito de todo Maçom visitar e tomar assento em qualquer Loja é um inquestionável Landmark da Ordem".*
• *Nº 15: "Nenhum visitante desconhecido aos Irmãos de uma Loja, pode ser admitido em visita, sem que antes de tudo seja examinado, conforme os antigos costumes".*

O *Telhamento* é este instrumento de exame, que auxilia os integrantes de toda Loja visitada, a verificar se o *visitante é um bom, legítimo e fiel Irmão*.

Porém, se observado atentamente, descobre-se no *Telhamento* muitos conhecimentos que vão além de *simples frases de um questionário seletivo*, e como dito, poderão auxiliar muito o *Aprendiz* no trabalho de *'desvencilhar-se de seus Defeitos e Paixões'*.

2º Vigilante

Assim, com isso o *Aprendiz* poderá concorrer e colaborar para a *Construção Moral da Humanidade – a Verdadeira Obra da Maçonaria*.

Dentre os vários *Ritos* praticados no *Brasil*, apenas a título ilustrativo, e em consideração de que as adaptações entre os textos referentes ao *Telhamento* são absolutamente irrisórias e praticamente insignificantes, como deveria ser, optou-se pelo constante do *Rito Adonhiramita*, demonstrando que se compõem dos seguintes importantes questionamentos:

1) P – Sois maçom?
R – Todos mm∴ AAm∴ IIrm∴ c∴ t∴ m∴ r∴.

2) P – De onde vindes?
R – De uma Loj∴ de São João.

3) P – Que trazeis?
R – Amizade, Paz e Prosperidade a todos os meus IIrm∴.

Orador

Neste instante o *visitante* está se colocando diante de seus *Irmãos* visitados em atitude:

• *De companheirismo, de amigo fiel e prestativo,*

com as quais estes *Irmãos* poderiam contar em quaisquer circunstâncias.

E continuando:

    4) P – Nada mais trazeis?
    R – O Ven∴ Mest∴ de minha Loj∴ v∴ s∴ p∴ t∴ v∴ t∴.

    5) P – Que se faz em vossa Loj∴?
    R – Levantam-se TTempl∴ à Virtude e cavam-se masmorras ao Vício.

Secretário

Significa que na Loja a que pertence o *visitante*, o ensinam a despreocupar-se:

• *De opiniões, de atitudes, de interferências de terceiros e de preconceitos religiosos e sociais,*

que podem interferir em desviá-lo do intento visado.

Ensinam ainda que deve ser *justo e verdadeiro* em tudo, buscando enaltecer as virtudes, sem ferir no entanto aqueles que não as possuam.

E em complemento, demonstram que deve *fazer sempre pelo Bem e praticar a Caridade*, e ainda realizar esforços permanentes quanto à própria melhoria, porque há sempre *falhas a corrigir e coisas novas a conquistar*.

Guarda (ou Cobridor)

E complementando:

    6) P – Que vindes aqui fazer?
    R – Vencer minhas paixões, submeter minha vontade e fazer novos progressos na Maçonaria.

Ou seja, deve o *Aprendiz* auscultar cuidadosamente seus sentimentos, para descobrir a forma de prosseguir no árduo e recompensador *trabalho de seu aperfeiçoamento moral*.

Preparando-se para de fato:

• *Submeter sua vontade, vencendo suas paixões inferiores,*

em busca do domínio de si próprio, e também aprontando-se interiormente para os testemunhos que lhe serão exigidos futuramente na *Ordem*.

E concluindo:

    7) P – Que desejais meu Ir∴?
    R – Um lugar entre vós!

VM

Isto é, um *'lugar entre'*:

• *Aqueles que como Homens do Mundo Profano, não tinham rumo ou ideal definitivo como tem agora como Maçons, de forma definitiva e segura.*

Finalizando, ressalta-se que se o *Aprendiz*:

• *Na sua procura pela 'Verdade', e*
• *Na busca de dominar suas tendências para 'o vício, os hábitos negativos e as paixões destrutivas',*

vier a deter-se para refletir sobre o *Espírito Maçônico contido no Telhamento*, certamente se motivará a uma conduta baseada *no respeito e no bom senso*.

E assim, contribuirá de forma bastante positiva para que a *Maçonaria* venha a compor o seu *Eu Interior* de forma *serena, silenciosa e soberana*, auxiliando-o no seu processo de lapidação em beneficio de seu próprio *Espírito!*

A ÁRVORE E O MAÇOM 36

VM

Elaborada em linguagem figurativa, esta *Instrução não deve ser apenas ouvida, mas sentida e vivida*, em suas mensagens que contém profunda filosofia, pois é dedicada ao estudo dos *Símbolos* como característica do *Grau de Aprendiz*, procurando conhecer o *homem* como um ser útil a sociedade, e colocá-lo a serviço da *Humanidade*.

Conforme os fatos vão se sucedendo na vida, vislumbra-se os passos a serem dados rumo ao cumprimento do próprio destino, ciente do *Livre-arbítrio para decidir a direção a tomar*, e seja qual for, mais cedo ou mais tarde, acabar-se-á por alcançar determinados objetivos relativos *Missão Individual*.

Todos têm pelo menos uma idéia simplista do próprio caminho, e gostariam que se cumprisse, sabedores de que na vida deve-se assumir *de tudo um pouco*.

Uma das mais importantes qualidades e características do ser humano, que deve ser sempre cultivada com tenacidade por toda a vida, é a da *Tolerância*.

De início, a palavra *Tolerância* transmite um sentido vago, parecendo uma tática no jogo da vida, porém, se pesquisada a fundo começa a despertar um sentido mais amplo, isto é, o sentido da *indulgência – ou da desculpa*.

1º Vigilante

O termo *Tolerar* significa admitir e respeitar as opiniões contrárias às próprias, ou admitir modo *de pensar, de agir e de sentir* que diferem entre indivíduos ou grupos.

Assim, essa definição parece materialista demais, o que mostra ser possível haver algo a ser somado a essa palavra, isto é, algo *mais amplo, mais profundo, mais espiritualizado*.

Nessa concepção, o sentido da palavra *'Tolerância'* começa a ser vislumbrado, e em conseqüência poderia ser demonstrado pela frase:

> • *"Assim como o homem usa o Cinzel com toda a calma para dar forma à sua obra, esse mesmo homem tem que ser Tolerante para com seu Criador."*

Deus criou a Natureza, provendo a *Vida e seus Objetivos*, criando até o *Bem e o Mal*, e se não bastasse, ainda fornece em cada instante da vida humana *Seus* recados e lembretes sobre os objetivos principais, para que ninguém os esqueça, sempre demonstrando através de coisas simples, e assim, uma delas transmitidas pelo *Criador* sobre *Tolerância*, refere-se a *Árvore*.

Diariamente, passa-se por inúmeras Árvores, mas quantos realmente as notam?

Sabe-se que as *Árvores* têm vida própria e sentimentos, tanto que a *Ciência* já o comprovou, e um dos sentimentos ou qualidades que detém seria a da *Tole-*

rância, proporcionada pelo *Criador* para que ficassem a vida inteira paradas num mesmo local, e mesmo assim, para que conhecessem o que há de mais importante em sua existência.

2º Vigilante

As *Árvores* parecem *Conhecer e Tolerar*:

- *As'Águas' dos rios que por elas passam, levando o tempo;*
- *Os 'Animais' que se utilizam de sua sombra para amainar o cansaço;*
- *Os 'Pássaros' que usam suas folhas para construir seus ninhos, bem como, a alegria inocente deles no vai-e-vem para alimentar seus filhotes.*

As *Árvores* certamente *Toleram*:

- *As intempéries,*
- *O sol abrasador, e*
- *Todas as forças da Natureza sem revolta;*

pois sabe que a *Natureza* se rebela quando atentam contra ela, porém, as *Árvores* sempre continuam incólumes!

Mesmo com todo tipo de intempéries, a *Árvore* continua a desprender suas sementes para que nasçam outras, com o nobre sentimento da continuação da espécie.

A *Árvore*, com *Tolerância* atende os que precisam, através:

- *De seus 'Frutos' para alimentar os famintos,*
- *Das suas 'Folhas' que abrigam pássaros e animais, ou*
- *Por sua majestosa 'Sombra' a restabelecer os exaustos.*

O *homem* também não deixa de se assemelhar à *Árvore*, pois:

- *Derrama sua semente,*
- *Cria raízes,*
- *Se desenvolve,*
- *Se ramifica,*
- *Cria suas folhas,*

e de acordo com as estações vai mudando, perdendo as folhas velhas e criando novas, e num processo contínuo chega à velhice atingindo todo seu esplendor.

Porém, quantos homens chegam à velhice, sem Tolerância à tudo que o cerca?

Contrariamente, a *Árvore* chega a velhice *Tolerando* sua posição, pois sabe *'o que é – onde está – e para que serve'*, e por isso, com *Tolerância* aceita seu lugar, que é somente seu!

Orador

A *Árvore Tolera* a presença de outras espécies, e com elas vive em comunidade:

- *Seja a 'grama' que nunca crescerá até sua altura,*
- *Seja o 'espinho' das assemelhadas,*
- *Seja a 'beleza' das flores vizinhas, ou*
- *Seja 'outra de espécie diferente' mais frondosa e viçosa,*

pois a *Tolerância* faz com que comunguem do mesmo *'solo, ar, fonte de energia e força'*, e essa esplendorosa convivência somente poderia ser possível através:

- *Da Tolerância da Aceitação, e*
- *Da Tolerância pelo Reconhecimento do Eu, de modo grandioso e sem medo.*

A *Árvore* apenas teme quando a *Natureza* se rebela, pois além do *homem*, é a única que pode arrebatá-la de seu lugar, e acabar com sua vida.

Nas florestas quem tira a sua vida das Árvores?

Os que podem fazê-lo são:

- *A correnteza dos rios, pelo grande tempo de sua exposição, e*
- *O raio que pode partir-lhe com energia demasiada,*

enfim, todos os *Elementos Naturais*, mas ainda assim os *Tolera*, pois sabe que tal como ela, são frutos da *Criação!*

Os *Exemplos para a Vida* estão simplesmente à volta de todos, e concentrados nas coisas mais simples, porém, o homem não os vê e não os segue, pois procura seus pares para sua orientação, enquanto o G∴A∴D∴U∴ o cerca constantemente com tais exemplos, e *bastaria que os observasse e sentisse!*

A *Árvore* quando tratada com carinho, mais rapidamente se desenvolve, pois sente a proximidade dos que a querem bem, repelindo os que podem fazer mal, porém, ao repelir não o faz de maneira agressiva – ostensivamente – como o *homem*, ao contrário, os repele apenas em seu interior, utilizando-se de seu livre arbítrio para selecionar aquilo que julga ser bom para si, repudiando o que avaliar não adequado, *mas sem jamais deixar de ser ela mesma!*

Já o *homem* repele seus iguais *por vaidade, por orgulho ou pela inveja*, e *para acrescentar ainda mais brilho à sua Luz, não titubeia em apagar a do semelhante*, pois, infelizmente, não *Tolera* que outra *'Luz'* tenha maior brilho que a própria.

Secretário

Aí surge um dos significados do *Mestrado*, mais especificamente do *Mestre*, que deve possuir muito brilho interior, isto é, aquele que *Tolera e Aceita* que outras *Luzes* sejam mais intensas que a sua, pois, por atribuição, o *Mestre* deve sempre *Tolerar Luzes* mais fracas, porque já teve, em tempos idos, o mesmo fraco brilho.

Assim, com *Sabedoria* deve *Tolerar*:

- *Que Luzes mais fracas iluminem caminhos próprios;*
- *Que a energia de Luzes mais fracas transforme-as em mais fortes;*
- *Que os raios de Luzes que já foram mais fracos, atualmente se confundam com os seus e muitas vezes os supere;*

porque:

1. O Mestre em si, com a Tolerância da Árvore, vê os raios de Luzes mais fortes iluminarem caminhos que sabe um dia, irá percorrer.

2. O Mestre em si, tem a Tolerância necessária para observar, analisar, e com sabedoria orientar o Aprendiz e Companheiro, para que refaçam o que não foi corretamente executado.

3. O Mestre em si, sabe que não é o único, insubstituível ou indestrutível.

Enquanto o *Mestre não Tolerar que outro faça o que ele sabe fazer*, não será *Mestre*, porque deverá possuir sábia *Tolerância*, inicialmente consigo próprio para se aceitar como é, para em seguida aceitar seu caminho, que fatalmente passará pelo rumo determinado pela *Criação*, e por tudo isso deve com humildade sempre ser *Tolerante com o G∴A∴D∴U∴*.

Guarda (ou Cobridor)

O G∴A∴D∴U∴ propõe o transcurso de uma vida inteira para a realização dos objetivos individuais, entretanto, quando no final de sua vida o *homem* recorda o passado e acredita nada ter feito, torna-se *Intolerante* para consigo mesmo e com o *Criador*.

Crê que nunca é chegada sua hora, pois *'a ambição, a vaidade, o orgulho, a auto-afirmação e a exibição'* tornam obscuras suas realizações, dificultando a construção do *Eu Interior*, pois realmente gostaria de deixar *marcas* a serem lembradas pelos que virão!

Voltando à *Árvore* e comparando-a ao *homem*, depreende-se que aquilo que ela faz pouco é notado, pois sua vida inteira é constituída de pequenas realizações, que somente são notadas na medida que dela se necessite, porque não são qualidades exteriores, mas sim a única qualidade *'de ser o que se é'!*

Já o *homem* não, pois precisa mostrar ao *Mundo* do que é capaz, e quando não deixa seu nome gravado em nada que fique para a história, passa a se sentir inútil, esquecendo que ao longo da vida realizou muitas coisas pequenas, *que se somadas resultariam em uma vida repleta de realizações.*

Esquece que, as vezes, uma sua realização simplista, que para si quase nada significou, pode mudar para melhor muitas outras vidas; além do agravante de também esquecer que quem determina o período de sua permanência como matéria é – e sempre será – o *Criador*.

VM

Poucos foram os *Mestres* que *Toleraram* suas penas, seus sacrifícios, seus caminhos ou seus semelhantes, isto é, poucos foram realmente *Mestres*, pois não são todos que atingem a plenitude da *Tolerância*, com:

- *A profundidade de suas raízes e a força de seu tronco;*
- *A exuberância de seus galhos, que como braços se estendem para abraçar quem deles se aproxime;*
- *A beleza das flores, que prenunciam os frutos e sementes da nova vida; e*
- *O perfume da sabedoria, para atenuar dores alheias.*

O G∴A∴D∴U∴ ofereceu ao *homem* a inteligência para que com *Tolerância e Sabedoria*, pudesse participar da mais bela obra que é a *Vida*, isto é, uma *verdadeira poesia* a ser em todos os momentos *ouvida, olfatada, sentida, vista e saboreada*.

Finalmente, caberia citar uma frase, que visa a busca de energia destinada à luta pelos objetivos do *Criador*:

- *"Não tombemos as 'Colunas' para alcançar o impossível, mas inclinemo-as para afastar o inevitável; que as obras do Criador não desabem à primeira tormenta, pois foram construídas com o que há de melhor na arquitetura."*

ATITUDE DE APRENDIZ 37

VM

Ao tornar-se um *adepto* da *Sublime Instituição*, o *Aprendiz Maçom se tornará um obreiro do Grande Arquiteto do Universo*, e assim, deve sempre dedicar-se às *múltiplas tarefas* de sua competência.

Desta maneira, agora como *neófito* terá que *aprender* a cumprir seus encargos, isto é, a se dedicar e trabalhar para isso.

Esse *aprendizado*, ao qual é usado o eufemismo de se estar *desbastando a Pedra Bruta*, vai ser ministrado vagarosamente e por etapas, aos poucos e de diferentes formas.

Dentre esses diversos modos de *aprendizado*, o início do mesmo quase sempre acontece através do conhecimento repassado pelas *Instruções e Trabalhos*, que são entregues e lidos em Loja, cuja elaboração estará, principalmente, sob a responsabilidade dos integrantes do *Corpo Administrativo* da Oficina.

1º Vigilante

Assim, o *Aprendiz* deverá firmar-se no *Conceito Básico* de que:

• *"Uma das finalidades primordiais da Maçonaria, é a de promover a 'Evolução da Capacidade de se Ilustrar', proporcionada á todos os seus integrantes."*

Quando o *Aprendiz Maçom* vê a *Verdadeira Luz* ainda não sabe nada, pois o método de trabalho maçônico é bem diferente daquele que conheceu no *Mundo Profano*.

Na condição de *Não Iniciado*, procura apenas adquirir o máximo de conhecimentos dos mais variados, enquanto que pertencendo à *Maçonaria*, possivelmente vislumbrará que o *objetivo maior das Instruções* que são oferecidas, seria do *aperfeiçoamento moral e intelectual ininterrupto do homem*.

Desta forma, passa a enriquecer ainda mais suas faculdades, pelo acréscimo da maior cultura possível, para que como um *verdadeiro Maçom* melhor possa *agir*, tanto no seu dia-a-dia, quanto nas várias situações de sua vida.

Há quem pense, enganosamente, que *as idéias são resultado de sua própria inteligência*, porém, isso vem demonstrado que nunca foi *uma verdade absoluta!*

2º Vigilante

Certamente, a grande maioria das *boas idéias* provêem principalmente:

• *Da experiência com o Mundo exterior;*
• *Do relacionamento com a sociedade; e*
• *Da observação e convivência com os animais e a Natureza como um todo.*

No *Mundo Profano*, todo homem desprovido de maior cultura, isto é, que tenha decidido nunca aceitar os *Ensinamentos* transmitidos por outras pessoas, é muito mais provável que não possa formar qualquer idéia magnífica, colaborativa, que auxilie ou impressione os demais.

Contrariamente, todos aqueles dotados de pré-disposição e vontade de *aprender*, sempre terão a oportunidade de *aprendem* com seus pares – seus iguais, até porque os filhos *aprendem* com seus pais, os alunos com os professores, os jovens com os mais velhos, e assim maçonicamente os *Aprendizes*, como não poderia deixar de ser, devem *aprender* com seus *Mestres*, e de maneira natural *vendo, ouvindo e estudando*, porque são faculdades de que o ser humano é absolutamente muito bem provido.

Orador

O *aprendizado aliado à experiência*, infalivelmente, proporciona todo o *Cabedal do homem*, tornando-o apto à plenitude do *pensamento*, e ainda concedendo as necessárias condições para buscar a *Sabedoria – seu almejado objetivo*.

Quando se está realmente disposto e aberto ao *aprendizado*, especialmente para acumular *maior conhecimento*, é possível depreender que:

- *O Universo é um 'gerador de saber' ilimitado,*

e assim, se aceita, sem constrangimento mas com humildade, sua semelhança com o *Mestre*.

Certamente, identifica-se de imediato aquela pessoa que consegue ter *boas idéias*, como alguém sempre pronto a aprender mais alguma coisa na vida.

Secretário

Ao longo da *História da Humanidade*, há possibilidade de 'aprendizado' por meio:

- *Da simples observação,*
- *Da meritória experimentação,*
- *Pelo recebimento de conselhos,*
- *Pelo acatamento de críticas e recomendações,*

todos advindos de quem tem mais prática da vida, em relação aos acontecimentos que o rodeiam, que se acumulando na mente, o auxiliarão a cada nova parcela de *conhecimento* alcançado.

Desde a *Criação do Mundo* a *natureza oferece a Sabedoria e a Experiência*, imprescindíveis à evolução do homem.

A flora, a fauna, a criança e mesmo as coisas inanimadas, são verdadeiras e eternas *fontes de conhecimento*, e caso haja pré-disposição, através das mesmas sempre seria possível *aprender* sempre mais.

Guarda (ou Cobridor)

Quando ser humano está munido de sentimentos puros e sinceros, de sempre estar aberto e querer *aprender* com outras pessoas, pela observação de todas as coisas, *consegue obter uma sabedoria imensurável*, pois estará se abastecendo de incontáveis informações que são a matéria prima *do conhecimento e do aprendizado*.

Tal postura e dedicação o levará a concluir que:

> • *Aprender e conhecer, são o melhor caminho para a prosperidade.*

VM

Assim, valeria enfatizar que:

> • *Querer aprender é um sentimento humilde, que, infelizmente, nem todos possuem, mas que deveriam sempre buscar.*

Nesse aspecto na *Maçonaria* o *aprendizado* não é diferente, e o neófito também tem que estar aberto a receber os *Ensinamentos*.

Como anteriormente dito, quando o *Aprendiz Maçom* vê a *Verdadeira Luz* ainda não sabe nada, *porque acabou de nascer – ou renascer*, e como tal necessita do aperfeiçoamento para se tornar apto ao trabalho na *Sublime Ordem*, porque afortunado é o *neófito* que entende o privilégio de ser um *Maçom*.

Finalmente, seria cabível recomendar que:

> • *A 'atitude de aprender' sempre será de muita valia, principalmente enquanto estiver desbastando sua Pedra Bruta.*

CHEGAR AO CÉU
Visão Maçônica
38

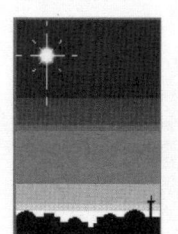

VM

Ao longo do tempo, a *humanidade* sempre se sentiu fascinada por edifícios altos, que se elevam na direção do *Céu*, e procurou construí-los com base em *Motivos Religiosos ou por Razões de Poder*.

Tanto as *antigas Pirâmides*, como os grandes e altos edifícios modernos, demonstram a *subliminar e empírica necessidade do homem de se elevar ao Céu*, e também de *obter supremacia em relação a tudo que o rodeia*.

1º Vigilante

Para os *Egípcios da Antiguidade*, a *Pirâmide* representava o *Eixo do Mundo no centro do Universo*, assim como o seu ápice simbolizava *o mais alto nível de realização Espiritual*.

Uma *Pirâmide* em *degraus* tentava mostrar o significado das *Fases da Consciência Humana*, e conforme determinam essas *Fases*, a *alma humana* deveria se voltar à tão esperada *ascensão*, que realmente é sempre almejada por todos.

As mesmas *Fases*, de fato, ainda determinam que o *destino do homem* poderia ser alterado, se tiver a coragem e determinação de *abraçar os opostos*, quando as imagens desse *Ideal de Equilíbrio* se apresentam todos os dias, e quase a todo momento, na moderna vida civilizada, mas que raramente são percebidos.

2º Vigilante

O primeiro presidente norte-americano *George Washington* por ser *Maçom*, adotou alguns *Símbolos da Maçonaria* como *emblemas* da nova nação americana, utilizando:

• *A Pirâmide – por sua significação do Conhecimento e da Sabedoria, e*
• *O Olho Omnividente, aquele que tudo vê, pelo simbolismo como do G∴A∴D∴U∴.*

Como mostrado ao final desta *Instrução*, pela observação de *uma nota de um dólar norte-americano*, que, com muita freqüência, passa pelas mãos de milhões de pessoas todos os dias ao redor do *Mundo*, dela constam a *Figura de uma Pirâmide*, que tem por coberta um pequeno *Triângulo destacado – o ápice da Pirâmide*, no qual vem centralizado a gravura de um *Olho Omnividente*, ao qual é instituída tanta importância, que foi providenciado ao *Triângulo* um magnífico *resplendor*.

Em todas as composições gráficas desta natureza, assim como neste caso, *A Base do Triângulo representa A Dualidade da Percepção*, e no seu *Eixo Ego-sombra podem ser vistos os Pares de Opostos*, como por exemplo:

- *O Preto e o Branco,*
- *O Certo e o Errado,*
- *O Bem e o Mal,* e
- *A Luz e as Trevas.*

Orador

Enquanto a *humanidade* se ocupar com essa balança, o melhor que se pode esperar é a *eterna contradição*, porém, se tiver a consciência suficientemente desenvolvida, pode sintetizar e bem compreender esses *elementos antagônicos*, e assim, chegar ao *Olho Omnividente ou Onisciente* que está no centro.

Nessa mesma nota de um dólar, o *Olho se ergue acima dos opostos*, para indicar sua posição de *superioridade*.

A *Luz* que provém desse centro não tem oposto, assim como o *Castelo do Graal* que está fora do tempo e do espaço, mas, tornando possível ser encontrada num momento de transcendência.

Secretário

Num instante aquilo que parecia uma *conciliação cinzenta*, se torna uma *síntese de estonteante luminosidade*.

Tanto que as *Sagradas Escrituras* dizem:

- *"Se o seu olho fosse um só, o corpo todo se encheria de Luz"* – (Mateus 6:22).

A *'Unicidade do Olho'*, isto é, o centro da gangorra, é o *Local da Iluminação*.

Isso representa uma ordem totalmente nova de consciência, e a inscrição contida na nota, a saber, *"Novus Ordo Seclorum"*, promete essa *Nova Era*.

Guarda (ou Cobridor)

Voltando a citar *Mateus na Escrituras*, quando diz:

²³ Se, porém, os teus olhos forem maus, o teu corpo será tenebroso. Se portanto, a luz que em ti há são trevas, quão grandes serão tais trevas!

²⁶ Olhai para as aves do céu, que não semeiam, nem ceifam, nem ajuntam em celeiros; e vosso Pai celestial as alimenta. Não tendes vós muito mais valor do que elas?

²⁸ E, quanto ao vestuário, porque andais solícitos? Olhai para os lírios do campo, como eles crescem; não trabalham, nem fiam.

²⁹ E eu vos digo que nem mesmo Salomão, em toda a sua glória se vestiu como qualquer deles.

VM

Todos devem ser lembrados sempre que uma *Vivência Simbólica ou Cerimonial*, como a que é praticada freqüentemente nas Lojas, é real e afeta a pessoa da mesma forma que um fato concreto, e complementando, poder-se-ia afirma que a psique não percebe *a diferença entre um ato externo e um ato interno*.

Sem exceção, todas as *sociedades saudáveis* possuem uma rica *Vida Cerimonial*, enquanto as *sociedades menos saudáveis* contam com *Expressões Propriamente Inconscientes*, tais como, *guerras, violência, sofrimentos neuróticos, etc.*

Finalmente, por conseqüência, também poder-se-ia concluir que por todo o exposto, as *Cerimônias e Rituais da Maçonaria*, são os meios muito mais inteligentes de se conseguir a mesma coisa.

Nota de Dólar Norte-Americano

Pirâmide e Olho Omnividente

CONCEITOS SOBRE MAÇONARIA – I **39**

VM

Todos aqueles que *tentam degradar* a *Sublime Instituição*, genérica e equivocadamente, a definem e posicionam como:

- *Condenada pelos cristãos;*
- *A Máfia, por acontecimentos ocorridos, em passado recente, como o caso da 'Loja P 2' na Itália;*
- *Rotulada como um centro de 'Conchavos Políticos – Cooperativa – ou Sociedade de Socorros Mútuos';*
- *Segundo os anti-semitas, sendo 'Instrumento' dos israelitas;*
- *Segundo outros, um 'Órgão do imperialismo anglo-saxão ou americano';*

porém, apesar de todas as inverdades a seu respeito, a *Maçonaria* é uma *Associação* que *guarda bem vivas* certas formas tradicionais dos *Ensinamentos Secretos Iniciáticos*.

1º Vigilante

Na *Instituição* sempre deve predominar o *Princípio da Tolerância*, seja *Política, Religiosa ou de qualquer outro tipo e espécie*, mesmo porque, incansavelmente, mostra estar posicionada *acima e fora das rivalidades que a tentam dividir*.

Apesar disso, infelizmente, dentre os *homens* que são *Iniciados*, muitos permanecem na condição de eternos *profanos*, porém, tais exceções não devem, e nem podem, fazer esmorecer o *Caráter Transcendente da Maçonaria*.

Por que é utilizada na Ordem a palavra 'Símbolo', ao invés de 'Emblema ou Alegoria'?

Isso acontece porque entende-se por:

- *Emblema* – a Representação Simples de Uma Idéia, criada por qualquer pessoa; e
- *Alegoria* – não se adaptaria, tendo em vista significar a Exposição de Um Pensamento ou Expressar-se de Outro Modo.

2º Vigilante

Outra diferenciação é a de que o *'Símbolo é sempre Constante'*, enquanto o *'Emblema quase sempre é Variável'*.

O *'Símbolo'* segundo o *Dicionário Larousse*, é tido como:

- *De origem Divina ou Desconhecida, estando intimamente ligado com o objeto.*

A utilização do *'Símbolo'*, em conformidade as *Regras Tradicionais da Maçonaria*, parece ser o *único meio* possível para a explicação do *Inefável*, isto é, *'o que não se pode exprimir por palavras – o indivisível'*.

Somente pelo estudo apurado da *Simbologia* seria possível chegar ao *Esoterismo*, que maneira muito simples e resumida, significa *Ensinamento Secreto ou Restrito*.

Se considerado o *Exoterismo como sendo o Ensinamento Público dos Símbolos*, e caso sejam interpretados no seu *sentido literal*, provavelmente, se tornará a forma através da qual poderiam ser aprendidos e considerados os *Antigos Ritos* já caídos em desuso.

Orador

Sobre o *'Simbolismo'*, seu estudo deve nortear-se pela *interpretação*, e os integrantes deverão buscar toda literatura possível, que permitam distinguir melhor seus diversos significados, mesmo porque, não existe um *Sentido Único para cada Símbolo*, nem mesmo *Seu Conhecimento Pleno*, pois sempre caberá a *Interpretação Individual* de cada um deles.

A palavra *Iniciado*, que tem sua origem no *latim*, significando *Colocado no Caminho*, e não obstante ser o integrante detentor dos *Graus de Companheiro ou Mestre*, o *Verdadeiro e Sincero Maçom* sabe que deve continuar sempre a ser um *Aprendiz*, principalmente, no tocante á *Humildade* que deve sempre estar presente, para *aprender* em qualquer ocasião, e com qualquer outro integrante que tenha algo a *ensinar*, independente do *Grau* que detenha!

Secretário

Sendo o *Maçom um homem sereno, indivíduo controlado, conhecedor da correlação entre o gesto e a atitude, e a sensibilidade e a emoção*, e sabedor, *ipso fato*, de que:

- *Qualquer atitude exterior é um símbolo da atitude interior, e*
- *Que um gesto exterior é uma figuração de um gesto interior,*

simplesmente, sempre lhe será vedado *desconhecer a linguagem dos símbolos*.

Não pode deixar de saber que:

- *Nas atitudes exteriores, deve provar ser sempre possuidor da polidez interior,*

ou melhor,

- *Da polidez do coração manifesta pela exposição dos sentimentos de bondade e da fraternidade.*

Guarda (ou Cobridor)

Não pretender conhecer os *Símbolos seria negar sua validade*, isto é, *negar o sentido filosófico da Maçonaria*, privando-a de sua *Virtude Essencial*.

Segundo o autor especialista *Jules Boucher*, que a respeito do tema diz:

- *"... às vezes, compreender os Símbolos é como quebrar a casca dura de um fruto, mas uma vez liberta, a semente se mostra deliciosa!"*

Por todo o mostrado até aqui, poder-se-ia inferir que:

- *A Ciência seria uma crença que se apóia em hipóteses continuamente renovadas,* e assim, seria também tanto inútil como ilusório, *solicitar-lhe o que não pode fornecer*, em outras palavras e mais especificamente, *o Conhecimento Espiritual*.

VM

Finalmente, caberia mencionar uma exemplar definição do escritor *De Mysteriis*, que faz a seguinte afirmação:

> • *"O conhecimento e a inteligência do Divino, 'não bastam' para a união dos fiéis a Deus; se assim fossem os filósofos, por suas especulações, realizariam a união com os deuses; a execução perfeita e superior à inteligência de 'atos inefáveis, é a força inexplicável dos símbolos', que fornece o conhecimento das coisas Divinas."*

CONCEITOS SOBRE MAÇONARIA – II 40

VM

As *Lojas Maçônicas* se situam entre os *Terrenos Sagrados*, e são constituídos por *Três Oferecimentos* merecedores da aprovação do *Supremo Arquiteto dos Mundos*, a saber:

1º – Quando Abraão oferece em holocausto seu filho Isaac;
2º – Os oferecimentos e fervorosos rogos do Rei Davi, suplicando a benignidade humana;
3º – Os valiosos sacrifícios que fez o Rei Salomão na construção de seu Templo dedicado a servir ao Senhor.

Estes *três fatos dos antepassados* foram, são e devem continuar sendo importante parte do *embasamento* de toda obra colossal da *Maçonaria*.

1º Vigilante

As *Lojas Maçônicas* são construídas *do Oriente para o Ocidente*, porque todos os *Templos* dedicados ao culto do G∴A∴D∴U∴ devem estar assim posicionados, e as razões para tanto são:

• *O Sol – Glória do G∴A∴D∴U∴, aparece ao Planeta Terra do Oriente para o Ocidente;*
• *Vinda a Luz do Oriente, aí tiveram origem todas as Ciências que se espalharam pelos recantos da Terra;*
• *Desde a Antiguidade, o homem vem aprendendo a admirar os trabalhos maravilhosos da Criação, e essas Obras Sublimes, sob qualquer aspecto, são provas patentes da Sua existência, e o Culto dos antepassados, que jamais vacilaram em oferecer-Lhe os mais elevados sacrifícios, sempre foram aceitos quando não dolorosos, bastando a sinceridade das ofertas, como por exemplo:*
• *Abel ofereceu um sacrifício mais agradável do que o de Caim seu irmão; os de Noé, Enoque, Jacoh e até Moisés, que ergueu o primeiro Templo no deserto, sob o modelo revelado no Monte Sinai – denominado Tabernáculo, situando-o do Oriente para o Ocidente, e à semelhança deste o Rei Salomão edificou, mais tarde, o Grande Templo – verdadeira maravilha do Mundo.*

Uma *Loja Maçônica* se apóia em *Três Colunas* denominadas Sabedoria, Força e Beleza, e por isso *simbolizam*:

• *A 'Sabedoria', necessária para conduzir os Maçons em suas atitudes,*
• *A 'Força', para sustentá-los em suas dificuldades, e*
• *A 'Beleza', revelando os sentimentos fraternais do verdadeiro Maçom.*

2º Vigilante

Sendo o *Universo o Templo do G∴A∴D∴U∴* que é adorado por *pensamento, coração e atos*, essas *Três Colunas* têm ainda outras significações, porque sustentam *Seu Trono* como *Colunas da Sua Portentosa Obra*, a saber, *a Sabedoria, a Força e a Beleza*, pois:

- *Sua 'Sabedoria' é infinita,*
- *Sua 'Força' é onipotente, e*
- *Sua 'Beleza' resplandece sobre toda a criação, com ordem e simetria.*

Dessa maneira, o *G∴A∴D∴U∴* estendeu os céus como um dossel, colocou a *Terra* como um tapete a *Seus* pés, e encimou o *Seu Templo* com as estrelas do firmamento, como um diadema cintilante, conservando nas *Suas* mãos as guias do *Seu* poder e glória.

O *Sol* e a *Lua* são os *mensageiros* de sua *Divina Vontade*, pois sem esses luzeiros a *Natureza* inteira teria desaparecido da face da *Terra*, de acordo com *Suas Leis* que são:

- *A Harmonia, o Amor, a Verdade e a Justiça.*

As *Três Colunas* representam ainda *Três das Grandes Personagens da Antiguidade*,

- *Salomão – Rei de Jerusalém,*
- *Hiram – Rei de Tiro, e*
- *Adonhiram – o Mestre que dirigiu os obreiros na construção do Grande Templo.*

Os *Maçons* consideram-nos como seus *antepassados*, porque:

- *Salomão foi o provedor da edificação do Primeiro Grande Templo na Terra, e conseguiu as condições necessárias à tarefa – representando a 'Sabedoria';*
- *Hiram – Rei de Tiro, forneceu parte representativa da multidão de obreiros indispensáveis a tão grandiosa construção – representando a 'Força'; e*
- *Adonhiram, o grande dirigente dos trabalhos, fiscal rigoroso dos serviços desde as fundações, garantindo a solidez da obra, até os mais preciosos ornatos, para que nada sofresse no conjunto a grandiosa empreitada – representando a 'Beleza'.*

Orador

As *Ordens Nobres de Arquitetura* adotadas para a construção do *Grande Templo* são atualmente conhecidas como *Dórica, Jônica e Coríntia*, e é sempre obedecendo a estas *Três Ordens* que se constroem os *Templos Maçônicos*.

A forma adotada para a construção do teto das *Lojas* é a de uma *Abóbada* que representa o *Céu* semeado de *Estrelas*, e a Oficina apresenta no *Oriente* um quadro de tranqüilidade, deixando transparecer todas as cores do arco-íris, iluminadas pelos raios cintilantes das *Três Luzes, o Sol, a Lua e o VM*, que recebe a *Luz do Grande Templo* do *Triângulo Fulgurante ou Delta Radiante* significando o *Supremo Arquiteto*, e na *Abóbada* vê-se o *Céu* apresentando tonalidades mais esbatidas nas cores, conforme se aproxima do *Ocidente*.

Essa diferença de tons na *Abóbada* representa maçonicamente que o *profano*, ao entrar para a *Maçonaria* caminha do *Ocidente* para o *Oriente*, isto é, vem do *Escuro para o Claro – das Trevas para a Luz*, e ao ficar *Entre Colunas* é vítima ainda das *Paixões Grosseiras do Mundo Profano*, onde se debatem as tempestades materiais da vida que afligem a *Alma Humana*, mas à medida que, por sua vontade, dirige-se ao *Oriente*, busca o que ali reina:

• *A Ordem, a Tranqüilidade, enfim, a Luz!*

Todos os *Maçons podem e devem* aspirar elevar-se até o *Triângulo Luminoso ou Delta Radiante*, e para isso necessitam contar com o auxílio da *Escada de Jacó*, cujo símbolo tem fundamento numa tradição bíblica dos tempos patriarcais, que é:

Secretário

• *"Rebeca – esposa de Isaac, vendo que seu marido possuía certa faculdade especial, quis e obteve que essa faculdade fosse transmitida a seu filho Jacob, se bem que, por direito de primogenitura, pertencesse a Esaú. Ainda bem que não havia Jacó adquirido a faculdade especial de seu pai, quando foi obrigado a fugir da cólera do irmão Esaú que iria matá-lo. Jacó viajando a Pandonharam – cidade distante da Mesopotâmia, a fim de desposar uma das filhas de seu tio Labão, ao fim da primeira jornada estava muito cansado, e não tendo nenhuma pousada por perto, resolveu deitar-se no solo fazendo de uma pedra travesseiro, tendo o céu por cobertura. Assim dormindo, sonhou que se lhe apresentava uma Escada de Três Lances, cuja base se apoiava na terra e se elevava até o céu. Pela Escada, Anjos do Senhor subiam e desciam, e Jacó ouviu por uma voz:*

• *Contempla Jacó, o caminho pelo qual se chega à Mim; se o seguires e cumprires as Minhas ordens, voltarás ao teu lar em paz e prosperidade, e Farei com que a tua descendência chegue a formar uma grande nação."*

Vinte anos depois verificou-se a predição, *Jacó* regressou ao lar paterno sendo bem recebido por *Esaú, seu irmão, e seu filho favorito, José*, foi mais tarde um dos protegidos do *Faraó, Rei do Egito*, chegando a ser o *Primeiro Homem* no reinado daquele *Rei*.

Mais tarde ainda, os israelitas prosperaram tanto, que constituíram uma das *Nações* mais poderosas daqueles tempos.

Guarda (ou Cobridor)

Como já dito, a *Escada* era composta por *Três Lances*, que simbolizam *a Fé, a Esperança e a Caridade*, virtudes compreendidas pelos *Maçons* como:

FÉ

A *'Fé'* é o traço de união entre a *Criação e o Criador*, é portanto, a base da eterna *Justiça – o Laço da Amizade*, principal sustentáculo da *Humanidade*.

Se vive e age através do sentimento da confiança que inspira uns aos outros, que também proporciona *Esperança*, que alenta a *Alma* com a convicção da existência de um *Ser Supremo*.

Pela *'Fé'* se sustenta e ampara nas lutas contra o *Homem Material* que reside em cada um, e ensina o caminho que conduzirá à *Perfeição*.

Pela *'Fé'*, mostrada na *Maçonaria*, é alcançada a integração com o G∴A∴D∴U∴.

ESPERANÇA

A *Maçonaria* ensina que a *'Esperança'* é a âncora da *Alma Humana, imóvel, poderosa, firme e consoladora.*

Deve ter-se confiança absoluta no G∴A∴D∴U∴, se esforçando por se manter dentro dos limites das sacratíssimas promessas, alcançando o alvo.

Porque sem *'Esperança e Fé'*, nada se consegue.

Assim, todo aquele que for constante nas causas justas, superará todas as dificuldades, alcançando êxito completo.

VM _____

CARIDADE

Por si mesma enche de puro amor toda a *Humanidade*.

A *'Caridade'* é uma das mais brilhantes jóias com que se adorna a *Sublime Instituição*.

É a pedra de toque e a mais segura prova da sinceridade entre *Maçons*.

A *Benevolência* acompanhada pela *'Caridade'*, honra a *Maçonaria*, no seio da qual esta soberana *Virtude* floresce constantemente, e por ser um dos escopos que mais preocupa, com esmero o cumprem os *Verdadeiros Maçons*.

É em verdade feliz todo *homem* que sente brotar no coração a semente da *Benevolência*, porque não inveja o próximo, não dá conta das palavras vis e caluniosas, pois a malícia e a vingança não acham abrigo em seu peito.

Esquece as injúrias e procura apagá-las do pensamento, e assim, tem sempre presente em sua imaginação, que todos são seus *Irmãos*, que devem estar sempre prontos a acudir aqueles que reclamam assistência, e ainda, que jamais deve recusar a *mão amiga, generosa e leal*, ao necessitado que implore socorro.

Deste modo, os *Maçons* agem dentro das *Linhas da Misteriosa Esquadria*, recebendo um dia a recompensa a que tiver direito pelo *'Amor e a Caridade'*.

Finalmente, poder-se-ia afirmar que a *Esquadria Maçônica* se apóia no *Livro da Lei*, porque esse *Livro* revela os mais importantes segredos da *Divina Vontade do Grande Arquiteto do Universo!*

CONFÚCIO
Sábio e Pensador

VM

"Em termos da influência nacional de um só homem, agindo, indiretamente, pelo exemplo e ensino, sobre a Alma de um povo através de milênios, não há na história da Hmanidade, o que se compare à ação e ao efeito alcançado por 'Confúcio', glorioso mentor de seu grande País. Sua doutrina, ensinada oralmente no princípio, por ele mesmo e seus discípulos, ganhou campo entre os intelectuais contemporâneos, codificando-se em livros, depois, para deleite e edificação dos pósteros."

1º Vigilante

Realmente, florescendo em meados do *Século VI a.C.*, *Confúcio* iniciou um *Movimento de Reforma Social e Política*, baseado no cultivo das *Virtudes Fundamentais* de sua *Nação*, imprimindo-lhe força e dinamismo tais que, por volta do ano *126 a.C.*, a moral nacional chinesa se nucleava em sua *Doutrina*, de onde envolveu até a notável sistematização do *Período Áureo Imperial*, que se transmitiu praticamente intacto até os dias atuais.

O nome do veterano *Mestre K'ung* é inseparável da própria história da *China*, em todas as suas fases, tanto brilhantes como inglórias, e adicionalmente vale o *confucionismo* como legenda de esperança, para muitas centenas de milhões de filhos de *Han*.

Os pensamentos em *Anacleto*, e o que disse *Confúcio*, foram agrupados em um único livro, que se constitui num dos seis maiores clássicos da literatura chinesa – *o Lun-Yu*, que é a seleção dos seus melhores ditos e falas mais sentenciosas.

2º Vigilante

Os excertos destas seleções – *ou Anacleto*, são as que se apresentam a seguir, o que constitui uma pequena parte do que disse *Confúcio* e seus seguidores mais famosos.

Entre os anos de *175 e 183 d.C.* as autoridades imperiais chinesas, ordenaram que a obra fundamental da literatura chinesa, fosse *gravada em pedra*.

Desta maneira, foram escolhidos apenas *seis Livros*, como os representativos do *Supra-sumo do Pensamento e da Arte*, dentre as diversas obras literárias nacionais, a saber:

1 – I King... O Livro das Mutações
2 – Shih... Os Poemas
3 – Shun... Os Escritos dos Antigos
4 – I Li... O Livro dos Ritos
5 – Ch'un ch'iu... Os Anais
6 – Lun Yu... Os Ditos, o Anacleto de Confúcio

Orador

Excertos:

- *"Grande Homem é aquele que permanece sereno, mesmo quando os outros o ignoram."*

Todos os *300 Poemas* podem resumir-se num só de seus versos, isto é:

- *"Que haja correção em nossos pensamentos."*

O *Grande Homem* se atem aos fatos fundamentais, pois que, uma vez estabelecidos estes últimos, surge a *Ordem das Coisas*.

Ora, *o Dever Filial e o Dever Fraternal*, são os fundamentos da *Excelência Humana*.

Seguem alguns dos importantes e significativos *Pensamentos de Confúcio*, que dizem respeito à *Conduta Humana*:

> *"Aos 15 anos eu só cuidava de estudar,
> aos 30 comecei a desempenhar minha função,
> aos 40 estava eu seguro de mim mesmo,
> aos 50 cônscio de minha posição no Universo,
> aos 60 já não discutia mais, e agora,
> aos 70 posso fazer o que o coração quer, sem ofensa aos costumes.*

Secretário

Se quando estuda o passado, o homem compreender tudo de novo que existe em torno de si, está capacitado a preencher a função de Mestre.

Primeiro, dá ele o bom exemplo, depois incita os demais a seguirem-no.

Viver em companhia dos Melhores dentre os homens, é o que há de mais apreciável possível; 'Como pode alguém ser tido por sábio, se em lhe cabendo escolha, não vai estar entre aqueles?'

Dificilmente falha aquele que se conduz com severidade.

Quatro virtudes típicas do Grande Homem:

- *Humildade,*
- *Respeito aos Superiores,*
- *Gentileza para com os que Dele Dependem, e*
- *Senso de Justiça para com os Subalternos.*

Certamente é este o limite de todas as coisas:

- *Encontrar alguém que percebendo seus próprios defeitos, não pusesse culpa se não em si mesmo.*

A duração da vida de um homem depende de sua justeza.

Guarda (ou Cobridor)

Pode haver pessoas capazes de criar sem conhecimento, mas não sou de seu tipo.

Tendo aprendido muito, escolhido e seguido o melhor, muito observei e rememorei; esta é a segunda categoria de conhecimento.

O Grande Homem sente-se à vontade, mas o mesquinho permanece tenso.

Deixe que outrem execute sua tarefa, sem que interfiras.

A lealdade e a confiança devem vir em primeiro lugar.

Que nenhum de teus amigos te seja inferior, e se houver erro em ti, não temas em aperfeiçoar-te.

Um comandante pode ser arrebatado de seu exército, mas não se pode privar da vontade, mesmo o mais humilde dos homens.

Quando algum de seus amigos morria sem recursos, Confúcio dizia:

• *Seja o enterro por minha conta.*

VM

O Grande Homem serve-se de livros para aproximar os amigos, e pelas amizades fortalece a excelência entre os Homens.

Que tal deve ser um homem para fazer jus ao título de cavalheiro?

O homem que seja franco, meticuloso e conciliador pode ser chamado de cavalheiro.

Os amigos são francos e meticulosos, os Irmãos, conciliadores.

O Grande Homem é poupado de palavras, mas pródigo de ações.

Aquele que não conhece o fardo jamais desempenhará bem sua parte.

O que ignorar o valor das palavras jamais virá a compreender o próximo."

CONTROLE DA MENTE 42

VM

Em realidade, pode ser considerado que todo *ser humano* vive em *dois Mundos* completamente diferentes, a saber:
- *O da Realidade Exterior, e*
- *O da Realidade Interior, Imaginação e Sentimentos.*

Todos os *Famosos Gênios Conhecidos da Humanidade,* viveram intensamente nesse *Mundo Interior,* onde encontraram a verdadeira *Inspiração, Realização e Felicidade,* e assim, conseguiram transmitir seu real estado de espírito àqueles que se interessaram.

1º Vigilante

Ao *homem* comum é difícil encontrar satisfação com as imensuráveis belezas desse *Mundo Interior,* devido à uma espécie de *Pobreza* de sua comuníssima *Vida Interna – de seu Eu Interior,* pois a grande maioria não os cultiva, e muitos os desconhecem inteiramente.

No entanto, a *Beleza e a Felicidade* que encontram no *Mundo Exterior,* nada mais é do que o *Reflexo de sua Felicidade Interior,* apesar de não reconhecê-la, porque as pessoas são felizes pelos *pensamentos e sentimentos* que se relacionam com todas as coisas, e *'não'* de como realmente *são ou se comportam.*

Ocorre analogamente com todos os *acontecimentos* do cotidiano da vida, já que todas as pessoas os encaram os fatos segundo as manifestações de seu *Próprio Estado de Ânimo Interior.*

2º Vigilante

O indivíduo que tenha o próprio *Mundo Interior* pleno de *Imagens Débeis e Idéias Tristes,* sentir-se-á muito *angustiado e deprimido* mesmo em situações e lugares alegres, e contrariamente, as pessoas detentoras de *Imagens Fortes e Idéias Alegres,* certamente encontrarão naquele mesmo ambiente *prazer e alegria,* porque em resumo:

- *Praticamente tudo na vida depende do 'Estado de Ânimo Interior' de cada um!*

Para uma pessoa deprimida, coisas *belas e alegres* sempre podem parecer *tristes e aborrecidas,* causado pela *tristeza* reinante em seu *Mundo Interior,* e em contraposição, todo aquele que traz *alegria* em seu *Interior,* sentir-se-á *satisfeito, alegre e feliz,* mesmo em situações e ambientes *tristes e carregados de negativismo,* já que seu *Estado Interior* o impedirá de dar-se conta da *tristeza que o rodeia,* assim, tal capacidade é adquirida através de exercícios constantes da capacitação do necessário *Controle da Mente.*

Orador

Seria praticamente conceitual pensar-se que:

- *Jamais alguém recobrará a 'Saúde' pensando na 'Enfermidade',*
- *Nem alcançará a 'Perfeição' pensando em 'Imperfeições', e*
- *Nem 'Harmonizará' sua vida pensando em 'Discordâncias'.*

Muitas pessoas, por não conhecerem e não cultivarem esta *Vida Interior*, procuram encontrar motivos de *Felicidade* nas coisas do *Mundo Exterior*.

Dessa forma, como todos conhecem a *Força Criadora da Imaginação*, e sabendo que o *homem* pode ser, em seu *Mundo Interior*, tão *Feliz* quanto deseje, para ser conseguido esse *Estágio de Felicidade*, deve-se eliminar da própria *Mente* todas as *Idéias Tristes e Depressivas*, que empobrecem o *Espírito*, e impedem de ver e sentir os numerosos *Fatores* que contribuem para a *Verdadeira Felicidade*.

Secretário

Tão poderosas são as *Influências da Mente sobre o Corpo*, que o indivíduo esclarecido a este respeito, terá o máximo cuidado em livrá-la de estados e condições que o conduzirão à *Depressão e Insegurança*.

Qualquer pessoa deve sempre estar ciente que *Se é Senhor de Si Mesmo*, e assim, confirmar a *Própria Superioridade*, resolutamente, por exemplo sobre as *Doenças Físicas*, e nunca se deixar abater por *Pensamentos Inferiores e Negativos*.

Guarda (ou Cobridor)

O professor *Montalvão* esclarece que:

Seria praticamente conceitual pensar-se que:
- *"... dia virá em que uma Ciência Superior ensinará as crianças, desde pequeninas, a levantarem uma barreira Contra as Enfermidades, por meio de Exercício Mental e Pensamentos Elevados. As crianças serão ensinadas a rechaçar todos os Pensamentos de Morte, toda Imagem de Enfermidade, e as Emoções Nocivas como o Ódio, a Vingança, a Inveja e o Egoísmo."*

Desta forma, as crianças serão ensinadas que os *Pensamentos Saudáveis* são tão necessários à vida, quanto o ar é para a respiração.

Os médicos num futuro não muito longínquo, não mais curarão seus pacientes com remédios, mas o farão através do *Polimento da Mente*, através dos vários *Preceitos Positivos*.

Já as mães neste mesmo futuro, deverão ensinar seus filhos a *acalmar* a febre prejudicial *da ira, da Inveja e do egoísmo*, pelo cultivo incessante da *mente sã*.

VM

Finalmente, deve-se incansavelmente:

- *Controlar a Mente em todos os momentos preocupantes e difíceis,*

para assim evitar a *Perda do Próprio Controle* em qualquer situação.

Para tanto, se deve exercitar a *Mente* sempre que possível, mesmo quando a situação não se apresente de todo favorável, incessantemente no rumo:

- *De Pensamentos Nobres, Elevados e Retos com a Verdade, nunca se furtando de dirigi-los ao G∴A∴D∴U∴!*

ENFOQUE SOBRE MENTALIZAÇÃO 43

VM

Ao tomar conhecimento dos *Mistérios da Maçonaria*, desde a significativa e marcante *Cerimônia de Iniciação*, é adquirida a consciência do *Esoterismo* que envolve os trabalhos ritualísticos, de vez que o *Templo Maçônico, em sua representação material, nada mais é do que o Cosmos.*

Vê-se na estruturação e composição do *Templo*, uma *Abóbada Celeste* decorada com *Estrelas, Planetas e Astros*, que determinam a imensidão do *Espaço Celestial*.

1º Vigilante

O *Verdadeiro Místico* tem que trabalhar através do *Cósmico, dentro de suas Leis*, para realizar os próprios *Sonhos e Planos*, a partir da concepção e visualização no *Mundo Material*.

Contudo, o trabalho do *desbastar e esquadrejar a Pedra Bruta*, em que se resumem as tarefas do *Aprendiz* quando ingressa na *Ordem*, o faz refletir sobre o que é possível se *Exigir do Cósmico*, isto é, *a Realização e Materialização de todas as Coisas por ele Desejadas.*

Em muitas formas populares de *Psicologia Aplicada*, assim como em diversas *Religiões ou Seitas Contemporâneas*, encontram-se afirmações de que:

> • *Caso haja 'concentração', com 'persistência e profundidade', em determinadas coisas, fatos e acontecimentos, provavelmente elas poderão se materializar tornando-se Realidade."*

Ledo engano, pois esta idéia errônea de interpretação da *Lei Cósmica*, é responsável pelo imperioso fracasso de milhares de tentativas de demonstração concreta dos *Processos Místicos de Desenvolvimento Mental*.

2º Vigilantes

O *Verdadeiro Místico* não apelará para a ajuda *Cósmica*, em se tratando de plano ou desejo que pode ser resolvido, pessoal e individualmente, sem contar com tal ajuda.

Naturalmente, todos aprendem quais são as verdadeiras possibilidades de realização pessoal, porque devem se conscientizar ao longo da vida das próprias *Potencialidades Mentais, Intelectuais e Profissionais*.

Este conhecimento racional das próprias possibilidades leva a pensar que trabalhando persistentemente, através do esforço de produzir e criar as muitas coisas necessárias para a vida, o impede de agir com leviandade em relação às ajudas do *Cósmico*.

Orador

Todavia, o *Mundo* atual está invadido uma por verdadeira legião de:

- *Psicólogos Populares,*
- *Quiromantes,*
- *Cartomantes,*
- *Falsos Profetas,*
- *Espiritualistas Oportunistas, e*
- *Várias Seitas e Credos',*

que conduzem *os menos preparados* a *sonhar, planejar e esperar,* que o *Cosmos trabalhe, crie e realize* esses sonhos por ele.

Sabe-se que o *Cosmos* pode ajudar por meios e métodos ilimitados e incomensuráveis, e sabe-se também que qualquer tentativa de se exigir, ou de se dizer, como as coisas devem ser feitas ao *Cósmico,* de *nada adiantará.*

Os conhecedores dos *Mistérios* sabem que todas as coisas que o *homem* necessite, devem ser essencialmente providas por ele próprio, contudo, crenças e preconceitos fazem com que *os não Iniciados nos Estudos Místicos não* cheguem à realização daquilo que carecem, causado pelo desconhecimento das *Leis Básicas que regem o Cósmico.*

Secretário

Pode-se dizer que:

- *As bênçãos e dádivas do Cósmico estão sempre à disposição,*

desde que se esteja absolutamente cônscios das próprias necessidades e limitações.
O que se quer dizer, é que:

- *Há uma grande diferença entre a concentração num sonho ou esperança, e a concentração na sua realização."*

Pode-se obter a ajuda *Cósmica* desde que respeitada a *Lei das Necessidades,* valendo dizer, que se deve desejar o que *realmente se necessita,* e que seja possível ser alcançado.

Pode-se também afirmar que:

- *A concentração nos seus desejos e objetivos, certamente despertarão Ondas Cósmicas favoráveis ao seu alcance e realização.*

Tal tipo de concentração requer *Fé, Autoconfiança e Honestidade de Princípios,* e somente assim, as *Manifestações Intuitivas* poderão levar aos *Caminhos Acertados* para a realização destes desejos e anseios.

Guarda (ou Cobridor)

Portanto, àquele que procura:

- *Melhorar seu Ambiente,*
- *Que busca Respostas para suas necessidades, e*
- *A Comunhão com o Cósmico',*

é necessário *criar* o que deseja *Pela Concentração Profunda e Visualização Mental Constante,* de maneira permanente.

Deve fazer isto *'hora a hora, dia a dia, e semana a semana'*, enfim, sempre que o tempo o permitir, até que a coisa concebida, e pelo processo de criação, torne-se uma coisa *viva, vital, vibrante e firme* no âmago de seu próprio ser.

Esta *Visualização Mental* tem que se tornar *tão real*, que *essa realidade esteja sempre presente*, e tem que *ser tão válida em sua existência*, até que ela:

• *Modifique, Controle e Dirija o seus Pensamentos, Atos e a própria Vida*,

pois todas as coisas que o G∴A∴D∴U∴ criou, o foram, primeiramente, concebidas desta forma.

VM

Assim, o *Supremo Árbitro dos Mundos* criou *Sua mais perfeita Obra*, isto é, o *homem*, para que acima e antes de tudo, sempre *Creia, Propague e se Conduza*, sempre no *Árduo, Importante e Realizador* caminho de:

• *"FUGIR DO VÍCIO E PRATICAR A VIRTUDE!"*

ESPIRITUALIDADE NA MAÇONARIA 44

VM

Conforme a *'1ª Epístola de São João aos Coríntios'*:

- *"Se eu falar as línguas dos homens e anjos, e não tiver caridade, sou como o metal que soa, ou o sino que tine. E se eu tiver o dom da profecia, e conhecer todos os mistérios, é quanto se pode saber. E se tiver toda a fé, até o ponto de transportar montanhas, e não tiver caridade, não sou nada."*

Se for somada a citação do autor *André Luiz* em seu *Agenda Cristã*:

- *"Amar não é desejar, é compreender, dar de si, renunciar aos caprichos e sacrificar-se para que a Luz Divina do Verdadeiro Amor resplandeça"*.

Pode-se concluir que:

- *Caridade + Amor = Amor ao Próximo,*

e assim, a *Espiritualidade* está sempre presente na *Maçonaria*, pois a *Ordem* representa seus *Templos* à imagem do *Templo de Salomão* erigido para ser a *Casa de Deus*.

1º Vigilante

A *educação maçônica* baseia-se no aperfeiçoamento da *Humanidade* através:

- *Da Liberdade de Consciência* – que é atingida pelo *Conhecimento*,
- *Da Igualdade de Direitos* – só alcançada pela prática incessante da *Justiça*, e
- *Da Fraternidade* – conquistada pelo permanente exercício do *Amor ao Próximo*.

Moisés recebeu de *Deus* os *Dez Mandamentos* enquanto *Jesus, o Rabi da Galiléia*, resumiu-os em apenas *dois*, segundo o *Evangelho de Mateus*:

1º) *Amarás ao Senhor teu Deus de todo o teu coração, de toda a tua Alma, e de todo o teu Conhecimento (o maior e primeiro mandamento)*;
2º) *Amarás a teu próximo como a ti mesmo*.

São João de Jerusalém – Patrono da Maçonaria, segundo a crença foi *João – O Evangelista – discípulo do Mestre Jesus*, que a *Seu* pedido cuidou de *Maria, Sua Mãe*, até o falecimento, e depois *João* dedicou-se à pregação do *Evangelho do Cristo* consolando todos os irmãos que sofriam.

Preso pelos romanos foi desterrado na *Ilha de Patmos*, aceitando com humildade o mal tratamento recebido, tratando com amor os soldados que se tornaram seus seguidores, porquanto, na ausência de multidão falava aos peixes sobre a vida de *Cristo*, e dialogava com o vento pedindo com humildade que levasse suas palavras aos lugares que dela carecessem.

Condenado à morte em *Roma*, foi colocado em um recipiente com azeite fervente, após uma semana de fervura foi retirado do fogo, e para espanto geral *João* saiu abençoando a todos sem qualquer queimadura, sendo então libertado, e os soldados, temendo uma armadilha, o vestiram com uma velha farda, rasparam sua cabeça, colocaram-lhe o nome de *Francisco,* e o mandaram a *Éfaso,* onde também foi amado pelo povo por sua humildade e amor às criaturas.

2º Vigilante

Com freqüência voltava a *Patmos,* e numa das viagens sob *Inspiração do Plano Maior* escreveu o *Apocalipse,* e morreu com quase um século de idade, deixando o exemplo de vida dedicada ao *Amor,* assim, *Valeria perguntar até onde se tem copiado a vida de João?*

Pelo livro *O Evangelho segundo o Espiritismo,* Alan Kardec define o *Amor* como a *Essência Divina,* que reside no fundo do coração como uma centelha do *Fogo Sagrado,* pois a centelha cresce com a *Moralidade e a Inteligência,* e para ir em direção à *Deus* é necessário:

• *Que vença os Instintos em favor dos Sentimentos.*

Com o passar dos anos sente-se que o *Homem se afasta do Criador,* pois busca na matéria sua felicidade, esquecendo que está aqui de passagem, e é a *Felicidade do Espírito* que importa para um *retorno* digno à *Pátria Espiritual.*

A inteligência do *homem* foi desenvolvida ao longo dos séculos, e quando é dirigida por *Moral Sadia* sabe distinguir o *Bem do Mal,* porém, para a maioria dos *homens* foi aplicada na conquista de bens perecíveis, por isso é que a violência e a corrupção vêm dominando os povos, e assim pergunta-se:

• *Onde está o Amor ao Próximo pregado pelo Mestre Jesus?*

Em *Gênesis (Cap.6 / vers.5)* o *G∴A∴D∴U∴* disse à *Noé*:

• *"Vendo pois Deus que a maldade do Homem era grande sobre a Terra, e que todos os seus pensamentos em todo o tempo eram aplicados ao mal...",*

frases ditas há milhares de anos e que são muito atuais, pois os *homens* desviam-se por maus caminhos e se perdem nas sombras da maldade.

Orador

Atualmente, é maior o número de filhos que renegam seus pais, e o de pais que o fazem com seus filhos, deixando-os nas ruas – até recém-nascidos – se perdendo nas drogas, na criminalidade, tornando-os perversos e plenos de maldade, e:

• *Por que tudo isto tem que acontecer?,*
• *Até quando?, e*
• *Em que canto escuro da mente os Homens colocaram o Amor que não aflora?,*

pois já transcorridos *2.000 anos da vinda de Jesus,* e seus belos ensinamentos foram em grande parte desprezados ou deturpados, ao invés de perpetuá-los sem distorções e passados com respeito, ora, por que o *homem* não aceita e passa o dito por *João*:

• *"...não amemos por palavras, ou por língua, mas por obras e em verdade..."*

No *Evangelho* é demonstrada a natureza do veredicto individual, a saber:

• *"...passarão para a direita os Homens merecedores de continuarem na nova Humanidade redimida, e habitarão o Mundo purificado do 3º Milênio, onde imperarão novas Leis, costumes e mentalidade social, e os povos por elevada conduta moral, tornarão realidade viva os ensinamentos de Jesus."*

Aqueles para os quais as *Luzes da Vida Espiritual* não se ascenderam passarão para a *esquerda*, serão relegados a *Mundos Inferiores*, afins com seu padrão vibratório, onde viverão em provas duras seguindo na expiação de erros, mas o *Pai Misericordioso* jamais os abandonará.

Ainda no *Evangelho de Mateus* consta:

• *"... e ouvireis de guerras e rumores delas; olhai, não assusteis, pois é mister que aconteça, mas não é o fim. Porque se levantará nação contra nação,..., e haverá fome, peste e terremotos. Essas cousas são o princípio das dores."*

Secretário

E no *Apocalipse de João* tem-se:

• *"... houve um tremor de terra, o Sol tornou-se negro como um saco de silício e a Lua como sangue. As estrelas do céu cairão sobre a Terra, como quando a figueira lança os seus figos verdes abalada por um vento forte. O céu retirou-se como livro enrolado, e os montes e ilhas se moveram. Eu vi um novo céu e uma nova Terra, porque os primeiros céu e Terra desapareceram, e o mar não existia."*

Nostradamus, médico e astrólogo francês falecido em 1.566, por sua *Profecias*, diz:

• *"Quando o Sol ficar eclipsado, passará no céu um novo corpo celeste, que será visto em pleno dia. Aparecerá no Setentrião não longe de Câncer, um cometa. A um eclipse do Sol sucederá o mais tenebroso verão que jamais existiu desde a criação até a paixão e morte de Jesus Cristo, e isso será em outubro de 1.999. Uma grande estrela por sete dias abrasará; nublada fará dois Sóis aparecerem. E quando o corpo celeste for visto a olho nu haverá um grande dilúvio, tão grande e tão súbito, que a onda passará sobre os Apeninos;*

e ainda:

•*... uma grande translação se produzirá, de tal modo que jogarão a Terra fora da órbita, e abismada em trevas eternas."*

Com a verticalização do eixo da *Terra*, sérias mudanças ocorrerão como *maremotos, terremotos, afundamentos, elevações, erupções vulcânicas, degelo e inundações*, isto é, terror e morte por toda parte, mas passado isto, os pólos se tornarão habitáveis, a *Terra* se renovará, e *Um povo com Moral Elevada e Trabalhador pelo Senhor*, habitará suas terras.

Independente de datas para o *Apocalipse*, a *Maçonaria* tem um importante papel a cumprir, e como esteve sempre presente nos principais fatos da *História da Humanidade*, não poderá omitir-se ao chamamento do G∴A∴D∴U∴.

Guarda (ou Cobridor)

Urge não permanecer indiferente aos avisos que se está recebendo do *Plano Espiritual*, para que se possa, enquanto é tempo, engrossar as fileiras dos que no próximo *Julgamento*, serão dignos da *Graça e da Felicidade da Redenção*, e que se possa estar à direita do *Senhor*.
Diariamente:
- *Quantas oportunidades de ajudar ao próximo são perdidas?,*
- *Será que pela vida não é possível se afastar da Tríada que cega o Homem?,*

que é composta por *Orgulho, Vaidade e Egoísmo*, que afasta a todos do G∴A∴D∴U∴.

Com o passar dos anos se vai *desbastando a Pedra Bruta e aprendendo a Poli-la*, buscando o crescimento no *Amor Fraterno*, pois em todos os dias da vida é necessário exteriorizar o *Conhecimento Adquirido* em favor dos pobres, *Material ou Espiritualmente*, pois os da *Ordem Maçônica* representam os *Homens de Moral Elevada*, que são chamados a defender essa *Moral* contra os *Homens* que vivem nas trevas e que praticam somente o *Mal*.
Assim:
- *A 'Sabedoria orientará no caminho da vida,*
- *A 'Força' animará e sustentará nas dificuldades encontradas, e*
- *A 'Beleza' adornará suas ações, caráter e espírito rumo ao Criador,*

porque necessário se faz a entrega ao *Estudo e Trabalho*, alimentando o coração com o *Espírito de Solidariedade que Deus Inspirou*, pois pela *Elevação ao Pensamento Sublime que norteia a Ordem*, será conseguida a servidão à *humanidade, Combatendo o Vício e Praticando a Virtude*, fugindo do apego à materialidade e dirigindo sempre o *Pensamento ao G∴A∴D∴U∴*.

VM

Deve-se deixar esvair e extinguir a *Obra do Mal*, lembrando que os verdadeiros heróis *'não'* são os que conquistam terras à custa de sangue fraterno, *Mas os que se dedicam de Alma e Coração ao Bem estar da Humanidade*, e assim, finalmente, torna-se possível galgar a *Misteriosa Escada de Jacó*, através:
- *Da prática incessante da Fé, da Esperança e da Caridade!*

ESPIRITUALIDADE NO GRAU DE APRENDIZ 45

VM

O *ser humano* é composto por *Três Princípios*, a saber, *O Corpo Físico, a Alma ou Mediador Plástico e o Espírito Consciente*.

O último *Princípio* sintetiza os precedentes, e transforma em *Unidade* a *Trindade Orgânica*, pois existem ambas no *homem* assim como em *Deus*.

Concluindo:

- *O Homem é uma Pessoa Tríplice na essência, possuindo a Alma ou sopro de Deus, o Espírito Sideral e o Corpo.*

1º Vigilante

O *Corpo Físico suporta* todos os elementos que constituem o *Homem Encarnado*, e tem seu centro de ação no *Abdome*.

O *Corpo Astral anima* todos os elementos que constituem o *Homem Encarnado*, e tem seu centro de ação no *Peito*, além de desempenhar o *Princípio de Coesão* do ser humano.

O seu *Psíquico move* todos os elementos que constituem o *Homem Encarnado*, com exceção dos elementos que dependem do *Espírito*, e tem seu centro de ação na *parte póstero-inferior da Cabeça*.

O *Espírito* que sintetiza em si os *Três Princípios* citados, governa iluminado pela *Inteligência* auxiliada pela *Vontade*, o *organismo inteiro*.

O *Espírito* tem seu ponto de apoio no *Cérebro* material.

O *Homem* é *Mortal* em relação ao *Corpo*, mas é *Imortal* em relação a *Alma*, que constitui o *Homem Essencial*.

2º Vigilante

A parte material do *Homem* é a *Matéria Orgânica do Mundo* em que vive, pois tal qual ela se aglomera, também se decompõe.

Já o *Espírito*, que é o *Material Rarefeito*, retorna para o *Universo* pois tem a mesma composição do corpo de *Deus*, porém esse material é matéria abstrata que o *homem* não consegue ter nas mãos.

Uma vez encontrada a separação do *Corpo Humano*, chega-se a conclusão que:

- *O que evolui no Homem é o Princípio Inteligente, Espírito cujo agente preside toda formação do ser humano quando encarnado, e este Espírito necessita de evolução constante para retornar ao Todo Universal.*

O *Corpo* suscita *muitos e especiais cuidados* pela necessidade de sua própria preservação.

Adicionalmente, o *Corpo* se enche de *Desejos, Apetites, Temores e Tolices*, devendo ser saciado com comedimento naquilo que auxilie a sua preservação, enquanto deve ser combatido tudo aquilo que o destrói.

Orador

Mas se não é possível conhecer puramente coisa alguma, enquanto a *Alma* está ligada ao *Corpo*, de duas uma:

- *Ou jamais se conhecerá a Verdade,*
- *Ou só a conhecerá após a Morte.*

A *Maçonaria* é uma *Instituição* cujo *Espírito é o próprio anseio da Perfeição*, inerente a essência da *Natureza*, no seio da qual o *Homem Existe, Vive e Evolui*.

A *Maçonaria* é, sem sombra de dúvida, uma agremiação *Essencialmente Espiritualista*, pois é o *Espiritualismo* a *Doutrina* que tem por base a existência de *Deus e da Alma*, isto é, a existência de uma *Entidade Criadora do Universo*, e da parte mediadora plástica do *homem*.

A *Maçonaria* admite e crê num *Criador dos Mundos*, a quem convencionou chamar de *Grande Arquiteto do Universo – G∴A∴D∴U∴*.

Secretário

Tanto é que, em todos os seus atos, reuniões e solenidades, funcionam sob os auspícios daquela *Entidade Divina*, a quem os *Maçons* se dirigem implorando *proteção* não apenas para os *vivos*, mas também para os que *morreram*, e que em sua crença se encontram num *Mundo Invisível* a que denominam *Oriente Eterno*.

O *Ritual* de alguns dos *Ritos* adotados no *Brasil*, contempla a pergunta ao *Iniciando*:

- *Quais os vossos deveres para com Deus?,*

que é um *Compromisso com o Criador*, e uma obrigação a ser cumprida quando se deixar esta *Grande Oficina chamada Terra*.

Deve-se estudar o *Lado Oculto* da *vida* no cotidiano, pois assim se aproveitará muito mais dela.

Guarda (ou Cobridor)

A *vida* e o que dela pode-se aproveitar, depende em larga escala do *Grau de Realidade* que essas coisas invisíveis tenham para cada um, pois:

- *O que quer que se faça, deve-se pensar sempre nas Conseqüências Invisíveis de Cada Ação!*

Embora a maioria das pessoas *Não vejam seu vasto Mundo Interior*, elas o sentem e acreditam em sua existência, não sendo entretanto *visível*.

A *Alma Humana* possui faculdades que desenvolvidas capacitam o *homem* a perceber este *Mundo Interior*, de sorte que se tornará possível explorá-lo e estudá-lo, tão precisamente como se estudasse e explorasse a parte do *Mundo Exterior* que está ao do alcance de todos.

Tais faculdades se constituem na *Verdadeira Herança* de toda raça humana, que se desenvolverá dentro de cada um na exata proporção do progresso de sua *Evolução*.

VM

Quem for possuidor de *Clarividência* e observar uma *Cerimônia Maçônica*, verá que ali se está fazendo muito mais do que expressam as palavras do *Ritual*, apesar de formosas e dignas como habitualmente o são.

Finalmente, caberia meditar sobre a *Grande Sentença Divina*, que é:

- *"Tu es pó, e ao pó retornarás",*

porque:

- *Apenas o Espírito vai se integrar ao Grande Fluído Universal.*

LENDAS, FÁBULAS E MITOLOGIA 46

VM

A *Teosofia* menciona que em *Atlanta*, os governantes eram indivíduos *Iniciados* e tidos como *Semi-deuses*, que dominavam os *Mistérios do Cosmos*, e por amor ao povo, formado por indivíduos rústicos e mentalmente pouco desenvolvidos, decidiram os dirigentes dedicar-se à tarefa de *Iniciar* o povo naqueles *Mistérios*.

Os *Ensinamentos* eram ministrados diretamente nas *Escolas*, sem nenhuma restrição de qualquer espécie, e com isso o povo profano passou a:

• *Dominar as Forças Mentais até então desconhecidas, tais como a Clarividência, a Telepatia, o Desdobramento e o Teletransporte.*

1º Vigilante

Conta a história que esse povo era capaz de voar em objetos mais pesados que o ar, movidos apenas pela *Força da Mente*, porém, tal povo profano era muito primitivo, com *Rudes traços de Evolução Mental baseados num Emocional Forte*, com:

• *A Razão dominada pela Emoção num estágio de puro Egoísmo.*

Por se encontrar nessa C*ondição de Egoísmo* onde imperava a *Vaidade e a busca pelo Poder*, o *Homem Atlântico* iniciou sua luta usando a principal arma – *A Força Mental*, através da qual os vencidos eram afastados de suas *Almas*, e passavam, como *zumbis*, a servir como escravos, atitude costumeira até a atualidade nas *Filipinas*, cujo povo é considerado como remanescente de *Atlanta*, e este fato, traria como conseqüência um *Grande Acúmulo de Energia Negativa* culminando com um sério *Desequilíbrio do Planeta*.

Naquela época a *Terra* tinha seu *Eixo (Polo Norte)* voltado para o *Sol*, sendo portanto *Tropical o Hemisfério Norte* e praticamente *Gelado o Hemisfério Sul*, e a *Atlanta* ocuparia praticamente todo o *Hemisfério Norte*.

Com o *Desequilíbrio Planetário*, a *Lua – chamada Chandra,* dividiu-se em *Três Partes*, em que:

• *'Metade' continuou a girar em torno da Terra,*
• *A segunda parte, igual a ¼, perdeu-se no Espaço, e*
• *A terceira, igual a outro ¼, bateu de encontro a Terra,*

deslocando seu *Eixo* para os *23º atuais*, provocando *desgelo e inundações* que destruíram praticamente toda a *Atlanta*.

2º Vigilante

Este fato trouxe como marco o *Início da Raça Ariana*, pois o *Eixo da Terra* passou a apontar para a *Constelação de Aries*.

Reunidos os *Iniciados* da época, decidiram que os *Mistérios do Cosmos* seriam *ocultados*, mas os *revelariam* aos que buscassem com *afinco e dedicação*, pois seriam guardados pelas *Escolas Ocultas, Parábolas, Lendas, Fábulas e pela Mitologia*.

A procura pelos *Mistérios do Cosmos* evolui os indivíduos não só *Espiritual como Fisicamente*, pois a *Matéria é a Densificação das Energias Espirituais*.

Prova disso são as *Escolas Iniciáticas Gregas*, com *Sócrates, Platão e Arquimedes* que intentaram a busca de *Deus*, além do muito que esses personagens colaboraram com o desenvolvimento da *Medicina, Música, Filosofia e Teatro*.

A mais conhecida *Escola Iniciática Grega* da *Antiguidade* foi a de *Pitágoras*, que muito avançou nos estudos da *Matemática e da Geometria*, principalmente através do *Teorema de Pitágoras*.

Orador

Outros ensinamentos a estes *homens* foram providos pela *Lenda de Prometeu*, que segundo consta, desceu do céu e ensinou a fazer o *Fogo de Deus, ou Energia Nuclear*, assim como, pela *Mitologia* por meio das *Doze Viagens de Hércules*, isto é, que significam os *Doze Passos para o Homem se Elevar Espiritualmente*, além das muitas *Fábulas* onde estão retratados os *Bons Costumes e Amor ao Próximo*.

A *busca do Conhecimento* deverá ser *constante e persistente*, pois *'Quando estiver pronto, o Mestre virá'*, e virá das formas mais diversas, porque:

> • *Caminhos se abrirão, e é preciso se estar sempre preparado, sempre pronto a ouvir o que as pessoas tem a dizer ou a vida a ensinar.*

Um *Mestre é aquele que Conhece o Assunto*, e *Só Conhece porque Aprendeu Antes*, por isso deverá ter a *Humildade e a Paciência* para poder *Ensinar seus Discípulos*, aluno esse que ele já foi um dia, porque um *Mestre* tem que ter a *consciência* de que mesmo sendo *Mestre* ainda sempre será *Discípulo de Alguém*.

Secretário

O *Mestre* representa uma gota d'água num oceano, que pela evaporação se transformará em chuva que se precipita sobre a terra, compondo um rio que percorrerá o planalto, cairá como cachoeira e percorrerá planícies até encontrar novamente o oceano, onde aguardará o instante de evaporar novamente retomando o ciclo inicial.

Já na *Alquimia* seus integrantes buscam principalmente *duas coisas*:

> • *A 'Pedra Filosofal', representando que em Tudo que toca vira Ouro*, e
> • *O 'Elixir da Longa Vida', que transformará a Vida Física em Eterna.*

Em sua busca o *Alquimista* não só *descobre a Pedra Filosofal*, isto é, *Que transformará qualquer coisa que tocar em Ouro*, como também *descobre que pode transformar qualquer coisa em qualquer coisa*, então:

> • *Por que buscaria somente a transformação de tudo em Ouro?*

Quanto ao *Elixir do Longa Vida*, quando *descobre essa fórmula*, percebe *Que não é importante Viver Eternamente*, mas:

> • *Que é preciso Morrer para sempre poder Renascer!*

Guarda (ou Cobridor)

Já a *morte* sempre esteve muito ligada ao *ocultista*, e principalmente ao *Iniciado* que com o tempo descobre que:

- *O Nascimento e a Morte, são apenas Portais da Vida,*

assim:

- *É preciso renascer todos os dias na busca da Verdade,*

transformando:

- *O Egoísmo, a Vaidade e a Paixão pelo Poder,*

em:

- *Altruísmo, Modéstia, Humildade e Amor pelo Próximo.*

Todos devem sempre ter em mente que:

- *Não se constrói nenhuma nova obra sobre uma já construída, ou*
- *Plantar uma árvore sobre outra frondosa,*

porque é preciso:

- *Analisar e remover o existente para se erguer uma nova e sólida construção,*

pois:

- *Não se deve simplesmente matar as paixões, mas morrer consciente, e renascer para uma Nova Vida.*

O *Mestre* do *Templo de Salomão*, foi morto por fugir *do Orgulho, da Inveja e da Avareza*, servindo como exemplo para que:

- *Todo Mestre, como Homem Livre, deve sempre ouvir os outros, emitir 'opinião' sem medo, trazendo o 'Amor Pleno' pelo G∴A∴D∴U∴ e pelo seu próximo.*

VM

Finalizando, poder-se-ia afirmar que o *Mestre Maçom* deve ser:

- *'Mestre' – porque sabe;*
- *'Democrata' – porque é Livre e Paciente para com seus Semelhantes; e*
- *'Conhecedor' – do Amor Universal.*

LIVRE E DE BONS COSTUMES 47

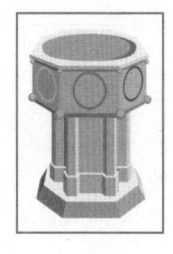

VM

Um dos *Conceitos Fundamentais* da conduta do *homem* é:

• *O valor do homem é determinado por ele mesmo, através de sua Liberdade de Pensamento, e da Pureza que sempre deve nortear seus Sentimentos;*

essa reflexão conduz a uma grande questão prática importante, a saber:

• *Que qualidades ele deveria possuir, para ser digno de ser declarado Obreiro da Arte Real?*

1º Vigilante

A fim de obter um ordenamento lógico, caberia a escolha recair naquilo que inspira o próprio *Ritual de Iniciação do Aprendiz*.

Durante o mais importante e significativo *Cerimonial Ritualístico da Maçonaria*, a *Cerimônia de Iniciação*, são feitas muitas *perguntas* ao *Iniciando*, além de outras tantas a vários integrantes que as respondem na condução dos trabalhos no interior do *Templo*.

Essas *perguntas* estão carregadas de *Grande Sentido Simbólico*, e além disso, são particularmente destinadas a *Examinar a Personalidade do Iniciando*, neste momento de sua vida, após já ter passado pela *Câmara das Reflexões*, e o *Estado de Cegueira* em que se encontra, proporciona que todos os seus demais *Sentidos* estejam verdadeiramente aguçados, colocando-o em um novo *Profundo Estado de Introspecção*.

Os *questionamentos* feitos durante a *Cerimônia*, tanto ao *Iniciando* quanto aos demais participantes, sendo todos parte integrante do *Ritual*, têm a intenção de:

• *Buscar a exteriorização dos Sentimentos mais interiores do Candidato.*

2º Vigilante

Como resultado é esperado que o *Candidato* se mostre como um *Homem Livre praticante de Bons Costumes*, e dotado de um *Coração Sensível ao Bem*, e assim, vale a crença de que se consegue compreender parcialmente a *Personalidade do Iniciando*, que os *Maçons* almejaram encontrar quando o selecionaram no *Mundo Profano*, que é agora conduzido ao *Mundo Maçônico*.

Com base nesses *Princípios*, o aqui descrito tenta com simplicidade:

• *Aprofundar os Conceitos de Liberdade, dos Costumes e do Bem.*

Muitas *perguntas* referem-se às idéias oriundas do *Ser Livre*, pois:

> • *A Liberdade se constitui numa das bandeiras importantes, senão a mais importante, da Maçonaria,*

que têm fortes conexões com os conceitos de *Lei, Justiça, Igualdade e Fraternidade*, que são outras dessas *bandeiras maçônicas*.

Vários foram os *Pensadores* dedicados ao estudo desses *Conceitos*, acrescidos aos de *Liberdade*, a saber, os dos *Direitos Natural, Político, Civil, Moral e Espiritual*.

Orador

Para a *Maçonaria*, nesse caso interessam mais as *duas últimas Conceituações* citadas acima, que envolvem temas como a *Liberdade de Pensamento, de Expressão, de Consciência, de Religião, de Rejeição à Escravidão, de Domínio das Paixões, de Livre Escolha, de Busca da Verdade e de Busca da Felicidade*.

O *Maçom* é um *Homem Independente*, mesmo quando obrigado a viver em uma sociedade oprimida pela *Falta de Liberdade ou pela Anarquia*, pois a masmorra pode lhe tolher a *Liberdade de Movimento*, mas nunca a de *Raciocínio*, pois busca a *Liberdade da Interferência e do Desenvolvimento Pessoal*, se os *Instrumentos de busca forem Justos*, porque sempre há de proclamar:

> • *A supremacia das Leis Justas como condição de Liberdade.*

Os *Costumes e Convenções* estabelecem a *Ordem Moral de uma Sociedade*, e têm muito significativo efeito *no Treinamento e na Definição do Caráter do Homem*.

Secretário

As *Convenções* estão continuamente sob *Julgamento Moral*, este *Julgamento* determina:

> • *A Validade e Capacidade que essas Convenções têm de Influenciar a Sociedade,*

e este mesmo *Julgamento* é que deve gerar as:

> • *Constituições, Leis, Contratos e Normas Sociais.*

Pela inobservância de um *bom Julgamento*, o *Legislador* arrisca não ver suas regras obedecidas, já que:

> • *Os Costumes têm prevalência sobre as Convenções.*

Os *Costumes* têm relação com a *Ordem e o Progresso* de uma *Sociedade*, já a *Tradição* tem profundo efeito sobre o *Conservadorismo e a Criatividade* de um povo, e os *Costumes de Opinião e de Crença* são fontes, pois geram os *Conceitos* sobre a *Beleza e a Verdade*, voltados à opção de escolha em qualquer situação.

O *Maçom* é um *Homem de Bons Costumes* porque:

> • *Conhece a sua Comunidade, e*
> • *Respeita e Cultiva as Boas Tradições,*

enquanto lidera nessa parcela da *Sociedade* o trabalho de convencimento e introdução de *Convenções* que possam conduzi-la ao *Progresso*.

Guarda (ou Cobridor)

Logicamente, sempre será um exemplo a ser seguido, pois *respeita e faz respeitar as Leis Justas*, enquanto *combate* com postura aquelas que necessitam ser revistas.

Durante a *Cerimônia de Iniciação*, por várias vezes o *recipiendário* é descrito como um *Homem Livre e de Bons Costumes*.

Essas declarações não são feitas pelo *Iniciando*, mas pelos outros integrantes que colaboram nos trabalhos conforme orienta a ritualística.

Portanto, é *Desejo Institucional da Ordem* que o *Iniciado* tenha estas qualidades, e finalmente, que sejam consideradas algumas normas:

VM

> • *Dominar a língua – sempre dizer menos do que pensar, sobretudo, não dizer coisas amargas,*
> • *Pensar antes de fazer uma promessa, e depois não quebrá-la, nem dar importância ao que vai custar cumpri-la,*
> • *Nunca deixar passar uma oportunidade para dizer algo agradável à pessoa, ou a respeito dela, e deixar que as pessoas sintam a ternura existente,*
> • *Interessar-se pelos outros, por suas ocupações, por seu bem estar, por sua família, e fazer perceber-lhes a importância dada,*
> • *Evitar começar uma frase com o pronome pessoal Eu, e não guardar carinho para as grandes ocasiões, pois o Amor se revela em todos os pequenos gestos.*

MAÇONARIA
O SEGREDO
48

VM

Há um fato que chama a atenção principalmente dos leigos, parentes e vizinhos, qual seja, numa noite todas as semanas, os integrantes saem de suas residências vestidos com ternos sempre de cor preta, e com camisas de um branco impecável, o que desperta muita curiosidade, impulsionando as pessoas a formular perguntas, cujas respostas aumentam ainda mais o desejo de conhecer um pouco sobre as atividades que os envolvem.

Dizem que são freqüentadores de uma *Sociedade*, onde prestam *Juramento* de nunca revelarem um *Grande Segredo* que lhes é transmitido, e que aquele que *Revelar esse Segredo* será morto perfurado pelas *Espadas dos Seguidores*.

1º Vigilante

Fala-se, erroneamente, de um *Bode Preto que os Maçons Adoram*, que representa o *Demônio* a quem seguem, pois são *Adversários da Igreja Católica*, e em conseqüência não participam de suas *Cerimônias Religiosas*, que seus filhos não são *Batizados pois serão Excomungados*, e há também alguns que juram ter visto por frestas de portas e janelas, *Caveiras e Espadas* nas dependências do prédio da *Maçonaria*.

Por outro lado, também se ouve falar da ajuda que é prestada aos integrantes, que por fatalidade, viessem a cair em desgraça financeira, e que seriam ajudados sem que soubessem de onde ou de quem viria essa ajuda.

As histórias vão por aí, e acredita-se que todos já ouviram de uma maneira ou de outra, narrativas como estas, senão parecidas ou iguais.

Mas:

- *O que é Maçonaria?*,
- *É verdade tudo o que dizem?*,
- *Existe um 'Mistério ou Segredo'?*,

o *Dicionário Aurélio da Língua Portuguesa* define *Maçonaria* como:

- *"Uma Sociedade parcialmente secreta, cujo objetivo principal é desenvolver o princípio da Fraternidade e da Filantropia – Associação de Pedreiros – Livres – Franco-Maçonaria."*

A esta *definição* deve ser acrescentado que se trata de uma *Sociedade Iniciática* cujo objetivo consiste, unicamente, em auxiliar o *homem* dando-lhe acesso à *Iniciação* e ao *Conhecimento*, dos quais, mais do que nunca, tem necessidade para continuar a edificação de seu *Templo Interior*, descobrindo seu *Eu Oculto*, e também reformulando seu *Templo Exterior*, enfim, *Trabalhando na Preparação de uma Sociedade mais Humanizada*.

2º Vigilante

- *E o segredo, existe ou não?,*
- *Se existe, que Mistério é esse que a Maçonaria esconde?;*

estas perguntas são respondidas pela *Instituição*, ensinando que a *Ordem 'não'* é na atual realidade uma *Sociedade Secreta*, e *'sim'* uma *Sociedade Discreta*, pois entende tratar-se de uma ação reservada e que interessa exclusivamente àqueles que dela participam.

Há realmente uma grande diferença entre esses *Dois Conceitos*, pois como *Secreta* dever-se-ia entender que se encobre na *Maçonaria* algo que *'não pode ser revelado'*, e o que acontece é que conserva como *Princípio e Tradição*:

- *A maneira própria de Agir,*
- *O uso de Iniciação Ritualística,*
- *A Simbologia de suas práticas espiritualistas, e*
- *O caráter de 'Organização Restrita' a seus integrantes.*

Nada tem a ocultar a não ser as *Formas Ritualísticas*, porém não se trata de um *Secretismo Absoluto*, de vez que seus *Rituais* são impressos e suas *Práticas* têm divulgação habitual, pois são conhecidas e estão ao alcance de estudiosos.

A Maçonaria não combate nenhuma Seita ou Religião, mas *Proclama* existir um *Princípio Criador denominado Grande Arquiteto do Universo*, e sendo espiritualista *condena discussões sectárias sobre Política Partidária ou Religião*.

Procurando unir a espécie humana pelos *Laços do Amor Fraternal*, a *Maçonaria* cumpre a *Lei Básica de qualquer Credo Religioso Válido*, a saber:

- *"Amai-vos Uns aos Outros."*

É acessível aos *homens* de todas as classes, crenças religiosas e convicções políticas, *excluídas* aquelas que:

- *Privam o indivíduo da Liberdade de Consciência, e/ou exijam incondicional submissão a seus chefes.*

Orador

É fato corriqueiro que as origens da *Maçonaria* se perdem no tempo, e povos antigos como os da *Caldéia, Egito, Pérsia e Índia* tinham ligações com os que viriam a ser os *Maçons*, e conseqüentemente, com outros como os da *França, Inglaterra e Escócia* que também se originaram daqueles antigos.

Onde constar a palavra *'Liberdade'*, se depara com a *Maçonaria*, e como exemplo:

- *Na Queda da Bastilha,*
- *Na Independência das Colônias Americanas, e*
- *No Nascimento das Repúblicas Latinas neste continente.*

Por conta de ser entendida como uma *Sociedade Secreta*, a seu respeito proliferam muitas *Falsas Idéias*, a saber:

- *Sobre o que é, e como age;*
- *Sob o aspecto de 'esquecimento', pela não abertura de seus trabalhos, e*
- *Sobre a 'restrição' do ingresso apenas aos homens, como desde o princípio.*

Infelizmente, essa última afirmação *'não'* vem ocorrendo, pois atualmente a igualdade entre os sexos se torna inquestionável, e assim, poderia haver um estudo sério buscando a *Alteração, Adequação ou Adaptação dessa Regra*, pois no *Brasil*, onde as mulheres lutam por seus amplos direitos no convívio humano, já existem várias *Lojas Maçônicas Femininas*, e funcionam mais de *60 Lojas Maçônicas Mistas*, apesar de todas serem consideradas *Espúrias por serem Irregulares*.

Nessas *Lojas* as mulheres trabalham segundo *Rituais* idênticos aos das *Lojas Masculinas*, embora com ênfase especial ao *feminino*, e numa alusão aos *Rituais Medievais* praticam *culto à fertilidade*, porém até agora nenhuma dessas *Lojas* têm o devido reconhecimento formal de qualquer *Potência Maçônica*, e essa *polêmica* é uma *questão de foro íntimo de cada obreiro* acerca da decisão de aceitação ou não dessa situação, enquanto as *Lojas Mistas* no *Brasil* estão filiadas à *Ordem Maçônica Mista Internacional – Le Droit Humain – O Direito Humano*, que propaga a igualdade entre os seres humanos, tanto admitindo na *Ordem* os *homens* como as *mulheres*.

Secretário

Pretende que ambos usufruam igualmente, em todo o *Orbe*, da *Justiça Social* em uma *Humanidade* organizada em *Sociedades Livres e Fraternais*.

Se examinada cuidadosamente a *história*, torna-se fácil compreender as sérias responsabilidades da *Instituição Maçônica*, que na maior parte das vezes, exerce seu silencioso trabalho em prol do verdadeiro progresso do elemento humano.

Caberia *definitivamente* esclarecer que:

- *A Maçonaria 'não' é uma Religião,*
- *A Maçonaria 'não' professa Dogma algum,*
- *A Maçonaria 'respeita' sim todas as Religiões,*

e objetivamente, é:

- *O Agrupamento de todas as Correntes Filosóficas e Iniciáticas do passado,*
- *A Ciência da Evolução – Liberal e Progressiva,*

pois:

- *Os Maçons devem ser 'As Sentinelas avançadas das Idades Futuras'.*

Outra palavra que a caracteriza a *Instituição* é *'Fraternidade'*, sendo o sentimento mantenedor da *Ordem* a serviço de todos os *homens*, pois sem o seu cultivo a árvore maçônica não produzirá frutos, e esta è uma de suas primeiras lições, pois o *Princípio da Fraternidade*:

- *É nato no coração,*
- *É a base da Verdadeira Filantropia que dá sem buscar recompensa,*

e este *Nobre Sentimento* é um incontestável *Dever Maçônico*.

Assim – *Qual será o Objetivo da Maçonaria?*

Parte dos *Objetivos* da *Sublime Instituição* seria:

- *'Despertar' o poder latente em cada ser, e*
- *'Converter' o homem em Deus, conscientizando-o de sua Divindade, sem limitações ou dúvidas.*

Guarda (ou Cobridor)

Considera-se uma *grande honra* para um *homem* ser *Maçom*, mas sendo igualmente sua maior responsabilidade, daí porque *José C. Silva – Ex-Grão-Mestre do GORJ*, afirmar que:

> • *"É mais difícil expulsar um delinqüente da Ordem, do que impedir seu ingresso."*

Nunca será demais alertar para o perigo da permissão de ingresso na *Ordem* de pessoas desqualificadas ou inadequadas, e assim deve-se buscar uma *Sindicância* cada vez mais rigorosa para seleção de *Candidatos*, pois sempre será preferível a *Qualidade e não a Quantidade*, pois ensina-se que:

> • *Muitos entram para a Instituição mas jamais se tornam Maçons,*

enquanto, inversamente:

> • *Outros que nunca atravessaram os Portais da Ordem, vieram ao Mundo com o Espírito Maçônico.*

'Maçom é o que cumpre seu Ideal', não obstante os maus integrantes da *Instituição*, pois trabalha e confia no poder da *Bondade e da Justiça*, e reconhece o propalado *Segredo*, tão raro até aos *Maçons* de outros *Graus*, e tal *Segredo* não é comunicado, mas deve ser *Descoberto e Sentido!*

Concluindo com a magnífica e significativa *Oração do Papa João XXIII pelos Maçons*, que acredita-se ameniza as intrincadas relações entre a *Maçonaria e a Igreja*:

VM

> • *"Senhor e Grande Arquiteto,*
> *Nós nos humilhamos a Teus pés e invocamos o Teu perdão pela heresia que, no curso dos séculos, nos impediu de reconhecer em nossos Irmãos Maçons, os Teus seguidores prediletos.*
> *Lutamos, sempre contra o livre pensamento, porque não havíamos compreendido que o primeiro dever de uma Religião, como afirmou o Concílio, consiste em reconhecer o direito de não se crer em Deus.*
> *Havíamos perseguido todos aqueles que, dentro da própria Igreja, haviam se distanciado do caminho da Verdade, inscrevendo-se nas Lojas, desprezando todas as injunções e ameaças.*
> *Havíamos, impensadamente, acreditado que um Sinal da Cruz pudesse ser superior a Três Pontos formando uma pirâmide.*
> *Por tudo isso, nos penitenciamos, Senhor.*
> *E com o Teu perdão, Te rogamos, nos faça sentir que um compasso, sobre um novo altar, pode significar tanto quanto velhos crucifixos.*
> *Amém".*
>
> (Oração publicada em 08/08/1966 no *Jornal de Genéve* – transcrita do italiano, e em português consta do Diário do Congresso Nacional Brasileiro de 03/07/1971, por proposição do Senador Benedito Ferreira)

MAÇONARIA E A ESPIRITUALIDADE 49

VM

Todos os *Fatos e Proposições* que se inclinam para *Deus* buscam a *Espiritualidade*, e tentar explicar *Deus* para o *homem comum* talvez seja tarefa simples, basta dizer ser *Ele* o *Criador do Universo*.

No entanto, para o *Maçom* tal explicação torna-se difícil, pois é preciso considerar *Seu* aspecto *Místico, Esotérico e de Conhecimento*, que em grego é traduzido por *Gnose*.

Por isso é que, quando *a Mente procura Contatar a Divindade*, o *homem* está realizando um *Ato de Espiritualidade*.

Mas:

• *Como isso seria feito?*, e
• *Como seria conseguido?*,

permanece um *Mistério*, aliás, são os *Mistérios* que incentivam a busca do que está além.

Aceitar ou não a Espiritualidade Maçônica é ato individual, íntimo de cada Maçom, pois sabe-se que a *Maçonaria* não se opõe a qualquer *Religião*, mas respeita todas, mesmo porque as *Religiões* são os mais eficientes caminhos que levam à *Espiritualidade*.

Todos os *Maçons* sabem que a *Instituição* não é materialista, apesar de haverem correntes contrárias que também devem ser respeitadas, e assim pode-se, conscientemente, afirmar que:

• *A Maçonaria é essencialmente Espiritualista.*

1º Vigilante

Prova disso, é que no *Início e Encerramento* dos trabalhos em *Loja* sempre é feita a *Abertura e Fechamento Ritualístico do Livro da Lei*, que conforme a *orientação filosófica da Loja*, podem ser: *os Vedas, o Alcorão, o Talmud ou a Bíblia*, dentre outros *Livros Sagrados*, sendo que no caso de utilização da *Bíblia*, é lida a parte especificada pelo *Rito* adotado pela *Oficina*, e que no *Encerramento* dos trabalhos é fechada ritualisticamente.

Desta maneira, o *Livro da Lei assiste e preside* os *trabalhos de polimento do caráter dos Maçons*, tanto é que o VM declara *Aberta ou Fechada* a *Loja* sob os auspícios do *Grande Arquiteto do Universo* e, naquelas de orientação cristã, também *em honra a São João – o Patrono ou Padroeiro da Ordem*.

Outra forma de ser percebida a *Espiritualidade na Maçonaria*, é sendo analisado o *Simbolismo Maçônico representado na decoração do Templo*, principalmente porque o *Símbolo é a representação visível de uma Idéia Velada*.

O *Simbolismo da Maçonaria* é um veículo importante que faz aflorar o *Ideal Superior nos corações de seus integrantes*, e através desse *Corolário de Símbolos* a *Maçonaria* conserva sua origem, e ensina os *Preceitos Morais e Espirituais* aos seus integrantes, e a tais *Preceitos* são atribuídas as linhas que derivam dos sentimentos dos *Maçons*, que devem ser bem observados, caso ambicionem a *Evolução Interna* em prol do conhecimento de si mesmos.

Por *Figuras, Desenhos e Símbolos Maçônicos* se descortina a verdadeira finalidade do *Homem na Terra*, que dentre outras poder-se-ia citar:

- *Avançar pelo 'Caminho da Evolução';*
- *Procurar por todos os meios a 'Purificação do seu Ego';*
- *Regular, sistematicamente, os seus impulsos pela justa 'Razão'; e*
- *Ajustar, com serenidade, seus pensamentos na prática do 'Bem e da Virtude', pelo próprio bem de si mesmo, e daqueles que o rodeiam.*

Dentre todos os *Símbolos Maçônicos* destaca-se, pela importância, o *Delta Luminoso ou Triângulo Sagrado*, que expressa bem o sentido *Espiritualista da Maçonaria*.

2º Vigilante

O *Delta* representa o *Ser dos Seres, o Divino e o Supremo*, cujos mandamentos deve-se seguir para que *Dele* se aproxime, sendo que no centro do *Triângulo'* pode estar a letra *IOD* expressando o *Princípio Criador*, ou o tetragrama *IOD-HE-VAU-HE* que se lido da direita para a esquerda, isto é, em hebraico, representa o *Nome Inefável (impronunciável) d'aquele* que *é, foi e será*.

O *Triângulo Supremo* pode também ter no seu interior a letra *'G'*, inicial das palavras *God e Gott, ou Deus* em inglês e alemão, respectivamente, como pode ter ainda a letra *'D'* de *Deus, Dio e Dios*, em português, italiano e espanhol.

Na interpretação maçônica e simbólica do *Tetragrama*, o *Aprendiz* em silêncio procurando se *purificar e aprender*, passa ao *Grau de Companheiro* que é dedicado a *Ação e Trabalho*, e como o G∴A∴D∴U∴ o criou e realizou, o *Companheiro deve assim criar e realizar*.

Vários *Ritos Religiosos* mostram no interior do *Triângulo* o *Olho Onividente – o Olho que tudo Vê*, também chamado *Vigilante Silencioso*, e entre os persas o *Olho Onividente* era o *Sol de Ormuz – Sabedoria Divina*, que, na *Maçonaria Universal*, soma-se às *Colunas da Força e da Beleza*, enquanto os católicos utilizam esse símbolo há séculos para representar a *Divina Providência, ou o próprio Deus*.

A *Maçonaria Operativa Medieval*, construtora de *Igrejas e Catedrais*, pintou ou esculpiu esse símbolo em suas obras, como se verifica em diversos *Templos Católicos Europeus* e, assim, valeria destacar que a *Idéia Triangular* é bem mais primitiva, pois na verdade os antigos não conheciam as *Propriedades Geométricas dos Triângulos*, mas desde as *Planícies, Desertos, Mares e Montanhas* de onde pudessem contemplar o *Céu* e o horizonte, viam parte do *Mundo* do zênite aos bordos extremos em que a *Abóbada Celeste se encontra com a Terra*.

Orador

Por seu turno, a *Generalidade das Crenças* revelava o *Dualismo Sol e Lua*, e acrescentava, a formar uma *Tríade, o Horizonte ou a Terra*.

O *Rito Moderno*, por exemplo, sustenta que o *Triângulo representa o Passado, Presente e Futuro*, idéia que se relaciona com a *Verdade*, que não passa de uma simples mutação do símbolo *Daquele que é, foi e será*.

A história de várias *Religiões* registram *Tríades* como *Brahma, Vishnu e Shiva (Criação, Conservação e Destruição para Renovar); Osíris, Ísis e Horus; o Triângulo dos Druídas Gauleses* e muitas outras *Trindades Religiosas*.

Porém, se examinados os *Ritos Maçônicos* encontra-se uma *Síntese – um denominador comum*, a demonstrar a universalidade do *Símbolo e dos Ternários*, que se estabeleceram através da história das crenças e do pensamento humano, e neste sentido, nem mesmo *Lavoisier* é esquecido por sua *Lei* que rege:

• *Na Natureza nada se perde, nada se cria e tudo se transforma.*

O que esse cientista decapitado na *Revolução Francesa* converteu em *Lei*, caminha na direção da confirmação da *Criação, Conservação e Destruição para Renovar*; daí, essa *Lei*, também chamada *Lei da Conservação da Matéria*, embasa-se nas *Três Energias Naturais dos Brâmanes*, e também em antigas *Doutrinas Chinesas* desde os tempos do imperador *Fo-Hi*, em cerca de *2800 a 2700 anos a.C.*.

Sabe-se mais, que *Tales de Mileto (640 – 548 a.C.)* autor da *Cosmologia*, afirmava que *No Universo Nada se Acrescenta ou Subtrai*, e daí se infere que a *Maçonaria* é a *Ciência das Idéias Mestras*, em uma clara demonstração do quanto produziu o *Espírito da Unidade*, apesar da mutabilidade das verdades científicas.

Secretário

Outro *Símbolo* que se refere e invoca a *Espiritualidade na Ordem* é a *Escada de Jacó*, baseado num fato bíblico vivido por *Jacó* que viria a ser o velho patriarca hebreu:

• *Jacoh irmão de Esaú, filhos de Isaac e netos de Abraão, viajava para a cidade de Hiram vindo de Berseba, fugindo da vingança de seu irmão rival. Em um ponto da estrada, depois do Sol posto, resolveu descansar e deitou-se à margem do caminho debaixo de céu aberto, tomando por travesseiro um bloco de pedra vermelha. Adormeceu e, em sonho, viu uma escada que apoiada na terra alcançava o céu, pela qual subiam e desciam anjos.*

Daí a *Maçonaria Escocesa* representar essa *Escada* no painel das *Lojas*, para particularizar a ligação da *Vida Terrena com a Espiritual*, outra prova inconteste que na *Maçonaria busca-se a Espiritualidade*.

Somente poderá elevar-se *da Terra ao Céu*, apoiando-se em todos seus degraus, pleno de *Fé – emblemada na Cruz estampada na sua parte mais baixa*, completo de *Esperança – emblemada na Âncora, e visível um pouco acima da Cruz*, e carregando uma boa bagagem de *Filantropia – emblemada na Mão que oferece a Taça da Fraternidade pintada como Coroa no conjunto.*

A *Fé* é um crédito aberto pelo *Supremo Arquiteto do Universo* aos que lutam pela vida no *Planeta*, é um sentimento de convicção não mantido pela razão fria e não fundado em evidências dúbias, mas sim, sobre o *Raciocínio Ponderado*.

A *Fé* na *ordem natural* é a fonte de bons entendimentos e de retas atitudes, e na *ordem sobrenatural* é um estado de consciência fundamentado nas lições sagradas da palavra e vontade do *Altíssimo*, tornando-se assim uma *Virtude* que a *Maçonaria* adotou para predicá-la aos seus *Iniciados*.

Guarda (ou Cobridor)

A *Esperança é outra Virtude* recomendada aos *Maçons*, que, segundo a fábula, ficou sozinha no fundo da *Caixa de Pandora*, e eis o porquê de se dizer que *a Esperança é a última que morre*, a *Maçonaria* a toma como ponto moral na senda da *evolução*, e por isso a locou num dos degraus da *Escada de Jacó*.

A *Filantropia ou Caridade* é considerada por consenso como *a maior* das *Virtudes*, que merece a predileção dos *Maçons*, transformando-se em parte das bases em que se apóia a *Sublime Instituição*.

Os *Símbolos* mais evidentes no interior dos *Templos Maçônicos* sempre lembrarão as maravilhas e perfeição da *Criação*, sendo apresentadas aos *homens* para que aprendam a glorificar a imensidão do *Poder Divino*.

Dos *Símbolos* emanam as mais *clarificantes Verdades* que são ensinadas aos que passam pela *Iniciação*, pois em todos os *Símbolos* eterniza-se um convite à *meditação*, que deve ser feita através das fontes inesgotáveis de lições proveitosas para o progresso espiritual de cada *Maçom*.

No simbolismo, é viva a grata recordação dos *Antigos Mistérios*, praticados por *homens* que sabiam impor-se quanto ao *respeito e a consciência do povo*.

Assim, *a Maçonaria é pura Espiritualidade*, pois o ingresso na *Ordem* é precedido por importante requisito, que é:

> • *A Crença num Ser Supremo, Criador de todas as coisas, dos tempos e do Universo, isto é, em DEUS.*

VM

A *Maçonaria dirige seus obreiros à Espiritualidade*, apesar de haver alguma resistência a esse conceito, mas não devem ser criticados os que assim pensam, pois tudo é uma questão de consciência, que virá cedo ou tarde, e aí se comportarão como o ditado popular:

> • *"O bom filho a casa torna."*

Finalmente, citando a *Bíblia* poder-se-ia lembrar que:

> • *"Limitado em sua natureza, infinito em seus anseios, o Homem é um Deus caído, que se recorda do Céu..."*

A MAÇONARIA E OS CHACRAS 50

VM

Sendo o *Maçom* um *Filho da Luz ou Construtor Livre*, poder-se-ia associar esta idéia à de que:

• *A Maçonaria é um fato da Natureza que deve se repetir diariamente em cada Ser.*

Sabedores de que o *Grande Arquiteto do Universo é o Construtor de tudo o que se pode ou não enxergar*, conclui-se que concebeu *o Micro e o Macro Cosmo – entendidos conceitualmente*, bem como, entendendo também a existência de *Sua* participação desde a *Menor (Minúscula, Micro) Partícula* conhecida, até a *Maior (Macro) delas descobertas pela Ciência*, assim como de outras que porventura virão a ser conhecidas.

1º Vigilante

Daí poder-se-ia depreender que o *Verdadeiro Templo* onde, obrigatoriamente, os *Maçons* devem atuar, seria no seu próprio *Corpo*, tido aqui como *Microcosmo*.

As *Lojas*, e nelas as respectivas *Movimentações Ritualísticas*, representam um tipo de *Dinâmica* semelhante àquela encontrada no *homem visto como Microcosmo*.

Se o *homem* também é um *Microcosmo*, e se desta forma é o *Templo de Deus*, poder-se-ia, portanto, adorá-*Lo* no *Templo Interno* desse mesmo homem, e por isso, sempre se deveria *cuidar e orar nesse magnífico Templo*.

O *homem* é composto por *'sete mundos ou sete corpos'*.

2º Vigilante

Cada um destes está na *freqüência vibratória* determinada pelos *'Sete Chacras'*, que significam as *Entradas de Energia Cósmica*, e para os *homens* essa *Energia* é doada ininterruptamente pelo G∴A∴D∴U∴.

Depende somente do próprio *homem abrir* estas *Entradas de Energia*, podendo também ser feita através dos *Ensinamentos Maçônicos*, e a *prática incessante* dos mesmos, com a disciplina constante de *Levantar Templos à Virtude, e Cavar Masmorras ao Vício*, carregará constantemente o subconsciente com *Positivismo*, resultando em *Ações Maçônicas* em prol da *humanidade*.

Assim procedendo os *homens* terão seus *Chacras* cada vez mais *abertos, espostos e sincronizados com as Energias Siderais*.

Orador

Define-se os Chacras *como sendo* Centros Magnéticos Vitais, *assim:*

• *Definição = São 'Centros de Energia'.*

- *Objetivo = Funcionam como 'Canal de Ligação' entre o Corpo Físico (3ª dimensão) e o Espírito (4ª dimensão).*
- *Forma = São 'Pequemos Discos ou Vórtices Giratórios', em constante movimento, sempre da direita para a esquerda (sentido anti-horário).*
- *Dimensões = Variam de um para outro Chacra, e de pessoa para pessoa, dependendo do Grau de Desenvolvimento Espiritual, e das Vibrações que cada um emite e recebe, sendo que, normalmente, têm de 5 a 6 centímetros.*
- *Localização = São 'Sete Principais' e estão dispostos no Duplo-Etéreo ou Filtros de Energia, na projeção dos Plexos Nervosos do Corpo Físico, tal como:*

Secretário

Chacra (Duplo – Etéreo) Plexo Nervoso (Corpo Físico)

1. Coronário .... *Coronário*
2. Frontal .... *Frontal*
3. Laríngeo .... *Laríngeo*
4. Cardíaco .... *Cardíaco*
5. Esplênico .... *Mesentérico*
6. Gástrico .... *Solar*
7. Básico .... *Sacral*

Guarda (ou Cobridor)

- *Divisão Interna = Todos os Chacras possuem Núcleo, Corpo e Periferia.*
- *Função = É importante saber que os Chacras possuem dezenas de acessórios, ligados aos órgãos de manutenção e vias de circulação, e centenas de auxiliares ligados às células e tecidos dos órgãos.*

Os *Chacras* captam *Energia do Espírito*, e a transfere para as regiões correspondentes no *corpo físico*.

É também através dos *Chacras* que se perde *Energia*, quando se está em *sofrimento Moral ou Físico*, sendo que são responsáveis ainda, pela *alimentação fluídica ou espiritual do corpo físico*.

VM

Finalizando, quando a *Mente*, por atos contrários *às Leis do G∴A∴D∴U∴*, prejudica a harmonia de qualquer desses *Fulcros de Força da Alma*, naturalmente o *homem* se escraviza como conseqüência de tais *ações menores (negativas)*, geradoras do desequilíbrio, enquanto se estiver em *perfeita sintonia, equilíbrio e vivenciando as Virtudes*, caberia afirmar que:

- *"Sou um Mestre, e tenho o G∴A∴D∴U∴ em ação no meu Corpo-Templo!"*

Características Individuais

Chacras	Classe	Plexos	Glândula Endocrina	Velocidade Rotação em Hz	Velocidade Absorção em Hz	Cor do Núcleo	Cor do Corpo	Atributos
Coronário	Espiritual	Coronário	Pituitária	960	980	amarelo	rosa/branco	elo de ligação corpo/espírito
Fontal	Espiritual	Frontal	Pineal	98	98	rosa	rosa	intelecto
Laringeo	Emocional	Laringeo	Tireóide	16	16	branco/rosa	branco/rosa	comunicações
Cardíaco	Emocional	Cardíaco	Timo	12	12	amarelo	amarelo/vermelho	Sentimentos
Esplênico	Físico	Mesentérico	Baço	6	8	rosa	amarelo/vermelho	interligação geral
Gástrico	Físico	Solar		10	10	amarelo	amarelo/rosa	vitalizador
Básico	Físico	Sacral	Gônodas	4	4	rosa/ambar	amarelo/rosa	energias primárias

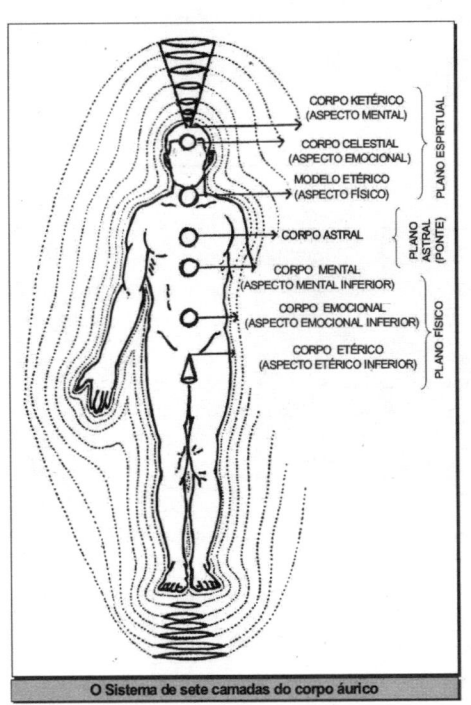

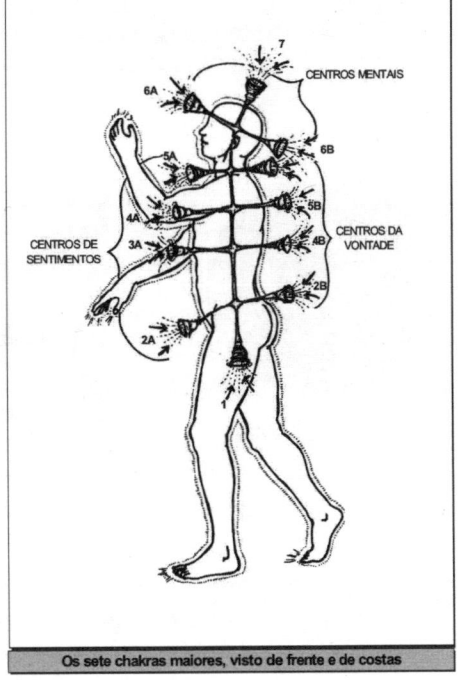

O Sistema de sete camadas do corpo áurico

Os sete chakras maiores, visto de frente e de costas

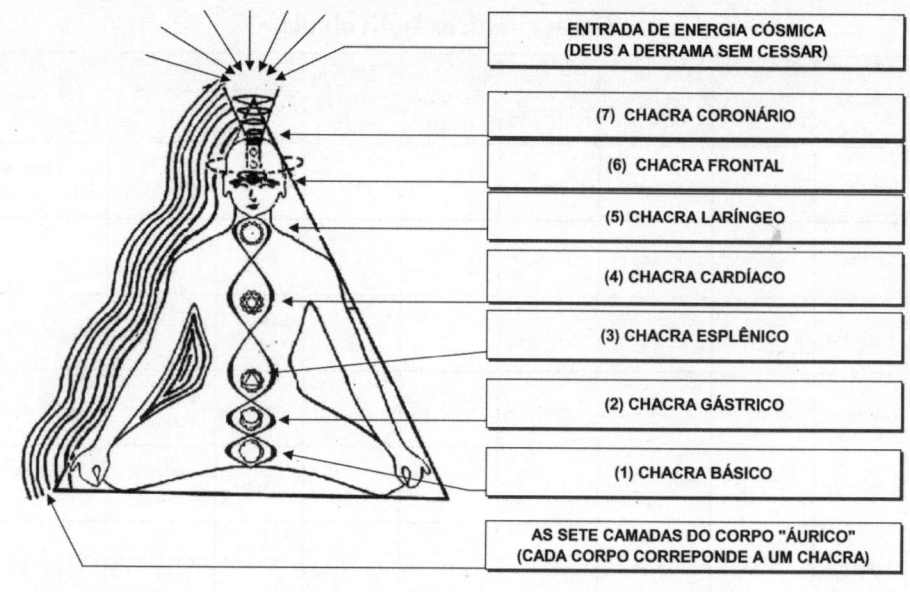

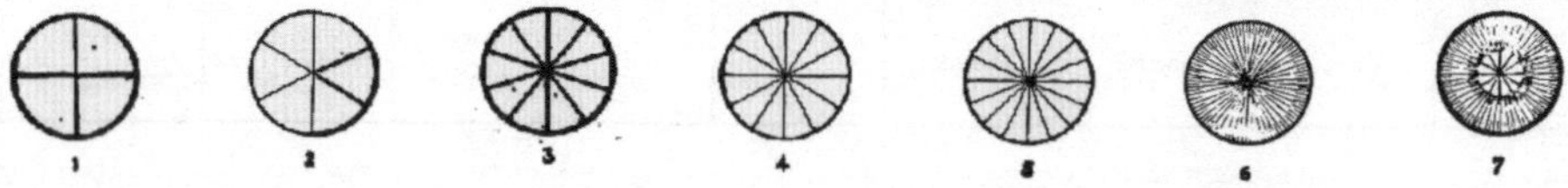

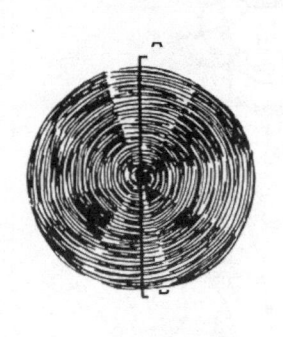

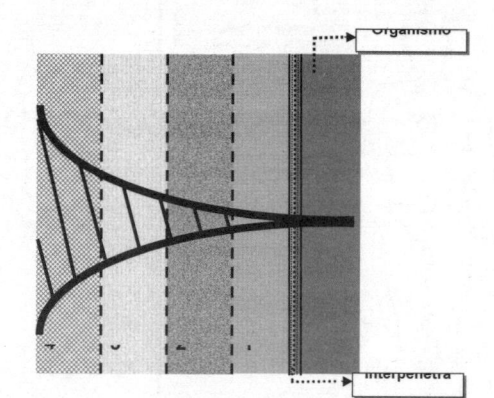

Maçonaria – 100 Instruções de Aprendiz

ENTRADA DE ENERGIA CÓSMICA (DEUS A DERRAMA SEM CESSAR)

(7) CHACRA CORONÁRIO
(6) CHACRA FRONTAL
(5) CHACRA LARÍNGEO
(4) CHACRA CARDÍACO
(3) CHACRA ESPLÊNICO
(2) CHACRA GÁSTRICO
(1) CHACRA BÁSICO

AS SETE CAMADAS DO CORPO "ÁURICO" (CADA CORPO CORRESPONDE A UM CHACRA)

EXEMPLO DE UM VÓRTICE

Organismo

Interpenetra

VISTO DE FRENTE — CORTE LATERAL

À esquerda têm-se uma representação aproximada de um "Chacra" visto de frente.
O corte A - B refere-se à sua profundidade
À direita, o corte lateral do "Chacra" mostra que ele constitui uma depressão no corpo etério

MESTRE
Valor da Palavra

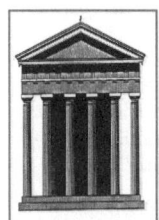

51

VM

Nada justifica a palavra *Mestre* ser indevidamente utilizada para as *criaturas comuns*.

Porém, não seria de estranhar se isso acontecesse, pois a experiência mostra muitos absurdos que se aprende a *ver, ouvir e calar*, por isso, então *Qual seria a melhor Atitude a tomar?*

Por exemplo, quando a palavra *artista* tanto cabe para designar um simples *batedor de chocalhos*, como para o excepcional compositor e instrumentista *Beethoven*, nada mais pode surpreender.

1º Vigilante

No entanto, ao buscar na *Bíblia – Fonte da Sabedoria, no Evangelho* descobre-se o valor da palavra *Mestre*.

Antes mesmo de chegar à história de *Jesus*, vê-se que *David* se refere à palavra *Mestre* como presente nos *Mandamentos e na Lei*, no que se refere *ao Mundo Interior do Homem*.

Diz o *Salmista*:

> • *"Tenho visto que toda perfeição tem seu limite, mas o teu Mandamento é ilimitado. Quanto amo a tua Lei! É a minha meditação todo o dia. Os teus Mandamentos me fazem mais sábio que os meus inimigos; porque aqueles eu os tenho sempre comigo. Compreendo mais do que todos os meus 'Mestres, porque medito nos teus Mandamentos."*

David, é claro, une *a Compreensão ao Entendimento Interno*, não ao de fora.

2º Vigilante

Porque:

> • *'Sabedoria'* é o produto de sua Meditação, de sua Vida Interior,
> • Não é pois pessoa, mais sim a Luz Íntima que brilha no Santuário da Alma e vive como Inteligência,

se quiser agradar ao entendimento até mesmo dos que se dizem materialistas.

O mesmo sentido interno e velado, e portanto esotérico, sobre o *Mestre* pode-se descobrir em *Salomão* nos *Provérbios*:

> • *"O que atenta para o ensino, acha o bem, e o que confia no Senhor, esse é feliz. O sábio de coração é chamado prudente, e a doçura no falar aumenta o saber. O entendimento, para aqueles que o possuem é a fonte de vida, mas para o insensato a sua estultícia lhe é castigo. O coração do sábio é 'Mestre' de sua boca e aumenta a persuasão nos seus lábios."*

Orador

Vê-se claro que:

- *O Sábio encontra no coração, ou no íntimo, o seu Mestre.*

Para *Salomão*:

- *O Entendimento é a Fonte de Vida, e vem do Mestre Interior.*

Já *Isaías* apresenta o mesmo *sentido profundo e despersonalizado da palavra Mestre*:

- *Embora o Senhor te dê pão de angústia e água de aflição, contudo não se esconderão mais teus Mestres, os teus olhos verão os teus Mestres. Quando te desviares para a direita, e quando te desviares para a esquerda, os teus ouvidos ouvirão... uma palavra dizendo: Este é o caminho, andai por ele."*

Notável ensinamento de *Isaías*: "Nem para a Direita, Nem a Esquerda..."

Como se *Confúcio* falasse, ele apresenta o *'caminho do meio, do íntimo, da reflexão'*, mesmo que o *Senhor* nos dê o *'pão de angústia'*, mesmo nas dores, a voz interna dos *Mestres* nos fala sobre o *'caminho a seguir'*.

Secretário

Penetrando agora no *Santuário oculto do Evangelho*, pode-se ouvir a *Palavra da Verdade*, que segundo *Mateus*:

- *"O Discípulo não está acima do seu Mestre, nem o servo acima do seu Senhor. Basta o Discípulo ser como o seu Mestre, e o servo como o seu Senhor."*

Entretanto, uma *equivalência perfeita* deve existir entre *a personalidade e a individualidade*, pois:

- *O 'Mestre' é aquele que deve ser o senhor de nossas Paixões,*
- *As Emoções devem estar subjugadas ao Mestre e ao Senhor, e*
- *O Ego necessita colocar-se às ordens do Mestre da consciência superior.*

Mateus porém vai mais longe e apresenta o supremo ensinamento de *Jesus*:

- *"Vós, porém, não sereis chamados Mestres, porque um só é o vosso Mestre, e vós sois Irmãos"*,

e levando em conta que *Jesus* é incisivo quanto a chamar todos de *Irmãos*, mostra que uma só *Presença Divina* habita em todos os seres.

Guarda (ou Cobridor)

Nesse aspecto, *Jesus* também se considerava *Irmão da Humanidade*, pois *Mestre* para ele é a partícula do *Cristo* que morava não só nele, mas em seus *Discípulos* e em todos os seres.

Caso haja alguma dúvida sobre essas afirmações, poderia ser encontrado esclarecimento no versículo seguinte do mesmo *Mateus*:

- *"A ninguém na Terra chameis vosso Pai, porque só um é o vosso Pai, aquele que está no Céu."*

e como se não bastasse, ainda complementa:

• *"Nem sereis chamados Mestres, porque um só é vosso Mestre – o Cristo."*

Ora, sabe-se que:

• *O Mestre deve ser a Luz que brilha no céu, oculto de nosso Espírito,*

e logicamente, na *acepção espiritual da Palavra*, não se deve chamar pessoas de *Mestre*, porém na *interpretação comum* tudo pode ser admitido.

Mas, isso nunca deveria ser considerado como uma *Verdade Absoluta*, principalmente quanto ao seu *amplo sentido Espiritual e Esotérico*.

VM

Justifica-se a afirmativa, citando esta brilhante *Definição Conceitual de Jesus*:

• *"O maior dentre vós será vosso servo. Quem a si mesmo se exaltar será humilhado, e quem a si mesmo se humilhar será exaltado."*

No *Evangelho* pode ser claramente visto que não existem tais *Mestres* encarnados, como tentam alguns a si mesmos se autobatizar, ou se autoconsiderar, pois todos são *'nossos Irmãos – nossos iguais'*, porém, com absoluta certeza, falta-lhes a humildade suficiente para compreenderem o próprio *caminho*.

O que não seria difícil caso entendessem como *Paulo, Pedro, Tiago e João* falam de si mesmos, pois nenhum se autoproclamou *Mestre*, apenas procuraram com humildade seguir os ensinamentos adquiridos.

Finalmente, valeriam as sábias palavras de *Paulo a Timóteo*:

• *"Ora, o intuito da presente admoestação visa ao amor que procede do coração puro, da consciência boa e da fé sem hipocrisia. Desviando-se, algumas pessoas destas coisas perderam-se em loquacidade frívola. Pretendendo passar por 'Mestres da Lei', não compreendendo, todavia, nem o que dizem, nem os assuntos sobre os quais fazem ousadas asseverações."*

MISSÃO DO APRENDIZ 52

VM

Sabedores que a *Sublime Ordem Maçônica* é uma *Instituição* que se caracteriza, dentre outras, por ser *Progressista, Filosófica e Filantrópica*.

É composta por *Homens Livres sem nenhum Preconceito*, que se reúnem regularmente, e que se consideram *Irmãos* entre si.

A *Maçonaria* através de suas *Leis, Tradições e Ritos*, tem como seu *Objetivo Maior*:

- *Iniciar e preparar os homens para sua própria e sublime edificação Moral, Espiritual e Material,*

para que possam desempenhar sua *Maior Missão*, que seria:

- *Trabalhar para o desenvolvimento e bem-estar social da humanidade.*

1º Vigilante

Para a *Maçonaria*, o *Primeiro Grau de Aprendiz Maçom*, é considerado como sendo o *alicerce* de sua *Filosofia Simbólica*.

A *Missão*, ou seja, *as Obrigações e os Deveres do Aprendiz Maçom*, concretiza-se pelo *desbastar de sua Pedra Bruta*, isto é:

- *Vencer as suas 'Paixões',*
- *Desvencilhar-se de seus 'Defeitos',*
- *Criar a 'sólida fundamentação' para sua própria Elevação, e*
- *Contribuir para a reestruturação moral da humanidade,*

conjunto de *providências* que representam é a *verdadeira finalidade* da *Maçonaria*, para a glória do *G∴A∴D∴U∴*.

É pelo *desbastar da Pedra Bruta* que os *Aprendizes Maçons* iniciam os seus primeiros trabalhos, para o cumprimento da *Missão* a que foram escolhidos.

Missão essa que representa simbolicamente:

- *A 'Inteligência' – sentimento não adulterado do homem ainda no seu estado primitivo, áspero e despolido,*

conservando-se nesse estado até que pelo cuidado de seus *Pais, Mestres*, do próprio *Esforço e da Perseverança*:

- *Adquire a educação liberal, virtuosa e indispensável para que se transforme num homem culto e valioso, plenamente capaz de fazer parte da sociedade civilizada.*

2º Vigilante

O *Aprendiz Maçom*, desde seus primeiros passos, deve ter por *Missão* desbastar as asperezas que ainda existam no seu *ser*, trabalhando para:

- *Eliminar os seus 'Vícios',*
- *Vencer todas as suas 'Paixões',*
- *Dominar a sua 'Vontade',*
- *Despojar-se do seu 'Egoísmo',*
- *Livrar-se da 'Intolerância',*

e abrindo seu coração:

- *Praticar o 'Bem',*
- *Exercer a 'Fraternidade',*
- *Exercer a 'Caridade',*
- *Ser exemplar no âmbito familiar, no trabalho, e no ambiente social;*

enfim, tornar-se útil para a construção do *Verdadeiro Templo de Virtudes*.

Orador

O *Aprendiz Maçom*, simbolizado na *Oficina* pela *Pedra Bruta*, nela constantemente deve empregar todo seu esforço de trabalho, com *ardor e devoção*, no sentido de que aperfeiçoe a si próprio, quebrando as arestas que seu *espírito* apresenta, através de muito *estudo, compreensão e sabedoria*.

Assim como a *Maçonaria*, também o *Aprendiz Maçom* tem como *escopo (missão)*, traduzido até mesmo pela *obrigatoriedade de defender e lutar*:

1º – Pela 'Liberdade' dos homens de bons costumes,
2º – Pelo reconhecimento da 'Igualdade' de todos perante a Lei Natural e a Vontade do Criador,
3º – Por praticar sempre a 'Fraternidade',
4º – Pelo reconhecimento de todos como Verdadeiros Irmãos.

Secretário

O *Apendiz Maçom* para trabalhar simbolicamente no *desbaste* aludido, deve se utilizar de *instrumentos e utensílios*, tais como *o Maço e o Cinzel*.

O *Maço* ensina que a *habilidade* não tem valor, se não houver o emprego e desempenho da *razão*.

Já com o *Cinzel* o integrante dará a *forma e regularidade* desejadas à sua *Pedra Bruta* que começou a trabalhar, assim irá se educando, e com perseverança chegará à *perfeição e purificação da Alma*.

O *Aprendiz Maçom* na jornada *em busca da unidade*, se apoia nos *ensinamentos e exemplos* dos seus *Irmãos*, na senda da *Sabedoria* que traz a alegria eterna, utiliza-se da *Força* que a tudo sustenta, e da *Beleza* que ornamenta.

Guarda (ou Cobridor)

O *Aprendiz Maçom* deve sempre dirigir seus trabalhos ao desenvolvimento de sua *essência espiritual*, e que esta interaja com seu *aspecto material*.

Por meio de sua *Marcha* o *Aprendiz* avança *do Ocidente para o Oriente*, isto é:

- *Das trevas da Ignorância, para a luz da Inteligência e da Sabedoria.*

Toda *Missão, Atividade e Progresso* do *Aprendiz Maçom* deve inspirar-se na *Lei do Amor, que é a Maior Força do Universo*.

Em resumo, as *Três Qualidades Morais* que devem *caracterizar a conduta* do *Aprendiz* são: *A Retidão, a Decisão e o Discernimento*.

VM

 O *Aprendiz Maçom* para atingir sua *Verdadeira Missão*, sob a *Visão Maçônica e dos Ensinamentos do* G∴A∴D∴U∴, deve:

> • *Aprender e praticar verdadeiramente o seu desligamento das coisas da Matéria, e buscar exercer o mais Sublime Ideal,*

que pode ser caracterizado pelo magnífico e exemplar *Preceito*:

> • *"Ama teu próximo como a ti mesmo!"*

MISTÉRIO DA DUALIDADE 53

VM

Por definição:

> • Entende-se Dualidade como sendo o Caráter ou a Propriedade de tudo aquilo que é Duplo ou que contém, em si, duas Naturezas, ou duas Substâncias, ou ainda dois Princípios.

É a *oposição* de dois termos contrários em todos os pontos, ou simplesmente diferenciados.

1º Vigilante

A *Dualidade* representa o *Antagonismo*, ou a *Negação*, e por conseguinte:

> • *O Obstáculo, as Forças da Resistência, o Mal (Satã),*

mas representa também a diferenciação de *Dois Princípios Complementares*, como:

> • *O Macho e a Fêmea, a Força e a Matéria, o Dia e a Noite, o Claro e o Escuro, o Quente e o Frio, o Bem e o Mal, etc,*

e ainda:

> • *A sensação de ser um ser humano, com todos os Conflitos e Dicotomias que trazem os Prazeres e Dores da Existência.*

Logicamente, a *Dualidade* é representada pelo *Número 2*, que em alguns *Livros de Numerologia* é citado como um *Número Diabólico – Demoníaco*, porque procuraria destruir a *Unidade Mônada – Deus*.

Porém, na atualidade, essa associação de *Negativo, Ruindade e Demônio*, é na melhor das hipóteses tida como muito ingênua.

2º Vigilante

Qualquer pessoa lúcida sabe que a *Luz necessita das Trevas*, assim como as *Trevas da Luz*, pois no *Mundo* em que se vive:

> • *O Aprendizado se dá através da Comparação dos Contrastes e Diferenças.*

Desta forma, sabe-se que:

> • *O mesmo Sol que proporciona a Vida, pode matar por insolação, e*
> • *A mesma Água que sacia a sede, pode matar por afogamento, etc,*

então, não devem ser dogmáticas afirmações do tipo:

> • *"Isto é ruim, ou isto é Bom",*

e esse maniqueísmo remanescente da *Idade Média*, cada vez mais perde força, na medida em que as farsas metafísicas e religiosas revelam sua fragilidade, não resistindo à prova do tempo.

O grande poder do *Número 2* fica no *silêncio, intuição e sutileza*.
Segundo afirma *Filon, o homem é Dual*, consistindo-se de uma *parte celestial* e *outra terrena*, o que significa que esse *'Homem* pode ser *um Deus ou um Animal'*, ou preferencialmete, *'as duas coisas simultaneamente e em harmonia'*.

Orador

O *Conceito* do *Deus Grego Abraxas* que reúne em si *Deus e o Demônio*, mostra bem isso, onde é necessário que:

• *Duas das características da natureza estejam reconciliadas e harmônicas,*

para que se faça o *'Mysterium Conjuctionis'*, isto é:

• *A 'união das polaridades' que se manifestará pelo Número 3 – o caminho do meio taoísta.*

Segundo o *'Tao'*, as *Dualidades* surgiram a partir do momento que o *'Homo Sapiens'*, com uma *'força mais refinada de consciência'*, diferenciou-se de seus *Irmãos* e começou a interpretar a *Realidade*.
Desta forma:

• *A própria Existência tornou-se um grande mercado de Conceitos e Opostos,*

por onde a espécie teria de se movimentar, e se situar no:

• *Contexto geral da Realidade e da Existência.*

Secretário

• *Que mal há nos Opostos da Vida?*
• *Em si nada, pois eles realmente são necessários ao crescimento psíquico em determinada etapa do aprimoramento da Consciência.*

Acontece que quando:

• *O homem fragmenta a realidade em Contrários,*

cria a tendência:

• *De se identificar com um deles, e desprezar o outro.*

Deste modo, limita-se o *homem* a percorrer o *grande mercado dos Conceitos*, tendo de escolher o tempo todo entre *isso e aquilo*, o que termina por limitar suas escolhas e a própria compreensão da vida, tornando-se assim *'unilateral'*.
O *homem*:

• *Acostuma-se a enxergar a Realidade de forma fragmentada,*

e fica cada vez mais difícil perceber a sua natureza *'UNA'*.

Guarda (ou Cobridor)

Assim:

• *É inevitável que o homem se alinhe com o que é considerado Certo,*

e entender que:

• *É Errado tudo que não se alinha Consigo próprio.*

Desta maneira, surge:

> • *O Medo do outro, a Intolerância e os Preconceitos,*

e daí têm origem:

> • *As Guerras, porque nunca se identifica claramente o Mal dentro de si próprio!*

O Dualismo é um Conceito Natural, e maçonicamente:

> • *O Dualismo é a parte filosófica do Grau de Companheiro.*

O *Maçom* deve ter um comportamento definido, deixando o *Dúbio Dualismo* de fora, porque:

> • *A sua Parte Material não pode sobrepujar sua Parte Espiritual,*

pois:

> • *O Segredo é saber encontrar em tudo a Unidade e o Dualismo.*

O *homem* ao entender que *Não se é apenas, e nunca se será, um dos Opostos*, mas *sempre os dois*, inicia a lidar melhor com os *Próprios Defeitos*, assim como com os *Defeitos dos Outros*.

Somente essa compreensão já transforma o *Mundo*, não se deve duvidar!

VM

Porém, se isso ocorrer em termos de *Conceitos Morais*, o que se poderia dizer de *Conceitos* como:

> • *Aqui e Ali, Ontem e Amanhã, Quente e Frio e Bem e Mal?*

Dessa forma as *Divisões começam a sumir*, e surge a percepção de *'unicidade'*, a indescritível sensação de perceber que:

> • *Na verdade Tudo é uma Coisa só,*

até mesmo o *Tempo e o Espaço*.

Propositadamente, deixou-se uma *Categoria de Opostos* por último:

> • *'Eu e o Outro', ou 'Eu e aquilo que não sou Eu',*

no polêmico *mercado dos Conceitos Humanos*, certamente é esse *o mais difícil de superar*, por isso mesmo:

> • *O homem não deve esconder o mais Libertador dos Segredos – a Sinceridade!*

O QUE É O "TAOÍSMO"

VM

Na caminhada do *Aprendiz* rumo ao *Ocidente*, visando o *desbaste da Pedra Bruta*, deve iniciar seu *Contato Maior* com a *Sabedoria da Sublime Instituição*.

Assim, dentre as várias formas para começar seu próprio trabalho, poderia utilizar como marco zero, uma pesquisa pelo *'Taoísmo'* como início de sua caminhada, pois *'Tao'* significa no idioma chinês – *'Caminho'*.

1º Vigilante

A procura e busca pela *Sabedoria*, será uma longa viagem que se inicia, logicamente, pelo primeiro passo dado sempre com muita *Firmeza*.

O objetivo primordial do *'Taoísmo'* é que:

- *O homem passe a harmonizar-se completamente com sua Matéria, seu Espírito, sua Mente, a Natureza e seus Irmãos,*

evitando qualquer tipo de distinção, quer seja *de Religião, de Cor, de Raça, de Espécie, de Estatus Social, Cultural, etc*, enfim, *de todos os seres que compõem o Cosmos*, pois deve-se observar que no *Universo*:

- *Todos têm sua Função Específica e Particular, desde a menor unidade celular, até o homem.*

Tem-se ainda o *dever* de cuidar de qualquer tipo de forma que possa por qualquer meio *degradar a natureza*, pois a *sobrevivência* da espécie humana depende dela para o provimento de sua saúde.

Na tentativa de melhor esclarecer a *Igualdade*, deve ser entendido que:

- *Tudo e Todos se originam do mesmo Centro Gerador,*

pois são compostos de igual tipo de *Átomo*, apenas dispostos em *Cadeias* diferentes.

2º Vigilante

Determina o *'Tao – que significa Caminho'*, que não se deve interessar pela *ascensão ou queda de indivíduos*, mas se primar pelo *progresso linear*, de modo calmo e sem abruptos esforços por rápidas transformações, buscando:

- *A Saúde, a Tranqüilidade, a Paz, o Amor e a Sabedoria de cada ser,*

banindo quaisquer tipos de *'reações negativas'* como *a Inveja, a Frustração, a Perda, a Ansiedade, a Guerra ou o Medo*, ficando destacado nesses *Conceitos* a qualificação da *Liberdade e Felicidade*.

Pelos *Conceitos do Tao*, no momento em que se conseguir a *União da Matéria com o Espírito*, e for atingida a *Harmonização* descrita, sobretudo quando for alcançado:

- *O elevado grau de aproveitamento da Inteligência Superior que se sobreponha a atual,*

mas observando que nos *caminhos a trilhar existem obstáculos*, porém todos passíveis de serem transpostos, devendo assim desbravá-los sem medo, expondo os pensamentos e lutando pelos objetivos sem prejuízos a outrém, por certo se estará desta maneira desfrutando plenamente da total *Liberdade*.

Orador

Observa-se que *Luzes se Ascendem – As Virtudes*, e surgem como relâmpagos oriundos do firmamento numa tempestade, e parecido com um desses *Relâmpagos são as Atitudes*, que além de serem corrigidas, deverão assemelhar-se aos *Três Amigos do Inverno*, a saber:

- *O primeiro é o Pinheiro, para que seja conseguida uma longevidade notável;*
- *O segundo é a Ameixeira, cujas pétalas carmesim cintilam ao contato com a neve, florescendo na adversidade inabalável, serenamente, no meio do frio e da melancolia do inverno;*
- *O terceiro e mais importante, se deve ser como o Bambu, que tão flexível, pois curva-se facilmente, se adapta aos ventos predominantes das circunstâncias, e longe de ser quebrado, volta para trás novamente com elasticidade incomparável.*

Secretário

Assim feito, proporcionará aos perseverantes caminhantes em busca do *Oriente*, uma relação adequada *às Pessoas, às Ocupações e todo o Meio-Ambiente*.

Não deve esquecer, que com isso jamais deva ser almejada *notoriedade ou estima popular*, embora demonstre justiça ao apreciar:

- *Ser útil quando solicitado,*
- *Fazer o que deve ser feito sem estardalhaço, e*
- *Se retirar da atenção pública na primeira oportunidade.*

Conseguirá atingir com isso:

- *O cultivo da melhor 'atitude mental',*
- *A obtenção da 'tranqüilidade interior' como seu estilo de vida, e*
- *A preparação do primeiro passo para a 'fraternidade'.*

Identificando os *Três Magníficos Conceitos* transcritos, se estará:

- *Iniciando o 'desbaste da Pedra Bruta',*
- *Combatendo os 'Vícios', e*
- *Livrando-se do 'Oportunismo',*

encaminhando-se a passos largos na busca incessante de *Novas Virtudes*.

Guarda (ou Cobridor) _____

Para seguir no *'Tao = Caminho'*, deve-se:

• *Respeitar, de modo intransigente, a Simbologia Maçônica, e*
• *Conhecê-la e executar as Práticas Ritualísticas de forma adequada,*

para que espiritualmente se tornem eficazes, não esquecendo *'da Postura, da Respiração e da Tranqüilidade Mental e Temporal'*, pois cada uma das suas passagens tem a própria história e significado.

A somatória destes *Princípios* formarão *'um Conjunto, um Verdadeiro Sol'*, que irá clarear os *Caminhos* na direção de uma natureza *'de Sabedoria, Rara Beleza e Poderosa Força'* em todas as manifestações.

Começa aí *a Separação e Aceitação do Bem e repúdio ao Mal*, e como *Iniciados* deve-se refletir a respeito do estudado, selecionando ilustrações verdadeiras para determinar seus objetivos, aplicando os ensinamentos.

Resta esclarecer que o *Caminho* a ser seguido não deve estar sujeito ao *tempo*, e que esta *quantidade de informações e conscientização*, não faria sentido se fosse aplicada paulatinamente, mas só demonstraria resultados caso fossem *absorvidas e praticadas na totalidade*.

VM _____

Provavelmente, pouco valor seria destinado à tão esplendoroso *Ritual de Sabedoria*, se numa primeira tentativa não se conseguisse penetrar:

• *No âmago dos Segredos da milenar Escola de Ensinamentos que é a Maçonaria!*

ORIGEM DO TEMPLO 55

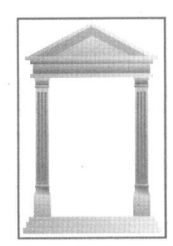

VM

Os *Templos Maçônicos e as Igrejas Católicas* têm inspiração arquitetônica no *Tabernáculo Hebreu*, do qual também se originou o *Templo de Jerusalém*, e a real semelhança construtiva entre esses e as *Igrejas* é devida a que *ambos foram edificados na Idade Média*, pelos denominados *Maçons de Ofício*, caracterizados como *Construtores de Templos*, que à época, eram membros de *Associações Monásticas ou Leigas* então dirigidas e orientadas pela *Igreja*.

Sendo a *Igreja* herdeira direta do *Judaísmo*, não seria de estranhar que seus *Templos* tivessem como base para edificação o antigo *Santuário de Jerusalém*.

Se meticulosamente analisadas as *Duas Construções Religiosas* de origem hebraica – *o Tabernáculo e o Templo de Salomão*, poder-se-ia ter uma idéia da indiscutível influência dos mesmos na *orientação e decoração* dos *Templos Maçônicos*.

1º Vigilante

O Tabernáculo

O *Tabernáculo ou Tenda* era o *Santuário* destinado e utilizado pelo povo hebreu para seus *Serviços Religiosos*, durante o *Êxodo desse povo do Egito, até chegarem a Canaã*.

Conforme relata a *Bíblia*, *Moisés* recebeu no *Deserto do Sinai* instruções para armar um *Templo Portátil*, para a *Guarda da Lei* que acompanharia o povo em sua peregrinação.

Era encerrado na *Praça do Tabernáculo*, medindo aproximadamente:

- *100 côvados (66 metros) de comprimento e*
- *50 côvados (33 metros) de largura,*

considerado o *côvado* como equivalente a cerca de *0,66 metro*, e cercado por um *cortinado* que se sustentava em *60 postes de 2,50 metros de altura*, só interrompido no lado *Oriental*, onde se encontrava o *acesso à Praça*.

A *Tenda ou Tabernáculo* encontrava-se *no lado oposto ao da entrada*, isto é, no *Ocidente*, medindo aproximadamente:

- *23 côvados (15 metros) de comprimento,*
- *8 côvados (5 metros) de largura, e*
- *8 côvados (5 metros) de altura.*

2º Vigilante

O *Tabernáculo* era armado sobre um *estrado de madeira*, sendo composto por:

- *Quatro Tendas Superpostas,*

- *a mais interna Bordada em Linho, e*
- *as outras Três de Pele (Couro) tingidas de Púrpura,*

simbolizando os *Quatro Elementos da Natureza*, a saber:

- *Fogo – Água – Ar – e Terra.*

O *Tabernáculo* era dividido em *duas partes principais*:

- *A Maior Retangular com aproximadamente 15 côvados (10 metros) de comprimento e 8 (5 metros) de largura, e*
- *A 'Menor em forma de Cubo' com 8 côvados (5 metros) de lado ou aresta.*

O *acesso* ao conjunto era feito por uma entrada central no mais estreito lado do retângulo que compunha a *'parte maior'*, que em hebraico era chamada de *'Kodesh – o Santo'*, enquanto a *'parte menor'* era denominada *'Kodesh ha Kodashim – o Santo dos Santos'*.

O *'Santo'* continha:

- *Bem próximo à entrada um 'Dispositivo para queima de Ervas Odoríferas como Incenso ou Mirra',*
- *ao Norte – a direita de quem entrava, uma 'Mesa com Doze Pães Ázimos – Os Pães Propiciais', ou seja, sem fermento, simbolizando no plano Esotérico os 'Doze Símbolos do Zodíaco', e no Exotérico as 'Doze Tribos de Israel e os Ventos Setentrionais' que traziam as 'Chuvas que Vivificavam as Plantações',*
- *ao Sul, o 'Candelabro de Sete Braços – em hebraico Menorah', símbolo dos 'Sete Planetas conhecidos na Antigüidade, a saber: Sol, Lua, Mercúrio, Vênus, Marte, Júpiter e Saturno.*

Orador

O *'Santo dos Santos – o Lugar mais Sagrado'*, era entendido e reverenciado como sendo *'A Morada de Deus'*.

Nesse espaço somente estava instalada:

- *A 'Arca da Aliança com a Lei Moral',*

e ali só tinha acesso:

- *'O Supremo Sacerdote no Dia do Perdão', que ocorre*
- *'Dez dias após o primeiro Dia do Ano Civil hebraico', denominado 'Rosh Hashaná – Cabeça do Ano'.*

No *'centro da Praça'*, entre o *Tabernáculo e a Entrada*, ficava instalado o *'Altar para os Sacrifícios do Culto – Altar dos Holocaustos'*, e entre este e a *Tenda* estava montada a *'Bacia de Bronze'* para a *'Purificação do Sacerdote, e as Purificações Ritualísticas'*.

As *Três Divisões do Santuário* representavam o *Universo*, a saber:

- *O Céu, a Terra e o Mar.*

O Templo de Jerusalém

Seguindo a disposição do *Tabernáculo*, existiram *Três Templos* erguidos no mesmo local, *o primeiro de Salomão, o segundo de Zorobabel e o terceiro de Herodes*, sendo que o *'mais importante'* foi o primeiro a ser edificado, o do *Rei Salomão*, e as referências ao *Templo* nesta *Instrução* são a ele dirigidas.

Secretário _____

    O Templo era tido como:
- *A Casa de Deus na Terra, e o local de Culto e Assembléia,*

que tinha aproximadamente:
- *61 côvados (40 metros) de comprimento, e*
- *18 côvados (13 metros) de largura,*

sendo o *'Santo dos Santos'* em forma de um *'Cubo'* com cerca de *18 côvados (13 metros) de lado,* onde estavam instaladas:
- *A Arca da Aliança,*
- *A Urna do Maná, e*
- *O Bastão de Aarão,*

lembrando a estada do povo hebreu no *Egito* e o *Êxodo.*
    Enquanto no *'Santo'* encontravam-se:
- *O Candelabro de Sete Braços,*
- *A Mesa dos Pães Propiciais, e*
- *A Altar dos Perfumes.*

    O *acesso ao Santo* era feito através de um *Pórtico,* com cerca de:
- *10 côvados (6,5 metros) de profundidade, e grande altura (18 côvados – 13 metros),*

flanqueados por *Duas Colunas de Bronze.*
    As *'Colunas'* tinham:
- *12 metros de Corpo ou Fuste,*
- *Capitel adicional de 3,30 metros,*
- *Perímetro de 8 metros – que significa cerca de 2,6 metros de diâmetro, e*
- *Espessura de parede com 8 centímetros, já que eram ocas,*

sendo que essas *'Colunas'* erguiam-se fora do conjunto, e eram denominadas *'Jachin ou Iachin*, e *Booz ou Boaz'.*

Guarda (ou Cobridor) _____

    Esses eram provavelmente *Nomes* de pessoas que formam, se lidos *da direita para a esquerda – como a escrita hebraica,* uma frase lógica, pois:
- *'Jachin' é formada por 'Ieva – pronúncia de Deus em hebraico, e Achin – verbo estabelecer, firmar',* e
- *'Booz' – que significa 'com força, em força, com solidez'.*

    Assim, a frase seria *uma dedicação ao Templo, uma Oração propiciatória,* a saber:
- *"Ele (Deus) estabeleceu o 'Templo' com força (solidamente)",*

ou como querem alguns, numa alusão ao hebreu como o povo escolhido por *Deus:*
- *"Deus estabelecerá, solidamente, o reino de Davi na Terra."*

    À frente do *'Santo',* e portanto das *'Colunas',* havia uma *'Escadaria'* que levava a um plano inferior descoberto, onde se encontravam:

- *O 'Altar dos Holocaustos' para os 'Sacrifícios do Culto', e*
- *O 'Mar de Bronze (Grande Bacia)' sustentado por 'doze bois em grupos de três', para receber a água para as 'Purificações Ritualísticas'.*

O conjunto era circundado por uma *'Muralha'*, tal qual o *'Cortinado'* que cercava a *'Praça do Tabernáculo'*.

VM

As *'Colunas do Templo de Jerusalém'* eram lisas com *Capitel* trabalhado, contendo:

- *Folhas de Palma,*
- *Cadeias de Festões,*
- *Duas fileiras de Romãs com 200 unidades cada uma, e*
- *Quatro fileiras verticais de Lírios abertos.*

Pouco abaixo do *Capitel*, envolvendo o corpo ou fuste da *'Coluna'*, existiam:

- *Três fileiras de Lírios,*
- *a primeira com 'Botões',*
- *a segunda com 'Flores abertas', e*
- *a última com 'Flores Murchas',*

simbolizando as *Três etapas da vida humana*: *'nascimento, existência e morte'*.

PENSAMENTO MAÇÔNICO 56

VM

A *Maçonaria* é uma *Sociedade Discreta*, na qual *Homens Livres e de Bons Costumes* denominam-se mutuamente de *Irmãos*, cultuam *a Liberdade, a Fraternidade, a Igualdade*, e seus *Princípios* são *a Tolerância, a Filantropia e a Justiça*.

Alguns autores católicos entendem ser *'a Maçonaria a Sinagoga de Satã'*, para outros uma espécie de *'Máfia que apóia perigosos Projetos políticos'*, e para outros ainda, não passa de uma *'Cooperativa ou Sociedade de Socorros Mútuos'*.

Os anti-semitas afirmam até que seria *'um Instrumento nas mãos de Israel'*, enquanto *Max Doumic* sustenta que é *'um órgão do imperialismo anglo-saxão'*.

Na verdade, a *Maçonaria* é uma *'Associação que guarda muito vivas certas formas tradicionais dos Ensinamentos Secretos Iniciáticos'*, onde deve predominar o *'Princípio da Tolerância, isto é, Tolerância em relação às Doutrinas Religiosas e Políticas'*, pois se auto-determina estar *'acima e fora das rivalidades que as dividem'*.

1º Vigilante

A *Maçonaria* abre o caminho para a *Iniciação*, isto é, ao *Conhecimento*, e seus símbolos dão ao *Maçom* a possibilidade tanto de acesso quanto de entendimento dessa cultura.

Pode acontecer, e não é incomum, que certos *homens* depois de terem sido *Iniciados*, infelizmente continuem na *Condição de Profanos*, mas tais casos não devem fazer perder de vista o *Caráter transcendente da Maçonaria*.

Etimologicamente, o termo *Maçom* tem origem no latim *'machio, matio e macio'*, além de também dizerem vir do alemão *'metz – cortador de Pedra'*, ou do francônio *'mattjo – cognato do sânscrito maya (clube)'*, e do francês *Maçon (pedreiro)*.

Muito se tem falado e escrito sobre essa importante matéria, que são as *Origens da Maçonaria*, porém, de maneira mais *sectária, intolerante e intransigente*, do que *eclética*, formada por elementos colhidos em diferentes opiniões, e portanto, não condizentes com o *Espírito Cosmopolita da Maçonaria* que por ser dinâmico, e não estático, *transcende as limitações da história e da geografia*, o que vale dizer, *do Tempo e do Espaço*.

Certos autores mais imaginosos do que críticos, afirmaram, sem provas válidas, que a *Maçonaria* é a continuação da *Ordem dos Templários*, enquanto outros que teria sido instituída pela misteriosa *Fraternidade Rosa-Cruz (ou Fama Fraternitas)*, e outros ainda, que absurdamente quiseram fazer remontar suas origens à tempos imemoriais, chegando alguns até *Adão*, por estes transformado no *primeiro Maçom*.

À medida que os conhecimentos científicos e históricos progrediram em outros campos da pesquisa, e especialmente na análise das *Escrituras*, esses métodos críticos foram gradativamente sendo aplicados ao estudo da *Maçonaria*, e atualmente há um vasto acervo de informações positivamente exatas, e muito interessantes sobre a *História da Ordem Maçônica*.

2º Vigilante

Em conseqüência disto e de outras linhas de investigação, já existem *Quatro Principais Escolas ou Tendências do Pensamento Maçônico*, ainda não necessariamente definidas ou organizadas como *'Escolas'*, mas agrupadas segundo as relações com importantes departamentos do *Conhecimento*, primitivamente não incluídos no *Campo Maçônico*, e valendo lembrar que *cada um desses Grupos tem características próprias e afins com a Maçonaria*, a saber:

1) Escola Autêntica

Surgiu na segunda metade do *Século XIX*, em resposta ao desenvolvimento do *Conhecimento* em outros campos, e as antigas tradições da *Ordem* foram minuciosamente examinadas à *Luz de documentos autênticos* ao alcance do historiador.

A *tendência* dessa *Escola* seria entender a origem da *Maçonaria* a partir das *Lojas e Guildas Operativas da Idade Média*, pressupondo que os *elementos especulativos* foram enxertados quando ainda era *Operativa*, hipótese *'não contradita'* pelos arquivos existentes.

Outra *tendência* dos adeptos da *Escola Autêntica*, é a de *'negar'* a validade dos *Graus Superiores*, e declarar de acordo com o *Ato Solene de união entre as duas Grandes Lojas Maçônicas da Inglaterra em 1813*, que a *Pura Maçonaria Antiga se consistiria em apenas Três Graus*, isto é, os de *Aprendiz, Companheiro e Mestre Maçom*.

Até porque todos os *demais Graus e Ritos* seriam encarados como sendo *'inovações bontinentais'*, e portanto, rejeitados como sendo componentes de uma *Maçonaria espúria*.

No tocante à *interpretação*, os autênticos pouco mais avançam do que uma *Moralização dos Símbolos e Cerimônias da Maçonaria*, como acessória do *Cristianismo*.

Orador

2) Escola Antropológica

Os *antropologistas* tem reunido um vasto cabedal de informações sobre os *Costumes Religiosos e Iniciáticos* de muitos povos, e os *Maçons* estudiosos neste campo têm muito encontrado sobre os *Símbolos da Instituição*, tanto dos *Graus Básicos como dos Superiores*, em *'pinturas, murais, gravuras, esculturas e edifícios'* das principais raças do *Mundo*.

A *Escola Antropológica* concede à *Maçonaria* uma antiguidade muito maior do que a tida pela *Autêntica*, assim como deve-se à *Antropológica* a *difusão* daquilo que atualmente se denomina *Simbolismo Maçônico*.

Das pesquisas realizadas pelos *antropologistas*, resulta perfeitamente claro quais sejam os exatos elos que compõem a *Cadeia da Descendência*, e em conseqüência, na *Maçonaria Moderna* seus integrantes são herdeiros de uma *Tradição Antiquíssima*, que durante incontáveis idades e gerações, têm estado permanentemente associados com os mais *Sagrados Mistérios dos Antigos Cultos Religiosos*.

Secretário

3) Escola Mística

A *Escola Mística* encara os *Mistérios da Ordem* de um outro ponto de vista, vendo nestes um excepcional *Plano para o despertar Espiritual do homem*, assim como, para seu incessante *'desenvolvimento interno'*.

A *meta do místico* é a *'União Consciente com Deus'*, e para o *Maçom* dessa *Escola*, a *Ordem* objetiva fornecer o *'mapa para bem guiar os passos do buscador do G∴A∴D∴U∴'*.

Muito tem feito essa *Escola* para *Espiritualizar a Maçonaria*, pois uma das marcas de sua influência é a *mais profunda e destacada reverência pelos Mistérios Maçônicos*.

4) Escola Oculta

O objetivo do *ocultista*, não menos que o *místico*, é a *'União Consciente com Deus'*, porém diferem seus métodos de busca, porque o ocultista visa atingir essa *União* por meio do *Conhecimento e da Vontade*, e preparar sua *natureza física, emocional e mental* até torná-la uma *perfeita expressão do Espírito Divino* em seu interior.

O *místico*, por outro lado, aspira antes a *'União estática com o nível da Consciência Divina'*, que seu estágio evolutivo lhe permite atingir.

Certo é que *ambos caminhos conduzem ao G∴A∴D∴U∴*, sendo que o *ocultista* é extrovertido, e está voltado para o *serviço e o sacrifício*, enquanto o *místico* é mais introvertido, e mergulha na *contemplação e no amor*.

Guarda (ou Cobridor)

São os seguintes *Preceitos* que a *Maçonaria* herdou de *antigos sábios*, e muitas Lojas têm o costume de *'solicitar'* para ser lido pelos recipiendários antes de receberem a *'Luz'*:

> *1. Deus – o Todo-Poderoso, é Sabedoria Eterna e Imutável, é a Inteligência Suprema, e o honrará pela prática das Virtudes.*
> *2. A Religião será de fazeres o Bem só pelo prazer de fazê-lo, e não por obrigação.*
> *3. Tua Alma é imortal, e nada farás, pois, que a degrade.*
> *4. Sê amigo do 'sábio' e conserva seus Preceitos, combate o Vício sem descanso, não faças aos outros aquilo que não queres que te façam, e conforta-te com tua sorte conservando a 'Luz do sábio'.*
> *5. Ama tua esposa, teus filhos e tua Pátria, cujas Leis obedecerás.*
> *6. Honra teus parentes, respeita os velhos, instrui os jovens e proteja a infância.*
> *7. Considera teu amigo como se fora outra parte de ti mesmo, e jamais te afaste dele em seu infortúnio, em sua morte porta-te com ele como se ainda vivesse, mas foge das falsas amizades, para resguardar e justificar tua boa reputação.*

VM

8. Não te deixes dominar pela Paixão, e sê indulgente para com o Erro alheio.
9. Escuta mais, fala menos e age bem.
10. Esquece as Injúrias, ao Mal responde com o Bem, e não abuses de tua Força nem da tua Superioridade.
11. Aprende a conhecer melhor os homens, para te conheceres melhor a ti mesmo, e respeita suas crenças Políticas e Religiosas.
12. Busca a Verdade, sê justo e evita a ociosidade.

PRINCÍPIOS FILOSÓFICOS DO GRAU DE APRENDIZ 57

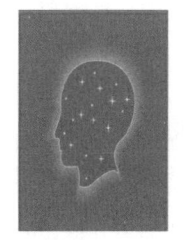

VM

Conforme os *Princípios* que regem a *Maçonaria*, indaga-se:
* *Entre seus integrantes existe algo que os direcione?*

a resposta cabível, é a de que seria praticado um tipo de *'culto'*, e assim:
* *Que 'culto' seria esse?*

poder-se-ia pressupor que é um *'segredo'*, e ainda:
* *Que 'segredo' seria esse?*

seria o representado pela *Sublime Instituição*, e:
* *Como deve ser entendida a Sublime Instituição?*

sempre deve ser entendida como uma *'Associação interior de homens escolhidos'*, tendo:
* *Como 'base' é a Doutrina do G∴A∴D∴U∴,*
* *Como 'regra' a Lei Natural,*
* *Como 'causa' a Verdade, a Caridade e a Lei Moral,*
* *Como 'frutos' a Sabedoria, a Virtude e o Progresso, e*
* *Como 'objetivo' a Felicidade dos povos, reunindo-os sob a Bandeira da Paz.*

1º Vigilante

Quando ao integrante da *Ordem* é perguntado se:
* *"Sois Maçom?"*,

cabe responder que *'M∴ (A∴) I∴ C∴ T∴ M∴ R∴'*, dependendo do *Rito* adotado pela *Oficina*, e imbuidos dessa importante e inusitada condição, caberia indagar-se:
* *Quais seriam os 'Deveres' de um Maçom?*

sendo então esclarecido que devem:
* *Cumprir as obrigações do Estado em que a Providência o colocou, fugir do Vício e praticar a Virtude;*
* *Honrar e venerar o G∴A∴D∴U∴, a quem agradece sempre as boas ações que partilha;*
* *Tratar todos os homens, sem distinção de classe, credo e raça, como seus iguais;*
* *Combater a ambição, o orgulho, a vaidade, o erro e os preconceitos;*
* *Lutar contra a ignorância, a mentira, o fanatismo e a superstição, que são os flagelos que afligem a humanidade e entravam seu progresso;*
* *Praticar a Justiça recíproca como a verdadeira salvaguarda dos Direitos e Interesses de todos;*

• *Praticar os Princípios da Tolerância que permita a cada um o direito de escolher e seguir suas opiniões e religião;*
• *Deplorar os que erram, esforçando-se para conduzi-los à Verdadeira Senda;*
• *Enfim, caminhar em socorro do infortúnio e da aflição.*

O *Verdadeiro Iniciado* exemplarmente procurará cumprir esses *'Deveres'* porque tem:

• *A Fé que lhe dá coragem,*
• *A Perseverança que vence os obstáculos, e*
• *O Devotamento que o leva a praticar o Bem, mesmo com risco da vida,*

mas, sem jamais esperar outra recompensa, que não a *tranqüilidade da própria consciência.*

2º Vigilante

Devem se fazer reconhecer *Maçons* por meio dos *SSin∴ e TToq∴*, sendo que o *Sin∴* tem por base *O Esquadro, o Nível e o Prumo*, e executado:

• *Pela primeira esquadria com a m∴ d∴, significa 'a Honra de saber guardar o Segredo', pois prefere ter a Garg∴ Cort∴ a revelar os 'Mistérios';*
• *Pela segunda esquadria com o b∴ d∴, simbolizando 'a Força', está concentrado e imóvel para defender a Ordem, seus Princípios e Conceitos;*
• *Pela terceira esquadria com os pp∴, complemento da ritualística, que representam o cruzamento de 'duas perpendiculares', significando 'a Retidão do caminho a seguir, e a igualdade dos Princípios Fundamentais da Ordem'.*

No que se refere à *Pal∴ Sagr∴*, quando pedida, deve-se responder *N∴V∴P∴D∴S∴S∴, D∴A∴P∴L∴Q∴D∴A∴S∴*; e o significado desta *Pal∴* é o de que *'a Sabedoria está em Deus'*, sendo a denominação da *Coluna* que ficava ao *'setentrião'* junto a porta do *Templo de Salomão*, onde se reuniam os *Aprendizes*.

Já a *Pal∴ Pas∴* é um nome – *Tub∴*, que foi o nome do filho de *Lamech*, o primeiro que transformou em arte a fundição de metais, tendo sido um dos obreiros na construção do *Templo*.

Orador

Quando argüido:

• *"Por que quiseste ser Maçom?"*

cabe responder que:

• *"Sendo Livre e de Bons Costumes, estando nas Trevas, desejou ver a Luz",*

e que foi trazido à *Augusta Loja* por um amigo, que depois reconheceu como *Irmão*.

Para tanto, o recipendiário é preparado *'nem nu nem vestido'*, e despojado de todos os seus *'metais – emblemas do Vício'*, atos que fazem recordar o *'estado primitivo do homem'* antes de se tornar civilizado.

A seguir foi *'recebido'* em uma *Loja Justa e Perfeita*, condição esta alcançada quando *'Três integrantes a Governam, Cinco a Compõem e Sete a Completam'*, enquanto que para ser uma *Loja Regular*, há necessidade de suprir as condições de ser:

- *Justa e Perfeita,*
- *Obedecer uma Potência Maçônica também Regular,*
- *Praticar rigorosamente todos os Princípios da Sublime Instituição, e finalmente,*
- *Cumprir todos os Preceitos Ritualísticos.*

Poderia ainda se perguntar:

- *"Como se consegue entrar no Templo?"*

o que é feito a partir de *Três Pancadas* em sua porta, cujo significado é:

- *"Batei e sereis atendido, pedi e ser-vos-á dado, e procurai e encontrareis."*

Complementando a prática, depois de ser colocado *Entre Colunas*, cumpre *Três Viagens* para que se lembre das *'dificuldades e atribulações da vida'*, para em seguida ser realizada a *'purificação e condução'* ao *Altar dos Juramentos'*, onde deve se ajoelhar sobre o *j∴d∴ nu*, colocar sua *m∴d∴* sobre o *Livro da Lei*, e com a *m∴e∴* segurar um *Compasso* aberto, com as pontas apoiadas no *peito também nu*, e assim deve prestar seu *Sagrado Juramento* de guardar os *Segredos da Ordem*.

Secretário

Porém, ao entrar na Loja não viu nada, pois espessa *'venda'* cobria seus olhos, que ao ser retirada, estando *Entre Colunas*, se vê cercado por *Mestres* que apontam armas, e passa a ver o *Pavimento de Mosaico e o Esplendor do Oriente*, sendo a partir daí recebido como *Irmão*.

A *'venda'* significa as *trevas e preconceitos do Mundo Profano*, e a necessidade que tem o *homem* de procurar a *'Luz'*.

Com algumas partes *desnudas*, simbolizando que o *Iniciado* se doa à *Sublime Ordem*, e passa seu afeto aos *Irmãos*, caminhando entre eles por quaisquer caminhos.

As *pontas do Compasso* sobre o peito, lembram que seus *'desejos e sentimentos'* devem ser regulados por este *Símbolo de Exatidão*, pois o *Compasso* simboliza as *relações entre os integrantes*, pois se fixada uma das pontas, e através do *'maior ou menor'* afastamento da outra, determinará *Circunferências* sem conta até o infinito, significando a *Cadeia de União entre as Lojas, e todos os Maçons espalhados pela superfície da Terra*.

As *Três Viagens* representam a *Conquista de novos Conhecimentos*, pela sobreposição da *Razão sobre o Instinto*, porque demonstra como as sensações são ilusórias para os sentidos, e são em número de *Três* para indicar os *Centros mais Civilizados* onde, na *Antiguidade*, inicialmente foram cultivadas as *Ciências e as Artes*, a saber, *na Pérsia, na Fenícia e no Egito*.

Guarda (ou Cobridor)

A simbólica *Purificação pelo Fogo* deve lembrar que o *homem profano* não está suficientemente *'puro'* para adentrar ao *Templo da Sabedoria*.

As *Colunas do Templo* são tidas como possuindo *18 côvados de altura, 12 de perímetro da circunferência, 12 de base e 5 de capitel*, perfazendo se somados o total de *47 côvados*, número igual ao das *Constelações e dos Signos* do *Mundo Celeste*.

Suas dimensões são contra todas as regras da *Arquitetura*, para demonstrar que o *Poder e a Sabedoria do G∴A∴D∴U∴* estão além das dimensões da *Razão e do Julgamento dos Homens*.

Eram feitas em *Bronze* para resistir ao *'Dilúvio, isto é, à Barbárie'*, pois o *Bronze* é o emblema da eterna estabilidade das *Leis da Natureza*.

Eram ocas para guarda dos utensílios próprios ao trabalho de *Desenvolvimento dos Conhecimentos*, e os salários daqueles que muito operaram nos serviços da edificação.

As *Romãs* sobre os capitéis das *Colunas* eqüivalem ao *'feixe de Objetivos nas mãos dos Aprendizes'*, e as milhares de sementes contidas em seu invólucro, significam a *Imagem do Povo Maçônico*, porque num mesmo germe e numa mesma substância, por mais multiplicado que seja, constitui *'uma e a mesma família'*.

Assim, a *Romã* é o símbolo da *Harmonia Social*, pois somente com todas sementes apoiadas uma às outras, é que o fruto toma sua verdadeira forma.

VM

Além disso, com respeito ao tempo de trabalho dos integrantes, caberia perguntar:

• *Porque dos Aprendizes trabalham desde o Meio-Dia até a Meia-Noite?*,

é uma homenagem a um dos primeiros *'Instituidores dos Mistérios – Zoroastro'*, que reunia secretamente os seus discípulos ao *Meio-Dia*, e encerrava os trabalhos à *Meia-Noite* com um *ágape fraternal*.

Finalmente, seria desta maneira que se chega ao fim da jornada, devendo sempre prevalecer a orientação do *'Trabalhai e Meditai'*, e para tanto roga-se que:

• *"O G∴A∴D∴U∴ os ilumine e guarde!"*

RELIGIÃO NA MAÇONARIA 58

VM

Uma das *'Leis Fundamentais da Maçonaria'* é a que:

• *'Exige a crença no G∴A∴D∴U∴, e numa existência futura,*

e assim, todo *Maçom* deve assumir apenas a *Religião* que cada integrante adote, nunca deixando de lado as *'opiniões particulares'* de seus pares.

Sob o abrigo desse *'sábio conselho'*, todos os *cristãos, judeus, protestantes, espíritas, budistas, maometanos, brâmanes, etc*, podem unir-se ao redor do *Altar dos Maçons*.

1º Vigilante

Tão amplo são os *'aspectos da Religião na Maçonaria'*, e tão cuidadosamente foram dela excluídas as *'Doutrinas Sectárias'*, que os *cristãos, judeus, protestantes, espíritas, budistas, maometanos, etc*, em todas as suas *numerosas Seitas e Divisões*, podem combinar harmoniosamente em *seu trabalho Moral e Intelectual*.

Conscientes de que *'Deus está em Tudo'*, conseqüentemente seja em qual for o *Altar Escolhido, Ele sempre está presente!*

Em grande parte dos *Ritos Maçônicos*, o *Livro da Lei* deve constituir parte indispensável do aparelhamento de toda Loja, sendo que em todas as Lojas instaladas em países cristãos, o *Livro da Lei* se constitui no *Antigo e Novo Testamento – a Bíblia*, enquanto num país em que o *Judaísmo* é predominante, apenas o *Antigo Testamento* será suficiente, e ainda nos países maometanos devem empregar o *Alcorão*, e assim por diante.

2º Vigilante

A *Maçonaria* jamais intere na *'fé religiosa individual'* de seus integrantes, exceção feita ao que se refere à *'crença na existência do Criador – Deus'*.

O *Livro da Lei* deve ser para o *Maçom Especulativo* como se fosse sua *'armação ou viga mestra'*, sem o qual não pode trabalhar, pois esse *Livro* deve estar sempre diante de seus olhos nas horas de trabalho, para que seja a *'regra e a diretriz'* da própria conduta.

No referente aos trabalhos, a *Bíblia Sagrada* do *Cristianismo*, não é melhor guia do que o *Alcorão* para os maometanos, e de maneira análoga quanto às demais *Religiões e Seitas*.

Cada qual deve se basear em sua *crença*, que lhe é *'única e verdadeira'*, e enquanto cada indivíduo realmente praticar o que crê, permitindo que seus *Irmãos* façam o mesmo, ambos estarão procedendo exemplarmente.

Orador

A *'Luz'* é um dos *Símbolos Fundamentais da Maçonaria*, e por isso, seria o *'Primeiro Símbolo Importante'* que é apresentado ao neófito em sua *Iniciação*, porque contém em si a própria essência da *Maçonaria Especulativa*, pois nada mais representa, intrinsecamente, do que a *Real Busca da Verdade* tão cara e procurada por todos os integrantes ao longo do tempo.

De acordo com antigos sentimentos religiosos, a *'Luz'* era a grande meta a ser conseguida, enquanto na *Maçonaria* a *'Luz'* seria o *Símbolo da Verdade e do Saber*, sempre em perfeita consonância, como o foi no antigo simbolismo, bem como, renovadamente é lembrado que jamais deve ser perdida *'tão pura Significação Emblemática'*.

Quando o candidato solicita a *'Luz'*, não seria simplesmente a *'Luz Material'*, aquela que afasta a obscuridade física, pois essa claridade é apenas a modesta forma exterior, mas que, ainda assim, encobre um real e plausível *Simbolismo Interior*.

Secretário

Verdadeiramente, o recipiendário almeja a *Iluminação* que proverá a dissipação da sua parcela obscura da *'ignorância mental e moral'*, e que colocará à sua frente, à vista, como uma testemunha viva, as *Sublimes Verdades da Religião, da Filosofia e da Ciência*.

Sendo a Loja uma *'representação do Universo'*, considera-se como se não possuíse outro teto senão o *Céu*, enquanto a *Escada Mística* que relaciona o piso da Loja ao teto ou cobertura, é outro *'laço importante e interessante'*.

Essa *Escada Mística* que na *Maçonaria* designa-se *Escada Teológica*, significa aquela que *Jacó* viu em sua visão indo da *'Terra ao Céu'*, sendo que a *Caridade* ocupa o último degrau dessa *Escada* para se chegar ao *Céu*, pois ela – *Caridade* – equivale ao *Amor Divino*, a sublime essência do *Criador*.

Guarda (ou Cobridor)

O *'ponto dentro do círculo'* tornou-se um *emblema universal*, que expressa o *Templo de Deus* e se refere ao *'Círculo Planetário'*, no centro do qual o *Sol* se encontra fixo como o *Deus Universal – o Pai da Natureza*.

O *Sol*, primeiro ato do *Criador* conforme o *Livro do Gênesis*, para a *Maçonaria* representa a *'Intelectualidade, o Misticismo e o Espírito de Luz'*.

A *Maçonaria* tendo por *'base'* a *Existência de Deus e a Imortalidade da Alma*, considera o homem como o *Templo Vivo de Deus*, o *Templo* que foi construído sem nenhum *'Som de Machado ou qualquer Ruído de Metal'*, e tem por *objetivo*:

- *A 'união' do gênero humano numa Fraternidade Universal,*
- *O 'exercício' da Benevolência,*
- *A 'prática' das Artes e das Virtudes, e*
- *O 'estudo' das Influências e Transformações da Natureza e de Deus como é.*

VM

O verdadeiro *Maçom*, imbuído do *Espírito Liberal*:

- *Jamais tratará qualquer Religião com zombaria ou desprezo,* pois é seu *'Dever de Consciência e Sabedoria'* basear-se em que:

> • *Todas devem conduzir ao 'maior Espírito elevado de Luz', pelos caminhos que escolher e melhor convier, assim como, com qual denominação O designe,*

e ainda, que não excluirá qualquer *Irmão da Fraternidade* que pratique:

> • *A Crença: no G∴A∴D∴U∴, na Fraternidade Humana e na Imortalidade da Alma.*

Nos seus *Rituais e Ensinamentos*, a *Maçonaria* nada ensina que não seja a *'Prática do Bem'*, e a necessidade da busca incessante da *Verdade* que jamais cessará, enfim, a *Verdade do G∴A∴D∴U∴ – Deus*, pois:

> • *'Maçonicamente a Vida Eterna é o destino do ser humano'.*

A *'Acácia – considerada uma Planta Sagrada também entre os árabes'*, forma grandes bosques no *Deserto de Thur*, e alguns autores supõem que dela tenha sido feita a *coroa de espinhos colocada na fronte de Jesus*, e assim, seria o *Símbolo apropriado da Imortalidade da Alma*, por causa de sua *'tenacidade à vida'*.

Finalmente, poder-se-ia afirmar que:

> • *"Vencendo o tempo, conquista-se a possibilidade de vislumbrar a Verdadeira Luz, que iluminará permanentemente o nascimento ou o ocaso!"*

RITO ADONHIRAMITA
Conceitos

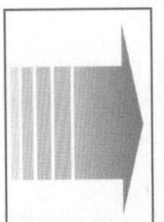

VM

O *Rito Adonhiramita* é regido pelo *Excelso Conselho da Maçonaria Adonhiramita – ECMA*, mais especificamente, por sua *'Soberana Congregação dos Patriarcas Inspetores Gerais*, sendo o *ECMA* o lídimo sucessor do *Grande Capítulo dos Cavalheiros Noaquitas do Grande Oriente do Brasil*, criado pelo *Decreto nº 21 de 24 de abril de 1873*.

O *ECMA* exerce o supremo *poder, nacional e estrangeiro, político, administrativo, litúrgico, regularizador e disciplinar* desse *Rito* na *Instituição*, com sua hierarquia de *33 Graus*, preservando as generalidades litúrgicas tradicionais do *Adonhiramita Barão de Tschoudy*, e ainda, as que se fizeram introduzir nos *Rituais dos Graus*.

1º Vigilante

Praticado no *Brasil*, originando-se do *Grande Oriente Luzitano*, desde *1822* o *ECMA* considera-se como o *'Pater Familiae'* do *Grande Oriente do Brasil – GOB*, que o reconheceu *regular, legítimo e aceito*, criando a sua *Oficina Chefe de Rito em 1873*, assim demonstrado jurídica e historicamente, até julho de 1978 quando foi nomeado e compromissado *'depositário do juízo do GOB'*.

O *Rito Adonhiramita* cingido aos *'Landmarks'* e coerente com os *Postulados Tradicionais* que caracterizam a sua *'universalidade maçônica'*, fomenta e preserva em sua *doutrina gnóstica* os seguintes *Princípios Basilares*:

1. A crença consciente no Princípio Criador – Grande Arquiteto do Universo (G∴A∴D∴U∴), verdadeiro, eterno, onipotente e Senhor absoluto de todos os Mundos e Planos, que é o Ser tido como a 'faísca cósmica e Espiritual'.
2. A crença na Imortalidade da Alma e na Evolução de todos os seres e coisas criadas no Universo.
3. A investigação constante da Verdade.
4. O combate à Prepotência, Ignorância e Superstição.
5. A rígida obediência da Lei, aplicação do Direito e distribuição de Justiça.
6. O indeclinável Direito do homem expor suas idéias.
7. O trabalho incessante em prol da Ordem Maçônica Universal, do aperfeiçoamento Moral e Intelectual da criatura humana, do seu amparo material, da igualdade de Direitos Humanos, o inflexível cumprimento do Dever, do respeito e acatamento ao Bem Comum.

2º Vigilante

8. A prática da Fraternidade entre os homens e em particular entre os Maçons.

9. A manutenção dos Símbolos e uso das Alfaias maçônicas.
10. O amor ao próximo, à família e à Pátria.
11. O respeito à soberania dos povos.
12. Contrário às Guerras, a não ser em legítima defesa, e à Soberania Nacional.
13. Adoção da Bíblia como representação do Livro da Lei, e seu uso nas Sessões.
14. O desempenho da Filantropia Cultural e Cívica entre os Maçons.

Os *Maçons Adonhiramitas* se agremiam em Loja Simbólica (Completa), sob *Jurisdição do GOB*, e em *Oficinas Liturgias (Graus Superiores)* da hierarquia do Rito, sob a égide do *ECMA*.

As diversas *Oficinas Adonhiramitas*, em sua hierarquia litúrgica, dividem-se em *Sete Classes*, denominadas:

1. Loja Simbólica,
2. Loja de Perfeição,
3. Capítulo Rosa-Cruz,
4. Capítulo de Cavaleiros Noaquitas,
5. Conselho Filosófico de Kadosh,
6. Sodalício e Grande Pretório, e
7. Congregação dos Patriarcas Inspetores Gerais

Orador

A Loja Simbólica – que recebe o tratamento de Augusta e Respeitável, é composta por *Sete Membros Efetivos* no mínimo, decorados com o *Grau 3 (Mestre)*.

A Loja de Perfeição – composta por *Nove Membros Efetivos* no mínimo, colados no *Grau 14*, tendo tratamento de *Augusta*.

O *Capítulo Rosa-Cruz* – com tratamento de *Sublime*, composto por *Nove Membros Efetivos* no mínimo, decorados com o *Grau 18*, governando *Três Lojas de Perfeição*, compondo esse conjunto uma *Paróquia*.

O *Capítulo de Cavaleiros Noaquitas* – composto por *Vinte e um Membros Efetivos* no mínimo, decorados com o *Grau 21*, tendo tratamento de *Grande e Sublime*, governando um ou mais *Vales*, em composição com as anteriores *Oficinas*.

O *Conselho Filosófico de Kadosh* – com tratamento de *Ilustre*, composto por *Trinta e três Membros Efetivos*, decorados com o *Grau 30*, exercendo o governo do respectivo *Grande Vale*, e a este se subordinam as *Oficinas* anteriormente citadas.

O *Sodalício e Grande Pretório* – é uma unidade litúrgica regional, composta por *Vinte e cinco Membros Efetivos* no máximo, sendo *Nove* decorados com o *Grau 31*, *Doze* com o *Grau 32*, e *Quatro* com o *Grau 33*, subordinado diretamente à *Cúria Patriarcal*.

A *Congregação dos Patriarcas Inspetores Gerais* – com tratamento de *Soberana*, é o *Órgão Superior do ECMA*, composta por *Setenta e dois Membros Efetivos* no máximo, decorados com o *Grau 33*, eleitos por vaga ou antiguidade, por período não inferior a *três anos*, tendo na *Presidência* a *Máxima Autoridade Adonhiramita – O Grande Patriarca Regente*.

Secretário

O *Rito Adonhiramita* com base na sua disciplina hierárquica, sob a *Autoridade Máxima* representativa do *Grande Patriarca Regente*, é constituído por *'33 Graus'* agrupados em *Sete Classes*, cujos integrantes trabalham liturgicamente nas *Oficinas* descritas anteriormente, mantida a respectiva correspondência:

1) A *'Primeira Classe'* (Augusta e Respeitável Loja Simbólica) é composta:
Grau 1 – Aprendiz
Grau 2 – Companheiro
Grau 3 – Mestre Maçon

2) A *'Segunda Classe'* (Augusta Loja de Perfeição) é composta:
Grau 4 – Mestre Secreto
Grau 5 – Mestre Perfeito (*)
Grau 6 – Preboste (*)
Grau 7 – Eleito dos Nove
Grau 8 – Eleito de Perpignan (*)
Grau 9 – Eleito dos Quinze
Grau 10 – Pequeno Arquiteto (*)
Grau 11 – Grande Arquiteto (*)
Grau 12 – Grão Mestre Arquiteto
Grau 13 – Cavaleiro do Real Arco (*)
Grau 14 – Perfeito e Sublime Maçon
(*) Os Graus 5, 6, 8, 10, 11 e 13 serão conferidos por Comunicação.

Guarda (ou Cobridor)

3) A *'Terceira Classe'* (Sublime Capítulo de Cavaleiros Rosa-Cruz) é composta:
Grau 15 – Cavaleiro do Oriente
Grau 16 – Príncipe do Oriente (*)
Grau 17 – Cavaleiro do Oriente e do Ocidente (*)
Grau 18 – Cavaleiro Rosa Cruz
(*) Os Graus 16 e 17 serão conferidos por Comunicação.

4) A *'Quarta Classe'* (Grande e Sublime Capítulo de Cavaleiros Noaquitas):
Grau 19 – Grande Pontífice (*)
Grau 20 – Venerável Mestre *'Ad Vitam'* (*)
Grau 21 – Cavaleiro Noaquita
(*) O Grau 19 e 20 serão conferidos por Comunicação.

5) A *'Quinta Classe'* (Ilustre Conselho Filosófico de Cavaleiros Kadosh):
Grau 22 – Cavaleiro do Real Machado
Grau 23 – Chefe do Tabernáculo (*)
Grau 24 – Príncipe do Tabernáculo (*)
Grau 25 – Cavaleiro da Serpente de Bronze (*)
Grau 26 – Príncipe da Mercê (*)
Grau 27 – Grande Comendador do Templo (*)
Grau 28 – Cavaleiro do Sol (*)
Grau 29 – Cavaleiro de Santo André
Grau 30 – Cavaleiro Kadosh
(*) O Grau 23, 24, 25, 26, 27 e 28 seráo conferidos por Comunicação.

VM

6) A 'Sexta Classe' (Soberana Congregação Patriarcal) é composta:
Grau 31 – Sublime Iniciado e Grande Preceptor
Grau 32 – Prelado Inquisidor e Ouvidor Geral

7) A 'Sétima Classe' (Soberana Congregação Patriarcal) é composta:
Grau 33 – Patriarcas Inspetores Gerais

RITUAL E MAGIA

VM

Tanto o *Ritual* como a *Magia*, ao longo do tempo, sempre estiveram ligados à *Religião*, à *Crença* e à *Devoção*.

E, por isso, todas as *Religiões* praticam *Magia* e têm seu próprio *Ritual*, e assim poder-se-ia mencionar que:

• No 'Catolicismo' é utilizada a Missa, Procissão, Água Benta, Incenso, Hóstia, Batizado e Cerimônias Diversas, além até de origem pagã, como o uso de Rosário, Velas, Ídolos, Vestimentas, etc.

1º Vigilante

• No 'Protestantismo' são utilizadas as Bênçãos como a Magia de Emissão de Fluídos Vibratórios, Exorcismo, Batismo, Rituais, Cânticos equivalentes aos Mantras dos hindus, Benzimentos com a Bíblia ou as mãos sobre enfermos produzindo curas magnéticas ou sugestivas, e até Transes Mediúnicos nos quais se dizem tomados pelo Espírito Santo.

• No 'Kardecismo' são utilizadas a Água Fluída como uma espécie de Magia, Passes Espirituais e Magnéticos outro tipo de Magia, Desobsessões, Curas, Choques Anímicos, Incorporações, Materializações, Efeitos Físicos, e uma série de Mediunidades, verdadeiros Rituais que no passado faziam parte das Ciências Ocultas, tendo até sido enquadrados como bruxaria na Idade Média, na qual feiticeiros e médiuns foram atirados às fogueiras da Inquisição.

2º Vigilante

Assim sendo, o *'Cristianismo'* não deveria odiar a *Magia*, já que dela também se vale em seus *Rituais*, e se desconhece que tenha *Jesus* condenado a *Magia* e a *Ritualística*.

Pelo contrário, quando de seu nascimento foi homenageado pelos *Três Reis Magos – Gaspar, Baltazar e Belchior*, que dirigidos por uma *Estrela Guia – o Ternário e o Signo do Microcosmo*, receberam *Ouro, Incenso e Mirra*, outro *Ternário Misterioso*.

Na realidade, por conta da *'ignorância humana'* que sempre teme o desconhecido, e tudo o que se encontra fora da realidade concreta e palpável, só pode ser exprimido e difundido através do *Simbolismo*.

Orador

O *Simbolismo* é a grande *'chave'*:

• Dos Ensinamentos de Ordem Superior das Religiões, das Fraternidades Ocultas, e dos Sistemas Metafísicos, e mais uma vez repete-se a tendência racionalista do *homem moderno*, que costuma ignorar o *Caráter dos Símbolos*, sendo que nenhum *Sistema Esotérico* sobreviveria sem um correspondente *Sistema Simbólico* para seus *Ensinamentos*, cuja finalidade última seria:

- *A Investigação da Origem do Mundo e do Homem, e*
- *A Busca da Verdade e da Realidade das Coisas.*

Ou seja, *'todos os componentes simbólicos de todas as culturas do Mundo, como:*

- *A Palavra, o Canto, a Dança, as Roupas, os Incensos, etc,*

que visam a *Aproximação da Criatura com o Criador*, por meio de seus *Rituais Mágicos*.

Secretário

Sob o ponto de vista *Esotérico e Oculto:*

- *O 'Símbolo' é a afirmação discreta da Verdade Revelada, e*
- *O 'Simbolismo' é uma das formas de transmissão de Conhecimentos,*

concluindo, poder-se-ia afirmar que:

- *"As Cerimônias Maçônicas são Rituais Mágicos que empregam palavras, sinais e movimentos simbólicos de incrível significação esotérica, e perpetuadas através dos séculos com suas raízes egípcias ou, como querem alguns, atlantes. Elas invocam Forças Externas da Natureza, Entidades Espirituais e Manipulam Energias Poderosas, mas, sobretudo, Buscam Despertar o Eu Superior de seus Operadores – os Maçons."*

Guarda (ou Cobridor)

As *Reuniões de milhares de Irmãos* em suas *Lojas*, movidos pelos mesmos *Ideais Superiores*, no mesmo horário, guardadas as devidas diferenças de fusos, sob o mesmo *Simbolismo de seus Templos*, movimentam uma *Força Enérgica Extraordinária* com reflexos permanentes sobre o *Cosmos*, e assim, conclusivamente:

- *Cada Templo Maçônico é uma 'Usina Energética de Poder Incalculável' que, unido á Cadeia de todos os Templos do Globo, irradia uma 'Força' a se refletir nos destinos da raça humana e do Planeta Terra.*

Não se pode negar que a *Ritualística Maçônica*, ou seja, a *Operacionalização Litúrgica de seu Rito*, é uma excepcional *Cerimônia Mágica* que engrandece o *Templo Interior* para:

- *A Glorificação, Louvação e Exaltação do Poder e da Verdade Absolutas, ou seja, o Grande Arquiteto do Universo – G∴A∴D∴U∴,*

já que, o *homem* é o *Sal da Terra*, e à *Sua Imagem e Semelhança* é a *Luz do Mundo*.

VM

Finalmente, valeria lembrar que:

- *A Força de Deus que atua internamente em cada ser, se constitui em seu 'maior bem', que ajudará a manter a Chama Interior Saudável e Forte, evitando que a Beleza e o Amor sejam extintos do Planeta,*

e ainda que:

> • *"Caso se viva a Vida de maneira Sagrada e Atenta, cada momento converter-se-á numa Cerimônia Mágica, num Ritual, que celebra a ligação com o Criador, e com todas as coisas vivas."*

TEMPLO
Considerações Exotéricas 61

VM

O *Simbolismo* exige que cada qual formule *Interpretações* de acordo com o seu próprio modo *de Ver e de Sentir*.

O autor *Jules Boucher* assim descreve o *Templo de Salomão:*

• *"Em Maçonaria este Templo é um Símbolo e nada mais, mas um Símbolo de Magnífica Amplidão, o do Templo Ideal sempre inacabado, no qual cada Maçom é uma Pedra, preparada sem martelo ou machado no silêncio da Meditação."*

Subia-se a uma espécie de galeria, nas duas laterais do *Templo*, por uma *Escada em Parafuso ou Espirais*, simbolizando que *'dando voltas sobre si próprio'* todo *homem* poderá atingir a *Excelsitude – que é o verdadeiro objetivo*.

Sabedores de que o nome *Salomão* significa em hebraico *'Homem Manso'*, o *Templo de Salomão* é o da *Paz – da Paz Profunda –*, à qual tendem todos os *Maçons* sinceros que se desinteressam da agitação e mazelas do *Mundo Profano*.

Certamente, seria nesse amplo e magnífico *Sentido*, que caberia ser considerado o *Templo de Salomão!*

1º Vigilante

Pelos registros, o *Templo* teria sido construído em *Sete Anos*, e partindo desse prazo, ficou determinado que seria *'Sete a Idade Simbólica do Mestre Maçom'*, isto é, daquele que atingiu a *Plenitude da Iniciação*.

O *Templo de Salomão* foi edificado *'em pedra e madeira de cedro (principalmente)'*, além de ter sido praticamente todo decorado em *'ouro'*, ambos significando:

• *A Pedra – a estabilidade,*
• *A Madeira – a vitalidade, e*
• *O Ouro – a espiritualidade, por toda sua perfeição e inalterabilidade.*

Para o *Maçom* esse *Templo não* é apenas considerado sob o ponto de vista da *Realidade Histórica ou da Acepção Religiosa Judaica*, mas sim e principalmente, por todo *seu Simbolismo e Significado Esotérico* que é *Profundo e Belo*.

Adentrava-se o *Templo* pelo *Átrio* que dispunha de *Duas Colunas* na entrada, representando a *Sabedoria e a Estabilidade do Conhecimento*, pois para ser possível viver uma *vida plena e elevada*, deve-se simbolicamente passar por esse *Portal*, ou melhor, deve-se *adquirir Conhecimento*, podendo assim *Experimentar os maiores prazeres da Mente*.

2º Vigilante

O *Templo* era dividido em *Duas Partes Principais*:

• *1ª – o Lugar Santo – em hebraico Heikhal, ou a Câmara além dos Vestíbulos, que em Maçonaria é o Ocidente, e*
• *2ª – o Lugar Santíssimo – em hebraico Debhir, Godech, Godechim ou Sanctus Sanctorum, denominado em Maçonaria de Oriente.*

As palavras *'Heikhal e Debhir'* foram muito usadas em *Maçonaria*, e continuam a sê-lo, principalmente na *Maçonaria Francesa*.

Segundo a *Ritualística e a Simbologia*, o *'Templo de Salomão é o Homem'*, sendo o *'Ocidente e o Oriente a sua Consciência'*.

No *Sanctus Sanctorum* constava um *Estrado* alcançado por *Três Degraus*.

Orador

Exotericamente, esses *Três Degraus* representavam as *Três Etapas da Vida*: *Juventude, Maturidade e Velhice*, que são também os *Três Degraus do Progresso* através dos *'Mistérios da Vida'*.

São esses *Degraus* que conduzem o *homem* a dispor da *Noção Espiritual de Tudo que o Cerca*, bem como o fazem *Aspirar a algo mais Elevado e Sublime*.

Porém, os antigos egípcios davam outra interpretação, e segundo diz *Ralph M. Lewis*:

• *"... nas escavações realizadas naquele país (Egito), durante as quais foram desenterrados novos Templos, verificou-se que Três Escalões conduzem sempre à entrada desses Templos ou Altares Interiores. Em nenhum lugar destes Templos, onde se encontram estes Pontos Sagrados, deixam de ser encontrados Três Degraus que a eles levam."*

Secretário

Em *'Los Antiguos Simbolos Sagrados'*, complementa o autor *Lewis:*

• *"As explicações ou interpretação deste Símbolo encontra-se no 'Triângulo', o 'mais antigo de todos os Símbolos ou Emblemas'. O 'Triângulo Equilátero' era um Símbolo Místico, porque em qualquer posição em que fosse colocado, sempre oferecia uma 'Imagem Correta'. Neste sentido o 'Quadrado e o Cubo' se assemelhavam muito ao 'Triângulo'."*

O *Princípio* encontra-se no algarismo *Três*, *número* que representa os antigos *Princípios das Divindades* ou a *Lei da Criação – a Criação Perfeita*.

Portanto, no momento de se acercar do *Santuário*, eram dados *Três Passos* como se fossem os últimos para alcançar a meta, e não como os *Três Passos* que são dados no início ou no meio do percurso, para indicar que quem se acercava desse ponto, estava consciente ou recordava os *Três Princípios da Natureza*, e de *Deus* que lhe dava *Existência Terrena*.

Porque de acordo com a *Lei do Triângulo*, toda *'existência consciente do homem'* é dependente da unidade desses *Três Princípios*.

Exotericamente, os *Três Princípios* eram expressos como:

• *O Corpo, o Espírito e a Alma.*

Guarda (ou Cobridor)

Sobre o *Estrado*, isto é, acima dos *Três Degraus*, nos *Templos Maçônicos*, são instalados *Dois Tronos*, a saber:

• *Um destinado ao Presidente, que tem a designação de Venerável Mestre no Grau de Aprendiz, representando o Rei Salomão, e*
• *Outro que deverá ser ocupado por um Alto Dignatário ou Convidado Especial, representando Hiram – o Rei de Tiro.*

O *Trono* representa o *Poder Soberano e a Dignidade Real*, que tem também por insígnias o *Cetro e a Coroa*, significando a *Realeza* que o *Iniciado* pretende atingir através do domínio de seus *Impulsos Inferiores*, e suas aspirações a um *Ideal Excelso*.

VM ───────────────────────────────────────

Finalmente, o *Rei Salomão* representa a *Sabedoria Criadora*, a que persegue um *Ideal Interior com elevada aspiração*, aquela *Sabedoria Luminosa e Radiante*, fecunda produtora de tudo o que é *Belo, Nobre e Formoso*.

Hiram – Rei de Tiro, é o *Emblema da Força Realizadora e da Heróica Virtude*, significando a *Vida Elevada* que domina e rege a *Força*, dirigida *para a Realização de Empreendimentos Sublimes*.

TEMPO E ESPAÇO
Premissas Básicas
62

VM

Para conceituar as premissas deste texto, buscou-se as definições de *Aurélio Buarque de Holanda* que esclarece:

> • *Astrologia – Estudo e/ou conhecimento da influência dos astros, especialmente de signos, no destino e comportamento dos homens – também dita Uranoscopia.*
> • *Astronomia – A ciência que trata da constituição e dos movimentos dos astros.*

Deste os primeiros tempos da *humanidade*, o *homem* sempre dedicou parte importante de sua curiosidade e preocupação, a respeito de:

> • *Como o 'Comportamento dos Astros' se relacionavam e influenciavam os 'acontecimentos e destino' da própria humanidade,*

buscando correlacionar a distância celeste e a funcionalidade da *Terra*.

1º Vigilante

Em consequência, o *homem* demonstra basicamente *Duas Preocupações* sobre o assunto, a saber:

> *1ª) Qual seria o destino da Humanidade definido pelas 'Influências do Cosmos' sobre a vida; e*
> *2ª) As condicionantes entre a 'Mecânica dos Astros', e seus reflexos sobre o Planeta Terra, bem como sobre os demais Corpos Celestes.*

Crentes e convictos das reais *Influências dos Astros sobre as Pessoas*, os *homens* precisavam conhecer as *Características destes Astros*, e como *Interagiam sobre a Terra*.

A *humanidade* inicia a partir daí sua corrida em busca de tais *Conhecimentos*, que veio a contribuir de maneira marcante na *Lapidação da Sabedoria*, no que tangia à *Astronomia e Astrologia* conceituadas no início.

2º Vigilante

O *Desenvolvimento da Astronomia como Ciência*, que primeiramente era composta pela simples observação do *Comportamento dos Astros*, se iniciou de forma muito rudimentar, para em seguida contar com considerável volume de conhecimentos acumulados pelos antigos *Sumerianos, Caldeus e Babilônios*.

Já a *Astrologia*, que trata do estudo da *Influência Astral sobre o Comportamento Humano*, teve início na *Mesopotâmia, no III milênio a.C.*.

Conscientes dos problemas que enfrentavam, os *homens* desenvolviam e acumulavam seus *Conhecimentos sobre Astronomia e Astrologia*, principalmente nos aspectos da *Movimentação dos Astros no Cosmos e sua Influência sobre a humanidade, Conhecimentos* estes que culminaram na *Busca do Entendimento da Variável Tempo,* bem como de suas conseqüências no que diz respeito á *humanidade.*

Orador

Assim, desde que o *homem* conscientizou-se dele próprio, se tem deparado com a grande dificuldade que é *Conceituar o Tempo.*

Inicialmente, toda essa dificuldade se reflete no fato de que, se considerado em termos absolutos, o *Tempo não tem Dimensão, nem Essência Própria,* e muito menos *características embasadoras* que bem o definam.

Portanto, o *Tempo carecendo de Definição, é inócuo de Princípios,* e assim, como solução se remete a ser entndido como *Causa e Efeito de Deus.*

Porém, essa *idéia* tende a fugir da concepção limitada dos *homens,* pois para o *Homem Tudo é Limitado,* e por isso não consegue atinar claramente:

• Com *idéias de espaço no Cosmos infinitamente grandes,*
• De *imensos Astros móveis em suas movimentações,*
• De *todo o Sistema Celeste impulsionado por velocidades inimagináveis,* e
• De *percorrerem Infinitas Distâncias em tempo grande.*

Secretário

De outra parte, a *Deus* é atribuída a *eternidade,* que pressupõe *'duração de Tempo Infinito sem início ou fim'.*

Ora, se a *duração* é um período de *Tempo,* e se a *duração é Infinita,* o *Tempo também seria Infinito ou Eterno,* como são as demais *atribuições de Deus.*

Desta maneira, o *homem* teve em sua concepção que *dividir e secionar o Tempo,* adequando-o às suas *Limitações* pela própria natureza dele *homem,* daí então o *ser humano* começou a *fracionar o Tempo.*

Daquilo que é conhecido, a preocupação com o *Entendimento Filosófico do Tempo* remonta á *Grécia Antiga,* porém, algo de *Conceituação Filosófica* com profundidade respeitável aconteceu com o *Cristianismo.*

Guarda (ou Cobridor)

Denomina-se *Grande Ano* a duração de *25.868 anos,* que corresponde ao período de *Duas Passagens Sucessivas* do *Eixo Polar Terrestre* pelo ponto de partida do *'Movimento que constitui a Grande Senóide',* que tem início em *Áries,* depois da passagem pelas *Doze Constelações que compõem o Zodíaco.*

O *Grande Ano* é dividido em *Doze Grandes Meses* regidos pelas mesmas *Doze Constelações Zodíacais.*

E finalizando, por estas *premissas básicas* fica demonstrado que a cada *Grande Mês* que compõem o *Grande Ano,* corresponde *'Uma Idade das Civilizações Humanas',* cada qual regida por uma *Constelação do Zodíaco,* assim:

VM

PERÍODO	A HUMANIDADE SOB O SIGNO DE:
De 10.000 a 8.000 a.C.	LEÃO
De 8.000 a 6.000 a.C.	CÂNCER
De 6.000 a 4.000 a.C.	GÊMEOS
De 4.000 a 2.000 a.C.	TOURO
De 2.000 a 0 a.C.	ÁRIES
De 0 a 2.000 d.C.	PEIXES
De 2.000 a 4.000 d.C.	AQUÁRIO

C – Teor Prático

ASPECTOS GERAIS DA MAÇONARIA – I

63

VM

A *Maçonaria* mantém vivos os antigos sentimentos humanos sobre os *Mistérios da Natureza e do Cosmos*.

É preciso um mergulho profundo no passado, ultrapassando alguns milênios anteriores a era cristã, para tentar localizar as origens em que a *Ordem* se alicerçou.

Um retrocesso menos antigo já encontra sinais nos *antigo Egito* e suas *Escolas de Mistérios*, bem como na *sabedoria dos povos helênicos*, que herdaram dos *Cultos Esotéricos* dos povos que constituíram as primeiras civilizações do *Mundo*, dentre estas as dos *Sumérios, Caldeus e Persas*, mas, e principalmente, dos *Antiquíssimos Conglomerados da Mesopotâmia*.

1º Vigilante

Até a atualidade os *Templos Maçônicos* ostentam sinais das heranças transmitidas via *Tradição Oral*, embora imperceptíveis e não compreendidos pelos leigos.

Estilo e tradição criaram padrões nos *Templos* onde existem *Colunas* de estilo *Coríntio, Dórico, Jônico ou Egípcio*, com suas representações retratadas em papiros e flores de lótus, todos *Símbolos* do conhecimento humano.

Os *Templos Maçônicos* e as *Igrejas Católicas* seguem o modelo do antigo *Tabernáculo hebreu e do Templo de Jerusalém*, construído pelo *Rei Salomão*.

A semelhança está em que os *Templos* foram edificados na *Idade Média* por *Maçons-de-Ofício – membros de Ordens Monásticas dirigidos pela Igreja*, sendo que ambas são herdeiras das *Linhas Gerais da Arquitetura Religiosa Judaica*, que por seu turno deriva do *Tabernáculo Original*, orientado em sua construção a mando de *Moisés*, para a guarda do *Código de Leis Morais* recebidas no *Monte Sinai*.

O *Tabernáculo* era portátil para poder acompanhar o *Êxodo dos hebreus do Egito*, em busca e na direção de *Canaã*, sendo que se constituía de uma *Pequena Tenda dentro de outras maiores*, e esse conjunto guarnecido por um *Cortinado sustentado por 60 Postes*.

2º Vigilante

Na *Tenda maior – denominada Santo*, ficavam:

- *A Ara de queima de incenso,*
- *Um pequeno Altar com 12 pães ázimos, e*
- *O Candelabro de Sete Braços denominado Menorah.*

A *Tenda menor – denominada Santo dos Santos*, continha a *Arca da Aliança* com os *Códigos Divinos*, além de ser considerada como *'A Casa de Deus'*, sendo que à ela só tinha acesso o *Gohen Gadol (em hebrico) – o Sacerdote Supremo*, nas celebrações do *Yon Kipur – o Dia do Perdão*.

À frente das *Duas Tendas* estava postada uma *Ara – a dos Sacrifícios*, e em outro ponto também a frente, era instalada a *Bacia de Bronze* destinada às *Purificações Ritualísticas*.

Como orientavam e instruíam, *Cada peça tinha valor simbólico na representação do Universo*, como:

• *O Céu, a Terra e o Mar,*
• *Seus quatro Elementos Básicos: a Água, o Ar, a Terra e o Fogo, e*
• *O Zodíaco e Planetas, então conhecidos.*

Os *Templos Maçônicos* seguem essa regra arquitetônica, inclusive com os acréscimos contidos no *Templo de Salomão*, como a *Urna do Manah* e o *Bastão de Araão*, e em lugar do *cortinado* incluíram *muralhas, pórticos e Colunas*.

Em relação às *Igrejas Católicas*:

• *O 'Estrado', que acessa ao Trono Maçônico, corresponde a posição do Altar,*
• *O 'Santo', ao 'Presbitério', que na Maçonaria é o Oriente,*
• *A 'Nave' eqüivale às Colunas ocupadas pelos Irmãos,*

e o *neófito* deve escalar os *Degraus Simbólicos* para ser admitido como *Maçom*.

Orador

Na *Instituição*, com relação ao *Templo de Jerusalém*, o *Altar dos Sacrifícios hebraico* corresponde ao *Altar dos Juramentos Maçônico*, e as *Colunas*, tanto num como noutro, delimitam a *Entrada do Templo*, e, analogamente, entre os hebreus e os *Maçons*, quem se postar aquém dessas *Colunas* estará *fora* do recinto.

O *Interior dos Templos representa o Planeta Terra*, e considera a *Linha do Equador* como estendida *desde o Centro do espaço entre as Colunas até o Trono*, e numa das *Colunas* está representado o *Trópico de Câncer*, e na outra o de *Capricórnio*.

Em virtude da padronização em alguns *Ritos* ocorreram modificações, e os *Altares dos Oficiais*, assim como os *lugares* destinados aos *Irmãos* nas *Colunas*, têm atualmente mais a ver com a *Disposição do Parlamento Britânico*, onde o *Presidente ocupa a Great Chair, ou Cadeira Principal*, ladeado por *Líderes do Governo e da Oposição, e outros Parlamentares*.

O *Teto Estelar* é um hábito *maçônico* inspirado nos *Templos do Egito e no de Luxor*, sendo o deste último o melhor exemplo, onde de modo geral constam simbolicamente:

• *O Sol e a Lua,*
• *Os Planetas Mercúrio, Júpiter e Saturno,*
• *As estrelas Arturus, Spica, Aldebarã, Formalhau e Regulus, e*
• *As constelações de Orion, Ursa Maior, Híadas e Plêiades.*

Secretário

Dependendo do Rito adotado, nas *Paredes Norte e Sul*, constam *Doze Colunas*, o que é outro vestígio dos *Rituais Sumérios*, igualmente adotado pelos *antigos egípcios e gregos*.

Para os antigos, a passagem do *Sol* e da *Lua* pelas *Constelações Zodiacais*, tinham *Referências Cronológicas com o Ano Terrestre*, e *Conotações Esotéricas relativas aos Ciclos da Natureza*, como as da *semeadura, maturação, morte e ressurreição das Vidas animal e vegetal*, portanto, misticismo esse relacionado à *Dinâmica Social*.

Outra tradição antiga é o *Piso Mosaico* quadriculado, nada tendo a ver com *Moisés*, mas sim com os *Templos Sumerianos*, sendo que a *Alternância de Quadrados Brancos e Pretos* em diagonal, representa os *opostos* como *dia e noite, bem e mal, luz e trevas, matéria e espírito*, que para a *Maçonaria* representa a *Igualdade entre os Povos*.

Outra tradição herdada de antigas culturas é o *Delta Luminoso*, contendo *O Olho que Tudo Vê*, ladeado pelo *Sol* e a *Lua*, sendo que simboliza a *Onividência Divina*, e lembra *O Olho de Hórus (Deus egípcio) – a Sabedoria*, postado atrás do *Trono Maçônico*.

Nas *Paredes e Rodeando o Altar* estende-se a *Corda de 81 Nós*, cujo *Nó Central* está alocado sobre o *Trono*, e de cada lado seguem-se *40 Nós ao Norte e ao Sul*, terminando nos lados da *Porta Ocidental – ou Entrada, em Borlas* que representam a *Justiça, Equidade, Prudência e Moderação*, podendo ser instalada esculpida, pintada ou ao natural.

A *Corda de 81 Nós* tem a simbologia centrada em que *81* é o quadrado de *9*, que é o quadrado de *3* – o *Número Perfeito e de alto valor Místico*.

Guarda (ou Cobridor)

Vale dizer que *Três são os Filhos de Noé, Três os Varões que apareceram à Abraão, Três os Dias de Jejum dos judeus desterrados, Três as Negações de Pedro a Jesus, Três as Virtudes Teologais*, enquanto *40 é o Símbolo da Penitência*, pois 40 foram os Dias do Dilúvio, 40 Dias durou a Estada de Moisés no Monte Sinai, 40 Dias o Jejum de Jesus e 40 Dias o Tempo que Cristo esteve na Terra depois da Ressurreição.

Para a *Maçonaria* a *Corda* representa a *União Mundial da Ordem*.

A *'Maçonaria é toda Simbolismo'*, tal como ocorria nas milenares *Escolas de Mistérios*, para *Resguardar seus velhos Conhecimentos do vulgo, dos despreparados e, principalmente, dos tiranos*.

Deixando de ser profano, o *Iniciado* recebe um *Avental Branco – Símbolo de Pureza*, tendo esse *Avental* praticamente a forma de um *Quadrado*, simbolizando a *Base do Cubo*, que representa a *Matéria*, enquanto sua *Abeta* simboliza o *Número 3 que é o Espírito*.

Se forem somados os *quatro lados do Avental como um Quadrado, aos três lados da Abeta em forma de um triângulo*, resulta no número *sete – outro número Perfeito*, pois, por exemplo, segundo registros toda *Criação foi realizada em sete dias*.

VM

A *Abeta* erguida tem outros significados, pois o *Triângulo do Avental* ainda não se firmou ante o *Quadrado*, ou a *Parte Espiritual não se Conjugou com a Material*, pois a *superior – a Abeta – é sensitiva e espiritual*, além de proteger os *Centros de Força Energética*, isto é, os *chacras e os plexos*.

Finalmente, poder-se-ia afirmar que:

> • *"Em verdade, podendo parecer contraditório, mas o fato real é que a Maçonaria, tão enclausurada em seus 'Rituais e Simbolismo', sempre se expõe francamente na 'Defesa de seus Ideais Humanitários'."*

ASPECTOS GERAIS DA MAÇONARIA – II   64

VM

A *Instituição Maçônica*, felizmente, não tem como traço ou característica fundamental *aquilo* que os *Maçons* podem imaginar, pois *não* seria razoável pretender que a *Ordem* seja *aquilo* que a ideologia de cada integrante venha a trazer do *Mundo Profano*.

Do mesmo modo como deve ser entendido para a *Totalidade das Leis*, a *interpretação* de qualquer uma das *Leis Maçônicas*, só poderia ser estabelecida através de *Critérios Objetivos*, sempre pelo *Desenvolvimento do Sentido das Palavras*.

1º Vigilante

Assim, qualquer *Juízo de Valor Subjetivo* não configura ou é tolerado em relação à *Ciência Hermenêutica*, isto é, a *Arte de Interpretar, Leis ou o Sentido das Palavras*.

Os profanos que ingressam na *Instituição* devem *assimilar e impor as Leis existentes*, bem como a *Doutrina* contida nos *Rituais dos Graus Simbólicos*.

O inconcebível é pretender que a *Maçonaria* se complete com *Ideologias* que, por mais sedutoras que possam pareçam, *não* se harmonizem com *sua própria Filosofia*.

São *Três os Objetivos Basilares e Fundamentais* da *Ordem Maçônica*:

• *O combate incessante a ignorância, a hipocrisia e ao fanatismo*,

e logicamente, esses *males da humanidade* devem ser combatidos através do *Estudo, da Lealdade e da Tolerância*.

2º Vigilante

O *Estudo se processa pela busca constante da Verdade*, através da *Pesquisa e Interpretação dos Fenômenos* desenvolvidos no *Mundo*, que resumidamente seria a *Busca da Gnose, do Conhecimento*, porque *não se conhece, mas se busca o Conhecimento*.

Desta maneira, o *Trabalho Maçônico* com base no *Estudo para combater a ignorância*, deveria ser de *natureza Gnosiológica*.

A *busca pelo Conhecimento deve sempre ser ilimitada*, e preferencialmente executada através da conceituação da *Teoria do Conhecimento – Gnosiologia*, e no desempenho dessa tarefa, quando forem encontrados obstáculos, jamais devem ser considerados intransponíveis, pois se o *Pensamento Maçônico* assim não entendesse, estaria incorrendo em contradição.

Orador

A *Maçonaria não* tem afinidade com o *limite* da *Liberdade de Pensamento, que é dogmática*, e esta é a teoria que reafirma a *capacidade do Espírito humano de conhecer a Verdade*, e certamente, em sua mais pura e absoluta realidade.

Se em vez disso, houvesse tal *limite*, e a *Maçonaria* assim o entendesse, deveria constar de sua *Lei Maior – a Constituição*, que tem como objetivo primordial a *busca incessante da Verdade*, exceção feita às *Verdades já alcançadas e reveladas*.

Uma das *características do Pensamento Maçônico é o Relativismo*, que se contrapõe ao *Absolutismo*, entendido o *Relativismo* como o *caráter atribuído ao Conhecimento humano*, por considerá-lo *impotente para alcançar a Verdade incapaz de atingir o Absoluto*.

Secretário

Assim, forçoso é que se reconheça que a *Filosofia Maçônica* nada tem a ver com o *Transcendentalismo*, entendido como determinada propriedade que esteja acima de uma *Ordem de Realidade*.

Ao contrário do entendimento de alguns intelectuais maçônicos, a *Linha de Pensamento da Instituição* não é privativa deste ou daquele *Rito*, visto que se traduz no que está gravado na *Constituição do Grande Oriente do Brasil (GOB)* desde os primórdios, isto é, desde a promulgação da *Primeira Constituição*.

De outra parte, como a *Maçonaria não é – e jamais será – uma Entidade religiosa*, o fato de constar como postulado de sua *Legislação Maior – a Constituição*:

• *O reconhecimento da existência de um Princípio Criador,*

tal circunstância *não* enfraquece ou afasta os objetivos iniciais contidos em seus *Princípios Gerais*, principalmente no capítulo em que afirma ser o *Sectarismo Político, Religioso ou Radical*, incompatível com a *universalidade do Espírito Maçônico*.

Guarda (ou Cobridor)

Os *Postulados universais da Instituição Maçônica, não* contém nenhum *Princípio Transcendental* interpretado dentro do *Simbolismo*.

O fato de *Conhecimentos de Caráter Ritualístico e Simbólico* serem transmitidos somente aos *Iniciados*, não tem a característica de transformar a *Instituição Maçônica* em uma *Entidade Mística, ou voltada para o Transcendentalismo Dogmático*.

O termo *Mística* é entendido no sentido da *prevalência da natureza emocional e estranha às Leis do Pensamento Lógico*.

O *Caráter Esotérico*, sendo ele próprio *relativo*, caso a expressão *Caráter Esotérico* for entendida como sendo:

• *A Transmissão de Ensinamentos apenas e tão somente aos Iniciandos.*

Se aos *Maçons fosse vedado transmitir a Filosofia Maçônica ao Mundo Profano*, não teria a *Maçonaria* razão de existir, pois o *Artigo 1º da Constituição do Grande Oriente do Brasil (GOB), em seu inciso IX*, recomenda expressamente:

• *"A divulgação de sua doutrina pelo exemplo da palavra."*

VM

Desta maneira, o que se reveste deste *Caráter Esotérico* é, exclusivamente, a *Ritualística e o Simbolismo*.

Resumindo, poder-se-ia dizer que os fatos:

> • *De se Consagrar a Lei Maçônica à existência de um Princípio Criador,*
> • *De possuir em sua Sessões o Livro da Lei, e*
> • *De revestir-se de Característica Iniciática,*

não significa que delimite o *Livre Pensamento*, estrangulando-o pelo *Dogmatismo*.

Assim, caberia finalizar afirmando que:

> • *A Liberdade de Pensamento deve sempre ser a base e o arcabouço de toda a Filosofia Maçônica!*

CIRCULAÇÃO EM LOJA 65

VM

A palavra *Circulação* significa *Caminhar em Círculos*, não devendo se confundir com *enquadrar* que seria *andar reto virando em ângulo de 90º*.

Porém, a para a *Circulação na Maçonaria* não é necessário, obrigatoriamente, passar em *torno dos Altares* no *Ocidente*, nem *Circundar as Colunas*.

A fato de *andar em círculo* em torno de *um Objeto, uma Área ou um Altar*, se constitui em *prática muito antiga*, e quando essa *prática* passou a fazer parte de um *Ritual*, começou a ser denominada *Rito de Perambulação*.

Assim, esse *Ritual* passou a fazer parte do *Rito de Emulação*, especialmente na *Cerimônia de Iniciação da Maçonaria*.

1º Vigilante

Na *Primitiva Maçonaria* eram pintados *Painéis ou Tapetes* no piso, no *centro da Loja*, e além de uma *Estrela Pentalfa – cinco pontas*, ao redor dela eram pintadas com *Giz ou Carvão* algumas *figuras* baseadas em *peças* que compunham o *Templo de Salomão*, em que eram incluídas as *Duas Colunas Vestibulares*, tendo ao lado de cada uma delas, desenhadas em tamanho bem grande as *Letras J e B*, assim como as *Duas Grandes Luminárias Celestes – o Sol e a Lua*, além de um enorme *Portal*.

Como tudo era desenhado com *Giz ou Carvão*, materiais simples de serem apagados, proibia-se que o *Painel Completo* fosse pisado, a fim de que os desenhos não se estragassem; por isso, os *obreiros 'contornavam'* esse *Tapete*, que media aproximadamente *1,40 x 1,00 metro*.

Disso tudo se originou o *Enquadramento do Templo*, e como ninguém pisava no *Painel*, *não* por este ter algum significado *Sagrado*, mas naquela época, para que não se desmanchasse pois tratava-se de desenho.

2º Vigilante

O *enquadramento* em torno do *Tapete* tinha uma regra a ser obedecida, qual seja, a de *'se ter o ombro esquerdo'* sempre voltado para os *Irmãos Mestres da Loja nas Colunas*, e assim, automaticamente, *'teriam seu ombro direito'* voltado para o *centro da Oficina* onde estava desenhado o *Painel*.

Como a *Maçonaria* praticada no *Brasil* teve suas origens na *Inglaterra*, e como a *Igreja Britânica* havia adotado o *Sistema pagão de praticar os Giros*, seria até admissível que essa *prática* tenha sido adotada e passada para a *Ordem*.

E ainda, a *Jornada do Sol, a Senda do Sol ou o Caminho do Sol*, passou a ser um *procedimento maçônico* durante suas *Primitivas Reuniões*, que resistindo a mudanças, chegou intacta até a atualidade.

No *Templo Maçônico*, estando a *Loja* composta, a *Circulação* no espaço entre as *Colunas do Norte e do Sul*, é feita *'em torno'* do que seria o *Painel – atualmente denominado Pavimento Mosaico*, para o *Grau de Aprendiz*, *'sempre no sentido horário'*, isto é, no *mesmo sentido dos ponteiros do relógio*, para mostrar que o *'Trabalho do homem deve começar com o nascer do Sol – na aurora*, e *deve terminar ao cair da noite – no ocaso'*.

Representa também a *Marcha a caminho da esplendorosa luz do Sol.*

Orador

Por exemplo, no *Rito Adonhiramita*, escolhido por ser o que detém o *'Giro em Loja'* de modo inédito e totalmente diferente dos demais *Ritos* praticados no *Brasil*, pois circula-se ritualisticamente tanto no *Ocidente* quanto no *Oriente*, a *Circulação pelo Oriente* deve *sempre ser no sentido anti-horário.*

Há a exigência de que, para subir ao *Oriente*, o *Maçom* o faça pelo seu próprio *'lado direito'*, mantendo seu *'lado esquerdo'* voltado para o *Trono de Salomão*, e que ao sair não o faça sem antes *completar o Círculo Completo,* passando por traz do *Retábulo* que separa o *Altar do VM – de onde deve ser espargida toda a 'Sabedoria'*, da parede traseira do *Templo.*

Ao completar esse *Giro*, e antes de deixar o *Oriente*, deverá reverenciar o *Delta Luminoso*, que possui no seu centro o *'Olho Omnivente – Olho que Tudo Vê – Representação de Deus'*, prestando-Lhe a devida homenagem.

Não fossem por estas razões repletas de *Simbolismo e Tradições*, poder-se-ia justificar o *Giro Ritualístico em Loja* apenas concluindo tratar-se de uma *prática simplista* que somente imporia *Ordem e Disciplina nos Trabalhos.*

Secretário

A *Circulação Completa é sempre feita no sentido horário – o dos ponteiros do relógio*, circundando o *Pavimento Mosaico – Antigo Tapete,* pelo espaço *Interno às Colunas*, e passando entre esse *Pavimento e os Degraus* que acessam ao *Oriente.*

Ao adentrar ao *Oriente*, ou quando simplesmente cruzar a *Linha Misteriosa, Imaginária ou do Meio-Dia*, o eixo imaginário que se extende longitudinalmente no centro do *Templo*, seja próximo ao *Oriente* ou *Entre-Colunas*, deverá *'sempre'* reverenciar o *Delta Luminoso homenageando-O* com uma *simples, simbólica e respeitosa Vênia – o inclinar da cabeça.*

Para a *ascensão ou descida do Oriente pelos quatro degraus*, e também nos *três* que levam ao *Altar*, ambos ritualísticos, há uma *tradição* quanto a marcha pela qual os degraus sejam galgados um a um, podendo ser descidos do mesma modo ou livremente, iniciando com o pé direito e deslocando o esquerdo até a mesma plataforma, para se situarem num mesmo patamar antes de próximo passo, e na subida e descida do *Oriente*, deve ser reverenciado o *Olho Omnivente* desde o *Ocidente*, *'antes do início'* da subida e da descida.

Guarda (ou Cobridor)

A *Circunvolução – o mesmo que evolução na Loja*, se constitui na forma ritualística de se locomover, sendo que é essa a formalidade através da qual todos os integrantes devem pautar sua maneira de andar, sendo estes os traçados do trajeto quando em movimento no *Templo*.

Caberia alertar que à essa formalidade descrita, existem outros diversos *Procedimentos* preconizados e em uso nas *Lojas*, dependendo do *Rito* adotado pela *Oficina*, tanto quanto à *Potência Maçônica* a que esteja filiada, importantes condições que concorrem para as *determinações e orientações* quanto à *Circulação*, infelizmente, não havendo unanimidade entre os *Ritos*, quanto a melhor ou mais correta forma de se comportarem ritualisticamente, que por certo, se fosse unificada todos se adequariam.

A *Circulação*, também de acordo com as *orientações* do *Rito* adotado pela *Loja*, pode ser executada pelo integrante, com o *'estabelecimento ou não, do Sinal Gutural'*, ou outro preconizado pelo própria ritualística.

Novamente adotando como exemplo o *Rito Adonhiramita*, por sua própria especificidade, a *Circulação ou Giro Total no Templo*, que inclui ritualisticamente a caminhada tanto pelo *Ocidente* quanto pelo *Oriente*, deve sempre nesse conjunto compor a figura de um *8 completo – ou do Infinito (∞)*.

VM

Finalmente, como não poderia ser diferente se guardada a *tradição*, na *Circulação*:

- Do *'Saco de Propostas e Informações'*,
- Do *'Saco de Beneficência ou Tronco de Solidariedade'*, ou
- No *'Recolhimento de Votos'*,

devem obrigatoriamente ser obedecidas as mesmas *orientações* exaradas acima, cabendo novamente lembrar que deve ser executada em plena concordância com a ritualística imposta pelo *Rito* adotado pela *Oficina*.

COMPORTAMENTO EM LOJA 66

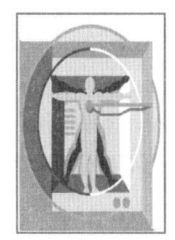

VM

Na *Maçonaria*, deve ser mantido por todos um *comportamento unido*, que possibilite criar um clima perfeito à propagação da *corrente mental* que envolve completamente a *atmosfera do Templo*.

Assim, desde o *vestuário* até a *postura* no sentar no *interior do Templo*, tudo é *Simbólico e Significativo*, e a vestimenta, por ser em geral preta, faz receber o *Bem* que emana dos *corpos energizados*.

A *influência benéfica* se expande por todo o *Templo*, e se os integrantes se trajassem com outras cores mais claras e suaves, ela se refletiria, não os auxiliando, porque estes buscam em conjunto com seus pares, *transcender*.

As *Luvas simbolizam a candura que deve reinar na Alma*, e a *pureza das ações* dos *homens de bem*, demonstrada quando o *Ir∴ Mestre de Cerimônias* pergunta, dependendo do *Rito* adotado pela *Oficina*, se:

> • Se desde quando se retiraram do Templo, até retornarem, conservaram as 'mãos limpas', e que nenhum ato seu pudesse 'manchar a alvura das luvas', então sim, devem 'calçá-las', porque comportaram-se como 'homens corretos'...,

e cientes que esse texto pode ser alterado conforme o *Rito* em que se trabalhe, porém, cônscios de que tais mudanças são simplesmente de certas *'palavras'*, mas que a importante *Mensagem* sempre é transmitida exatamente com o igual *'sentido'*, o que realmente interessa.

1º Vigilante

O *Silêncio* em que se obriga ficar o *Aprendiz*, é extremamente importante, pois nesse estado de *'privação da palavra'* o faz lembrar, antes de tudo, que deve cultuar a *Ponderação e a Moderação de suas Paixões*, obrigando-o a manter a *força impulsiva de seu Ego* em perfeito equilíbrio, dominando sua *Razão e Vaidades*.

Esse *comportamento de meditação*, que tem o *auxílio do trabalho*, e é efetivado pela Perseverança, faz com que o *Aprendiz* vença *'todas as suas dificuldades, extinguindo as trevas da ignorância, e espargindo a felicidade no caminho da vida'*, consciente que a *Matéria é inseparável do Espírito*, que exprime a *Imagem e a Revelação*.

A *China, a Índia e a Grécia*, mesmo antes de *Pitágoras*, conheceram e empregaram a *Ciência dos números e seu simbolismo*, e assim, pode-se verificar que os *números* se prestaram com facilidade a se tornarem *Símbolos*, como *'figura das idéias e suas relações'*.

A respeito do *Simbolismo do número 1*, tem-se que a *'Unidade seria o princípio de todos os números'*, e que somente existe em função de haverem os demais.

Todos os *Sistemas Religiosos Orientais* iniciaram através de um *'primitivo'*, conquanto esta abstração não tenha uma *existência real*, tem contudo um lado positivo que o torna suscetível de uma *existência definida*, sendo o que os antigos denominavam *Pothos*, isto é, o *'desejo ou ação de sair do absoluto'*, a fim de *'entrar no real – o considerado concreto'*.

Os *Sistemas Panteístas* nos quais a *Divindade* é confundida como a *Unidade – o todo*, por isso recebe simplesmente o nome de *'Unidade'*, e esta somente é compreendida pelo *'efeito do número 2'*, pois sem este se torna idêntica ao *'todo'*, identificando-se com o próprio *número*, já a natureza do *número 2*, ou sua *relação com a Unidade*, representa a *'divisão ou a diferença'*.

2º Vigilante

Sobre o *Simbolismo do número 2*, tem-se que é um *número terrível ou fálico*, pois é o *Símbolo dos contrários*, e portanto, da *dúvida, desequilíbrio e contradição*, e como prova disso há o exemplo concreto de uma das *Sete Ciências Maçônicas*, isto é, a *Aritmética – em que 2 + 2 é iguala 2 X 2*.

Até em termos da *Matemática o número dois produz confusão*, pois ao ver-se o *'número 4'* resta a dúvida se é o *'resultado da combinação de dois números 2 pela soma ou multiplicação'*, o que não se dá com qualquer outro *número*.

O *número 2* representa o *Bem e o Mal, a Verdade e a Falsidade, a Luz e as Trevas*, enfim, *todos os princípios antagônicos e adversos*, e na antiguidade esse *número significava o inimigo*, o *Símbolo da dúvida, da traição e do fatídico*.

Sobre o *Simbolismo do número 3*, a significação é do chamado *'número da Luz, entendendo o fogo, a chama e o calor*, pois *'três são os pontos'* que o *Maçom* deve sempre se orgulhar de apor à sua assinatura, porque esses *'três pontos'*, como o *Delta Luminoso* é *Sagrado*, são *emblemas* dos mais respeitáveis que representam todos os *Ternários* conhecidos, especialmente as *'Três qualidades indispensáveis ao Maçom'*, a saber:

• *Vontade, Amor ou Inteligência, e Sabedoria.*

'O desequilíbrio, o antagonismo e a dúvida' que existem no *número 2*, cessam quando lhe é adicionada uma *'terceira unidade formando o número 3'*, tornando-se a *Unidade da Vida*, e eis porque o neófito vê no *Oriente o Delta Luminoso, emblema do ser ou da vida*, com *'três lados'*, brilhando no seu *centro* o *Olho que tudo vê – a Divindade*.

Orador

Como explica o autor *Rames*, o *'Triângulo'*, dentre as figuras geométricas, é a que corresponde ao *número 3*, com a mesma significação, sendo por essa *razão* que a figura do *Triângulo é o Símbolo da existência da Divindade, de sua Potência Produtiva ou Evolução*, e sob outros aspectos, dentre uma infinidade existente, o *Ternário* é estudado, por exemplo, no:

• *Tempo – presente, passado e futuro,*
• *Movimento Diurno do Sol – nascer, zênite e ocaso,*

- *Vida – pai, mãe e filho,*
- *Família – Archeu, Azoto e Hylo,*
- *Gnose – princípio, verbo e substância,*
- *Cabala Hebraica – que fornece palavras à Maçonaria como Keter (Coroa), Hochmah (Sabedoria) e Bina (Inteligência),*
- *Trindade Cristã – Pai, Filho e Espírito Santo,*
- *Trimurti – Brahma, Vishnu e Shiva.*

Como pode ser observado, em *quase tudo* se encontra o *número 3 – o Ternário*, do qual o *Delta Sagrado* é talvez o mais puro *emblema*, e na *Maçonaria* o *Ternário* é também simbolizado pelos *Três Grandes Pilares: Sabedoria, Força e Beleza.*

Em alguns *Ritos*, no centro do *Delta* consta a letra hebraica *'IOD'*, inicial do *Tetragrama de quatro letras – IEVE*, *Símbolo* da *Grande evolução, ou do que existe e existia*.

Secretário

O *Tetragrama IOD – HE – VAU – HE*, apesar de se compor de *quatro letras*, tem somente as *'três dimensões dos corpos: comprimento, largura e altura ou profundidade'*, e a *'letra VAU'*, de *valor numérico 6*, indica as *Seis faces dos corpos*.

O *Tetragrama* com suas *quatro letras* tem afinidade com as *três unidades*, pois *'4 e 1 são quadrados perfeitos'*, que com as *três outras letras* diferentes, indica que a partir do *3*, os *números* entram numa nova fase, já o *Tetragrama* lembra ao *Aprendiz* que nas *'Viagens da Iniciação'* passou pelas provas dos *Elementos: terra, água e fogo.*

É de notar a *'identidade'* que apresentam a *Bateria, Marcha e Idade do Aprendiz*, isto é, todas com o *número 3*, a saber, *três Pancadas, três Passos e três Anos*.

Como resultado, pode-se depreender que o *número 3* é primordial ao *Grau de Aprendiz*, que se realmente quiser estar em condições de passar ao *Grau de Companheiro*, deve estudar com cuidado as *propriedades desse número*, seja nas obras de *Pitágoras*, na *Cabala Numérica*, ou nas obras de *Arquitetura e Arqueologia iniciáticas* de *Vitruvio, Rames*, etc.

O emprego dos *números – sobretudo de alguns deles –* em todos os *'monumentos'* conhecidos é muito freqüente, para que se creia que só o acaso os tenha produzido, e neste ponto a história vem em auxílio dessa confirmação.

Guarda (ou Cobridor)

Todos os povos da *Antiguidade* fizeram uso *Emblemático e Simbólico dos números e das fórmulas*, em geral do *'número e da medida'*.

Assim, o sábio francês *Abade Mereuz* na obra *Ciência Misteriosa dos Faraós*, faz constar e prova a evidência de que as *dimensões, orientação e forma das Pirâmides* obedeceram a razões poderosas, pois consideraram naquela construção:

- *A 'direção' do meridiano terrestre,*
- *O 'valor' entre a circunferência e seu raio,*
- *A 'medida' de peso da libra inglesa, e*
- *A 'distância' aproximada da Terra ao Sol, dentre outras.*

Todos os povos da *Antiguidade* tiveram um *Sistema Numérico* ligado à *Religião e ao Culto*, e este fato é resultante da *idéia* que se fazia então do *Mundo*.

Os *Instrumentos do Aprendiz são o Maço e o Cinzel*, sendo que o *Maço* seria o *Instrumento* mais importante, pois nenhuma obra manual poderá ser acabada sem o mesmo, ensinando que a *habilidade sem o emprego da razão* é de pouco valor.

Inutilmente, o *Espírito* conceberá e o cérebro projetará, se a mão não estiver pronta ao trabalho.

Com o *Cinzel* o obreiro dá forma e regularidade à massa informe da *Pedra Bruta*, e por ele se aprende que a *Educação e a Perseverança* são necessárias para chegar à *Perfeição*, que o material grosseiro só recebe fino polimento depois de repetidos esforços, e que é por seu incansável emprego que se adquire os hábitos:

• *Da virtude, da iluminação da inteligência, e da purificação da alma.*

VM

Completando, é necessário *'repetir para fixar'*, que a *'Maçonaria é uma associação íntima de homens escolhidos'*, de cuja doutrinação consta ter:

• *O G∴A∴D∴U∴, que é Deus – por 'base e causa',*
• *A Verdade, a Liberdade e a Lei Moral – por 'princípios',*
• *A Igualdade, a Fraternidade e a Caridade – por 'frutos', e*
• *A Virtude, a Sociabilidade e o Progresso – por 'finalidade'.*

Finalmente, valeria ressaltar que:

• *É a felicidade dos povos, que incessantemente a Maçonaria busca reunir sob a 'bandeira da Paz', a 'razão' de que 'nunca deixará de existir enquanto houver o gênero humano!'.*

COMUNICAÇÃO VERBAL NA MAÇONARIA

VM

Os gregos possuem uma forma característica e própria de denominar o homem, isto é, referem-se como:

• *Zoon Phonanta, que significa 'o animal que fala'.*

Dentre todas as maneiras utilizadas para diferenciar o homem dos seres irracionais, aquela de maior importância seria:

• *A fala através da palavra.*

1º Vigilante

Ao homem foi dotada a capacidade de elaborar um *Sistema de Signos Audíveis*, utilizado para representar suas *idéias e sentimentos* a respeito de tudo que o cerca, isto é, a todo o *Mundo Exterior*, tanto quanto do seu próprio *Mundo Interior*.

Quando este animal começou a *'falar'*, praticamente se auto-denominou homem.

Existe aqueles que afirmam que algumas espécies de aves chegam a *'falar'* muito bem, como por exemplo, os *mainás – tipo de ave existente na Índia*, que imita em condições de igualdade a linguagem humana.

Assim como, há ainda a possibilidade de ser ensinado aos *chimpanzés* algumas palavras, bem como estruturas lingüísticas simples.

2º Vigilante

No entanto, só os seres humanos distinguem-se pela própria *'faculdade de criação de línguas inteiras'*, e não se restringirem apenas a *imitar frações* de algumas delas, com manipulações de alguns substantivos e verbos.

É comum imaginar que os homens primitivos *emitiam somente grunhidos e uivos*, como a lendária figura de *Tarzan*, martelando-se com golpes na caixa torácica como acompanhamento melódico, mas rudimentar nos vocábulos.

Segundo os estudiosos, a *'linguagem humana'* não uma origem como essa, pois afirmam que começou como uma *linguagem ininteligível – algaravia*, mas contínua e provavelmente criada na escuridão.

Orador

Nos primórdios a escuridão era assustadora, mormente enquanto o homem estivesse sozinho, e por isso, aprendeu desde cedo a preservar o *'sentido de sociedade'*, isto é, de sempre estar junto a um ou mais de sua espécie, e assim tranqüilizar-se em nunca estar só ao pôr-do-sol, quando ainda a *Lua* não tivesse surgido, e a caverna estivesse às escuras.

Até a atualidade, é costume utilizar a *'palavra'* não somente para *transmitir mensagens ou expressar sentimentos*, mas fundamentalmente:

> • *Para 'estabelecer e manter' o importante e imprescindível contato entre os homens, que proporciona o necessário 'entendimento' entre os Seres.*

Secretário

A *'Lingüística'* não tem conhecimento de como era a *Linguagem* do homem primitivo, mas, de acordo com o estudioso *Noam Chomsky*:

> • *"Sabe-se alguma coisa dessa 'antiga língua – o indo-europeu ou ariano', pois com algumas alterações na sua 'estrutura e vocábulos', na maioria das línguas européias ainda sobrevivem partes descendentes dela."*

À vista do relatado, pode-se notar a importância da *comunicação verbal entre os homens*, e perceber-se que:

> • *A 'palavra' é um dos dons mais preciosos – senão o mais valioso – de que dispõe o ser humano.*

Guarda (ou Cobridor)

A *'palavra'* vivifica todas as coisas, estabelecendo uma *'unidade'*.

É a ponte que não deixa ninguém dividido, fonte onde o *'amor e a solidariedade'* tem caloroso abrigo.

Na *Maçonaria* a *'palavra tem vital importância'*, tal qual o *primitivo homem* que encontrava-se nas *trevas* e pôde presenciar a *Luz ao falar*.

A *'palavra praticamente presenteia a todos'*, quando ritualisticamente, dependendo do *Rito* adotado pela *Oficina*, ordena-se que se *'ascendam as luzes'*, pelo *reavivar da Chama Sagrada*, para em ato contínuo, ser providenciada a *Abertura da Loja*.

Imensa é a responsabilidade que o *Maçom* deve ter no uso da *'palavra'*, pois esta *'nunca se perde ou se apaga'*, porque sendo duradoura, permanece para sempre espargida no *Universo*.

VM

Tem como ponto alto, quando na última parte dos trabalhos, a *'palavra'* é concedida à todos que tenham permissão, através do *VM e Vigilantes – as Luzes da Oficina –*, indistintamente ao integrante que dela *'queira fazer uso'*, para exercerem o *maior milagre da humanidade que é a fala*, possibilitando que cada um transmita através dela (verbalização), seus *Pensamentos e Idéias*, estabelecendo o contato humano, tão essencial à *Sobrevivência Fraterna e Solidária*.

Finalmente, desta maneira a *'palavra'* jamais poderá ser tolhida ou monitorada, ressalvando-se porém que sempre deverá ser *'disciplinada'*, pois quando ela cessa:

> • *A Luz se apaga, a Loja se fecha, e o homem sem a comunicação perece,*

e é nesse instante que se interrompe o *Ciclo da Vida*.

DIFERENÇA ENTRE "LOJA" E "OFICINA" 68

VM

Embora muitos escritores de *Maçonaria* julguem que as palavras *Loja* e *Oficina* sejam *sinônimos*, não seria possível negar que existe uma *diferença de significado* entre elas, principalmente, em *termos maçônicos*.

Conforme registram alguns etmologistas, a palavra *Loja* tem origem no italiano *Loggia*, e esta por sua vez, do antigo alemão *Laubja*, que significa *Berço*.

1º Vigilante

Anteriormente, eram nas *Lojas* que se realizavam as *Assembléias dos Maçons Operativos*, quando transformadas em *Oficinas*, isto é, em *locais de trabalhos manuais*.

Daí se originaram, em castelhano os *Talleres*, e em francês os *Ateliers*, com raízes no latim *Astella*.

A *Loja* reúne-se no *Templo*, que é composto pelo *conjunto* de tudo que nele está contido, sendo, portanto, o *local físico* destinado a ser o *Berço aos Maçons*.

Enquanto a *Oficina* seria a *Loja em funcionamento*, isto é, *Em pleno trabalho dos seus integrantes*, que estão construindo o *Edifício Espiritual da Humanidade*.

Quando há oportunidade de profanos visitarem o interior de uma *Loja*, aquela que abriga e se destina a ser a *Sede para as Reuniões ou Assembléias*, isto é, o *local físico*, não se lhe está mostrando a *Oficina*, mas sim o *Templo*.

2º Vigilante

A *'sutil e quase imperceptível diferença de significado'*, tem levado, por engano, os tratadistas a afirmar que *Loja* e *Oficina* seriam *sinônimos*, sem nenhuma diferenciação léxica.

Analogamente, a mesma discussão sempre vem a tona entre os *Maçons*, principalmente, em torno de *Templo e Loja*.

Há aqueles que defendem, e com razoáveis argumentos, a *diferença de denominação*, isto é, *Templo seria o lugar de Reunião*, enquanto *Loja a própria Assembléia de Maçons – que também seria Oficina*.

Desta maneira, tanto a *Loja* quanto a *Oficina*, se reuniriam no interior do *Templo*.

Por essa *'teoria'* só existiria a *Loja* enquanto os *integrantes* estivessem *'trabalhando'*, e finda a *Sessão* seria *'dissolvida a Reunião ou Assembléia'*, e assim, simultaneamente estaria dissolvida também a *Loja*, somente vindo a ser instalada novamente, quando no mesmo *local* se reunissem outra vez os *Maçons*.

Orador

Como *'argumento'* vale o exemplo de que se os *Maçons* se reunirem fora do *Templo*, isto é, na *Rua, Restaurante, Café ou Clube, 'não'* estariam constituindo uma *Loja?*

Porém, tal *'argumento'* não teria a mínima *consistência*, pois sabe-se que em qualquer lugar, até mesmo em um logradouro público, a menos da presença de *'profanos ou curiosos (Goteiras)'*, pode ser constituída uma *Loja, Templo ou Oficina Maçônica*.

Caso os *Maçons* se reunirem em *'local discreto ou secreto'*, fora das vistas profanas e estranhas à *Ordem*, mesmo que seja em *'plena floresta, gruta ou entre ruínas'*, e exemplarmente *'traçarem o Quadro (Painel – Pavimento) da Loja'*, terão construído o *Edifício Ideal do Templo*, e poderão iniciar com magnitude seus *'trabalhos'*.

Secretário

Ao passar por um edifício onde funciona uma *Sociedade Maçônica*, diz-se com absoluta propriedade, que aquele é um *Templo* onde funciona uma *Loja Maçônica*.

O *Templo* é o *Edifício Material, o Imóvel*, enquanto a *Loja* seria seu *'conteúdo orgânico – os obreiros'*, caracterizado pela funcionalidade e o simbolismo, sendo o sustentáculo dos *integrantes* nos seus mais variados trabalhos em *Oficina*.

Esta explendorosa significação, em verdade, muito se aproxima dos *'conceitos entre Lar e Casa'*, pois:

• A Casa é o imóvel – o bem real material, e
• O Lar é o bem espiritual – a reunião da família em comunhão.

Tanto que a expressão *'destruição do lar'* sempre é figurativa, ao passo que a *'destruição da casa'* nada mais é do que o materialmente compreendido.

Assim, os *Maçons* têm *'casa = Templo'*, e nele existe o *'lar = Loja'*.

Guarda (ou Cobridor)

Como uma simples lembrança, valeria mencionar que para alguns autores, o *Templo* deveria ter a forma *'circular'*.

O motivo é bastante lógico, pois o termo *Loja* nas suas mais remotas origens, vem do sânscrito com o significado de *Mundo*, e desta maneira o *Templo* deveria ter a forma do *Planeta Terra*, isto é, *'circular, oval ou elíptica'*.

Outros preconizam o *Templo* com a forma de um *quadrado ou retângulo*, e assim o afirmam com base *Tradições Chinesas*, pois aquele povo representava essa *'figura geométrica (quadrado) inscrita num círculo'*, com o significado de *Mundo*.

Felizmente, o que prevaleceu foi a forma *'retangular'*, que atendeu plenamente aos objetivos práticos e a *simbologia*.

VM

Pela forma *'retangular'* adotada, tem-se a *'estrada ou caminho que conduz do Ocidente para o Oriente'*, simbolicamente traduzida como uma *'caminhada das Trevas para a Luz, em direção ao Sol'*.

Como o *Templo é a casa dos Maçons*, os *'trabalhos se desenvolvem em Oficina'*, e seguem o mesmo *'movimento da Terra ao encontro da Luz do Sol'*. Finalmente, pelo exposto, poder-se-ia dizer, resumidamente, que:
- *Templo* – seria o *'local físico ornamentado e paramentado'*;
- *Loja* – seria o *'local físico'* acrescido ou composto pelos Iniciados *(obreiros)*; e
- *Oficina* – seria a *'soma dos dois Conceitos'*, com os *'Iniciados trabalhando'*.

ESOTERISMO E EXOTERISMO NA MAÇONARIA 69

VM

Caberia de início esclarecer o significado das seguintes palavras:

- *Esotérico: Ensinamento que na 'Filosofia da Antigüidade Grega' era reservado à 'círculo restrito e fechado de Iniciados' completamente instruídos, e compreensível apenas por poucos.*
- *Exotérico: Ensinamento que na 'Filosofia da Antigüidade Grega' era passado ao 'público sem restrição', acessível à todos.*

1º Vigilante

Assim, como todas as *Sociedades Iniciáticas*, a *Maçonaria* tem um *'Sistema de doutrina Esotérica'* que é transmitido *'sem restrição'* aos seus *Iniciados*.

A noção de *Esoterismo* aplicada por meio de *'ensinamento oral'*, e comunicado a discípulos escolhidos, existiu desde a *Antigüidade*.

Este *'Sistema'* foi inicialmente empregado nos *Mistérios Religiosos*, e depois nas *'doutrinas'* dos filósofos.

Os *Iniciados* nos *'Mistérios – o próprio nome Mistério implica silêncio e segredo'* – deviam *'Jurar nunca revelar a respeito dos Arcanos'*, que os dramas litúrgicos de *Elêusis* lhes seriam permitido conhecer, e *'respeitaram o segredo'*, pois como diz *Sepher Hazohar*:

- *"O Mundo subsiste unicamente pelo segredo."*

2º Vigilante

Entretanto, o *segredo* não consiste apenas em *'guardar o silêncio'*.

Muitas vezes, o *'caráter Esotérico de uma doutrina'* reside na *'desigualdade de inteligência e de compreensão dos discípulos'*, porque a *'obscuridade de uma doutrina'* pode, de fato, persistir apesar de uma exposição muito clara e completa.

Relativamente às varias maneiras de como deve ser encarado o *Esoterismo*, *Luc Benoist* escreve em sua obra *L' Ésotérisme*:

- *"Uma espécie diferente acha-se ligada ao 'Simbolismo' de toda expressão escrita ou falada, sobretudo em se tratando de um 'Ensinamento Espiritual'. Na expressão da Verdade sempre há de ficar algo de Inefável, a linguagem não estando apta para traduzir as 'Concepções Sem Imagens do Espírito'. Enfim, e sobretudo, o 'Verdadeiro Segredo' é reconhecido como tal por Natureza, não estando ao alcance de ninguém poder divulgá-lo."*

Orador

Permanece inexprimível e inacessível aos profanos, não sendo possível atingi-lo de outra forma a não ser com o auxílio de *Símbolos*.

O que o *Mestre* transmite ao discípulo não é o *'próprio Segredo'*, mas o *Símbolo e a Influência Espiritual* que tornaram possível a sua compreensão.

Embora exista uma *'correlação lógica entre Exoterismo e Esoterismo'*, não há entretanto entre eles uma *equivalência exata*.

Na verdade, o *'lado interior domina o exterior'*, mesmo quando o *'aspecto exterior assume aspecto religioso'*.

Ao definir o *Esoterismo*, em sua obra já citada, *Luc Benoist* observa:

- *"O Esoterismo, portanto, não é somente o 'aspecto interior de uma religião', visto que o Exoterismo nem sempre possui 'aspecto religioso', nem a 'religião é sempre monopólio do segredo'."*

Secretário

O *Esoterismo*, tampouco, é uma *'religião especial'* para uso de privilegiados, como algumas vezes se supõem, pois não se basta a si mesmo, não passando de um ponto de vista mais profundo sobre as coisas sagradas, por isso, não constitui outra coisa senão o *'sentido real do Exoterismo'*, seja ele *'religioso ou não'*.

Na *religião*, sempre *Exotérica*, o caráter social é dominante como no *simbolismo maçônico*, porque ela é feita para todos, ao passo que o *Esoterismo* é apenas acessível a alguns, tanto que aquilo que é *'secreto no Esoterismo'* torna-se *'mistério na religião'*.

A *'religião é uma exteriorização de uma doutrina'*, sendo limitada ao que é necessário para a *salvação* comum aos *homens*, e essa *salvação* é uma libertação ajustada ao *Plano do ser*, pois a *'religião'* considera o *'ser'* exclusivamente em seu estado *individual e humano*.

Guarda (ou Cobridor)

Assegura-lhe *condições psíquicas e espirituais* melhores, compatíveis com este estado, sem procurar fazer que saia dele.

Por certo o *homem – enquanto homem –*, não pode se *'sobrepujar'* por si mesmo, mas pode atingir *conhecimento e libertação*, que se tornam verdadeiras *identificações*, pois possui em si mesmo o *estado universal* que lhes corresponde.

O *Esoterismo*, que toma emprestado o *'canal metódico da Iniciação'*, para revelar-se tem por objetivo *'libertar o homem das limitações do seu estado humano'*, de tornar efetiva a *capacidade* que recebeu para *'ascender aos estados superiores'*, graças a *Ritos rigorosos e preciosos*, de maneira ativa e durável.

Poucos sabem que cada um dos *Objetos e Paramentos* contém determinado *simbolismo*, e que tanto os *'nomes'* quanto os *'cargos'* possuem *interpretações simbólicas*, sendo isso, precisamente, o que *'constitui o Esoterismo maçônico'*.

VM

Em verdade, existem *Simbolistas e Ritualístas* que se esmeraram em *apresentar nos Rituais e Instruções suas próprias interpretações*, fato que por vezes, enriquece sobremaneira o *simbolismo maçônico*.

Através delas o *Maçom* compreenderá melhor o *significado ligado à denominação do Grau* que ostenta, como também em que consiste o *segredo* que se pretende confiar, exigindo-lhe que *'o guarde no fundo do seu coração'*.

Finalmente:

• *"O Simbolismo exige que cada qual 'formule interpretações' de acordo com o seu próprio modo de ser e de sentir!"*

ESSÊNIOS

VM

Nos dicionários é percebida a *representatividade do povo Essênio*, principalmente quanto à contribuição para o conjunto de *Leis Éticas e Morais*, a saber:

> • *Místicos que viviam em pequenas comunidades nas proximidades do Mar Morto.*

Praticavam *jejum, vida simples, eram abstêmios e naturalistas*, e conhecidos no *Egito* como os *'terapeutas'*.

Preferiam a *liberdade de culto e muita ação*, por isso optaram seguir em suas peregrinações como *Profetas anunciadores da Vida Eterna*.

Fizeram *obras fantásticas* desde épocas anteriores à era cristã, e pouco se sabe de *sua verdadeira história*, pois quase *nada foi registrado* a esse respeito, em função da necessária *reserva* que era imprimida em seu *'aprendizado, ensinamentos e atos'*.

O relatado a seguir mostra parte de suas experiências, vividas com a *'técnica egípcia da projeção no campo da Metafísica'*, que se encontram resumidos nos *Anais de Akasha* – termo que designa um dos *Elementos da Natureza*, como *água, fogo, terra e ar*, pela especificidade capaz de revelar a *memória do passado*.

1º Vigilantes

Originários do *Egito* viveram no deserto em aldeias às margens do *Mar Morto*, em *'Colônias'* que se estendiam até o *Rio Nilo*, assim como da *Palestina* até o *Monte Horeb*.

Conservavam *a tradição dos Profetas, e o segredo da pura Doutrina*, dedicando-se ao *estudo espiritualista, contemplação e caridade*, afastados do *'materialismo'*.

Não praticavam *imolações em altares* nem *cultuavam imagens*, porém, exerciam a *Medicina ocultista*, e diziam preparar *'a vinda do verdadeiro Mashiah – Messias,* além de considerarem a *escravidão um ultraje*, acreditavam poder implantar a *Igualdade* e a *Fraternidade* entre os homens.

A capacidade de *predizer o futuro* e a *prática da leitura do destino através dos astros*, tornaram *os Essênios* figuras magnéticas conhecidas pelas *vestes brancas*, entretanto, seu *'saber mais profundo era velado'* à maioria das pessoas.

Historiadores judeus os caracterizam como um *povo único, singular*, que viviam sem esposas ou dinheiro, e se renovavam pelo afluxo de hóspedes, além de os considerarem como participantes das *Escolas Filosóficas* da época, e que eram relacionados aos *Pitagóricos*.

Detiveram-se numa *Aldeia da Galiléia* à nordeste de *Jappa*, denominada *'Aldeia dos Irmãos'*, onde viviam cerca de *200 reclusos em 'recinto sagrado'* e afirmavam:

• *"Eis a <u>nossa</u> terra"*,

onde *tudo era eqüitativamente partilhado*, e as diversas *trocas* garantiam o alimento.

Essa região servia como *parada de descanso aos viajantes*, sempre recebidos pelo mesmo *Ritual*, que antes de se instalarem *beijavam o solo*, sendo que a recepção pelo mesmo *Ritual* garantia que entre *'O Mestre e Servidor jamais existe maior ou menor importância'*.

Um ancião detentor de todo *Conhecimento*, era o responsável por revelar os *Segredos* àqueles ditos merecedores, sendo que uma das *'palavras de reconhecimento'* seria:

• *"Paz para ti."*

Em suas casas uma *Estrela de 8 Pontas* revelava outro *Sinal*, assim como seus *trajes brancos*, além de adotarem *Leis* diferentes dos demais povos, mesmo seus vizinhos, e assim, falavam a *Língua doce, ou do leite*, que siginificava o *entendimento do coração*, cujo *Símbolo* era o *tríplice abraço de boas vindas*.

A *força do aprendizado era dirigida à cura do Corpo e Alma*, através da *'percepção da chama'* que emana do *Corpo* e vai ao local de onde viriam os *'sonhos'*.

2º Vigilante

Usavam *cabelos longos, compridos*, e não admitiam ser tratados como *hereges, impuros ou nazarita – nazareno,* mas simplesmente *como Essânias ou filhos do Sol*.

Inalavam *incenso do país da terra vermelha – Egito*, que os conduzia a um estado que possibilitava ver a *'chama'*, até porque *Ishtar, ou Vênus, ou LuaSol*, lhes significava o *Mistério e a Luz*, com *encantamentos e manifestações*, traduzidos na *Verdadeira Iniciação*.

Krme (Monte Carmelo) – a montanha que fica perto do mar, era o reduto onde apenas uns poucos aprendiam as *tradições da raça*, e desvendavam as *técnicas e segredos da cura*, além de poderem ter acesso aos *livros antigos*; após a *primeira Iniciação formal*, recebiam uma *Missão Definitiva* que deveriam *cumprir até o fim da vida*.

As *Lições ou Instruções* se consistiam:

• *Do 'aprendizado da postura', isto é, permanecer na posição do triângulo, ou de lótus – como reparo e adaptação da matéria ao suporte ideal das comunicações etéreas, e*
• *No significado do Sigilo sobre o que visse e ouvisse.*

Eram requisitos à continuação dos *Ensinamentos*:

• *Amor ao Próximo – era o 'primeiro dever',*
• *A proibição de jurar e atentar a verdade,*
• *Proscrição da mentira,*
• *Prática da humildade, e*
• *Aprendiam a 'contatar a natureza', ou a parte do 'corpo vital – o Etéreo'.*

O *'exame do Iniciado ia até o desvendar dos locais escuros da consciência'*, através da *persistência, bom senso e coragem*, fazendo-o penetrar os labirintos sombrios onde se guarda a *história e o saber'*, e provam que a *Essânia seguia as tradições*, onde nada se cria e tudo se revela sobre o *passado, presente e futuro*.

Representa a *'vida'*, e a *'matéria'* experimenta a *Lei do Espírito que a habita*, pois os labirintos escuros conotam a sensação de estar entre os *Símbolos dos estados da consciência humana*, ou seja, caracterizam o *Retorno para dentro de si*.

Capacitavam perceber as *três lâmpadas humanas* componentes da *Aura – que é elétrica e irradiadora de feixes de ondas em movimento*, e que se propagam num *diâmetro de 1,20 metro*, porque suas vibrações alimentam de *energia cósmica os Centros de Força*, e essa percepção orienta o *Conhecimento do corpo vital, emocional e áurico*.

Aprendem a cultivar a *Vontade e a Paciência*, sendo que a *Leitura da aura é definitiva para a descoberta de enfermidades*, para as providências de *cura*, e dentre os vários *objetos de culto* notavam-se *Triângulos, Estrelas e Turíbulos*.

Orador

Aprendem *os sons das letras sagradas A-M-N*, e dos *números* á elas associados, além de que da *exatidão da pronúncia pelas vibrações do coração*, dependerá a *'ação'*, e ainda que a *aplicação das palavras e medidas*, efetiva a prática da *'linguagem doce'*.

Os *Sdech – outro nome dos Essênios*, desenvolviam as *capacidades intelectuais e a resistência*, orientados por um *Mestre do Krmel*, e presididos pelo *'justo dos justos – um sábio dito Venerável'*, ao qual denominavam de *'Sem Nome – o Criador'*.

Aos *seis primeiros anos em reclusão* dentro do *Krmel* denominam *'Iniciação da terra virgem'*, que eram dedicados ao *conhecimento e julgamento*, enquanto a parte final do período desvenda *Sheba (Shiva) – sendo a morte como anunciadora do renascimento*.

De lá seu destino era *Jerusalém – o Templo de Salomão*, ao lado da *Fortaleza Antônia*, onde o *Iniciado* se apresentaria nas *Comemorações da Páscoa*, onde os exercícios se realizavam nos campos, em contato pleno com a natureza.

A noção do *átomo* era bem conhecida dos *Essênios*, e já distinguiam as espécies de corpos sutis no interior dos *átomos*, pois consideravam que o M*estre – o Eterno*, pelo coração, era quem implantava os *'grãos da vida do sopro divino com os àtomos da carne'*, através da *respiração*, sendo ainda que a *Fraternidade Essênia* antevia as *doenças* como *'seres etéreos nutridos pela força do órgão, ou do corpo inteiro*, e agiam num *'plano vibratório'* diverso daquele possível de ser visto.

Assim, aprenderam a usar o *'Som e a Luz da alma'* para a *'cura através das mãos'*, já que sabiam que:

> • *O Eterno delega seus poderes a todos que têm a capacidade de 'fazer surgir a Luz à sua volta', em resumo, Matéria + Espírito + Força = UM*.

Viajar à *LuaSol* e receber as mensagens para preparar o caminho *Daquele* que deve chegar, era o *Ensinamento Maior* recebido pelos escolhidos.

À época, o *Exército romano* dominava e supervisionava tudo, inclusive o *Egito*, e em *Heliópolis*, às margens do *Nilo*, a *Grande Fraternidade* de que descendiam os de *Essânia*, encontrava sua origem e prenunciava antecipando os acontecimentos, *'que o conhecimento da força da morte faz nascer toda a força da vida'*, e que os *Irmãos de veste branca* deveriam acautelar-se dos *Irmãos de veste negra*, que causam a *desordem, o ódio e a dúvida*.

Contataram os membros da *Ordem dos Terapeutas*, médicos gregos que também conheciam as *Técnicas de cura pelo Espírito*, indo ao deserto em frente à *Esfinge*, ao pé do *Grande Homem, ou Vigilante Silencioso*, para compreenderem o sentido do *'bem e do mal'*, e o *'pequeno Altar interior ladeado por duas Colunas'*, entendidas como a da *Luz* e a da *Falta de Luz*, explicitando uma perfeita alusão à *Jakim (chim) e Booz (az)*.

Secretário

A *Segunda Iniciação* ocorria pelo *Batismo – Cerimonial de Purificação pela Água*, a mesma *Água que queimará suas escórias*, representando o *Segundo Nascimento e a Primeira Morte*.

Assim, surge *Kristos – o Sol*, que no *coração da grande Pirâmide* investe seu *Espírito* no de *Jesus*, e assume o *Espírito Solar do Logos do Universo*, devendo ser entendido como *Mihael*, a sílaba *'Mi'* é a base vibratória dos exercícios que permitem aos filhos de *Essânia* adquirirem a prática da *Voz Doce*, reflexo do *Sopro Criador – acorde do-mi-sol*, significando que *Milagres e Prodígios* estão ao alcance de todos, sabedores que *Aquele* afirmava que se deve manejar a vida sem olhar para trás ou ao redor de si, e para tanto bastaria perscrutar o *Reservatório Cósmico* que a todos engloba, e por isso, muitos se achegaram à eles, vindos de *Ashia – Ishvar (Índia) – Babilônia – Gspar – e Grécia*.

A razão da caminhada daqueles *Do Caminho*, chamava-se *Reino de Ishvar*, o *Cadinho da Humanidade* onde aprenderam:

- *O 'verbo de Krishna – ou técnicas de cura',*
- *A reorganização dos átomos de vida,*
- *A extração dos fluidos da natureza, e*
- *A transmutação dos elementos,*

para *recarregar os Corpos Vitais*, enquanto rolavam nus no orvalho, que significava a *'união ao Pai Cósmico e a Mãe Terrestre*, que falavam aos *homens* conforme o próprio *entendimento individual pela Regra Essênia* de:

- *"Não atirar pérolas aos porcos".*

Do encontro da *Terra com o Cósmico* nasce a imagem da escolha, e por isso *Kristos* anunciava *'sabei colocar-vos no seu centro'*, porque o *Fogo Solar do Pai* reside aí, e é aí que florescerá a *Quintessência agregada das 7 Raízes*, a saber: *Raíz-Mãe – Raíz-Terra – Vida – Força Criadora – Paz – Potência – Amor – e Sabedoria*.

Sabiam como *Dirigir mentalmente a radiação dos Planetas para os órgãos do corpo que lhes correspondem – ou os Chakras*, e chegar a um *Estado de Sublimação* que leve à concretização de todos os desejos de *Paz e Amor*, e desta forma, pela *Tolerância e Clarividência* estabelecer o necessário *'combate à ignorância'*.

Os muitos *'relatos de curas nos Evangelhos'* são tratados da forma mais *hermética*, é evidente que isto se deu pela *'discrição e secretismo'* a que os *Essênios* se propunham.

Usavam a *Geometria – dita Sagrada*, onde os *Números* explicitavam um significado especial e denotava seu simbolismo, tanto que o próprio *Kristos* também usava o *'colar de 108 contas'* como os *iniciados Essênios*, até porque também eram *'108 os anos dos ciclos da Rosa-Cruz'*, como também *'108 as contas do rosário Hindu – ou Tibetano'*.

Guarda (ou Cobridor)

Tiveram contato com os *Fenômenos da Transmutação'*, isto é, *tomar consciência das células do corpo*, identificar-se com elas e fazer consigo mesmo, para que através do *amor*, brilhem com toda a sua *Luz* os *Sete Sóis Fundamentais*, e que eles sejam os *Sete Sinais* e *as Sete Igrejas de Sua Aliança*.

O *homem* deve insurgir-se contra a *Mentira e o Erro* de todas as formas, como a *LuaSol renovadora ao amanhecer, e calma à noite,* outro conceito *Essênio*.

Não sendo nem dogmáticos ou religiosos, sabiam do efeito das *Crenças Estrangeiras com seu Povo*, como *Sinal da Sabedoria* que não deviam desviar-se.

A *Técnica de Meditação* se baseava no *Princípio de Essânia*, que pedia a *Mão correr sobre a poeira do solo, desenhando dentro de um círculo, formas sem significado*, ditadas pelo *ser profundo*, o que criava um *estado de vacuidade* durante o qual o *Espírito se desenrolava em símbolos*, que deveria interpretar em silêncio, permitindo captar mensagens à distância no *centro do cérebro*.

Na crucifixão de *Jesus*, ocorreram *fenômenos* conhecidos dos *Essênios*, como:

> • *A Tradição que chamava determinada 'bruma leitosa densa' de Leite de Ísis, indicando uma Transformação de Ordem Cósmica;*
> • *O Golpe de Lança desferido por um Essênio sob a última costela, liberaria o líquido pleural e retardaria a 'asfixia' do corpo, e esse ato não despertou suspeitas nos dirigentes romanos, pois as vezes era praticado por 'crueldade', não para amenizar a dor, mas para prolongar a agonia do crucificado;*
> • *Após enterrar o corpo, falavam da 'ressurreição do Espírito' que se regenera, que encontra a fonte e reconquista a nobreza, e assim cuidaram eles do resgate.*

Eram *'22 as Iniciações na Essânia'*, que correspondem a *Arquitetura Sagrada do Homem*, e aos *Mistérios do 3 e do 7* que deviam desvendar por si.

Seus efeitos se espalharam e levaram o *produto do conhecimento*, espargindo-o em outros lugares por multiplicação, já que o cuidado desde sempre, e ainda mais agora, residia na *harmonização da Humanidade com o Cosmos*.

Os *Irmãos de Essânia* nunca mostravam esmorecimento ou tristeza ao expressar-se, pois o *Verdadeiro Espírito* em expansão não pertence aos reclusos.

Embora a instituição da *Ceia entabulada por Jesus* fosse *Tradição entre os Essênios*, assim como tantos outros fatos, nenhuma citação explícita se encontra nos *Evangelhos* que ligue *Jesus* a eles, talvez *'por força da discrição e do segredo'*.

VM

Os *Descendentes de seus Chefes* eram denominados *Reis Merovíngeos*, e a *Escola Essênia* sucumbiu com a morte do *Mestre da Justiça – o Líder que a Presidia*.
Outras evidências são colocadas à reflexão:

- *A seqüência de acontecimentos,*
- *A similaridade dos atos,*
- *Os Rituais de Iniciação,*
- *Os dizeres mostrados nas Câmaras,*
- *A ânsia pelo Conhecimento,*
- *A imperiosidade da disseminação,*
- *A organização dos Templos,*
- *As suas Ferramentas, Simbologia e Oficiais,*

tudo se assemelha muito à *Ordem Maçônica*, o que *'não deve ser apenas mera coincidência!'*

Assim, uma indagação poderia surgir, no mínimo como especulação, a de que:

- *Poderia, ou não, ter sido Jesus um Iniciado Essênio?,*

e continuando a especular, se a resposta àquela pergunta porventura fosse *'afirmativa'*, uma segunda indagação se apresentaria, a de que:

- *Então, teria sido Jesus um Iniciado Maçom, mesmo naqueles tempos?,*

cientes de que isso somente seria possível, caso uma terceira pregunta pudesse ser realmente confirmada, a de que:

- *Poderiam ter sido Jesus e seus Irmãos da Essânia, uma espécie de Maçons Modernos, apesar daqueles tempos remotos?*

Os *Deixados* de *Jesus* foram impregnados mais nos *fluídos da atmosfera* do que por *escrito*, e corroborando a intensidade deste texto, são permitidas algumas preceituações, institucionalizadas na atualidade, que seriam:

- *O Maçom sempre deve Pensar Livremente, e trabalhar para o Bem-estar Social e Econômico e Defender os Diretos de toda a Humanidade,*

e além destes *Deveres* inconstetáveis aos integrantes da *Instituição*, outros tantos, tão importantes quanto, se impõem:

- *A 'Busca Incessante pela Verdade' que deve ser sempre realizada:*
  - *Pelos Aprendizes através da 'Intuição',*
  - *Pelos Companheiros através da 'Análise', e*
  - *Pelos Mestres através da 'Síntese',*

num *Processo Contínuo – Evolutivo – e Racional.*

Concluindo, é tempo, enfim, de voltar ao *passado*, e resgatar não só a *história*, mas a prática e difusão da *Verdadeira essência da Vida*.

FILANTROPIA E MAÇONARIA

VM

Através da literatura maçônica disponível, pode ser obtida uma das *Definições de Maçonaria*, e assim seria:
- *'Uma Instituição essencialmente Filosófica – Filantrópica – Educativa – e Progressista'*,

por isso, poder-se-ia indagar:
- *Por que nessa Definição consta o nbre Conceito de Filantropia?*

A *'Maçonaria é uma entidade Filantrópica'* pois jamais foi constituída para obtenção de lucro pessoal de qualquer espécie, senão, pelo contrário, suas arrecadações e recursos próprios se destinam exclusivamente ao *Bem-estar do Gênero Humano*, sem distinção de *ncionalidade, sexo, religião ou raça*.

Por isso, busca incessantemente a *felicidade dos homens*, sempre através de sua *Elevação Espiritual*, e pela *Tranqüilidade da Consciência*.

1º Vigilante

A origem da palavra *Filantropia* é grega, de *Philos e Antropos*, que pode ter tradução livre como sendo o *Amor ao Homem*, no sentido de *Amparo*, sabedores de que a *Religião* possui um sinônimo para *Filantropia que é Caridade*.

Inexistem *Lojas Maçônicas Filantrópicas*, pois o objetivo principal da *Maçonaria* não é a prática da *Filantropia e/ou Caridade*, como auxílio aos necessitados, porém, trata-se de uma prática inconteste de todo *Maçom* que recebe os *Ensinamentos*, que orientam no sentido dos integrantes dedicarem seu tempo e haveres em *benefício do próximo*, pois é obrigação do *Maçom* como pessoa bem desempenhar o exercício da *Bondade*, tanto quanto do *socorro aos seus semelhantes*.

Como componente da *Instituição* o *Maçom* tem sempre que *desempenhar sua função social*, pois deve *participar e agir na vida da Sociedade, social e politicamente*.

A *Maçonaria* ao longo do tempo se comportou assim, o que permite *crescer quando existe crise*, e tornar-se *recessiva em tempos de Paz*.

2º Vigilante

Porém, como se pode depreender, *Filantropia* não deveria ser confundida com *Caridade*, da maneira como interpretam as *Igrejas*, até porque entendem *Filantropia* como sendo uma *ramificação da Caridade*, o que seria, no mínimo, impróprio.

A *Filantropia* é uma das *pregações e doutrinas da Maçonaria*, porque tanto uma como a outra, estão intimamente relacionadas.

Daí a necessidade da *Instituição* poder sempre contar com integrantes *ativos e produtivos*, em todas as horas de todos os dias, que se dediquem à *Filosofia Maçônica*.

Dessa *convicção* resulta que uma *Loja Maçônica*, para justificar sua existência na atualidade, necessita estar de alguma forma envolvida com a *'comunidade onde se situa'*.

Assim trabalhando poderá contribuir efetivamente para o *progresso da Humanidade e o desenvolvimento do ser humano*.

Mas, estar *envolvida com a comunidade, 'não'* significa que a *Loja* deva *promover* desfiles de seus integrantes paramentados pelas ruas, ou que seja *obrigada* a sustentar uma *creche, uma escola, um orfanato, um asilo, etc.*

Uma *Loja Maçônica* está intrinsecamente envolvida com a *comunidade*, quando seus integrantes são *participantes* de todos os fatos e eventos comunitários.

Estes devem marcar presença em todos os *órgãos, entidades, clubes ou associações* que de alguma forma atuam na *comunidade*.

Orador

Merece destaque o fato de que um *Maçom bem Iniciado*, terá que refrear suas *tendências ou propensões mais afoitas*, a saber:

- *Não 'descumprir sua palavra',*
- *Adquirir grande Força Moral sobre si mesmo,*
- *Ser assíduo aos trabalhos da Loja, e*
- *Ser amigo de seus Irmãos,*

em resumo, *'portar-se como um verdadeiro cidadão filantrópico'*.

Assim qualquer integrante poderá proclamar-se:

- *Um real e verdadeiro Maçom,*
- *Um cavalheiro passível de distinção, e*
- *Um 'padrão' dentre os Iniciados,*

conclusivamente, aquele que *conhece e cumpre os seus Deveres* para consigo mesmo.

Mesmo *'não'* sendo a *Filantropia o objetivo da Maçonaria*, todas as obras portadoras desse *sentido maior*, espalhadas pelos *Países* onde floresce a *Maçonaria*, comprovam a *Solidariedade humana dos Maçons*, porque muitas dessas *obras comunitárias* são sustentadas com todo desvelo, e até com sacrifício, como é seu *Dever*.

Esse trabalho guiado pela *Filantropia* pode abranger todos os *Irmãos*, e até ajudar os que necessitem e sejam estranhos a *Ordem*.

Secretário

Na realidade um *embricamento da atividade* é que faz o *Conceito de Filantropia* uma constante na vida real, pois por divesas vezes se pratica internamente à *Ordem* a *Filantropia*, se para tanto o objetivo da mesma for um *Maçom*.

A *Filantropia* está presente nos *textos constitucionais do GOB*, tanto que aparecem logo em primeira citação no enunciado dos *Princípios Gerais da Ordem*, e o *Código de 1906* inicia dizendo ser a *'Maçonaria uma Instituição Filantrópi-*

ca', e ainda no *Código de 1938* consta em como segunda citação, porém, retorna ao primeiro lugar no *Código de 1951*, dentre outras, porque todas mencionam a *prática desinteressada da Solidariedade, da Beneficência e do Bem.*

Guarda (ou Cobridor)

Todos os *Rituais Maçônicos* consagram um *Tronco Especial* para essa finalidade, que se denominam:

- *Tronco de Solidariedade* – nos Ritos Moderno e Adonhiramita,
- *Tronco de Beneficência* – nos Ritos Brasileiro e Escocês Antigo e Aceito, e
- *Sacola de Beneficência* – no Rito de York, dentre outros.

A *Maçonaria 'não'* se constitui numa *Sociedade político-partidária* ou uma *Associação de Beneficência* como alguns pensam, mas, efetivamente, a *Beneficência e a Filantropia* de *nenhuma* forma constituem a *finalidade específica da Maçonaria*, sendo apenas os *Colorários naturais das Doutrinas que ensina.*

O *objetivo primordial de uma Loja Maçônica* se consiste, principalmente, no *aprimoramento Moral e Intelectual de seus obreiros.*

VM

Assim, foi feita uma tentativa de mostrar, em rápidas considerações, *um dos Conceitos Fundamentais da Ordem, o da Filantropia*, considerado um dos *aspectos importantes do humanismo maçônico*, sendo tal *conceituação* parte integrante das que compõe o *Amor à Humanidade*, e:

- *"que sirva para que todos possam melhor realizar, a sublime missão maçônica!"*

IDEAL DE UMA LOJA MAÇÔNICA 72

VM

Em realidade, nenhum verdadeiro *Maçom*, mesmo até por obrigatoriedade de ofício, deveria se contentar ou se acomodar, simplesmente, com apenas a fundação ou criação de *mais uma Loja*.

Os integrantes da *Sublime Instituição* deveriam, antes de mais nada, procurar uma *Loja* em que se completassem como um *Estado de Espírito*, isto é, seria muito interessante se desejassem um *Centro de Solidariedade*, onde todos os membros *sofressem as aflições de cada um*, assim como, *comemorassem seu justo regozijo*.

1º Vigilante

Deveriam querer participar de um *Templo Azul*, todo aquele que ininterruptamente seria ungido pelo *Orvalho de Hermon*, onde cada *Maçom* pudesse:

- *Prantear quando desejasse,*
- *Sorrir através dos olhos,*
- *Ter o coração franqueado à compreensão, e*
- *Ter a Razão predisposta ao Diálogo.*

Para tanto, seria de extrema necessidade que fossem vistos *todos os Irmãos, todos os dias*, se fosse possível, principalmente procurando *entender suas idéias*, e *bem ouvir, com muita atenção, as benfasejas críticas às suas próprias*, mesmo que, por vezes, tenha um forte desejo de divergir de alguma delas, mas desta maneira, tentar convergir com eles a um *Mesmo Ideal*, isto é, a *Um Ideal comum à todos*.

2º Vigilante

De modo análogo, nenhum *Maçom* atuante e verdadeiro com relação à *Instituição*, deveria querer simplesmente, como já dito, apenas mais uma *Loja Maçônica*, mas buscar:

- *Uma Loja Livre que ajudasse a Libertar,*
- *Uma Loja Igual onde todos realmente se Igualassem,*
- *Uma Assembléia na qual se debatesse com toda liberdade e simpatia, sentimentos estes que, infelizmente, são tão ausentes no Mundo Profano.*

Enfim, ser participante de uma *Oficina* onde:

- *Todos aprendessem juntos a compreender os desígnios do G∴A∴D∴U∴.*

Jamais desejar ser apenas um componente de uma *Loja* onde sempre *prevaleça a vontade de alguns*, mas sim onde *a maioria respeite as convicções da minoria*, decididamente sempre *cultivando a Fraternidade* que é um dos sinônimos de *Amor*, sem qualquer espécie de *condicionantes*, e *perdoando* sem restrições, praticando o virtuosismo da *Paciência e da Tolerância*.

Orador

Uma *Loja* unicamente *dedicada* à edificação de um *Templo Interior, diverso dos Templos Profanos*, isto é, um *Templo repleto de Amizade, muito mais piedoso, e sobretudo, extremamente Justo*.

Conceitualmente, não desejar uma *Loja elitizada, insensível e presunçosa*, o que fatalmente descaracterizaria todo o preceituado pela *Instituição*.

Trabalhar com afinco como em uma *pequena comunidade*, onde todos sejam *líderes de suas próprias crenças*, e que cada *Irmão perdoe os defeitos alheios* na mesma proporção em que lhe são *desculpados os próprios senões*.

Jamais pensar, e muito menos desejar, pertencer a uma *Loja* na qual cumpram simplesmente *seus Deveres*, apenas porque a *Lei* assim o exige.

Secretário

Não apenas uma *Loja* possuidora de *cargos simbólicos*, onde existam *somente contribuintes financeiros*, mas sim onde *todos possam comparecer por um imenso prazer de vir*, enfim, uma *Loja* que faça parte da *vida de cada um*, respeitado seu *credo pessoal e o modo de ser* de cada integrante.

Porém, nunca esperar ou desejar, utopicamente, uma *Loja* formada apenas por *homens perfeitos*, pois:

• *Que o G∴A∴D∴U∴ permita a todos, livrarem-se dos que se julgam 'perfeitos'*.

Os que se julgam *'perfeitos'* pressupõem que *'nunca erram, sempre acertam'*, mas, sabe-se que todos os que assim entendem, *'nunca odeiam porque jamais amaram!'*

Guarda (ou Cobridor)

Desejar sempre uma *Loja* composta por *Maçons* que *mereçam toda caridade*, que pretendam tanto a si próprios, como ao próximo, porque, infelizmente, mas fazendo parte da realidade, *ninguém será uma Pedra exemplarmente Polida*.

Jamais esperar uma *Loja absolutamente completa*, bastando esperar e se contentar em pertencer à uma *Oficina* onde não haja apenas *erros e acertos*, mas que sempre se busque em cada *vocábulo emitido*, o quanto *de Amor e Boa Intenção* este transmite.

Definitivamente, preferir compor uma *Loja* onde também ocorram *equívocos, contradições, e até mesmo ilusões*, mas que, basicamente, procure sempre o auspicioso *coletivo aprimoramento Espiritual*.

VM

Nunca buscar uma *Loja* integrada unicamente por *homens de posses*, mas sim uma *Oficina* na qual *ninguém se eleve senão pelo reconhecido trabalho*, onde não haja acomodação, e que todos sejam *eternos insatisfeitos*, sempre procurando assimilar todos os *Ensinamentos*, e operando pela própria *elevação Espiritual*.

Buscar uma *Loja* na qual o *Segredo não precise ser jurado, porém continue Secreto*, mas uma *Oficina com humildade, crística e acolhedora*.

Finalmente, não se deveria querer apenas *'mais uma Loja Maçônica'*, mas sim *'uma Loja pequena, porém detentora de grandes obras'*, onde um dia:

- *"Seus integrantes possam, orgulhosamente, fazer de seus filhos, seus verdadeiros Irmãos!"*

IMPORTÂNCIA DA "PALAVRA" NA MAÇONARIA 73

VM

Nos antigos *Mistérios Egípcios*, o *Arauto Sagrado* tinha a seu encargo, o dever de explicitar aos neófitos as *Verdades* contidas nos *Misteriosos Hieróglifos e Doutrinas*.

Isso se devia pois o *domínio da Escrita e dos Conceitos* era privilégio de poucos naquela época, e este *'cargo da administração egípcia'* é representado na *Maçonaria* pelo *Irmão Orador*.

A *Palavra*, afora sua *função intrínseca*, se constitui em um dos *meios* adotados desde tempos remotos, para o *reconhecimento dos Iniciados* entre si.

A *Palavra*, além de ser utilizada na *comprovação dos Graus* que possuem, também o é àqueles que pretendem dar-se a conhecer, através da *identificação*.

1º Vigilante

Tais *Palavras* estão sempre acompanhadas de *Sinais e Toques Especiais*, e esse conjunto de *Palavra, Sinal e Toque* é diferente para cada *Grau*, e somente *entendido e reconhecido* pelos *Iniciados* em cada *Grau*.

Estas *Palavras*, em suas diversas versões, buscam a mesma *finalidade*, isto é, a de ser providenciado o competente e necessário *reconhecimento*.

Dentre essas *Palavras*, poder-se-ia destacar:

> • *Palavra de Passe*: É a que se pronuncia ao serem dados os *Toques e Sinais de Reconhecimento*, sendo a *'única'* que pode autorizar o ingresso nos *Templos*.
> • *Palavra Sagrada*: É peculiar a cada *Grau*, devendo ser dita como num *'sopro'*, e com *Precaução e Preocupação*.

2º Vigilante

A *Palavra Sagrada dos Aprendizes* se refere ao *'nome'* de uma das *Duas Colunas de Bronze*, que segundo a *Bíblia*, sustentavam de cada lado o *Átrio* que antecedia a *entrada principal do Templo de Salomão*.

Essa *Palavra* não se pronuncia por inteiro, devendo apenas ser *Soletrada, Silabada, ou ambos*, tudo dependendo do *Rito* adotado pela *Loja*, porque os *Aprendizes* ainda não sabem *'nem ler, nem escrever, pois sabem apenas soletrar'*, tanto que se originam do *Mundo Profano*, dispostos a receberem na *Maçonaria a Luz*, ou seja, o *Ensinamento e Conhecimento das coisas Maçônicas*.

Nos *Antigos Mistérios*, os *Sons e as Vibrações* tinham extraordinário valor, chegando ao condicionante de que:

> • Entre os judeus havia um determinado *'nome'* que *'jamais poderia ser simplesmente pronunciado'*, senão no interior do *Santuário*!

Esclarecendo melhor, esse *'nome não era Jeovah'* como muitos, por engano, poderiam pensar, mas um *'outro nome'* que somente seus *Iniciados* conheciam.

Orador

Todas essas singelas explicações são importantes para o entendimento de uma pequena *'parte'* do significado da *Palavra Sagrada*.

Sendo peculiar para cada *Grau*, se faz necessário dá-la *'simultaneamente com o toque'*, possibilitando assim viabilizar o ingresso no *Templo*, e tomar parte nos *Trabalhos*.

As *Palavras de Passe e Sagrada* são *imprescindíveis*, e cosequentemente:

• *Os Maçons devem ter um 'cuidado todo especial' em tê-las 'sempre presentes'!*

Alguns *Irmãos* consideram que somente com a apresentação do *Diploma ou documento próprio*, podem tomar parte nos *Trabalhos de uma Loja*, o que seria um equívoco, pois, caso:

• *Não satisfaçam de maneira competente e completa o Interrogatório ou Telhamento (Trolhamento) do Irmão Guarda ou Cobridor do Templo,*
• *Não forem dados regularmente o Sinal e o Toque,*
• *Nem as Palavras de Passe e Sagrada de cada Grau, e*
• *A respectiva Palavra Semestral,*

o ingresso não lhes será permitido.

A *Palavra Sagrada* deve ser dada, *exclusivamente,* no interior do *Templo*, que na execução desse *Ato*, se transforma no *Átrio do Templo Espiritual*.

Secretário

A *Espada* representa para o *Maçom* uma *faculdade* indicando *seu discernimento*, ou seja, a *capacidade de penetrar nas aparências* e reconhecer *a realidade. o coração e a natureza, mais íntima e profunda de todas as coisas.*

É o *'pensamento iluminado e o poder da verdade'*, com os quais se vence e dissolve a ilusão em cada um de seus aspectos, é o *místico instrumento* que lhe foi dado, e diante do qual todo fantasma e sombra desaparecem como por encanto.

A *Prancha para Traçar* é também um utensílio simbólico, com o qual são *'traçados os planos da edificação (construção) interior'*, tanto que os *Maçons* devem *conhecer e adestrar-se* no seu uso, pois só assim serão capazes de *interpretar os planos e cooperar*, com inteligência, na sua realização.

Ainda que não seja possível dominá-la por completo, deve-se exercitar nos *Princípios da Geometria* que explica a *Gênesis Individual e Universal*, a desenvolver o *Gênio Iniciático*, e isto não pode ser feito sem a *Prancha Simbólica*, que por sua natureza delicada, deve ser guardada com especial cuidado no *'tesouro de seus instrumentos ou potencialidades latentes'*.

Guarda (ou Cobridor)

Finalmente, a *Corda com Nós* tem *dupla função*, a saber:

• *Isolar os Iniciados das influências profanas, e*

• *Estreitar mais intimamente o Laço da União Invisível, que os une interiormente através de seus 'mesmos ideais e aspirações'.*

Quando a *Corda* estiver *perfeitamente tencionada*, serve também aos *Maçons* para verificar a *'retidão das paredes'* de sua simbólica *construção interior*. Porém, em seu *significado mais verdadeiro e profundo*, representa a *própria consciência interior*, ou seja, a *capacidade de relacionar todas as imagens e concepções mentais* às *idéias interiores e às percepções exteriores*, isto é, o *Mundo dos sentidos com o domínio da suprema realidade*, e a *própria personalidade com a individualidade que na mesma se expressa.*

VM

Finalmente, caberia mensionar que seria algo assim como o *Fio da Intuição* que dá o *Sentido da Unidade*, e o coloca em *harmonia* com o *Plano Divino*, permitindo dirigir justamente todos os passos no labirinto da vida, tornando ao mesmo tempo:

• *Harmônica e feliz a construção da própria existência!*

LEI DO SILÊNCIO 74

VM

O *Silêncio do Aprendiz* tem início na *Câmara das Reflexões*, sendo esta a porta mais curta e breve que o leva ao *Conhecimento – Gnose em grego*, sempre conquistado de *forma pessoal, espontânea e oriunda do coração*.

Todas as *Escolas Iniciáticas Antigas* adotaram a *Lei do Silêncio*, e por longas observações pode-se concluir que auxilia o *Iniciado na Real Iniciação, na Verdadeira Arte Fundamental*, que a *Maçonaria* prima por ser a *fiel continuadora*.

Nas *Antigas Sociedades Ocultas* da *Caldéia, Egito, Índia e Grécia*, dava-se grande importância ao *Conhecimento*, razão pela qual, sendo um verdadeiro tesouro e instrumento de poder, não deve ficar à mercê de pessoas inconseqüentes, que *'buscam a recompensa material em lugar da mística'*, e assim, impunha-se a *Lei do Silêncio*, pois somente aqueles *bons e puros* a suportariam.

1º Vigilante

Na antiga *China* as *Escolas de Ocultismo* impunham aos *Iniciados* até *cinco anos de Silêncio*, o que causava séria afonia, e para a retomada da voz, eram exigidos muitos sacrifícios e longos exercícios.

Existe a necessidade da *Lei do Silêncio*, pois sabe-se que o *Aprendiz* perde seu tempo em falar e ostentar suas orgulhosas opiniões, conduta que dificulta a *'remissão interior'* que deve ser *produto da humildade*.

O *Silêncio* é um *convite à meditação*, à *conversa pessoal* do *Aprendiz* consigo mesmo, retirando daí:

- *A mais sublime das essências,*
- *O desabrochar da espiritualidade,*
- *O conhecimento do coração, estranho ao 'conhecimento Racional que é apenas o 'acúmulo de informações'.*

Na visão do *Mundo Profano*, permanecer em *Silêncio* a mando de *'algum poder, ou de alguém'*, sempre é desagradável, e livrar-se desse desconforto é ansiosamente desejado, entretanto, na visão do *Mundo Maçônico*, na *Lei do Silêncio* não há *'cerceamento da liberdade de expressão ou de divergir'*, mas somente o exercício de descobrir em si mesmo a *Verdadeira Iniciação*.

Porém, essa situação para o *Aprendiz* é temporária, razão pela qual se tiver algo para *divergir, questionar ou inovar* deverá antecipadamente *'questionar-se'*, e a seguir, poderá, ou melhor dizendo, deverá fazer ser ouvida *sua palavra*, pois a *Liberdade, Igualdade e Fraternidade* são atributos e direitos basilares da *Maçonaria*, para depois, sabendo passar pelo *período do Silêncio*, entrará num tempo onde *sua palavra* será mais impregnada de *Luz*, do que naquele em que foi imposta a *Lei do Silêncio*.

2º Vigilante

O *Trabalho* que os *Aprendiz* deve apresentar em *Loja*, não somente precisa atender aos ditames didáticos, mas, e principalmente, é adequado como veículo de exposição de sua opinião, se bem que sujeita ao crivo dos *Mestres*, entretanto, esses *Mestres* quando questionam o *Aprendiz*, e pedem explicações sobre o *Trabalho* apresentado, e assim agem para poder diagnosticar *'sua evolução e seus conhecimentos'*, explicando-lhe os significados dos itens questionados, e por isso, é grande a responsabilidade dos *Mestres* em manter a didática para o progresso do *Aprendiz*, para que alcance os mais *elevados Graus de Conhecimento Maçônicos*.

O *crescimento espiritual* do *Aprendiz* é o *sustentáculo da Loja*, pois representa mais uma *Pedra que está sendo Polida*, e que se *ajustará na construção do Templo*, sendo que essa *Evolução* trará benefício a todos, que juntos desfrutarão desse *Crescimento*.

Portanto, o *Silêncio*, sendo o primeiro passo para a *Aprendizagem do Iniciado*, é o canal responsável pela *transmissão dos símbolos e das Instruções*, pois caso se tratasse apenas de *informações racionais ou pensamentos eruditos*, seria difícil a *Mente* codificar e transmitir por palavras os *Símbolos Transcendentes*.

A *Lei do Silêncio* vale para provar ser um *Irmão de bons costumes*, pois não sendo possível falar bem de um integrante, se calará, porque aí o *Silêncio* se imporia, apesar de ainda se impor quanto à *curiosidade profana* que deseja conhecer os *Augustos Mistérios*, os quais a *Maçonaria* é portadora e guardiã desde tempos imemoriais.

A época da *Maçonaria Operativa*, através do *Silêncio*, o *Segredo* permanecia preservado, pois através dele, e somente por ele, era possível aos *Irmãos* se *manterem unidos* em cada *Grau*, além de se identificarem tranqüilamente.

Esse *Segredo* era a base para que o *conhecimento das construções das Catedrais* ficassem restritas àqueles que eram movidos, não somente pela recompensa do soldo, mas pela satisfação de estarem construindo uma obra que iria permanecer por muitos séculos.

Orador

O autor *Nicola Aslan* falando sobre o *Silêncio*, diz:

> • *"Acostumado no Mundo Profano a expressar opiniões sem entraves, esta regra iniciática há de encerrar à ele as maiores dificuldades. Limitar-se doravante a somente ver, ouvir e calar, há de parecer-lhe de início insuportável. Este exercício severo obriga-o a disciplinar as idéias vistas e analisadas por ângulos diferentes, encerra um conteúdo insuspeito que adquire dimensões incomuns. Este é precisamente considerado o caminho mais curto para a Iniciação Real, depois de ter passado pela Iniciação simbólica, justificando o preceito maçônico, pelo qual se afirma que cada um se inicia por si mesmo."*

Sob o aspecto desenvolvido no *Plano Energético*, através da melhor e maior sensibilidade, ou do correto emprego das próprias energias, o *Maçom* busca o *desenvolvimento através da prática da meditação*, não somente quando todos na *Loja* praticam suas *meditações*, interiorizando seu olhar para si mesmo, buscando a qualquer momento, e em qualquer lugar, encontrar sua *Verdadeira Essência*.

Como dito, o *Silêncio do Aprendiz* teve início na *Câmara das Reflexões*, e lá o *profano em Silêncio* observou os *Símbolos e as inscrições dirigidas à meditação*.

Assim, o escritor *Nicola Aslan* define:

> • *"Certos Rituais, principalmente os franceses, dos quais procedem... os Ritos praticados no Brasil, incluem na Câmara das Reflexões uma... fórmula alquímica e hermética, através dos símbolos... e das frases direcionadas à conduta."*

Secretário

Assim, o recipiendário é o *hermetista, o ocultista*, é o alquimista na busca da *Pedra Filosofal*, que quando descoberta o transformaria no *homem perfeito*, é o que o *Maçom* faz quando luta pela *transformação de Pedra Bruta em Cúbica*, que poderá ser utilizada e encaixada na *construção do seu Mundo Interior*.

O *Conselho* para conhecer e penetrar nos *Mistérios da Alquimia*, era dado à poucos *'escolhidos'*, assim, o *Maçom* é o alquimista que *afasta as suas paixões, vícios e desejos incontroláveis,* para vê-los transformados em *virtudes, domínio de si mesmo, tolerância e prudência*, e no *Silêncio* da introspeção distingue *Palavras* que representam atividades, que serão constantes no estágio de observação.

Num trecho do *Manual do Aprendiz* do autor *Aldo Lavignini*, em espanhol, publicado pela *Editora Kier*, é possível ler que:

> • *"A Disciplina do Silêncio é um dos ensinamentos fundamentais da Maçonaria. Quem fala muito – pensa pouco, ligeira e superficialmente, e a Maçonaria quer que seus obreiros sejam melhores pensadores que faladores (oradores)."*

Não se consegue chegar à *Verdade com palavras, nem por discussões*, mas sim através do *estudo, reflexão e meditação livre e silenciosa*, portanto:

> • *Aprender a calar é aprender a pensar e meditar,*

assim, a *Disciplina do Silêncio* tinha grande importância na *Escola Pitagórica*, onde:

> • *A nenhum dos discípulos era permitido falar sob nenhum pretexto, antes que tivessem decorrido os três anos de seu Noviciado, período que corresponde ao Aprendizado Maçônico.*

Guarda (ou Cobridor)

Todos os *Maçons* devem sempre estar conscientes de que:

> • *Saber calar não é menos importante que saber falar,*

e esta última, considerada arte, não pode ser aprendida antes de ter-se adestrado na primeira, retificando, por meio da *Esquadria da Reflexão*, todas as *expressões verbais instintivas*.

No *Silêncio* as idéias amadurecem e aclaram, e a *Verdade* aparece como a *Verdadeira Palavra* que se comunica no *Segredo da Alma* de cada ser, e a *Arte*

do Silêncio é uma *Arte complexa*, que *'não'* consiste em *calar a palavra exterior*, mas que se completa com o *Silêncio do Pensamento*, e assim:
> • *Quando souber 'calar o pensamento', é quando a Verdade pode se revelar e manifestar-se a consciência.*

Para poder realizar esta *Disciplina do Silêncio*, também tem-se de compreender o significado e o alcance do *Segredo Maçônico*, e por isso, o *Maçom* deve calar-se ante as *mentalidades superficiais ou profanas*, sobretudo naquilo que somente os *Iniciados* em sua compreensão puderem entender e apreciar.

A *discrição* do *Maçom* que entende os *Segredos da Arte*, deve ser exercida também com seus *Irmãos*, que ainda não possuam as *condições do amadurecimento do Espírito*, *'condições'* estas para poder fazer o *uso proveitoso das Palavras*.

A *Verdade* não pode ser recebida por quem não se encontre em *'condições'* de entendê-la, ou viva em erro, pois, *'todo esforço para convencê-lo se converterá em prejuízo pessoal'*.

O *Maçom* que conhece a *Verdadeira Palavra*, deve estar disposto a *'dar a letra quantas vezes for pedida*, mas deve esperar que esta *'letra tenha sido direta ou indiretamente pedida'*, e fazer que sua *'letra se encontre em perfeita correspondência e harmonia com a letra encontrada e dada como pergunta'*, assim, cada qual deve ser contestada quando julgar necessário, segundo as idéias expressas, porque:
> • *Não se fazer bem 'compreender', é prejuízo para quem fala, e para quem ouve.*

VM

Daí seria possível concluir que a *Simbologia do Aprendiz* é a mesma de um *recém-nascido* que não sabe falar, mas tem um universo novo para crescer através do *Simbolismo*, começando por *'aprender a enxergar, a ouvir, a sentir gostos e odores, a andar, e por fim, a falar'*.

Assim sendo, a *Lei do Silêncio* deve ser encarada como uma *útil ferramenta*, que permitirá ao *Iniciado* a possibilidade de *talhar a Pedra Bruta*, que na sua *temperança*, revelará a *Eterna e Verdadeira Iniciação*.

LOJA "JUSTA E PERFEITA" E AS "SETE LUZES" 75

VM

De início caberia a pergunta:

• *O que é necessário para uma Loja ser Justa e Perfeita?*

assim, a cabível resposta seria:

• *É necessário que Três Irmãos a 'Dirijam', Cinco a 'Iluminem', e Sete a tornem 'Justa e Perfeita'.*

1º Vigilante

Os *Três Irmãos* que a devem *Dirigir a Loja*, são o *VM* e os *1º e 2º Vigilantes*, aos quais estão diretamente vinculados os *Três Grandes Pilares*, a saber:

• *O da Sabedoria – o da Força – e o da Beleza.*

Estes *Dirigentes*, que são considerados como as *Luzes da Loja*, representam também o *Espírito Diretor dessa Loja*, entre outras razões, porque à estes *Irmãos* correspondem, simbolicamente, os seguintes *Instrumentos Ritualísticos*:

• *Ao VM – o Esquadro,*
• *Ao 1º Vigilante – o Nível, e*
• *Ao 2º Vigilante – o Prumo,*

que ainda simbolizam *'as necessárias três ferramentas fundamentais á toda construção'*, e muito especialmente, para a edificação do *Templo Espiritual Interior*.

2º Vigilante

Se à estas *Três Luzes da Loja* acrescentarem-se os *Oficiais – Orador e Secretário*, que se constituem nos *Irmãos* representantes, respectivamente, *Da Lei ou Tradição Maçônica, e da Memória da Loja*, quando então, estariam compostas as *Cinco Luzes*, que constituem, pelas *'propriedades do número 5'*, a *Alma ou Princípio Dinâmico Gerador*, que suprem e propiciam que *Lojas* fiquem Iluminadas em Seu Interior.

Orador

Os dois últimos integrantes restantes, que resultarão nos *Sete Necessários*, serão os *Oficias – Mestre de Cerimônias e Cobridor*, cujas atribuições desses *cargos* incluem papel importante de *guias* dos integrantes durante os *Cerimoniais de Iniciação – Elevação – e Exaltação*.

À estes *Oficiais* também cumpre *cobrir* os postos e funções imprescindíveis para que a *Loja* seja *verdadeiramente considerada Justa e Perfeita*, condicionando e indicando a idéia de complementação da *Grande Obra*, que é simbolizada, precisamente, pela representação cabalística e pitagórica do *número 7*.

Secretário

A respeito do *número 7*, então caberia recordar, dentre outros, por exemplo que:

- *Sete foram os 'dias' que o G∴A∴D∴U∴ empregou para a Criação do Mundo;*
- *Sete são os 'dias da semana';*
- *Sete são os 'planetas e os metais alquímicos' a eles associados;*
- *Sete são as 'cores do arco – iris', onde está incluído o 'branco';*
- *Sete são as 'notas musicais'; e*
- *Sete é o 'centro da cruz tridimensional' que mostra as 'seis direções do espaço'.*

Guarda (ou Cobridor)

Simbolicamente, e caso seja permitida como *condição especial*, uma *Loja* pode ser também considerada *Justa e Perfeita*, se desses *Sete Irmãos:*

- *Três, no mínimo, possuírem o Grau de Mestre, Dois o Grau de Companheiro, e mais Dois o Grau de Aprendiz,*

complementando assim a totalidade da *hierarquia iniciática*.

Desta maneira, pode-se associar:

- *O 'espírito' da Loja aos Mestres,*
- *A 'alma' da Loja aos Companheiros, e*
- *O 'corpo' da Loja aos Aprendizes,*

com o que é estabelecida a *Tríade Cósmica*, à semelhança dos *Três Planos*:

- *O Celeste;*
- *O Intermediário; e*
- *O Terrestre.*

VM

Assim, não deve causar estranheza, serem necessários *Sete Irmãos*, no mínimo, para que os *Trabalhos* se tornem também, tal como na *Loja* onde se cumprem, *Justos e Perfeitos*, e para que seja possível:

- *A explendorosa transmissão da influência espiritual do G∴A∴D∴U∴.*

LOJA E TEMPLO

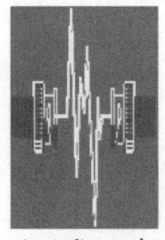

VM

O termo *Loja* deriva do latim *Logia*, ou germânico *Laudia*, ou do sânscrito *Loka (lê-se loga)*, e ainda, para os ingleses se origina do anglo-saxão *Logian* – *significando morar ou local para alojar pedreiros*.

Porém, vários autores especialistas citam que a *real origem* desse termo é muito confusa, mas que seu *significado* para a *Instituição* seria de *'reunião ou agrupamento*.

Em resumo, *'Loja'* para a *Maçonaria* significa:

- *A 'reunião de seus integrantes', isto é,*
- *Seu grupo formando um Quadro de Obreiros,*

pois a *'Loja Maçônica'* são os *Iniciados* regulares filiados e ligados aos demais *Irmãos* por um *Compromisso de Honra, ou por um Juramento,* nos *Ritos Deístas.*

A *'Loja'* não necessita de um *edifício* para existir, pois *'não'* é o imóvel em que se reúnem os *Maçons* para os trabalhos da *Oficina*, ressaltando-se ser a *'Loja'* a *Célula-Mater da Maçonaria*, pois a *Instituição* não existe sem suas *'Lojas'*.

E *Templo* seria o *'local físico'* em que se reúne a *'Loja'*, sendo decorado de acordo com o *Rito* adotado, ao qual se desenvolve e pratica a *ritualística*, devendo ser estudado o *Simbolismo e a Filosofia* contida, para depois colocá-los em prática na *vida social*, pelo *exemplo* que os *Maçons* devem oferecer aos semelhantes, por meio de seu *comportamento*.

1º Vigilante

Os *Templos Maçônicos* derivam do *Tabernáculo e do Templo de Salomão*, sendo que o *Tabernáculo* era uma *'grande tenda'* que os hebreus transportavam em sua peregrinação, um *Templo ambulante* – *portátil*, utilizado no *Êxodo do Egito*, para seus serviços religiosos.

Qualquer *local físico* onde se reúna a *'Loja em Trabalho'* é um *Templo*, até mesmo *'sem'* as *decorações convencionais*, pois representa simbolicamente o *Universo*, e todos os integrantes da *Ordem* estarão sempre no *Seu Interior*.

O *Templo* não só *acoberta* os *Trabalhos*, mas *inspira*, com seus *símbolos*, a adoção da *ritualística*, que é *disciplinadora* e um *método* de representação do *Pensamento ou Filosofia*, que é adotada segundo as convicções e oportunidades.

Partindo para a identificação e reconhecimento dos *símbolos* mostrados nos *Templos Maçônicos*, mas não os significados simbólicos dos mesmos, tentar-se-á identificar suas *variações* de acordo com os *Ritos mais praticados no Brasil*.

Os *Ritos* praticados no país são: *York ou Emulação – Schroeder – Escocês Antigo e Aceito – Francês ou Moderno – Brasileiro – e Adonhiramita*.

Seus *Templos* procuram reproduzir o *Templo dedicado ao Senhor, construído por Salomão*, cuja edificação é narrada na *Bíblia*, citando *'personagens – ornamentos – e passagens históricas'* que foram utilizadas pela *Maçonaria – dita Especulativa*.

Conforme os *Ritos*, para comporem os *Graus* e seu *sentido simbólico*, são utilizados diversos decorações, tais como as *Colunas – representação do Santo dos Santos – etc, assim*:

2º Vigilante

YORK ou EMULAÇÃO

O *Rito* mais antigo organizado e reconhecido, o de *Emulação – conhecido como York,* praticado pelos ingleses, embora contenha o simbolismo do *Templo de Salomão* implícito em suas *Instruções*, não procura manter uma fidelidade maior àquele, mas muito mais ao *Parlamento Inglês*, instituição reverenciada por aquela nação, tanto quanto a *Igreja Anglicana* e a *Coroa Britânica*; assim, a *decoração* de seu *Templo* pode ser considerada como simples e aristocrática ao mesmo tempo.

No *Brasil* não são muitos os *Templos* construídos especificamente para o *Rito*, que em geral funcionam em *Templos* adaptados, onde não existem *mesas ou altares* para as *Luzes da Loja*, pois não se anota nem lê nada – inclusive *Rituais*; é composto por *Três Colunetas* designadas ao *VM e Vigilantes,* onde soam os *malhetes*.

No *Oriente* existem cadeiras, inclusive atrás do *Trono de Salomão (VM)*, o *Oriente* e *Ocidente* estão separados por *Dois Degraus*, com mais *Três para o Trono*, o *1º Vigilante* se posta defronte ao *VM*, enquanto o *2º Vigilante* no meio da *Coluna do Sul*, e esse posicionamento seria exclusivo aos *Ritos de York* e também ao *Schroeder*, mas no *Brasil* outros *Ritos* o usam, indevidamente, e nos *Ritos* de origem francesa o *2º Vigilante* posiciona-se *junto* à *Coluna* que lhe corresponde, da mesma forma que o *1º Vigilante*.

No centro do *Templo – no Ocidente,* coloca-se o *Altar dos Juramentos* com o *Esquadro, Compasso e o Livro da Lei,* ou das *Escrituras Sagradas*, que porém permanece *fechado*, cercado à distância por *Três Colunas de Ordem Jônica, Dórica e Coríntia*, uma de cada lado das *Luzes* correspondentes, sendo que o *Pórtico (Porta do Templo)* deverá estar sempre à esquerda do *1º Vigilante*.

Orador

ESCOCÊS ANTIGO E ACEITO

Criado na *França*, com as práticas dos *Ritos* franceses, esse *Rito* trouxe ao seu simbolismo *'ornamentos e instrumentos'* do *Rito* praticado na *Grã-Bretanha*, e que acrescentaram a *'cor vermelha'* da *Casa dos Stuart's*, exilados da *Escócia* para a *França* no *século XVII* que o criaram e constituíram, sendo que no princípio detinha *25 Graus* conhecido como *Escocês Refinado*.

Mais tarde, no *século XIX,* aditaram mais *Oito Graus*, totalizando *33 Graus*, passando então a ser conhecido como *Rito Escocês Antigo e Aceito*, e já na *América do Norte* criou-se o *Supremo Conselho do Rito*.

Nesse *Rito* são utilizadas *Duas Colunas* na entrada do *Pórtico*, sendo *'a direita de quem entra a Coluna J – Sul, e a esquerda a Coluna B – Norte'*, que têm sobre os capitéis de cada uma *Três Romãs Entreabertas*, e quanto ao piso pode ser *Quadriculado (Pavimento Mosaico)*, por inteiro ou somente no centro, e nesse caso será circundado pela *Orla Dentada*.

O *Altar dos Juramentos*, onde estão as *Três Grandes Luzes da Ordem*, fica instalado no lado oriental da *Orla Dentada*, porém, em local diferente dos *Rituais* praticados pelas *Grandes Lojas e pelo Grande Oriente de França*, pois neles o *Altar* localiza-se no *Oriente*, e o *2º Vigilante* posta-se junto à *Coluna J – dos Companheiros*, não no centro destes integrantes, posição característica e própria dos *Ritos de York e Schroeder*.

O *Oriente e o Ocidente* são separados por uma *Balaustrada e Dois Degraus*, o *Trono do VM* fica elevado por outros *Três Degraus*, sendo que os demais *Oficiais e Luzes da Loja* também possuem seus *Altares* de trabalho.

O *Teto* é de forma abobadada representando o *céu em progresso do dia à noite* partindo do *Oriente*, devendo neste estar representados os *Astros – Sol e Lua, e Estrelas* formando algumas *constelações*.

O fundo do *Templo – no Oriente*, deverá ser arredondado e decorado em *azul celeste*, tendo um *Delta Luminoso com o Olho Divino no centro*, ladeado individualmente pelos *Astros – Sol e Lua*, já que o *dossel – sobre o Trono do VM*, será ornado em *vermelho – a cor do Rito*, tendo na parte frontal um *Triângulo contendo a letra hebraica 'IOD' – a letra 'G' do alfabeto em uso atualmente*, e nas *paredes – no Ocidente*, serão instaladas eqüidistantes *Seis Colunas Zodiacais* de cada lado *(N e S)*, e acima destas será estendida a *Corda de 81Nós* terminada junto ao *Pórtico*.

Secretário

MODERNO OU FRANCÊS

Esse *Rito* destaca-se pela simplicidade em termos de decoração, embora evidencie todo o *Simbolismo Maçônico* contido nos *Graus Simbólicos*.

Possui as *Colunas do Pórtico* que são parecidas com as dos demais *Ritos*, estando a *'B'* ao lado da *Coluna do Sul*, e a *'J'* da *Coluna do Norte*.

Além de que o *piso* será *Quadriculado em Mosaico*, ou simplesmente não ter, e o *Oriente* está separado do *Ocidente* por uma *Balaustrada e Um Degrau* apenas.

Ao *Trono do VM, 'não'* há a necessidade de estar *mais elevado* que o restante do *Oriente*.

O que dever ter é uma *extensão* do *Altar do VM* em forma *triangular*, onde estão colocadas as *Três Grandes Luzes da Maçonaria – Esquadro, Compasso, e Livro da Lei – e a Constituição da Potência ou de Anderson*.

Porém, não cabendo, de acordo com o *livre pensamento*, a presença de *Livros Religiosos*, como pretendem alguns que desconhecem os *fundamentos e origens* desse *Rito*, por negligência à *cultura maçônica*.

Os *móveis* das *Luzes e Oficiais* são denominados *Triângulos, e 'não' Altares*.

A decoração do *teto* representa o *'céu com menor número de constelações'*, tendo no *Oriente* o *Sol*, no *Ocidente* a *Lua*, e atrás do *Triângulo do 1º Vigilante* a *Estrela Flamígera* contendo a letra *'G'*.

'*Não*' há neste *Rito* o *Altar dos Juramentos* ou qualquer outro *móvel*, tanto no *Oriente* como no *Ocidente*, como prescrevem os *Rituais do Grande Oriente de França – titular e criador do Rito*, não havendo, assim, a *Circunvolução ou Marcha* em sentido horário.

SCHROEDER

De modo análogo, o *Templo* possui a forma *retangular*, sendo dividido em *Oriente e Ociente*, porém sem *Balaustrada ou Gradil*, e por isso, ficando todo o espaço do *Templo* no mesmo plano.

Diferentemente, as *Três Grandes Luzes* ficam no *Altar do VM*, e a *Coluna 'J'* postada ao *Norte* onde fica o *1º Vigilante*, e a *'B' ao Sul* com o *2º Vigilante*, que estará postado no meio das cadeiras dessa mesma *Coluna*, tal qual no *Rito de York*.

O topo dessas *Colunas* estarão ornados, respectivamente, por um *Globo Celeste* e um representando a *Terra*.

Uma peculiaridade do *Rito* é que os *Aprendizes e Companheiros* devem ocupar as cadeiras da frente, enquanto os *Mestres*, sem cargos, as de trás.

No centro (meio) do *Templo – no Ocidente*, estarão as *Colunas Dórica, Jônica e Coríntia*, formando um *Triângulo em torno do Painel do Grau*, sendo instaladas num *Grande Tapete* ali estendido.

Com *simbolismo muito elevado* o *Rito* apresenta-se *simples – discreto – e austero*, o que *tipifica o povo germânico*, principalmente, em sua *ornamentação e simbologia*.

Guarda (ou Cobridor)

BRASILEIRO

Nesse *Rito* a decoração é semelhante à do *Rito Escocês Antigo e Aceito*, mas contando com algumas diferenças com relação à *prática ritualística*, por contar em sua hierarquia com *Dois Supremos Conclaves:*

- O do Grande Oriente do Brasil, e
- O Autônomo, para os Grandes Orientes Independentes.

As alterações básicas são:

- A '*ausência*' do Ir∴ *Hospitaleiro, cuja função é executada pelo Ir∴ Chanceler*, e
- As '*Colunas do Pórtico*' são '*invertidas*' em relação ao Escocês, isto é, a '*B*' à direita de quem entra, e '*J*' à esquerda,

e assim, estão postados os *Aprendizes ao Sul* e os *Companheiros ao Norte*.

Trabalham com *dois IIrm∴ como Mestres de Cerimônias*, postando-se o primeiro junto ao *Ir∴ Tesoureiro na Coluna J*, e o segundo junto ao *Altar do Ir∴ Chanceler / Hospitaleiro na Coluna B*.

Tal como nos demais *Ritos*, no fundo do *Oriente* são instalados ornamentos que representam os *Astros*, mas que acompanham a posição do *Ir∴ Orador à direita do VM*, e do *Ir∴ Secretário à esquerda*.

Diferenças em relação ao *Rito Escocês* praticamente inexistem, a não ser na *dinâmica ritualística*, mas a *decoração e ornamentação do Templo* recebe '*cor azul nas paredes e dossel'*, pois a *'cor oficial do Rito é azul marinho'*, pela correspondência ao *azul* que compõe as cores existentes na *Bandeira Brasileira*.

ADONHIRAMITA

Como já dito, os *Ritos* de origem francesa têm muita semelhança, exceto por alguns pontos que merecem registro.

No *Rito Adonhiramita*, tal como nos *Ritos Francês, Schroeder e Brasileiro*, as *Colunas* são instaladas *'invertidas'* em relação aos demais, porque obedecem a disposição dos *'nomes auferidos às Colunas do Templo de Salomão'*, isto é, *'na posição de quem entra no mesmo'*, tendo a *'B' à direita – Sul*, e a *'J' à esquerda – Norte*.

Os *Vigilantes* acompanham suas respectivas *Colunas*, isto é, postados à frente das mesmas, o *'1º Vigilante fica ao Sul'* cuidando dos *Companheiros*, e o *'2º Vigilante' ao Norte* onde cuida dos *Aprendizes*.

Nesse *Rito*, o *Altar dos Juramentos – em forma de triângulo*, será instalado no *Oriente*, centralizado defronte ao *Altar do VM*, e entre estes, mais a direita de quem observa, um outro *Altar – menor e triangular*, suportará um *'dispositivo próprio ou castiçal'*, que contém a *Chama Sagrada ou Fogo Eterno*.

No *Ocidente* consta o *Pavimento Mosaico* circundado pela *Orla Dentada*, disposto na área central de todo o piso que também deve ser *quadriculado*.

O *teto* será decorado pela representação do *'dia e noite'* a partir do *Oriente*, onde também se encontram diversas *constelações* como *Aldebaram – Orion – Plêiades – Híades – etc*, tendo ainda o *'Sol'* no *Oriente* sobre os *degraus da Balaustrada*, e a *'Lua'* acima e proximamente ao *Altar do 2º Vigilante*.

O *Dossel* acima do *Altar do VM* terá predominantemente a *cor azul*, e no fundo do *Oriente*, afastado da parede a possibilitar a *Circunvolução Infimita (em 8) – única e característica desse Rito*, será instalado um *Retábulo* que conterá as representações do *Delta Luminoso* com o *Olho Omnivente* no centro, ladeado pelas do *Sol e da Lua*.

Enquanto, ainda no *Oriente*, estará o *Altar dos Juramentos* que contém o *Livro da Lei (representado pela Bíblia) – o Esquadro – e o Compasso*.

Segundo alguns estudiosos, as denominadas *Colunas Zodiacais* deveriam estar sempre presentes em *'todos'* os *Ritos Franceses*, todavia, os *Rituais Adonhiramitas* não as trazem descritas como parte de sua *ornamentação*.

VM

Finalmente, embora existam sérias divergências entre muitos autores quanto a definição de *Loja*, assim como dos *detalhes* na *'decoração e ornamentos dos Templos'* nos diversos *Ritos*, caberiam estudos individuais mais aprofundados, em busca de outras informações que melhor ilustrassem o tema, que se mostra muito amplo e controverso!

MAÇONARIA E SEUS OBJETIVOS 77

VM

É muito comum um amigo profano perguntar ao *Maçom*:

• *O que se faz na Maçonaria?*,

e quando recebe uma *'Resposta Simples'*, sem muito detalhamento e minúcias, este completa com outra indagação:

• *É verdade que mandam 'Exterminar' o Maçom que revelar os 'Segredos' da Maçonaria?*

Certa vez um *Maçom* respondeu a uma dessas curiosidades, da seguinte maneira:

• *O único Segredo milenar da Maçonaria é a letra 'G', que não pode ser revelado, pelo simples fato de que, até hoje, não se sabe seu 'verdadeiro significado'.*

1º Vigilante

Há também aqueles que estranham, serem as *portas fechadas* aos *'não' Iniciados* nas *Sessões das Lojas*, porém, quando é perguntada a causa desse fato, poder-se-ia responder:

• *É possível a qualquer pessoa assistir as Reuniões da Diretoria de Bancos – Companhias – etc, como simples curioso?, mesmo sendo acionista das mesmas?*,

ora, nestas *Sessões* somente podem comparecer seus respectivos membros, que, na maioria das vezes, se reúnem a *'portas fechadas'*.

As *Lojas Maçônicas 'não estão vedadas'* a visitantes, mesmo profanos, e seus integrantes sempre demonstraram prazer em receber todos os interessados, que desejarem ter uma idéia de seus *'Ornamentos, Disposição dos Móveis, Seus Pontos Cardeais, Adornos, Jóias, Colunas, Pavimento de Mosaico, Altar do Livro da Lei, Delta Luminoso, Altares das Dignidades, Altar e Trono do VM, Pavilhões Nacional e do GOB, Magnitude das Luzes e os Tradicionais Símbolos*, que têm origens na própria *Lenda da Instituição*, e nas imagens do *Templo de Salomão*.

Porém, para ser regularmente recebido numa *'Loja em Funcionamento'*, é preciso que o visitante seja *Maçom, além de ter que provar que o é*, o que seria absolutamente natural, pois, na atualidade, a *Maçonaria não é mais uma Sociedade extremamente Secreta*, quando muito pode ser considerada *'discreta'*, mas suas *Reuniões* obedecem *Disposições Estatutárias, Prescrições Constitucionais e Landmarks*, não alterados pela natureza *Universal*.

2º Vigilante

Uma *'Loja Maçônica é uma Oficina de Trabalho – Escola de Cultura – Templo de Aperfeiçoamento Moral – Espiritual – e Social'*, possui seus *Rituais* com *'normas (fórmulas) escritas'*, bem como as *Instruções* necessárias à *prática regular e uniforme* aos trabalhos maçônicos em geral, sejam nas *Sessões Normais (Ordinárias), Iniciação, de Elevação de Graus, Pompas, etc*, e os *Rituais* são uniformes em qualquer país ou idioma, conforme o *Rito*.

Sendo uma *Associação de homens-livres de âmbito Universal*, a *Maçonaria* é essencialmente *Filantrópica, Filosófica e Progressista*, não admitindo reservas mentais de seus filiados, pois em *Loja* todos são *Irmãos*, e assim devem ser tratados.

Sabe-se como é longa e difícil a caminhada de um *Aprendiz* até chegar ao *Terceiro Grau*, quando adquire o direito de usar o *Avental de Mestre Maçom*, quando se torna possuidor de todos os *Direitos e Obrigações* que a *Ordem* outorga.

Mas é indispensável que saiba *'educar seu espírito'*, para poder dominar a *'matéria'*, meio pelo qual conseguirá encontrar harmonia no convívio com seus *Irmãos*, devendo ainda aprender a *Vencer as Paixões Humanas*, e *Livrar-se da Ignorância, Teimosia, Mau Gosto, Individualismo Egocêntrico*, e ter o *Pensamento Livre*.

Orador

Trabalhando no desbaste da própria *Pedra Bruta*, o *Aprendiz* vai *'aparando as arestas de seu caráter'*, que por falta de conhecimento, mais *obedece aos instintos do que a razão*, quando então, necessário se faz *educar, disciplinar e subordinar sua Vontade*, buscando o *Caminho da Luz*, colhendo *Ensinamentos e Conhecimentos*, e sempre tendo como meta a *Virtude*, unicamente por seus *próprios esforços*.

É preciso verificar constantemente, através do *Esquadro da Lei*, a *'retidão de suas ações'*, cujos *Ângulos Retos* mostram a *Nova Visão* que os coloca em *harmonia*.

O *Aprendiz* não deve somente *'combater somente as Paixões'*, mas também outros inimigos da *Humanidade*, tais como:

- *Os hipócritas que a enganam,*
- *Os fanáticos que a oprimem,*
- *Os ambiciosos que a usurpam, e*
- *Os corruptos sem princípios, que abusam da confiança do povo.*

Um *Maçom* não deve jamais trazer para a *Loja* as *'desavenças'* que o separam de outro *Irmão* na vida profana, pois nos trabalhos em *Oficina*, jamais devem prevalecer o *Ódio – a Desarmonia – e a Inimizade*.

Caso estiver em *Loja*, e se defrontar com um *Irmão* que, por motivos profanos e próprios dos defeitos humanos, não é bem-vindo ou mesmo considerado inimigo, mesmo de natureza irreconciliável, e se for levado a uma aproximação, não se deve recusá-la, tudo fazendo para evitar a transpiração da separação entre quaisquer dos *Irmãos*, pois ali devem se encontrar *dois Maçons unidos pelos mesmos laços de Fraternidade*, e *'não'* dois profanos marcados pelas falhas de uma sociedade caracterizada por interesses – ódio – despeito – e vingança.

Secretário

O *Amor à Verdade, o Estudo da Moral Universal, das Ciências e das Artes*, desenvolvem no coração humano os mais *Puros Sentimentos de Abnegação – Caridade – Tolerância – Religiosidade – e Deveres com a Família*.

A *Divisa Maçônica*, composta pela *Tríade – Liberdade, Igualdade, e Fraternidade*, que também podem ser interpretadas como:

- *A 'Liberdade' é um dos Princípios que compõem o lema emancipador e regenerador da Instituição;*
- *A 'Igualdade' refere-se ao Conceito Maçônico de que 'todos os homens nasceram iguais', vindo a se distinguir no curso da vida, por mérito, talento, saber, virtude ou trabalho, únicas distinções admitidas pela Ordem;*
- *A 'Fraternidade' é o Conceito da Grande Devoção, pois não tem proteção legal, tal como a Liberdade e a Igualdade entre os homens, sendo fruto das comunidades evoluídas e harmoniosas, contando com o Amor ao Próximo como seu Principal Fundamento, e assim, o homem tem o 'dever precípuo de ser Fraterno', isto é, Amar seu Próximo – seu Irmão, como a si mesmo.*

Assim, *'jamais será Fraterno'* aquele que:

- *Desconhece o 'Bem', e faz do 'Mal' o norteador de sua vida.*
- *Cujo 'Espírito detém Fraqueza Moral', impedindo de agir a favor do 'Injustiçado'.*
- *For 'Viciado, Violento e Ambicioso', com a 'mente' obcecada pela 'Maldade'.*

Guarda (ou Cobridor)

A *Tríade Maçônica* deve ser sempre *'bem aplicada'*, porque:

- *O 'Próximo é Sempre Irmão'; e*
- *'Amar-se a Si Próprio', pois se é filho do G∴A∴D∴U∴, e por isso, Amar o Espírito Criador Incriado, dessa maneira, Amando a Deus com tanta intensidade, de forma análoga, 'Deve-se Amar ao Próximo'.*

O *Eterno* só aceitará o *Amor*, quando se souber *'Amar ao Próximo Como a Si Mesmo'*, aí então, será *portador da Fraternidade*, e recebidos *'por Abraão como homens-livres e de bons costumes'*.

Porém, *'jamais seria suficiente'* o aqui descrito, para alguém se tornar profundo conhecedor de tudo que envolve a *Maçonaria e seus Objetivos*, pois é preciso continuar a *'estudar'*, tendo em vista ser o *'estudo uma das formas sublimadas de trabalho'*.

O *Maçom* quando *'estuda e trabalha'*, ativa e positivamente, pela própria *'Evolução e Aperfeiçoamento dos Irmãos'*, tanto quanto pelo *Progresso da Ordem*, certamente consegue galgar todos os degraus da *Escada de Jacó*.

VM

Desta forma, tomara que todos os *Irmãos – e em particular os Aprendizes*, sejam sempre *'fiéis aos compromissos assumidos pelos Juramentos'*, para que possam em conjunto dar continuidade à *Sublime Obra da Arte Real* onde trabalham os *Maçons*, desde tantos séculos, e atuem de forma a contribuir para:

- *A 'união dos homens' em todos os países,*
- *De 'todas as raças – religiões – e opiniões',*
- *Como 'uma só família de amigos e Irmãos!'*

MARCHA NO TEMPLO 78

VM

Os *Maçons* aprendem a *Caminhar ou Marchar no Templo*, e em geral aceitam, tacitamente, a maneira ensinada de realizar essa *Marcha*, quase nada questionando.

Certamente, na fertilidade da mente dos *Recém-Iniciados* na Sublime Instituição, devem ocorrer questionamentos, que poderiam ser considerados naturais, se vista a 'curiosidade humana' como um de seus fatores primordiais, assim:

- *Se seria 'certa ou errada' tal maneira?;*
- *Qual seria a 'origem e o porque' desta Marcha?;*
- *Não seria possível 'caminhar em sentido inverso'?;*
- *Marchar de algum 'modo diferente'?;*
- *Como teria surgido essa 'maneira estranha de caminhar'?;*
- *Teria, talvez, essa Marcha algum 'significado especial'?*

Neste texto, absolutamente simplista e despretencioso, tentar-se-á esclarecer algumas das mais *'marcantes dúvidas'* que, em geral, preocupam os *Iniciados*.

1º Vigilante

Sentido da Circunvolução

Os mais experientes integrantes da *Ordem,* tanto ensinam como demonstram, que a *Marcha* deve ser realizada pelo *'caminhar da esquerda para a direita'*, isto é, *'circular pelo sentido horário – o sentido dos ponteiros do relógio'*.

Porém, valeria esclarecer que os *'conceitos de direita e esquerda'*, apesar de poderem parecer por demais óbvios, para a *Maçonaria* no que se refer à *Marcha*, como esclarece o escritor especialista *Jules Boucher* em *A Simbólica Maçônica*:

- *São muito confusos para o caso específico da 'circunvolução', e*
- *Não determinam a 'forma correta da circulação no Templo',*

condições que podem ser mostradas conforme os exemplos que seguem.

1º) Em 'A' o Movimento dos ponteiros do relógio é feito:

- *Da esquerda para a direita na 'parte superior do círculo',*
- *Da direita para a esquerda na 'inferior'.*

2º) Em 'B', o Movimento é realizado:

- *Da esquerda para a direita tomado de 'Oeste para Leste',*
- *Da esquerda para a direita quando de 'Leste para Oeste'.*

Logo, as expressões *'Esquerda e Direita'*, de fato *'não'* dão exatamente o *'sentido correto do Movimento'*

que se deve realizar no interior do *Templo*, e o mais conveniente seria dizer-se, de maneira prática:

• *Que se deve caminhar no 'sentido dos ponteiros do relógio'.*

Assim, caminha-se no interior do *Templo* de *'forma circular'*, isto é, descrevendo uma *'circunferência'*, que na maioria dos *Ritos* deve ser em torno do *Pavimento Mosaico*.

Esclarece o autor *Lorenzo Abrines* no *Diccionario Enciclopedico de la Masoneria* que a *'circumambulação'* era um *Rito da Antiguidade*, que ingeriu na *Maçonaria*.

O termo *'circumambulação'* se deriva de *'circumambulare – andar ao redor de algo'*, sendo a denominação, na *Antigüidade*, nas *Cerimônias Religiosas* da *'Procissão'*, que era realizada em torno do *Altar*, ou de qualquer outro *Objeto* tido como *Sagrado*.

2º Vigilante

Nesse *Cerimonial* era representado o *'Movimento dos corpos celestes'*, e por isso, ao acontecer a *'Procissão'* em torno do *Altar*, imitava-se o *'Curso do Sol'*, iniciando no *Oriente* rumo ao *Sul*, seguindo ao *Ocidente* passando pelo *Norte*, e voltando ao *Oriente*.

Dois Movimentos Circulares

Existem *'Dois Movimentos Circulares – de acordo com seu Sentido'*, denominados *'Dextrocêntrico e Sinistrocêntrico'*, e esses dois termos, se bem compreendidos, suprimem qualquer ambigüidade, pois, quando é feito um *'Movimento Circular'*, se deve contar com a *'própria direita ou esquerda'*, a saber:

> 1. Dextrocêntrico: o *'Movimento tem o sentido Dextrocêntrico'* quando em *'forma circular'*, tem-se a própria *'direita voltada para o interior do círculo'*.
> 2. Sinistrocêntrico: o sentido do *'Movimento é dito Sinistrocêntrico'* quando a própria *'esquerda fica, constantemente, voltada para o interior do círculo'*.

Poder-se-ia melhor representar esses dois *'Movimentos'* através das figuras:

Sentido Dextrocêntrico    Sentido Sinistrocêntrico

Os estudiosos das *Religiões Místicas* são unânimes em afirmar que:

> *"De modo geral, a 'direita' é tida como Benéfica, e a 'esquerda' como Maléfica; logo, com os 'Movimentos' que vão para a 'direita' ou para a 'esquerda', deve ocorre a mesma consideração."*

Afirma ainda *Jules Boucher* que:

> *"As 'circumambulações sinistrocêntricas' estão ligadas, na maioria das vezes, à 'operações nefastas'."*

Orador

Se considerada a *Maçonaria* como *Ciência*, esta *'não'* pode aceitar a interpretação de que o *'Movimento é Benéfico ou Maléfico'*, até porque uma interpretação mais profunda dos *'Sentidos dos dois Movimentos'* é definida pelo autor *Renè Guenon*, que denomina o *'Sentido Dextrocêntrico de Sentido Solar'*, e o *'Sinistrocêntrico de Sentido Polar'*.

A *Maçonaria* da atualidade, em qualquer *Rito*, adota como *'Sentido das Circumambulações, o Solar ou Dextrocêntrico'*, apesar de que a *Ordem*, quando *Operativa*, adova o *'Sentido Polar'*.

De acordo com *Rituais da Maçonaria Operativa*, o *Trono de Salomão* era instalado no *Ocidente*, e *'não'* no *Oriente*, o que permitia que o *Mestre 'contemplasse o nascer do Sol'*.

Origem da Circumambulação

Caberia ainda as indagações:

- *Como o 'movimento de circumambulação' apareceu na Maçonaria?;*
- *Foi idealizado por algum Maçom, ou copiado de outras Associações?;*
- *Este 'movimento circulatório' é antigo ou de origem moderna?*

As respostas podem estar nos ensinamentos de *Mackey* na obra *O Simbolismo Franco Maçônico: sua Ciência, Filosofia, Lendas, Mitos e Símbolos*, onde diz o autor:

> *"O 'Rito da Circunvolução' é um 'Símbolo Ritualista', que apóia a identidade da Maçonaria com as 'Cerimônias Religiosas dos Antigos'."*

e continua:

> *" 'Circunvolução' é o nome que designa os Estudantes da Arqueologia Sagrada, Rito Religioso praticado nas Antigas Iniciações, que consistia de uma 'Procissão ao Redor do Altar' ou outro 'Objeto Consagrado e Santo'."*

pois dizem os estudiosos das *Religiões Antigas* que este *Rito* era praticado universalmente pelos povos antigos, que aludia *'ao curso aparente do Sol'* que vai de *'Leste para Oeste'*, ou do *'Oriente ao Ocidente'*, passando pelo *Sul*.

Secretário

As afirmações de *Mackey* significam, portanto, que a *'origem deste movimento se encontram nas Religiões Místicas dos povos antigos'*, o que poderia levar a pensar na *'existência da Maçonaria juntamente com estes povos da Antigüidade'*, assim, *'muito antes'* do aparecimento da *'Maçonaria dita Operativa'* da *Idade Média*.

Para ilustrar a afirmação de *Mackey* poder-se-ia citar alguns exemplos:

1º) Na Grécia Antiga

Era costume entre os *gregos da Antigüidade* nas *Cerimônias Religiosas*, dar *Três Voltas* em torno do *Altar* cantando hinos sagrados, e as vezes os presentes rodeavam o *Altar* e só o sacerdote dava as *Três Voltas* ao seu redor, sempre dando o *'seu lado direito'* a ele, borrifando-o com *'águas lustrais e alimentos'*.

Ao realizar esta *'circunvolução'* era indispensável que *'seu lado direito'* estivesse do lado do *Altar*, e assim, que a *'Procissão'* se mantivesse do *Oriente – Sul*, ao *Ocidente – Norte*, e finalmente, novamente ao *Oriente*; o *'movimento imitava o curso aparente do Sol'*.

Em sua *'Comédia'* denominada *'Curculio'*, *Plauto* disse à *Palinuro*:

"Se queres 'reverenciar os Deuses', dê 'voltas pela direita'."

E ainda, existe um *Hino de Calímaco*, cantado pelos sacerdotes de *Apolo* em *Delos*, enquanto executavam o *'movimento da circunvolução'* em torno do *Altar*, que diz:

"Nós outros imitamos o 'Exemplo do Sol', e seguimos seu 'Curso Benfeitor'."

2º) Na Roma Antiga

Os *romanos antigos* conheciam os *'dois sentidos do movimento de circunvolução'*, e os denominavam de *'Dextrovorsum ou Dextrorsum'*, e *'Sinistrovorsum ou Sinistrorsum'*, porém, em todas as *Cerimônias* em que eram aplicadas as *'circunvoluções'*, quer nos *Ritos de Sacrifícios – de Expiação – ou de Purificação*, empregavam sempre o *'Movimento Dextrorsum ou Destrocêntrico'*.

No funeral de *Miceno*, descreve *Virgílio*, como *Corineu* e seus companheiros giravam *Três Vezes* em redor do companheiro morto, pelo *'Movimento Destrocêntrico'*, borrifando-o com *Águas Lustrais*.

Guarda (ou Cobridor) _____

3º) Os Hindus

Os *antigos hindus* também praticavam o *Rito da Circunvolução*, podendo ser citado o fato da *Cerimônia* que faziam os *Brâmanes* ao levantar-se da cama ao amanhecer, já que o sacerdote adorava primeiramente o *Sol*, colocando-se frontalmente ao *Oriente*, depois, caminhava para o *Ocidente* pelo *Sul*, dizendo ao realizar o *'movimento de circunvolução destrocêntrico'*:

"Assim como o Sol gira ao redor do Mundo... pelo Sul, eu imito esta luminária para obter o benefício gerado ao dar a volta na Terra pelo caminho do Sul."

4º) Os Druídas

A *Dança Mística* em torno do *'Cairnos ou Pedras Sagradas'*, nada mais seria do que o *Rito da Circunvolução*, e quando realizavam este *Ritual* o sacerdote, acompanhado dos prosélitos, faziam *Três Rodeios* desde o *Oriente ao Ocidente*, sempre dando a *'Direita ao Cairnos ou Altar'*.

Segundo *Toland*, nas *Ilhas Escocesas*, antiga sede principal da *Religião Druída*:

"Não chegava nunca o povo até os 'Cairnos do Sacrifício' em que ardia o fogo, sem que dessem Três Voltas ao Seu Redor, seguindo o Curso do Sol."

Interpretação do Movimento de Circunvolução

O *Movimento Circulatório* praticado na *Maçonaria*, *'nada'* tem a ver com as interpretações *de Magia Negra – de Operações Nefastas – ou de Mau Agouro*, desde que o *Rito Maçônico da Circunvolução* está de acordo com os *Ritos* praticados nas *Cerimônias Religiosas e Místicas dos Povos Antigos*.

Ensina o *Maçom L. F. Abrines*:

> *"A Maçonaria tem conservado a 'significação primitiva destas cerimônias', que era uma alusão simbólica ao Sol, como 'Centro da Luz Física', e como a obra mais maravilhosa do G∴A∴D∴U∴.*
> *A Loja representa o Mundo, e as Três Dignidades Principais (VM, 1º e 2º Vigilantes) representam o Sol em suas Três Posições – ao Nascer – ao Meio-Dia – e ao se Pôr."*

VM

Portanto, o *'circumambulismo'* alude ao *Curso Aparente do Sol*, porém, seu simbolismo intelectual, se refere aos *'Trabalhos e Dificuldades'* que encontra o *Homem* que estuda, com a finalidade de:

• *Sair das 'trevas da ignorância', e chegar à 'Luz intelectual da Verdade'.*

Finalmente, conforme ensina *Mackey*:

> *"Como a 'circunvolução' se realiza ao redor da Loja, do mesmo modo que o 'Sol gira ao redor da Terra', ao que parece voltamos ao 'Símbolo Original' com que começamos, isto é:*
> *Que a Loja é um 'Símbolo do Mundo'."*

ORIGEM DOS RITOS

VM

Da *Constituição Maçônica do GOB*, tem-se:

"Instituição essencialmente 'Iniciática, Filantrópica, Filosófica e Progressista', tem a Maçonaria por 'Objetivo o Aperfeiçoamento Material – Moral – e Intelectual da Humanidade', por meio da investigação constante da 'Verdade Científica', do 'Culto Inflexível da Moral', e da 'Prática Desinteressada da Solidariedade'.

Considerando o 'Trabalho, Manual ou Intelectual', como 'Principal Dever de todos os Homens', que só por ele se dignificam, a Maçonaria mantém a 'Divisa': Liberdade – Igualdade – e Fraternidade, sustentando como seu 'Princípio Cardeal' a mais completa 'Liberdade de Consciência', pela prática inflexível da 'Tolerância' que se traduz pelo respeito à 'Razão' e às 'Convicções Individuais' de cada um.

1º Vigilante

Ela estende e liberaliza aos Homens os 'Laços' que ligam entre si os Maçons, e reconhecendo-lhes o 'Direito de Manifestar Opinião' sobre questões maçônicas de ordem geral, recomenda-lhes como rigoroso dever a propaganda pela palavra e pelo exemplo, prescrevendo terminantemente o recurso á 'Força e Violência'.

Todos os Maçons consideram-se entre si 'Iguais e Irmãos', só havendo entre eles as diferenças que decorrem da 'Prática da Virtude e da Prestação de Serviços' à Ordem, que determinam a distinção de Graus significativos de honras, que acarretam maior responsabilidade correlativa.

Como Irmãos devem-se os Maçons mútuo auxílio e socorro, com risco mesmo de quaisquer perigos e da própria vida."

2º Vigilante

A adoção dos *Ritos* pela *Maçonaria* se perde no tempo, e foge aos registros históricos, que seriam os maiores testemunhos de suas *'origens'*, todavia é possível afirmar com relativa segurança, invocando o pensamento do autor *Nicola Aslan* em *Os Landmarks*, que foi durante a *Idade Média* que mais se desenvolveram os principais *Ritos Maçônicos* que embasaram os existentes na atualidade.

O *Rito de Heredom* surgiu na *Escócia*, adotado pela *Loja de Kilwinning*, que foi a *Loja-Mãe* da *Maçonaria Escocesa*.

O *Rei Roberto I*, e os *Monges Beneditinos* da *Abadia de S. Winning*, foram os fundadores dessa Loja no *Século XII*, sendo que nessa mesma época, também eram ali praticados o *Rito de Clermont*, além de outros de menor significado histórico.

Foi o *Século XVIII* o mais fecundo, quando a partir de 1717 ocorreu uma verdadeira febre de *Ritos*, *'cada se um arrogando o direto de ser o mais correto e legítimo'*.

Acontece que os *'Rituais não eram impressos até aquela época'*, e quando isso acontecia era extremamente raro, mas ao contrário, apenas o detentor do *'cargo vitalício'* de *'Venerável da Loja'* possuía *'apontamentos, quando os possuía'*, sendo que:

• O *'aprendizado e a prática ritualística'* eram realizados de *'forma oral'*,

com cada integrante *'decorando sua parte'*, situação que, certamente, levava a constantes *'modificações e distorções'*.

Orador

Os primeiros passos, não fossem os comentários que seguem, do que viria a ser a *Maçonaria Adonhiramita* seriam creditados a *Louis Travenol – utilizando o pseudônimo de Léonard Gabanon*, que provavelmente teria publicado em 1744 a obra *O Catecismo dos Maçons, ou, O Segredo dos Maçons*, mas, diferentemente, com o *Mestrado* detendo como figura central *Adonhiram*, que depois viria a se tornar realidade a partir da publicação da *Coleção Preciosa da Maçonaria Adonhiramita*, editada por *Guillemain Saint Vitor*.

Saint Vitor comenta sobre o autor daquele *Catecismo*:

> "... ou ele ignorava completamente a *'Significação das Alegorias'*, ou por má fé quis silenciá-las, pois relacionou apenas as *'Perguntas Materiais'*, isto é, as que guardam os *'Maiores Símbolos'*, limitando-se a dar para a explicação dos *'Mistérios da Ordem'*, a ironia e as mais animosas intenções; duas coisas bem distantes dos *'Princípios da Maçonaria'*..."

o que permite supor a *'relativa e diminuta importância da obra'* na origem desse *Rito*.

Secretário

Na *França*, precisamente em *Paris*, o *Rito de Heredom* era consagrado e adotado pelo *Soberano Conselho dos Imperadores do Oriente e do Ocidente*, *'entidade maçônica'* constituída de um *Capítulo Filosófico*, que reunia as mais expressivas personagens da nobreza francesa de então, e dentre elas se destacavam, por sua influência, o *Conde de Ramsay* e o *Barão de Tschoudy*.

O *Soberano Conselho dos Imperadores do Oriente e do Ocidente*, em 1758, por estudos profundos sobre os *Ritos de Kilwinning de Clermont*, e sobretudo de *Heredom*, decidiu promover uma *'reforma ritualística'*, principalmente no *Rito de Heredom*, originando-se daí outros *Ritos*, tanto naquele mesmo ano, como nos que se seguiram.

Em 1758 surgiu o *Rito Escocês Primitivo, ou De Perfeição* com *25 Graus*, que em 1786 forneceu as bases do atual *Rito Escocês Antigo e Aceito*.

Já em 1769 surgiu o *Rito Escocês Primitivo de Narbona* com *10 Graus*, e depois o *Rito Escocês Primitivo de Namur* com *33 Graus*.

Guarda (ou Cobridor)

Os *Pedreiros-Livres Franceses* sofrendo as influências políticas da *Nação*, que culminaram na *'Queda da Bastilha, e na Revolução Francesa'* de 1789, acontecimentos que marcaram o início da *Era Moderna*, porém, antes dos fatos começaram a discutir e reivindicar:

"O que se precisa é de uma 'Maçonaria Moderna' que seja Francesa, não se pode por civismo, patriotismo e nacionalismo, trabalhar sob a égide de uma 'Maçonaria (Adonhiramita) alienígena – judaica – egípcia – e mais antiga ainda, voltada para o 'Iluminismo' do indivíduo, com 'Rigor Templário', cuja 'Liturgia Gnóstica' impede de dar vazão ao 'Progresso e Desenvolvimento Político da França', o que se poderá planejar nas Sessões por uma 'Filosofia Agnóstica'."

VM

Finalmente, como resultado desse *'pensamento'*, da mesma maneira como se formou da *Maçonaria Adonhiramita um Rito Adonhiramita*, assim também *'se originou'* dela o *Rito Moderno, ou Francês*, caracterizado como *'agnóstico e espiritualista'*, cuidando da *'metafísica maçônica'*, com intensa objetividade no *'Plano dos trabalhos herméticos e físicos'*, a cuidar da *Política Maçônica* de então.

ORIGENS DA MAÇONARIA 80

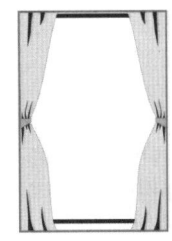

VM

Como perfeitamente conhecido, as *'origens'* da *Maçonaria* se perdem nas neblinas da *Antigüidade*, isto é, estão perdidas nas brumas do tempo ou do passado.

Onde teria surgido a *Instituição*?

Em *Sumer*, no misterioso *Oriente*, no *Egito*, em *Israel*, na lendária *Atlântida*, entre os *Astecas* ou *Incas*?

Com exatidão, infelizmente, jamais se saberá.

Alguns autores maçônicos impõe degraus de *Antigüidade* para a origem da *Ordem*.

Alguns atribuem sua *'criação'* ao *Rei Salomão*, e outros, extrapolando, dizem que a *'Sabedoria'* da *Ordem* seria o único resíduo do *'Divino Conhecimento'* possuído por *Adão*.

Porém, em muitos lugares existem *'pegadas, vestígios'*, que conduzem a profundas meditações, mas, o realmente verdadeiro, é que, com absoluta segurança, a *Instituição 'surgiu para beneficiar o homem'*.

Há cerca de *'150 Séculos'*, isto é, há aproximadamente 14.250 anos, durante o *Período Neolítico* quando se iniciaram as *'práticas ritualísticas'*, os *'relatos'* eram escritos em *Tabletes de Argila*, alguns sábios, provavelmente descendentes dos *Kobdas – Povo fixado no Delta do Nilo, que difundiu sua cultura no Egito e na Mesopotâmia' –*, reuniram-se junto as margens dos *Rios Nilo e Eufrates*, com o propósito *'de estudar e tentar descobrir as origens do homem, e seu papel no Universo'*, já que tudo o que os rodeava na Natureza *'funcionava dentro de uma harmonia inexplicável'*, sem que fosse preciso qualquer interferência humana.

1º Vigilante

Reunidos os sábios ao mesmo tempo no *Norte* (*Eufrates*) e *Sul* (*Nilo*), pois não havia sido rompido ainda o *Istmo de Gibraltar*, e nem sido formado o *Mar Mediterrâneo*, começaram a *'estudar o sentido das estrelas, do Sol e da Lua'*, e começaram então a descobrir coisas maravilhosas para a época, pois decifraram, com precisão:

- O local do *'nascer e pôr-do-Sol'*,
- A *'circulação'* da Terra em torno do mesmo,
- O horário em que *'raiava e morria no horizonte'*, e
- A *'influência da Lua'* no desenvolvimento das plantas.

Estudavam em *'salas hermeticamente fechadas'*, onde expunham o *Aprendizado – em Tabletes de Argila*, evitando o furto e a transgressão de seu conteúdo.

Os *'homens do Sul'* estavam preocupados em auxiliar os *'doentes'* com suas descobertas, e procuravam utilizar os *'raios solares'* para amenizar as *'dores e o sofrimento'*.

Já os *'homens do Norte'* se preocupavam com o *'desenvolvimento das atividades rurais'*, que seguiam criteriosamente uma *'tabela'* por eles desenvolvida, para ser provido o *'plantio'* de acordo com as *'mudanças'*, das denominadas atualmente, Fases da Lua.

Todo o *'armazenamento'* das informações demandou anos de *'pesquisa, estudo e dedicação'*, porque poucos eram os que se dedicavam a este propósito, já que a grande maioria se preocupava com a própria manutenção.

Estes privilegiados uniam-se entre si em suas próprias localidades, isto é, *os do Norte separados dos do Sul*, e cientes da *ignorância* em que viviam seus semelhantes, procuraram *criar seguidores* que, tanto dariam continuidade aos *'estudos'*, quanto prosseguiriam com as *'pesquisas de desenvolvimento'*.

Sabiam das *limitações* de seu próprio grupo, e assim buscaram formar seus *seguidores desde muito jovens*, escolhidos aleatoriamente entre o *povo*, sem critérios específicos, sendo que foram estas as *'Primeiras Reuniões de Homens Iniciados'*, ou melhor, de *'Homens Preparados'*, especificamente para determinada atividade.

A preocupação era a *ignorância* que imperava à época, e *'conservar os Conhecimentos era muito precioso'*, já que seriam de grande valia por séculos adiante, se *bem conservados e aprimorados*, e assim, estas preocupações, mais tarde, receberiam a denominação de Fraternidade, sentimento nato do germe do *'Espírito do Homem'*, e plantado *pelo* que alguns denominam Grande Arquiteto do Universo.

2º Vigilante

Os acontecimentos *brotavam* do coração de *'espíritos sábios'*, ávidos por Conhecimentos que beneficiassem a todos, e que para eles eram Sagrados, não podendo ser desperdiçados ou trocados como mercadorias, por isso, tal preocupação os levou a desenvolver a Iniciação, que com o passar dos séculos tornou-se *'mais seletiva'*, e assim, este foi o Princípio de uma Sociedade Hermética, com o objetivo do Bem-estar coletivo e de Aprendizado similar entre seus participantes.

A chegar ao que é conhecido como Maçonaria, muitos foram os caminhos e várias as etapas de *'aprendizado, discussão, busca e entendimento'*, porém, não resta dúvida, que foi *'às Margens do Nilo e Eufrates'*, quando surgiam as Civilização e Reuniões de Sábios, é que começaram a germinar as primeiras sementes da Tríplice Aliança de Liberdade, Igualdade e Fraternidade, que hoje são conhecidas na Assembléia de Homens, chamada Maçonaria.

É necessário invocar as raízes do *'Movimento'*, pois é impreciso o momento exato em que ele se transformaria em Maçonaria, ou se bipartindo, criaria em paralelo a *'Primitiva Missão, isto é, a Instituição Maçônica'*.

A Maçonaria não surgiu com essa denominação, mas de um Movimento de Reação, quando os *'homens organizados'* em sociedade não eram felizes, porque faltava algo que pudesse valorizá-los perante os próprios olhos, e os de seus companheiros.

O denominado *'Movimento'* foi tomando *forma e corpo*, e assim passou ao *'estudo da organização que surgia, a saber, ao estudo do próprio homem'*.

O *'Movimento'* na *Índia* não nasceu com o primeiro hindu, se concretizou quando os *Deuses Superiores e Inferiores* que enchiam o céu sob a forma de *Politeísmo*, criaram *'castas e sofrimentos'*, e assim surgiu com o *'início do culto de um só Deus'*, com o desejo da *'abolição'* das diferenças entre as *'castas'*.

O *'Movimento'* buscava *'a transformação política e proclamava a Igualdade e Liberdade dos homens'*, pois onde existe a *escravidão e dependência*, o homem não se valoriza, apesar de que o *'homem nasce livre e quer ser livre'*, porque deseja buscar a *'sua própria harmonização com o Grande Construtor do Universo'*.

Orador

O *'Movimento'* encontra *Buda* que firma sua *Filosofia*, pois suas bases são idênticas e o centro dos interesses comuns é o *homem*, que se valoriza para se *'harmonizar com a vontade de Deus'*, e o *Budismo* se espalhou pelo *Industão, Sião, China e Japão*, até ultrapassar o *Himalaia* e estender-se pela *Europa*.

A história do *'Movimento'* se evidenciou em épocas passadas da *Babilônia, Sumaria, Egito e Jerusalém*, e assim, o *'Movimento'* penetra na *Pérsia* onde encontra *Zoroastro*, que surgiu séculos depois de *Buda*, e que foi o segundo a transmitir seus *Princípios Filosóficos*.

Zoroastro ensinou politicamente que a *'Igualdade entre os homens é proclamada como Princípio'*, com interesse no que diz respeito ao *sacerdócio*, e no *aspecto filosófico* realça a luta entre o *'bem e o mal'*, onde os *'Iniciados são os Sacerdotes da Luz'*, e os *'Inimigos seus Interiores'*, assim, os *Maçons* podem compreender porque as raízes da *Maçonaria* se fixaram no misterioso *'Movimento'* do passado.

Alguns *Iniciados na Maçonaria* se surpreendem ao ver pela primeira vez a Loja, pois parece familiar sua disposição, idêntica àquela conhecida até antes dos *Mistérios Egípcios*.

A colocação dos *Dignitários* é usual, os *Símbolos* são significativos e peculiar sua combinação, contudo pertenceram ao antigo *Egito*, enquanto as *Cerimônias* quase são inalteradas, com pequenas diferenças, e *Maçons dos vários Graus* haverão de selecionar as partes que recordem os *Próprios Cerimoniais*.

Muito se tem *'aproveitado'* do antigo *Egito*, onde há *'Sinais evidentes de sua Existência'*, como em ilustrações encontradas nas pinturas murais nas *Pirâmides*, em *Papiros*, nos *Instrumentos*, nas *Vestimentas (Aventais)*, e no *Livro dos Mortos*.

Existem *'traços'* de grande coincidência na linguagem desenhada dos *Papiros, nos Monumentos, nos Templos e nos Túmulos*, e os *Símbolos* levam a paralelos que são cientificamente convincentes da existência da *Instituição*, como por exemplo, no *Papiro de Nesi-Amsu* esta a descrição do *'castigo'* aplicado ao neófito violador dos *'Juramentos'*, e no *Templo de Khnumu*, na ilha de *Elefantina* defronte a *Assuam*, há um *'baixo relevo representando dois irmãos saudando-se maçonicamente'*.

Secretário

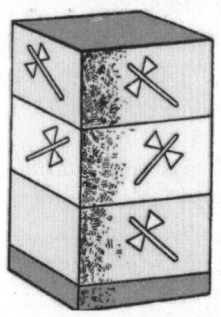

Pelas fontes evidencia-se que no *Egito* o *Templo* tinha a forma e *'duplo quadrado'*, em cujo centro haviam *Três Cubos Superpostos como Altar*, sobre o qual era colocado o *'Livro das Escrituras Sagradas'*; os *Cubos* representavam as *Três Pessoas da Trindade – Osiris, Isis e Horus*, como se infere dos *'sinais'* nele gravados, mas num período posterior, se via apenas um *Cubo Duplo*.

Nos *'Livro da Casa Secreta* e *Livro de Dzyan'*, existem muitos *Símbolos*, inclusive a figura do *'pelicano'*, comprovando a presença exuberante da *Instituição*.

Entre vários *monumentos, as Pirâmides e a Esfinge* comprovam a *Presença de Grandes Arquitetos*, testemunhos do manejo da *Instrumentação Maçônica*, pois o *Enigma da Esfinge* simboliza o *Próprio Enigma da Maçonaria*, apesar da *Esfinge*, em destaque, ser *'palpável, desconhecida e enigmática'*.

Nos *'papiros'* já encontrados, não há indícios além da *XVIII Dinastia* que informe sobre o *monumento – a Esfinge*; além da IV Dinastia nenhuma inscrição nas pedras dá maiores informações, nas escavações buscando despojos, há uma *Inscrição*, encontrada casualmente, sobre a *Esfinge* que diz ser um *monumento* cuja origem se perde *'na noite dos tempos, nas brumas do passado, ou na neblina da Antiguidade'*; a *Inscrição* é do período da *IV Dinastia*, cujos *Faraós* reinaram há mais de 6 mil anos, e para todos eles a *Esfinge* já era *'incalculavelmente velha'*.

Na entrada dos *Templos Egípcios* haviam *'duas Colunas'*, tendo sobre as mesmas, *'quadrados'* representando a *Terra* e o *Céu*, sendo que uma detinha o nome que significava *'na Força'*, e a outra *'Estabelecer'*.

Esse *'Pórtico'* simbolizava o *'Caminho ao Mundo Superior'*, onde a *'Alma se fundia com o Espírito Imortal'*, e ficava aí estabelecida para sempre, por isso, o *'Pórtico significava Estabilidade'*, além de que haviam na entrada *'dois guardas armados com facas'*, um na parte externa denominado *'Vigilante'*, e outro na interna chamado *'Arauto'*.

O *Candidato*, quase despido, era levado à *Porta do Templo* quando era perguntado quem era, e respondia ser *Shu – o Suplicante ou Genuflexo*, vindo das *'trevas buscando Luz'*.

Guarda (ou Cobridor)

A *Porta* era um *Triângulo Equilátero em Pedra*, girando num eixo no centro; ao entrar o *'Candidato pisava num quadrado'*, e ao pisá-lo significava estar *'Trilhando e transpondo o quaternário inferior, ou, a Personalidade do homem'*, para desenvolver a *Tríada Superior, Ego ou Alma*; seguia por *'corredores'* quando dava *'sete voltas em torno do Templo'*, respondia muitas *'perguntas'*, e postado no centro lhe perguntavam o que queria, respondendo *'Luz'*; caso fossem *'violados os preceitos'*, como o *Livro dos Mortos*, a *Garganta era Cortada* e o *Coração Arrancado*.

Na época o *'Malhete'* era feito de pedra em forma de *'duplo machado'*, os *'Aventais'* de couro e triangulares; o do *'1º Grau'* era puro branco como hoje, mas o dos *Mestres* era de cores brilhantes com profusão de jóias e orlas de ouro.

No centro do *Templo* brilhava a *'Estrela Rutilante'*, mas com *'oito pontas ao invés de cinco'*, e denominada *Estrela Dalva ou Estrela da Manhã*; o *Esquadro Maçônico* era conhecido e chamado *'Neka'*, encontrado nos *Templos e na Pirâmide*, era empregado para *Esquadrejar Pedras*, e simbolicamente, a *'conduta'*; construir com *Esquadro* eqüivalia a fazer para sempre; como os ensinamentos do *Egito* na *'Sala do Juízo – Osiris esta sentado sobre um Esquadro julgando os Mortos'*, e o *Esquadro* simbolizava o *'Fundamento da Eterna Lei'*.

Os *egípcios* usavam *'alvenaria bruta e lavrada'* com o mesmo significado atribuído pelos *Maçons* da atualidade; no *Egito* e em *Monumentos da América Central* se encontram indícios desses usos; curioso é que os *'descendentes dos negros do Nilo'*, que há séculos emigraram para a *África Central*, quando prestam *'Juramento nos Tribunais'* fazem um gesto que seria reconhecido pela *Ordem*.

No *Século XVII*, diz a *Enciclopédia Britânica* que na *Inglaterra* as *'Associações de Pedreiros-Livres'* perderam o *'Caráter de Guildas Profissionais, isto é, de Sociedades formadas na Idade Média por Operários e Artesãos'*, passando a admitir como *'Membros Honorários'* pessoas da *'Nobreza, Clero, Jurisconsultos e Profissionais Liberais'*, que logo chegaram a constituir a maioria de seus integrantes.

VM

Em 1717 foi fundada a *Grande Loja de Londres* pelo reverendo anglicano *James Anderson* e pelo huguenote *Jean Desagulier*, e o *'Livro de Constituições'* reflete o espírito do *Século XVIII*, isto é, *Tolerância Religiosa, Fé no Progresso da Humanidade e Fé em Deus*, bem como certo *'racionalismo'* que exclui as formas exteriores da *Religião Organizada*.

Enquanto a *Enciclopédia Britânica* a vê por um ângulo, pode-se ver clara a origem da *Maçonaria* que é *Iniciática*, remontando às *Corporações de Ofício*, como as *Associações dos Pedreiros-Livres*, manifestas nos *'Construtores de Catedrais'*.

Na sua trajetória gloriosa, denominou-se *'Ordem dos Guardas da Lei das Doze Tábuas, Ordem dos Essênios, Ordem dos Templários, Ordem do Cardo, Associação dos Pedreiros-Livres e outras mais'*.

Finalmente, existe a possibilidade que os *'reflexos'* da *Maçonaria*, como vista atualmente, tenham sido sentidos nos *'Tempos de Moisés'*, na *Palestina* e no *Continente do Velho Mundo*.

PACIÊNCIA – PERSEVERANÇA – TOLERÂNCIA

VM

Dentre as *'Teorias da História Contemporânea'*, uma considera a hipótese de que o *'homem descende do macaco'*, e que iniciou seu processo de organização, provavelmente, há mais de 3 milhões de anos, e que através de possíveis *'reencarnações'*, sendo que cada uma delas se realizava num *Plano Superior de Civilização*, isto é, sempre na direção de estar mais próximo da *'semelhança de Deus'*, pois de acordo com o que consta na Bíblia, em *Gênesis – cap 1, vers 26:*

> *"E disse Deus: façamos o Homem à nossa Imagem, conforme a nossa Semelhança."*

O *homem*, na atualidade, tanto detém *'mais raciocínio'*, quanto suas *'características físicas'* são mais suaves, porque sua *'evolução é progressiva'*, e conseqüentemente, o *homem* vem aprimorando suas *'qualidades'*, e o que seria de maior importância, à medida em que evoluiu individualmente, vai *'lapidando e corrigindo seus defeitos'*.

1º Vigilante

Nestes dias, deste *novo Século*, o *homem* realmente se tornou o *'resumo de suas qualidades'*, como *'Amor, Sinceridade, Perseverança, Caridade, Paciência e outras'*.

Porém, também deve ser notada, que a *'luta pela sobrevivência e as mudanças rápidas do Mundo'*, por vezes fazem com que seja esquecido que é necessário estar sempre *'atento e trabalhando nessas qualidades'*, para que chegue o dia – neste ou em outro Mundo –, em que se possa realizar uma das *'Supremas vontades de Deus'*, qual seja:

> *"Que todos os homens se salvem e alcancem o 'Conhecimento da Verdade'."*

Procurar-se-á neste texto dissertar sobre *'duas dessas qualidades'*: a Perseverança e a Paciência; não que sejam as mais importantes, mas porque, pela própria modernidade e imediatismo da época em que se vive, é muito fácil desistir de um caminho e seguir outro.

2º Vigilante

Às vezes o desânimo acomete a todos, até mesmo quando se está quase alcançando a meta, e por isso a *'Perseverança é Fundamental'*, assim como a *'Paciência'*.

Desta maneira, deve-se *'lutar, perseverar e ser pacientes'*, para que de degrau em degrau, ocorra o *'aperfeiçoamento e a transformação'* dos seres, em cada vez *'mais equilibrados, conscientes e mais sábios'*, e assim poder *'ensinar e orientar'* seus pares.

E para que seja possível *'ensinar'* pessoas, tem-se que ser, antes de tudo, *'perseverantes e pacientes'*, e sobre o tema, diz o especialista Johann Amos Comenius:

> *"'Ensinar' significa: Conduzir de algo conhecido para o desconhecido; e 'Conduzir': É uma atividade branda e delicada, não violenta; é uma atividade amável, não hostil.*
> *A quem eu quero 'Conduzir', eu não bato – não piso – não roubo, mas pego pela mão como companheiro, sigo o caminho adiante dele, preparando-o e o conduzo no meio daqueles que me acompanham."*

Orador

Já a *Tolerância – planta da família das Virtudes*, cujo cultivo é muito acentuado e próprio da *Grande Nação Maçônica*, sendo uma das *Principais Culturas* que garantem a preservação existencial da *Instituição* através dos tempos.

É uma *'planta perene'*, mas nos dias atuais, infelizmente, de *'pequeno porte'*, porém em alguns casos, chega a atingir *'dimensões de árvores gigantescas'*, sendo que suas *'flores'* têm o formato de *'coração'* em tons muito suaves, nas cores *'azul celeste e branco neve'*, que embelezam qualquer ambiente onde estiverem expostas.

Seus *'frutos com sabor de mel e aroma de rosas'*, apresentam uma leveza impressionante para os que os saboreiam, sendo muito apreciados pelos degustadores em qualquer parte do *Planeta*, bem como são utilizados também como *'medicamento fundamental'* contra as doenças provocadas pela *'Ira, Vingança, Ganância, Vaidade, Incompreensão, e outros males muito comuns na atualidade'*.

Secretário

Suas *'raízes'* profundas e fortes, fixa-se de tal maneira no *'coração'* que sua retirada torna-se praticamente impossível, e mesmo que se consiga *'arrancar'* parte da mesma, sua *'ramificação'* crescerá cada vez com *'maior vigor'*.

Seu *'caule'*, apesar da aparência de *fragilidade*, denota uma *virilidade ímpar*, conduzindo sem cessar a *'seiva espiritual'* que a alimenta e a ampara nos momentos mais críticos, tornando-a cada vez *'mais viva e vigorosa'*.

Sua *'copa'* com folhas *verde-esperança* oferecem muitos benefícios, pois sob sua sombra todos se sentem protegidos das intempéries provocadas pela *'fúria do estresse diário'*, e pela *'incompreensão dos problemas e das dores alheias'*.

Contrariamente ao que deveria ser, esta é uma *'planta de difícil cultivo'*, que necessita de *'terra afável e das mãos do jardineiro'* denominado G∴A∴D∴U∴, sem o que fica impossível o seu cultivo, além de necessitar das melhores *'ferramentas escolhidas ao plantio'*, sob risco da sua *'cultura não progredir'*.

Guarda (ou Cobridor)

E, após plantada, é preciso freqüentemente:

- *Regá-la sempre com a 'compreensão',*
- *Adubá-la com constância com a 'sabedoria', e*
- *Estaqueá-la com firmeza com o 'amor ao próximo',*

pois só assim conseguirá *'crescer e produzir seus bons frutos'*, que todos, em algum momento, já saborearam.

É preciso *'acompanhar seu desenvolvimento'*, medindo-a diariamente com a *'Régua da consciência'*, usando:

> • *A força do trabalho do 'Maço e Cinze'l para 'desbastar' os torrões e embelezar a terra,*
> • *Esquadrejar o seu espaço para crescer com 'Retidão',*
> • *Traçar com o 'Compasso da Razão' os limites periféricos, e*
> • *Utilizar a 'Alavanca' para dar-lhe 'Força Divina',*

cedendo-lhe *Liberdade* para desenvolver seu potencial, sem ultrapassar sua grandeza, evitando cair em seu próprio abismo.

VM

Finalmente, o *'único cuidado'* que realmente se precisa ter, seria o referente à *'distinção entre a verdadeira e a falsa Tolerância'*, pois ambas são muito parecidas.

A *'diferença'* está na *'conseqüência de seu fruto'*, sendo:

> • *O da Verdadeira, além de delicioso e trazer grandes benefícios para quem o degusta e cultiva, possui 'sementes' que um dia irão brotar e se transformar em novas mudas, enquanto*
> • *O da Falsa, apesar de também saboroso para quem o prova, é totalmente insípido e inóspito para quem o cultiva, e 'não' possui 'sementes' a brotar e se transformar em novas mudas.*

PALAVRAS 'ENTRE COLUNAS' 82

VM

Qualquer *Irmão* que esteja participando de uma *Reunião Maçônica*, pode solicitar ao *VM* o *'Direito'* de se postar *'Entre Colunas'*, e tal *'Direito'*, *'não'* pode ser negado sob nenhum pretexto.

Porém, a recíproca também é verdadeira, pois nenhum *Irmão* quando convocado pela Loja, *'não'* pode se negar a assumir tal posição.

Estando *'Entre Colunas'*, é lícito e razoável *'o Irmão falar o que bem queira e entenda'*.

Porém, deve estar perfeitamente *'cônscio da importância daquela condição'* em que se encontra investido, e por conseqüência:

- Da *'grande responsabilidade'* assumida por tudo o *'que disser e/ou fizer'*.

1º Vigilante

Frente às *Leis Maçônicas,* comete crime o integrante que *'faltar com o decoro – justiça – verdade – moral – etc'*, porque *'sempre'* deve:

- *Falar a 'verdade',*
- *Ser 'justo' em todos os sentidos, e*
- *Ser 'equilibrado' em suas emoções,*

mas, para que isso se viabilize, não pode, sob nenhum pretexto:

- *Ser interrompido ou submetido a 'limitação de tempo de permanência', ou*
- *Condições outras ditadas por qualquer Dignidade da Loja, nem mesmo pela própria Loja como colegiado.*

Porém, algo que venha a *'dizer e/ou fazer nessa condição'*, deve ser *'rigorosamente analisado, pesado e medido'*, a tal ponto, que se não estivesse nessa *'condição'*, não poderia sofrer *'punição alguma'*; porém, ali estando, estará criada a possibilidade de ser *'severamente admoestado e/ou punido'*.

As *'possibilidades de utilização da condição de estar Entre Colunas'* são várias e amplas, além de constituírem um dos *'melhores instrumentos'* para os obreiros de um *Quadro*, pois seria uma das *'maiores fontes de Direito, Liberdade e Garantia'*, tanto para os *Irmãos* quanto para a *Loja,* desde que sejam obedecidas as *'Normas'* que regem esse *'Direito'*.

Caberia ressaltar novamente, que estando *'Entre Colunas'*, somente a *'Verdade deve sempre ser dita'*, porque ali não é possível esconder ou camuflar a *'Verdade'*, cientes porém, que *'obedecido esse Princípio'*, tudo o mais será *'simples decorrência'*.

2º Vigilante

A *'primeira proposição'* dos *Preceitos Maçônicos* é a *Liberdade*, e o *Maçom Emílio Castelar* a respeito do assunto diz:

> "Sem Liberdade, a Arte é irreflexa como a Natureza, é a imitação do passado, é o vôo da ave prisioneira que se ensangüenta nas grades de seu cárcere.
> Sem Liberdade, o lar doméstico que o anjo da família deve guardar, está exposto às delações do espião, e às violações do esbirro.
> Sem Liberdade, o Pensamento – Alma da Ciência, cai no 'Silêncio e Morre'!
> Sem Liberdade, toda Justiça é mentirosa, todo Castigo seria infâmia, e toda Religião se tornaria hipócrita.
> E é por isso, que o 'Elo de união de todas as Artes – o Segredo de todas as Investigações Científicas – e os Desejos de todas as Gerações', se encaminham infalivelmente para 'romper as cadeias, e sacudir as tiranias', conseguir enfim, essa Liberdade, sem a qual é 'triste, odiosa e impossível a vida'."

Para cada *'noite de trevas'*, há sempre uma *'Aurora Fulgurante, o lema da Maçonaria'*, que é uma *Escola de Aprimoramento Intelectual, Moral e Espiritual* do indivíduo, que combate os *Vícios, Preconceitos, Superstições, Ignorância, Fanatismo, Egoísmo, Ambições e Despotismo do Corpo e Espírito*, em busca da *Verdade, Justiça, Sabedoria, Dever, Direito, Bem, Liberdade, Igualdade e Fraternidade*.

Orador

A *Maçonaria*, batalha incessantemente em prol:

- Da *'Felicidade do homem'*,
- Da *'Edificação do Templo da Virtude'*,
- Da *'Honra e Glória'* do G∴A∴D∴U∴ – o Todo Poderoso.

Assim, se *Maçonaria* determina o acima descrito, valeria nesta oportunidade ser feita, individualmente, uma *'meditação'* a respeito, bem como um *'exame de consciência'*, no sentido do próprio julgamento de cada integrante, isto é:

- Se é um Verdadeiro Maçom?, ou apenas
- Acomodados no privilégio conferido pela condição de Aprendiz, Companheiro ou Mestre, da Sublime Ordem.

De início, dever-se-ia analisar:

- Se está correspondendo à *'confiança dos padrinhos'* que indicaram e se responsabilizaram, para que fizessem parte da Maçonaria?, ou
- Se realmente *'se está servindo'* a Maçonaria como ela espera?,

em decorrência dessa *'maior e melhor dedicação'*, é que se deve *'conscientizar'* sobre os itens do *Código Maçônico*, que traduz preciosas *Luzes* dirigidas à servidão das *'Causas da Humanidade'*, e que se atue nas *Lojas* em prol da *Liberdade, Igualdade e Fraternidade*.

Cada uma das *Luzes* contidas no *Código*, se analisadas separadamente, revelará sempre *'bons propósitos de amor para com os Irmãos'*, sejam *Profanos*,

Neófitos ou Maçons, a quem a *Maçonaria* procura melhorar as *Condições de Vida* pela atuação de seus *Iniciados*, que detém as melhores possibilidades de o realizar, apesar de não admiti-las, de vez que somente esses podem exercê-las e potencializá-las em todos os instantes da vida, a cada dia.

Para que isso se realize, basta que se viva com *Amor* todas as realidades de cada vida, e por isso:

Secretário

> • *Não se deve pretender encontrar 'solução' para todos os problemas do Mundo, ao invés disso, buscar 'não entrar em conflito ou dissensão' consigo mesmo, como também 'procurar evitar' que Pessoas, Entidades ou Organizações que se influencie, se desentendam.*
>
> • *Não se deve pretender achar 'soluções' para as 'divergências políticas, ideológicas ou religiosas' que desunem os povos, ao contrário, deve-se 'cuidar de convivência pacífica' com as pessoas, professando elas, ou não, os mesmos credos e opiniões dos Iniciados.*
>
> • *Não se deve 'culpar' os outros por todas as mazelas existentes no Mundo, deve-se sim empregar 'esforços' na direção de que seja 'diminuída a necessidade, miséria ou analfabetismo' com que se convive, enquanto pode ser feito para que o 'Mundo melhore', e para que isso aconteça, basta ser dado 'cumprimento às promessas' declaradas na Iniciação.*
>
> • *Não devem ser buscadas 'culpas ou culpados' pelas divergências existentes no seio da Maçonaria, mas sim, procurar com todas as Forças Intelectuais, Espirituais e Humanitárias, contando sempre com a mais Elevada compreensão, discernimento e principalmente inteligência', encontrar meios de 'unir' os Maçons, com o propósito de tornar a Sublime Instituição mais 'forte e unida'; despindo-se das roupagens enganosas do 'ressentimento', para agir com 'humildade e tolerância', que resumem-se no 'nobre sentimento do Amor'.*

Guarda (ou Cobridor)

Desta maneira, será atingido o tão almejado *'Aperfeiçoamento, tanto Moral quanto Intelectual'*, saindo de vez do círculo vicioso em que se encontra, por sempre se furtar à *'serenidade do próprio julgamento'*.

Buscar, incessantemente, sempre olhar com dedicação para o *Próprio Interior*, e passar a se portar como um *Juiz Sereno, Severo e principalmente Justo*, para ser possível ver, claramente, os seus *'defeitos'*, e *'eliminá-los'* através do exercício das *'boas qualidades'*, que possibilitaram seu *ingresso na Maçonaria*.

Se por um lado:

> • *Seria correto que também se deva transportar para o próprio Mundo, todas tarefas que não lhe competem, e sobre as quais não se deva criticar os que as executam,*

por outro lado:

> • *Também é certo que se deve desempenhar com magnanimidade suas tarefas pertinentes, e em complemento, esforçar-se para ajudar o Mundo a ficar melhor.*

VM

Finalizando, em resumo, deve-se principalmente:

• *Saber ser Maçom – Verdadeiramente Maçom,*

e a *Grande Paz Universal* reinará em breve em todos os *povos,* porque a realização desse *Grande Princípio de Fraternidade, foi – é – e será sempre,* a maior das *aspirações do gênero humano,* e também, porque não dizer, *da Maçonaria,* sabedores todos os seus integrantes que, ininterruptamente, devem:

• *Se 'esforçar cada vez mais' para que o advento da Paz Mundial seja em breve uma Feliz Realidade!*

POR QUE SOU MAÇOM? 83

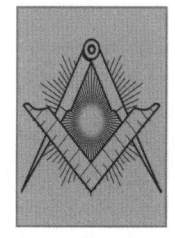

VM

Se todos aqueles que, *'por pura vaidade e egoísmo absoluto'*, somente sabem *'criticar tudo destrutivamente'*, deveriam sim se preocupar com a imcumbência junto aos demais integrantes, de *'orientação e sincero axílio'* quanto a:

- Desbastar e Polir sua Pedra Bruta, e
- *'Cumprir'* as obrigações do Estado em que a Providência o colocou,

e ainda, pleno de verdadeira paixão pelo que realiza, nunca deixá-los agir em desacordo com os *Principais Deveres* de um *Maçom*.

Caberia, antes de mais nada, interagir para *'chamar a atenção de todos'*, no sentido de estes sempre batalhem para *'pugnar'*, por uma *'Maçonaria coesa'*, plena e lastreada na *Tríade Basilar* de *Fraternidade – Liberdade – e Igualdade*.

1º Vigilante

Sempre devem, obrigatoriamente, ter em mente que são *Maçons* porque:

- *São 'homens livres e de bons costumes'*,
- *Domina-os o 'amor'*,
- *Emocionam-se com a 'Fraternidade'*,
- *Buscam, incessantemente, a 'Justiça e a Igualdade', e principalmente*,
- *Sonham com a 'Liberdade para toda a Humanidade'*.

Também, sempre devem ter plena consciência de que a *'Maçonaria é a síntese da Vida'*, e por isso, *'nada lhe escapa'*.

Para *'bem Viver'* há a necessidade da *'seiva do progresso'*, que vem de muito longe, e que se manifesta:

- *No 'florecer' do Pensamento*,
- *No 'cimo' de uma Ação*,
- *No 'sentimento' do Progresso*,
- *Nas 'fulgurações' do Ideal, e*
- *Nas 'realizações' desse Ideal*.

Assim, a *Maçonaria* é a única *Instituição* que sobrevive, ao longo dos séculos, das paixões e das tragédias humanas, pois sua *'Moral'* não é simplesmente aquela da *'conceituação clássica'*, mas é:

- *A Moral de 'cada povo'*,
- *A Moral de 'cada tempo'*,
- *A Moral de 'cada civilização', e*
- *A Moral de 'cada cultura'*.

2º Vigilante

Graças à essas *Determinações de Sentimento e de Amor*, é que nenhum dos integrantes da *Maçonaria* está preso a uma *'éoca'*, nem a qualquer *'religião'*, a qualquer *'norma determinada'*, ou à *'alguém que apenas se auto-denomina Maçom'*.

Até porque os *Verdadeiros Componentes da Sublime Instituição*:

- *Combatem o 'mal' – como entendido pela maioria de 'cada povo';*
- *Praticam o 'bem' – como entendido em 'cada momento', e no 'núcleo' atuante;*

e por intermédio destes preceitos, é que o *Maçom* sempre está em atitude de *'evolução'*, e de seguir em *'ascensão'*, que, certamente, o conduzirá à *Perfeição*.

Por interagir desta maneira, a *'obra maçônica está em constante renovação'*, não se permitindo deter ante o *'tempo ou o espaço'*.

Asssim, o *Maçom* será praticamente *'eterno'*, e estará sempre em *'ação de combate'* como um *Perfeito Cavaleiros Andante*, pois seu *'Real caminho é o Mundo, quiçá todo o Universo'*, enquanto conhecido.

Figurativamente, todos os que, na metade do caminho, se sentam para limpar o suor, fatigados tanto pelo serviço quanto pela jornada, não são *Maçons*, pois os *'verdadeiros Maçons'* são os que *'sucumbem em pleno movimento, e em plena batalha'*, sem temer os *'obstáculos'*.

Cientes de que:

- *A Maçonaria não é – e nem pode ser – uma 'Religião',*

porque se assim fosse, sua *'missão teria terminado'*, e os *Maçons* não estariam atuantes, mas ao contrário, a *Ordem* seria uma *'revolução, pacífica, salutar e benéfica'*, postada de modo constante, vigorosa e enérgica, principalmente, quanto às *idéias, conhecimento e altruísmo*, porque rompe com todo o passado que se opõe *à Luz da Verdade*, sendo que sua *'obra e pensamento'* se situam no *'presente e no amanhã'*.

Maçonicamente, as *Religiões e Credos* individuais não são o mais importante, *'senão pelo respeito que são merecedores'*, enquanto estejam despojadas de todo *'fanatismo'*.

Orador

O G∴A∴D∴U∴ poderia ser tido como uma *'fórmula'*, um *'símbolo'*, quase uma *'frase'* ou ainda uma *'idéia'*, para que *'cada ser aprove'* na medida:

- *De sua 'inteligência',*
- *De sua 'concepção deísta', ou*
- *Puramente 'literária ou intuitiva',*

sendo, então que, por isso *'não é definido'*.

Tanto é assim, que o G∴A∴D∴U∴ pode ser *'uma Idéia – ou um Princípio'*, sendo:

- *Para uns a 'revolução',*
- *Para outros a 'evolução', porém,*
- *Para todos a 'encarnação do próprio pensamento individual',*

Indubitavelmente, a *Maçonaria* se transforma em um *'imenso e magnífico laboratório de Química, Física, Biologia, Astronomia, Moral, Virtude, Bondade, enfim, de tudo conhecido'*, e por isso, se diz que a *Instituição* seria a *Síntese da Vida*, ou uma permanente *Escola de Ensinamento*, porque uma de suas *'Missões'* é a de:

> • *Enfrentar tudo o que se opõe ao Progresso, da Ignorância ao Fanatismo, e da Debilidade à Inconsciência,*

e então, se resume:

> • *Numa 'Fonte de Caráter, Energia, Vitalidade e Renovação',*

pois, se não fosse assim não seria *Maçonaria*, até porque, em verdade, é que se trata de:

> • *Uma 'Sociedade de Segredos e com Segredos',*

e *Maçom* algum deverá contestar esse *Preceito Maçônico*, pois é parte dos *Juramentos*.

Esse tema tem motivado *'críticas severas e injustas do Mundo Profano'*, apesar destas serem sem conhecimento de causa, e portanto, não devem merecer maiores comentários.

Secretário

Caberia também mencionar que *'várias Sociedades detém a característica do Segredo'*, e dentre tantas, poder-se-ia elencar:

> • *O Estado-Maior dos Exércitos,*
> • *Os Laboratórios Científicos,*
> • *As Deliberações de Conselhos Administrativos de Sociedades Mercantis,*
> • *Nos Conselhos de Família,*
> • *Nos Conclaves Sacerdotais,*
> • *Nas Câmaras Federais – Estaduais – e Municipais,*
> • *Nos Senados,*
> • *Nas Reuniões de Governantes,*
> • *No Comércio, Bancos, Polícia, Política, Sindicatos, Religião,*

enfim, em qualquer parte os *Dirigentes* tratam em *Segredo* suas *'questões vitais e transcendentes'*.

Os diversos *Graus Maçônicos*, que se constituem num dos *Segredos da Maçonaria*, *'não'* podem ser *'passíveis de censura'*, por ser a *'Organização instituída por meio deles'*, pois:

> • *Não há quem chegue:*
> • *A Diretor sem ter sido subalterno,*
> • *A Papa sem ter sido Cardeal,*
> • *A Capitão sem haver sido Oficial menor,*
> • *A Sábio sem muito estudar, ou*
> • *A homem adulto sem ter sido criança.*

Assim, cientes que, *'a Maçonaria é entendida como uma Escola'*, *'não'* seria possível:

- *Ser Maçom sem antes ter sido Iniciado,*
- *Ser Companheiro sem haver sido Aprendiz, e assim por diante, até chegar*
- *Ao 'último degrau' sem pisar no primeiro e percorrido os demais.*

Pela intensa atuação de seus integrantes, a *Maçonaria* compõe sua *'história sem repetição'*, tanto quanto *'forma sua obra'* através do *'Progresso em todas as manifestações'*.

Guarda (ou Cobridor)

A *Maçonaria* não é composta somente pelo:

- *Conhecimento de Símbolos, Rituais e meios de Ensinamento*

isto é,

- *Nem tudo que é 'interessante' ao Maçom, 'interessaria' à Humanidade,*

pois, o que preocupa a *Instituição* é o *'proveito e rendimento da Verdade e da Felicidade'*, que é proporcionada *'por suas atuações'*.

O *Maçom* jamais deve duvidar, que o *Trabalho Maçônico* é tão mais fecundo, quanto maior o conhecimento adquirido sobre *'a Filosofia, Doutrina e os muitos aspectos da Sublime Instituição'*.

Para tanto, o que seria necessário, é fazer sentir o *'bem'* desenvolvido em *'benefício do próximo'*, isto é:

- *O 'bem' de Liberdade, Cultura, Ensinamentos, Virtude, Sacrifício, Educação, Caráter, Energia, Saudável Fraternidade e Bem-estar Social,*

o seria um trabalho praticamente interminável, caso se quisesse expor *os Ideais do verdadeiro Maçom*, mas, é o motivo a permitir que a *'harmonia'* faça parte de seu coração.

VM

Finalizando, poder-se-ia afirmar *'Que todo homem de espírito livre, justo, amante da liberdade e legionário da razão'*, não pode deixar de reconhecer na *Maçonaria:*

- *Uma 'Instituição de Paz e Amor', aberta às mais nobres aspirações, onde se realiza a união necessária e fecunda do 'coração e do espírito', onde se adquire o Equilíbrio Interior, onde os Caracteres se Afirmam e se Consolidam;*
- *Uma 'Instituição em que a Fraternidade é uma influência ou guia espiritual', onde habita uma concepção mais elevada e mais nobre, da vida que não luta contra nada, e nem contra ninguém, porque é uma força indestrutível, nobre e generosa, porque é a 'Luz da razão';*
- *Uma 'Instituição que prepara o terreno onde florescerão a Justiça e a Paz, pois sua única arma é a 'espada da inteligência';*
- *Uma 'Instituição que ensina o eterno valor dos Princípios de Cultura e da Época', mostrando aos homens e à Sociedade, a noção clara e certa de Solidariedade, de Amor, de Direito, de Justiça e de Liberdade.*

QUE PEDRA É VOCÊ?
O Desbaste de Si Mesmo
84

VM

Uma das mais *importantes Sessões* realizadas pela *Maçonaria*, em qualquer de seus *Ritos*, é a da *'Iniciação'*.

Através dessa *Sessão*, um ou mais *profanos* são *'Iniciados nos Augustos Mistérios da Ordem'*.

Assim que é *'Iniciado'*, tornando-se um *Aprendiz*, ocorre o *'princípio de sua longa caminhadana na Instituição'*, para em seguida alcançar o *Grau de Companheiro*, e depois o de *Mestre*, quando, então, encerra sua *'formação básica como Maçom'*, em conformidade com o que rege a *'temática administrativada da Ordem'*, no que diz respeito ao *Simbolismo da Instituição*.

1º Vigilante

A seguir, no tocante ao *Filosofismo da Maçonaria*, seguem-se muitos outros *Graus* na *'árdua ascensão na imensa Escada de Jacoh'*, traduzida, antes de tudo, em um *'longo Aprendizado'*.

Mas, contrariando alguns autores especialistas, quando do alcance do topo dessa *'Escada'*, culmina por torná-los *'eternos Aprendizes'*, logicamente, conhecedores de muitos *Ensinamentos Maçônicos*, porém, com a humildade característica poderá perceber que nenhum integrante, por mais dedicado que seja, jamais conhecerá tudo.

Na *Arte Real*, mais do que em qualquer outra circunstância da vida, porém de maneira análoga e compreensiva, terá a noção exata de que *'em tudo se é Eterno Aprendiz'*.

O *Componente Filosófico* da *Maçonaria* é dado pela *'Luz Recebida'*, que é necessária na busca de todos os caminhos, que visam encontrar o que há de melhor para o próprio *'Aprimoramento Espiritual'*.

2º Vigilante

(PEDRA) – Na *Liturgia Maçônica* a *'Ritualística é altamente Simbólica'*, e apresenta logo de início a *'Pedra'*, por meio de um pedaço disforme de granito, representando o *'Alicerce'*.

(PEDRA BRUTA) – A *'Simbologia Maçônica'*, intrinsecamente, mostra *'O Aprendiz como uma Pedra Bruta'*.

Uma *'Pedra'* sem forma que deve ser *'trabalhada'*, a partir das *'Luzes recebidas no Templo'*, *'trabalho'* esse que, sobretudo, se transformará em uma *'árdua tarefa Moral e Espiritual'* a ser cumprida em todos os dias, por meio do *'importante, exaustivo e eterno Aprendizado'*.

Orador

Porém, a *'Pedra'* pode:

- *Ser exemplarmente utilizada para a construção do próprio Templo Interior, como*
  - *Se tornar o motivo de um 'tropeço':*
- *Um 'tropeço' para a Instituição, ou*
- *Um 'tropeço' para a Sociedade em que se vive,*

na qual se tem o *'Dever de dar coerência à própria Vida Profana e Maçônica'*.

(DESBASTE DE SI MESMO) – Todos os integrantes da *Instituição* têm o *'Dever'* do próprio *'aprimoramento'*, sempre tentando *'melhorar e evoluir'*:

- *"de – 'Pedra Bruta' sem forma (informe), para – 'Pedra Polida'"*,

aquela que se *'ajusta perfeitamente'* na construção do *Grande Edifício Social*.

Secretário

Esse *'perfeito ajuste'*:

- *"da 'Pedra Bruta', em 'Pedra de Função Social, ou Pedra Angular'"*,

sobre a qual deve se apoiar um *Mundo* melhor, sabedores de que:

- *"Esse 'ajuste' nem sempre é muito fácil"*,

pois só é conseguido por um *'longo e efetivo aprendizado'*, porque construir o *'homem novo nunca é fácil'*.

O *'Desbaste da Pedra'* é alcançado:

- *Com o exercício da Paciência, do Trabalho e do Crescimento,*
- *Desfazendo 'arestas' que possibilitam o surgimento da Virtude,*
- *Banindo todos os Vícios, e*
- *Transformando algo 'bruto' em útil para si mesmo, e para a Sociedade.*

Guarda (ou Cobridor)

Todo aquele que realizar esse *'Desbaste'*, se tornará, certamente, um *'homem novo mais perfeito'*, enquanto o permita a *natureza humana*.

Esse *'homem mais perfeito'* que vive em *Sociedade*, busca a construção de seu *Templo Ideal*, mas tem consciência que *'ninguém consegue construir nada sozinho'*, porque sempre terá a necessidade do sincero e útil apoio de seus pares.

A edificação do *Templo Ideal* será o resultado da *'Soma das Pedras'* instaladas por todos os demais *Irmãos*, e para tanto, sempre deve estar presente o *'Espírito da Tolerância'*.

VM

O texto encerra uma *mensagem* que merece reflexão, na direção do *Amor Fraternal* que tem por base a *Tolerância*, além de pensar ainda de *'como estaria a própria evolução e progresso na Loja, na família e na profissão'*, e finalmente, cabe refletir *'Que espécie de Pedra se é?'* – *'Pedra de Estorvo, de Tropeço ou Pedra Angular'*, da construção de um santificado *Templo Interior?*

AFINAL, QUE ESPÉCIE DE 'PEDRA' VOCÊ É?

RAZÃO E VELHICE NA MAÇONARIA 85

VM

A Razão

[*Em certa ocasião, Salomão estava preocupado com o momentâneo desaparecimento do Arquiteto, e assim, reuniu seus Mestres eleitos, propondo uma minuciosa procura do mesmo, quando adentrou ao Templo um 'desconhecido'.*

Este superou os obstáculos naturais, e passou pelos guardas violando a segurança, chegando rápido e decididamente junto a Salomão.

O relaxamento da segurança, refletia o estado emocional dos presentes.

Esta situação de insegurança, poderia causar tanto a destruição de Salomão, quanto de toda a Instituição, e tal fato provocou grande comoção coletiva.

Esse relato, no geral, mostra que:

"Basta uma 'Emoção Inesperada' para que o homem se descuide, seja por Agressão, Emoção ou Supressão".]

1º Vigilante

O *'descuido'* motivado pelo *'inesperado'*, que é surpreendente, sempre surge nos *'momentos de necessidade'*, e que depois da precisa *'meditação'*, surge a Luz – A Luz da Razão, que simboliza a presença consciente da *'Divindade no homem'*.

Assim, o *'Desconhecido pode representar a Razão e a Voz da Razão'*, apesar de não se saber exatamente de onde vem, deve ser ouvida, pois todos precisam *'obedecer a Razão'*, uma vez que se possa vencer as barreiras da Vigilância, que são os *'próprios freios'*, isto é, os *'obstáculos que o homem estabelece para si'*, para manter-se prisioneiro do seu *'Espírito'*.

A *'Razão'* não necessita de longos diálogos, pois basta apenas ser dada a informação, para que o resto do organismo obedeça.

O *'Desconhecido'* ofereceu-se para servir de guia, em busca dos locais onde poderiam estar os praticantes do possível ato, pois não bastava *'a notícia e a descrição'*, mas a *'Razão'* toma a si o encargo de *'dirigir'*.

Certamente, o *'homem se renderá à Razão'*, deixando seus *'Preconceitos Múltiplos, Materiais e Corajosos'*, para seguí-la e alcançar o objetivo de sua vida.

2º Vigilante

Não é permitido ao *homem* confiar apenas na sua *inteligência*, quando esta somente cria *problemas*, e quando teima em *'não'* saber que é a *'Razão'* quem soluciona os *Problemas*, às vezes até criados por sua própria *inteligência*.

Todos têm um *'Desconhecido'* nas suas vidas, chamam-no *'Ele, Cristo, Fé, Presença, Divina ou Razão'*.

O certo é que o *homem* tem em si, na sua *'consciência – na mente'*, o instrumento adequado para descobrir o paradeiro do que o domina e vai destruir.

Nas *Cerimônias Maçônicas* esse *'Desconhecido'* é representado pelo *Irmão Mestre de Cerimônias*, que *'pode caminhar livremente pelo Templo'* com mensagens do *VM*, sendo o *'guia* dos *Irmãos na Loja'*, e o *'condutor'* destes ao *'Livro da Lei'*, resumidamente:

- *Único que pode circular no interior do Templo sem receber permissão ou ordens.*

O que é o 'homem'? Seria apenas um átomo surgido no seio da mulher, e que progressivamente se organiza, se harmoniza em suas inúmeras partes, que *'cresce, pensa, cai, transforma-se e volta à causa primária'*, deixando apenas reminiscências de sua última forma, ou conservando uma *'partícula essencial, imutável e imortal'*?

É o *'desconhecimento'* da existência de um *'Espírito que Perdura'*, e que embora faça parte do *homem*, *'é Eterno'*, posto que, a matéria se consome.

A *'vida do homem é uma centelha'*, um minuto durante o qual ele sai na noite infinita, enquanto uma voz interior lhe diz:

- *'Procura ver e saber'.*

O espaço imenso, apesar de aberto diante de si, é um *'obstáculo'*, mas *'se demora a incerteza, o instante da vida passa'*, e ele volta da noite infinita sem ter visto a *Verdade – a Razão de tudo*.

Orador

A Velhice

Outro importante aspecto que deve envolver a *'Razão'*, é que a *Maçonaria* faz *'poucas exigências'*, pois no torvelinho que as grandes cidades estão imersas, a *Ordem 'não'* tem vigilância sobre o *'comportamento social'* de seus integrantes, pois o que deseja seria apenas algumas horas de *'convívio semanal'*, pela contribuição que demanda pequeno esforço na execução dos *Trabalhos Ritualísticos*, tanto que:

- *A Maçonaria pouco 'exige', mas muito 'dá' em troca.*

Caso seja verificado nos *Quadros de Obreiros das Lojas*, se concluirá que a maioria de seus integrantes estão acima da faixa etária dos 45 a 50 anos.

A *Maçonaria* também se preocupa com a *'edificação'* durante a *'velhice'* de seus componentes, para que o *Maçom* possa ser útil, e ter como ocupar seu lazer, aquilo que distrai o aposentado, condição que se constitui, em regra geral, num tremendo fardo, quase um castigo, e assim, quando o *homem* atinge a *'velhice'*, seu lazer será tão pesado que, praticamente, poderá ser comparado com uma espécie de enfermidade.

A *Instituição Maçônica*, no entanto, acolhe esta *'velhice'* e lhe dá *'ocupação'*, principalmente, através do *'convívio permanente'*, além de *'avivar suas mentes'*, e sobretudo, pelo pleno *'conhecimento do que possa ser a morte e a vida futura'*!

Secretário

De onde se vem?, O que se é?, e, O que a morte fará?, são questões que preocupam os profanos, mas o *Maçom* continuará motivado a gozar a vida, com *'serenidade e interesse'*.

Atualmente, se convive com um grave problema social, mais acentuado que a *'infância abandonada'* que somente será solucionada ao longo do tempo, e este seria a *'velhice abandonada'* que é considerada um peso morto, que a *Sociedade* não sabe como carregar.

Porém, na *Maçonaria* o mais velho será sempre entendido como um *Grande Conselheiro*, aquele que sabe conduzir os mais novos ao *'caminho da segurança, e da tranqüilidade'*, para que os velhos possam dizer que encontram contentamento na *'velhice'*, e que a consideram não um entrave, mas um *'privilégio e dádiva divina'*.

O que se fará com a *'velhice'*?, poucos se preocupam com essa questão que os afligem, e que repelem e afastam, para que seu pensamento não se componha também dessa realidade.

Afirmam os sociólogos que *'a Aposentadoria Sectária é o caminho mais certo para a morte'*, e isto, dizem, porque não houve ainda maior interesse em *'preparar a velhice'*.

Guarda (ou Cobridor)

Como *'envelhecer'*?, indubitavelmente, se constitui numa *Arte e Ciência*, entretanto, devendo ser distinguida *'a velhice e a idade'*, porque *'nem todo idoso é velho, e nem todo velho tem idade avançada'*.

Freqüentemente, os *'velhos Maçons'* vem sendo *'aconselhados pelos mais novos'*, que não sentem seu problema ou não o identificam, porém, por vezes, infelizmente alguns *'velhos'* permanecem do cimo de seus *'castelos'* a querer de modo simplista ditar *Sabedoria*.

Mas, chega o dia em que, por motivos óbvios, os *'velhos'* têm que deixar de freqüentar suas *Lojas*, e aí então tudo cai, pois a derrocada apresenta-se cruel, e sofre aquele que não soube construir a *'velhice'*, porque cai *'no ócio desagregador, na lamentação'*, e conseqüentemente, na nervosa expectativa da *'morte'*, que passa a *'temer e odiar'*, já aquele que pode freqüentar sua *Loja* não terá tédio, e a sua vida será sempre útil.

Os exemplos são conhecidos, são os *Grandes e Beneméritos Maçons*, que embora com idade avançada, não deixam de tomar parte nos trabalhos, *'edificando, instruindo, transmitindo seus Conhecimentos Espirituais, e passando Luzes do saber'*, à seus *Irmãos*.

VM

A *Maçonaria*, em sua *'eterna Sabedoria'*, faz uma *'programação competente e séria'* para que:

> *"Haja oportunidade aos 'velhos', que lhes sejam dadas 'tarefas', que se faça ouvir a 'voz da experiência', atribuir-lhes todas as 'incumbências' mais importantes, e sempre que possível, 'escolhê-los' como dirigentes."*

Finalmente, caberia relembrar que para ser o *'trabalho operativo abençoado'*,:

• *Não basta a 'influência Maçônica' no 'lar' para construir a educação da família,*

porque será imperioso também:

• *Cuidar do 'lar Maçônico' até o final,*

ou seja, *'dar ao velho a necessária assistência total, colocando-o em pedestal de destaque na Ordem, com as cabíveis Honras merecidas'*.

SURGIMENTO DA EGRÉGORA 86

VM

Força do Pensamento

O *'Pensamento'*, que é inerente ao ser humano, sempre foi algo a *'ser conquistado, dominado'*, e por conta disso, o *'Homem e o Pensamento'*, para muitos, significam uma *'única energia'*, mas acredita-se ser este entendimento um tanto quanto *'equivocado'*.

A *'força vital'* que conduz o homem, e o faz um *'ser individual com ações próprias e independentes'*, fornece todas as condições necessárias a produzir seus *'próprios Pensamentos'*.

Indiscutivelmente, o *'Pensamento'* é da essência humana, mas a *'Energia Sutil'* da qual é constituído, possui *'Formação Química e Física Próprias'*, mas a Ciência atual ainda não conseguiu demonstrá-lo com absoluta certeza, entretanto, caminha a passos largos.

1º Vigilante

Partindo da premissa de que se é constituído por *'átomos'*, e que estes são divididos em tantas *'outras partículas'*, que o homem sabe existir, mas ainda não pôde identificá-las, assim, seria lógico acreditar que o *'Pensamento'* também pode ser constituído desses *'átomos'*, pois tudo que existe na Terra, e fora dela, até hoje conhecido e estudado, é formado por *'átomos'*.

A *'Física Quântica'*, e mais recentemente, a *'Química Quântica'*, consideram a existência de *'outras forças'* no Universo ainda *'desconhecidas'* pelo homem, mas que agem diretamente sobre ele, e nesse ambiente de *'convicções e fundamentos científicos'*, acredita-se na viabilidade da afirmação do *'aspecto físico molecular do Pensamento'*, até porque não se conhece as *'propriedades'*, mas sim seus *'efeitos'*.

O *'Hipnotismo e a Sugestão'* são frutos de *'trabalhos da Psicologia'*, e que encontram no *'Pensamento'* sua ferramenta de ação, mas, são através dos *'tratamentos psicossomáticos'* que se encontram referências contundentes acerca da *'Força Motriz do Pensamento'*.

Com apoio na *'Psicanálise'*, poder-se-ia afirmar que a partir do *'esclarecimento de um conflito interno'*, pode-se chegar à *'solução de um problema de saúde correlato'*.

Assim, vale dizer que a *'Sugestão'* acerca da *'solução de um problema psicológico'*, pode levar à *'cura de uma doença'*, o que leva a acreditar na *'força interior de um Pensamento favorável voltado à cura pretendida'*.

Sigmund Feud, dos maiores estudiosos da *'Psicanálise'*, dizia que os *'conflitos afetivos desviados para o inconsciente'*, poderiam ocasionar *'perturbações'* de toda ordem e espécie, e particularmente, de *'distúrbios funcionais, ou mesmo psicossomáticos'*.

O *'Pensamento sobre si próprio'*, a *'construção interior sobre o certo e o errado'*, configura-se num *'elemento determinante para a saúde do corpo'*, e o *'Pensamento'* agindo diretamente sobre o *'corpo físico imporá a cura'*, ou até mesmo a *'doença'*, motivo pelo qual seria mister *'conhecer profundamente a força do Pensamento'*.

2º Vigilante
Força Energética da(o) Egrégora

O *Templo dos Maçons* é um berço de *'Egrégora'* que une o *'corpo presente de todos os Irmãos'*, sendo o *'Símbolo maior de convergência de seus Pensamentos como homens'*, mas, e principalmente, como *Maçons*.

Quando o *Maçom* adentra o *Templo*, se torna apto ao *'manuseio das forças astrais'*, se tiver a convicção de estar *'Psiquicamente preparado e com a mente limpa'*, deixando fora os *'fluxos de emoções'* que possam perturbar os *'trabalhos'*, e vencidos os *'maus Pensamentos'*, os integrantes ali adentram de forma tranqüila, para contribuir com a formação da *'Egrégora'*.

O *Irmão* necessita estar coberto, isto é, em segurança, e neste instante, começa a brotar em si um *'sentimento maior, sublime'*, a mostrar que não é apenas *'matéria'*, mas que existe um *'Espírito ligado a uma mente maior'*, e que pode operar *'verdadeiras conquistas em seu interior'*, quando se forma um *'campo energético que cobre o seu corpo físico'*, e esse *'campo energético, ou energia vital'*, se une ao dos demais *Irmãos*, formando apenas um único *'corpo mental'*, quando a *'energia mental'* se funde em *'Pensamentos'*, em forma de *'fluxo magnético'* que circula e atua entre todos os integrantes.

Neste instante, tal qual um *'sopro do G∴A∴D∴U∴'*, nasce a *'Egrégora'*, ou seja, uma *'Energia resultante da adição de várias energias'*, a magnífica *'convergência de Pensamentos, de Desejos, de Amor e de Fraternidade entre os Irmãos'*.

Orador
Caminhos para a Egrégora

A preparação inicia-se a partir do momento em que o integrante sai de sua casa para se dirigir à *Loja* e participar da *Sessão*.

Na realidade, principia um *'processo individualizado de aproximação de Pensamentos'*, porque o *Irmão* começa a *'dirigir suas energias para o Equilíbrio e a Harmonia'* junto aos pares, tornando-se, portanto, uma obrigação *'harmonizar seus Pensamentos'* na busca do *'entendimento, paz e amor'*.

Por sua vez, a *'ordenação do Templo'* influi na formação da *'Egrégora'*, porque na medida em que os *Irmãos 'não'* ingressarão no *Templo* antes da hora dos *'trabalhos'*, e quando o *Irmão Mestre de Cerimônias* inicia a verificação para conduzir ritualisticamente ao *Templo*, os integrantes que estão na *Sala dos Passos Perdidos*, devem ter os *'Pensamentos'* em *'sintonia com a Força e União de todos'*.

E ainda, no instante que aquele *Irmão* fala aos demais para que deixem seus *'Pensamentos negativos fora do Templo'*, captando assim apenas os *'Pensamentos positivos'*, logicamente, inicia-se uma imensa *'corrente de energias positivas'* que facilitará sobremaneira a formação da *'Egrégora'*.

Concluídas essas etapas, há a *'abertura dos trabalhos maçônicos'*, quando todos os *Irmãos* devem estar compenetrados na conduta ritualística, pois esta estabelece os meios necessários de *'convergência'* entre os integrantes para a *'plenitude da Cerimônia'*.

A partir daí, perfeitamente conscientizados da necessária postura maçônica em *Loja*, e após as etapa iniciais, a ritualística é coroada com a abertura do *Livro da Lei*, quando então cada *Irmão* será apenas mais um que dará vida à *'Egrégora'*.

Secretário

Efeitos da Egrégora

Os *'efeitos'* da postura frente a vida, dos anseios e dúvidas, podem ser sentidos de *'forma orgânica no convívio social, pessoal e sentimental'*, e principalmente, entre os *Maçons*, pois forma-se no interior de cada um, a partir da vida profana que leva, determinados *'Conceitos'* pela educação que recebe, através das *'experiências sociais e profissionais'* que ocasionam certas *'repulsas'*, e tal *'repulsa'*, por conseguinte, acarreta um mal-estar um tanto vago de *'tristeza, desespero e acessos de raiva'*, que se manifestam de diversas formas, quase sempre inconscientes, e essas *'tendências'*, por sua vez, podem se manifestar por *'sonhos, gestos e comportamentos sociais'* que mesmo inconscientes, são frutos de *'Pensamento'*, e o inconsciente age através de *'Pensamentos'*, pois não se domina o *'pensar'*, mas esse *'pensar'* é que materializa o *'inconsciente'*, que leva a saber *'o que se é, ou o que se está vivendo'*.

A *'força do Pensamento'*, como visto, mesmo para os *Maçons*, pode provocar *'grandes alegrias, como grandes tristezas'*, pois não se está livre, e portanto, tem-se que estar atentos às oportunidades de se *'congregar o crescimento através das Egrégoras na Maçonaria'*.

Quando se *'sugestiona o Pensamento'*, ou seja, quando se impõe uma *'convicção acerca de um determinado querer'*, vale dizer, quando se acredita na possibilidade de *'alcançar algo desejado'*, cria-se um *'campo magnético de força considerável'*, capaz de levar ao *'alcance daquilo que se pretende'*, porém, esse *'campo magnético'*, que corresponde ao *'Pensamento'*, é na verdade, a *'matéria do Pensamento'*, um *'campo de energia'* que é construído a partir da *'vontade interior'*, e efetivamente, *'do querer'*.

Esse *'campo magnético'* formado no *'surgimento da Egrégora'* se aproxima, de forma segura, da *'força do fogo'*, já que tem a *'capacidade de se acumular'*, e *'somando e ampliando o campo magnético das Egrégoras'*, os *Maçons* multiplicam suas *'convicções'*, e contribuem para o *'engrandecimento pessoal interior e coletivo'* de todos os *Irmãos*.

Guarda (ou Cobridor)

Manifestação Física da Egrégora

'O querer, a vontade e o desejo', são *'forças'* que se vislumbram através do *'Pensamento'*, e essas *'forças'*, intensificadas pela *'convergência de muitos*

Pensamentos', formam um *'corpo astral e ganham vida'*, assim como também é verdadeiro, que esse *'corpo'* poderá trazer consigo *'forças negativas'* se assim for o desejo daquelas pessoas, mas, em se tratando da Maçonaria, a *'Egrégora'*, fortalecida pelo *'querer, desejo e vontade'* dos Irmãos, em um *'único Pensamento'*, só poderá se manifestar através de *'grandes realizações'*.

A *'Reunião na busca de solução'*, como a *'definição de ações beneficentes, de ações contra o mal que aflige, de ações em favor da Pátria, de ações de ajuda aos Irmãos necessitados, e outras tantas'*, só encontram *'forças'* no *'desejo, querer e vontade'*, e portanto, *'na união de todos'*, é o que forma a *'Egrégora Maçônica'*.

VM

Finalmente, caberia se *'pensar'* num *'único objetivo'*, que é:

- *'Materializarem-se'*, cada vez mais, as *'ações'*, e *'fortalecer'* a Maçonaria.

Essa *'Egrégora se deseja e propõe à todos'*, e somente a *'convicção dos Irmãos na preservação dos Princípios Maçônicos'*, convergindo numa *'Cadeia de União de Pensamentos'*, é o que *'proporcionará a verdadeira Egrégora'*.

TEMPO: NÃO DESPERDICE ESSE ALIADO 87

VM

Desde o nascimento do homem, tem início a contagem regressiva dos dias de sua *'vida'*, até chegar a zero, isto é, até a *'morte'*. Alguém, com muita propriedade, já disse:

> • *O 'inferno' é chegar ao 'final da vida', e ter a visão de todas as 'oportunidades perdidas', de tudo que 'poderia ter feito e não fez'.*

1º Vigilante

Mas, antes é extremamente necessário se preocupar em distinguir:

> • *O que 'realmente é importante', do que é 'fútil e inútil'.*

Infelizmente, quantas pessoas perdem valiosos momentos se entregando a *'discussões e atos'* que *'não têm qualquer importância'*, não valendo, sequer, o tempo gasto ao se falar nelas.

Na tentativa de evitar tais *'perturbações'*, logo de início será preciso ter consciência e realmente saber:

> • *O que se 'deseja fazer na vida', e qual o 'ideal a ser atingido'.*

A partir disso, deve convergir seus esforços, para todos os dias acrescentar algum progresso na própria *'vida'*, e novas aquisições ao seu cotidiano, porque:

> • *Somente o 'hoje', o 'agora', existe; o 'ontem' já é 'passado'.*

2º Vigilante

Até porque, tudo aquilo que *'tiver que realizar na vida'*, deve começar *desde logo – já – neste exato momento*, *'jamais'* deve ser *'adiado'*.

É incompreensível como *'o bem mais precioso e irrecuperável é o tempo'*, que, infelizmente, é desperdiçado, com generosidade, *'em assuntos, com pessoas, e diversas coisas estranhas'*, que não trazem *'nenhum benefício, interesse ou resultado'*.

E ainda assim, há quem desperdice esse *'bem precioso'* com:

> • *Animais de estimação, tais como cachorros, gatos, pássaros, etc,*
> • *Em frente a um aparelho de televisão, ou*
> • *Lendo interminavelmente 'jornais e revistas sobre a vida de jogadores e artistas', o que disseram ou pensam.*

Orador

Logicamente, tanto é plausível quanto nobre, se cuidar de animais, participar de jogos, assistir a televisão, mas apenas quando entendidos exclusivamente como *'atividades de lazer'*, ou em *'intervalos de descanso e relaxamento'* no meio de tarefas, porém, jamais fazer dessas atribuições um dos *'principais objetivos'* a consumir *'parte da própria vida'*.

Do contrário, caso as transforme em *'sérias obrigações'*, tudo não passaria de *'fuga e desperdício de habilidades'*.

Como resutado imediato dessas *'obrigações'* ter-se-ia que:

- A *'inteligência'* acaba por se *'encurtar'*, e
- A *'imaginação'* por *'encolher'*,

pois todos sabem que a *'função ou funcionamento das atividades cerebrais'*, é o principal gerador que traz o *'perfeito desenvolvimento'*, até o *'intelectual'*.

Caso cada um se coloque em posição eterna de simples *'platéia'*, isto é, marginalizados de todos os *'acontecimentos'* e se *'retraindo de tudo'*, logicamente, já se está *'meio morto'*.

Secretário

Por definição, *'vida'*:

- É *'luta'* constante,
- É *'lançar-se'* permanentemente para a *'frente'*,
- É *'aceitar'* desafios à *'inteligência'*, mas
- Incessantemente, buscando *'criatividade e originalidade'*.

É, sobretudo, *'dedicar-se a um trabalho, a uma missão que transcenda a si mesmo'*, que *'o faça eterno'*, para:

- Sobreviver na *'memória e no coração'* de todos aqueles a quem *'foi útil'*.

Em qualquer atividade, o indivíduo tem *'meios de progredir'*, de conhecer as *'coisas valiosas da vida'*, e assim, tornar-se *'culto e interessante'*, passando a ter *'algo a dar'* àqueles que o cercam.

Obrigatoriamente, deve-se sempre procurar o *'convívio social'*, porque:

- Todos somos a *'imagem'* que nossos amigos refletem de nós.

Guarda (ou Cobridor)

Então, jamais *'desperdice a vida'*:

- Com *'jogos'* de qualquer tipo,
- *'Ouvindo ou entupindo a mente'* com conversas vazias sobre programas fúteis de rádio e televisão,
- *'Discutindo'* sobre doenças, ou
- O que disse A, e respondeu B,

pois tudo isso, certamente, não melhora o homem, mas apenas *'deve'* servir para *'passar o tempo'*, que, absurdamente, é o mesmo que *'estar morrendo'*.

E todos aqueles que *'desejam passar o tempo fugindo de si mesmos, dos outros e da vida'*, em verdade, *'já se retirou da vida'*.

A cada dia deve-se:

- Acrescentar algo às próprias idéias,
- Adquirir um novo amigo,
- Aprender ou aperfeiçoar conhecimentos, enfim,
- Tornar-se *'mais rico de valores'*.

VM

Finalmente, dizia um filósofo que:

> *"Felicidade é a 'sensação de sentir' que nosso 'poder está aumentando'."*

'poder' em qualquer sentido, 'profissional, artístico ou amadorístico'.

E concluindo, valeria recomendar que:

> *'Todos os dias seja 'um pouco melhor' no que está fazendo, constantemente 'enriquecendo seu patrimônio espiritual', que trará, como conseqüência, o 'acréscimo do seu patrimônio material'.*

TOLERÂNCIA E CONIVÊNCIA

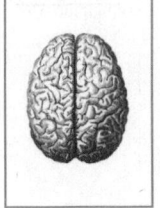

VM

Ao ingressar na *Maçonaria*, através da significativa *Cerimônia de Iniciação*, o recipiendário é *'alertado'* sobre a prática da mais decantada das *Virtudes Maçônicas*, que é a da *Tolerância*.

Uma *'sociedade'* que pugna, entre outros *'Princípios'*, pela *'solidariedade humana'*, nada mais compulsivo e importante que *'pregar e praticar a Tolerância'*.

1º Vigilante

Esse *'Princípio basilar Maçônico'*, de magna importância na *'conivência da Ordem'*, como também em qualquer *'sociedade, comunidade ou agrupamento humano'*, vem estampado no *Inciso III – Artigo 1º – Capítulo I – da Constituição do GOB*:

> *"Proclama que os 'homens são livres e iguais em Direitos', e que a 'Tolerância' constitui o 'Princípio cardeal nas relações humanas', para que sejam respeitadas as 'convicções e a dignidade' de cada um."*

Por isso, a *'Tolerância'* é o *'Princípio cardeal nas relações humanas'*, tanto que o *'Artigo da Lei Magna Maçônica'* deixa claro o *'sentido e o conceito de Tolerância'*, como sendo o *'respeito às convicções e à dignidade de cada um'*.

Assim, analisados com acuidade os *'procedimentos, comportamentos, atos e atitudes'*, de um sem número de *Irmãos* que convivem na *Instituição*, que freqüentam engalanados os *Templos*, e magnetizam com eloqüentes *'discursos e pregações sermônicas'* as platéias nas *'festas e solenidades'*, chega-se à conclusão que se está praticando um *'outro tipo de Tolerância'* na *Maçonaria*.

2º Vigilante

Infelizmente, *'escudados na Tolerância'* das *Lojas* e dos *Irmãos*, ingressam na *Ordem* homens com *'comportamento social, familiar e cívico'*, que jamais os qualificaria como *'homens livres e de bons costumes'*.

Não é raro constatar-se no *'convívio maçônico'*, a presença de *obreiros* que *'escandalizam a sociedade com condenáveis exemplos'*, até os que *'não honram suas obrigações no Mundo Profano'*, culminando em *'escândalos'* que só denigrem a *Instituição*, além de não ser raro, comprovar-se o ingresso na *Sublime Ordem* de *'indivíduos de vida pregressa execrável'*, que até se utilizam de *'expedientes escusos'*.

O pior é que homens, que *'jamais'* deveriam adentrar os *Templos Sagrados*, quase sempre são *'indicados, apresentados e apadrinhados'*, por outros que já conseguiram *'ludibriar a vigilância'* da *Ordem*, e nela ingressaram mantendo-se na *Instituição* como *'ovelhas'*, quando na realidade são verdadeiros *'lobos'*.

Orador

Com efeito, adentrados aos *Templos*, os *'homens de conduta reprovável'* são defendidos, acirradamente, por *Irmãos ou Grupos* de idêntica índole, sempre procurando justificá-los e acobertá-los sob o manto da *'Tolerância'*.

Daí resulta o que já se tornou uma constante nas *Lojas*, isto é, o *'ingresso e permanência'* na *Ordem* de *'cidadãos sem os mínimos qualificativos'*, que se comportam:

• *Ávidos de 'favores ou de prestígio',*
• *Irresponsáveis no 'proceder', e*
• *Ausentes nos trabalhos,*

representando apenas um *'simples aumentativo'* aos *Quadros de Obreiros*, por conseguinte, é de concluir-se que não se está praticando na *Maçonaria* o *'verdadeiro e cardeal Princípio da Tolerância'* previsto na *Carta Magna Maçônica*.

Pelo contrário, se está *'incentivando e estimulando'* a prática da *'conivência'*, costume *'prejudicial à Ordem'* sob todos os aspectos, porquanto redunda em proteção aos que maculam a *Instituição* com seus *'procederes levianos e imorais'*.

Secretário

As conseqüências são *'desastrosas'* com repercussão na *Sociedade Profana*, que acredita e vê na *Maçonaria* uma *'sociedade que agrupa homens de alta qualificação'*, dotados dos melhores *'predicados morais'*, e capazes de *'influenciar os destinos'* da *Nação*, como por vezes já ocorreu, conforme *'registra a história'*.

A *Sociedade Maçônica* à custa de *'falsa Tolerância'*, deverá deixar *'impunes'* os que transformam as *Lojas* um *'verdadeiro mercado de promoções pessoais, querelas, injúrias e calúnias'*, enfim, *'de comportamentos que geram desestabilização da Sublime Ordem?'* Porque o fruto dessa *'falsa Tolerância é sempre desastroso'*.

A *história da Maçonaria* registra diversos *'cismas e sisões'*, que se investigados, concluem que *'foram sempre liderados por falsos Maçons'*, que se mantiveram acobertados pelo infeliz manto da *'Conivência praticada como Tolerância'*.

Guarda (ou Cobridor)

Sem dúvida, a *'maioria dos obreiros'* que integram a *Maçonaria* é de *'homens livres e de bons costumes'*, que ingressaram na *Ordem* com o *'objetivo de pugnar pelo aperfeiçoamento moral, intelectual e social da Humanidade'*.

Outrossim, existem *Lojas* que *'eliminam'* dos seus *Quadros* os integrantes perniciosos que, despercebidamente, conseguiram adentrar nos *Templos*, e por conta disso, urge que se *'adotem medidas saneadoras na Ordem'*, para que continue a ser a *'Real Escola de aperfeiçoamento para homens probos e dignos e merecedores de todo respeito'*.

Que a *Instituição* não se torne uma *'Casa de correção'* a recuperar os *'desregrados, irresponsáveis e delinqüentes'*, certamente, será preferível que as *Lojas 'diminuam seus Quadros de Obreiros'*, conquanto que as *Colunas* se enriqueçam de *'valores morais'*.

VM

A *Maçonaria*:

• *Necessita de 'qualidade', dispensando a 'quantidade'*

e só assim, irá readquirir o *'prestígio'* que sempre desfrutou na *Sociedade*, e para tanto, faz-se mister a adoção, já e agora, de *'sérias medidas saneadoras'*.

Valeria mencionar o pensamento do *Maçom Baden Powel – O fundador do Escotismo*:

> *"Um 'cidadão equilibrado', vale 'meia dúzia de extravagantes'."*

Sem *'radicalismo ou revanchismo'*, mas com *Justiça*, urge que a *Ordem*, através dos *'poderes constituídos'*, obedecendo as *Leis vigentes*, proceda com a *'seriedade'* que se exige, fazendo com que, realmente, a *Instituição* continue a ser uma *Escola de Aperfeiçoamento* para *'homens livres e de bons costumes'*.

Convém lembrar uma das *'lições deixadas por Confúcio'*:

> *"Não é a 'erva má que afoga a semente', mas, 'sim a negligência do lavrador'."*

Finalizando, deve-se sempre desejar:

• *A grandeza da Ordem, a estabilidade da família, a união da Lojas, e o engrandecimento do País!*

TRABALHO EM GRUPO 89

VM

O *'Trabalho em Grupo'* é uma regra de suma importância para a *Maçonaria*, até porque está relacionado com o *Landmark nº 9 da Compilação de Mackey*, cuja redação mais correta e clara seria:

"Os Maçons se 'congregam' em Lojas Simbólicas",

e por isso, é indispensável que toda *Loja Maçônica*, como *'reprodução simbólica do Universo'*, deva funcionar tal qual esse mesmo *Universo*.

Assim, deve estar organizada de modo que os trabalhos se realizem de *'forma grupal, em unidade, com interdependência, coordenadamente e em perfeita harmonia'*, como acontece com o *'próprio organismo humano'*.

1º Vigilante

A inter-relação do *'organismo humano'* é tão maravilhosa, que ao receber um simples *'ferimento'* em qualquer parte do corpo, todas as demais partes sensíveis à necessidade do mesmo são levadas por uma *'consciência grupal'*, que se sente alterada e mobiliza-se para curar tal *'ferimento'* como um *'elemento do próprio organismo'*.

Esta *'mútua relação'* não é exclusiva dos *'corpos viventes'*, porque todo o *Universo*, desde o *'átomo até as galáxias'*, funcionam neste mesmo sentido.

Da mesma forma que o *Universo*, a meta do *Conceito Maçônico*, é, e sempre deverá ser, a *'compreensão grupal, entendida como o bem superior das metas individuais'*, pois o *'sentido orquestral'* deve predominar sobre o *'sentido individual'* em todo o mecanismo.

A *'forma peculiar'* como são exercidos os *'Trabalhos'* em *Loja*, tanto dos *Oficiais* como dos *Obreiros*, tem por finalidade *'desenvolver'* entre os que participam da ritualística, o *'sentido da dependência recíproca, e da consciência grupal'*.

A *Maçonaria* está constituída para orientar seus *obreiros* quanto ao *'Trabalho em Grupo'* na suas *'técnica, atividade e potência'*, e assim, como o homem reúne diversos meios em sua comunidade, para realizar de maneira inter-relacionada o *'propósito de viver'*, a *Loja Maçônica* reúne-se para realizar seu trabalho de *'forma harmônica, inter-relacionada e unida'*, evidenciando através de seu *'sistema'*, que como os elos de uma *'Corrente (Cadeia) simbólica'*, que por qualquer fraqueza da parte de um dos *Irmãos da Loja*, venha a debilitar aqueles que participam dessa *'Cadeia'*.

2º Vigilante

A função da *Maçonaria* é demonstrar ao homem, através do *Simbolismo*, sua *'estreita relação'* com o *Universo*, o *'desenvolvimento'* do sentido da *'responsabilidade total'*, e o *'reconhecimento de interdependência'* com o que existe.

A *Ordem* trata de levar à consciência dos seus integrantes, que:

- *O 'todo' é sempre mais importante que a 'parte',*
- *O papel que a 'parte' desempenha dentro da 'totalidade', e*
- *A relação dessa 'parte' na 'estrutura maior'*

Procura ainda indicar, de várias maneiras, que quando se ingressa em uma *Loja Maçônica*, se deve *'integrar'* ao tido como um *'organismo vivente'*, e não a uma *'coleção de individualidades separadas'*, além de que, como *'pontos de luz'* devem se fundir em *'uma só (única) luz maior'*, contribuindo para sua intensidade, conscientizando todos a serem *'parte de algo maior'*, e *'mais importante'* que cada *'porção individual (cada parte)'*.

Não se deve confundir a *'vida grupal'* que a *Maçonaria* procura transmitir a seus *obreiros*, com um mero *'agrupamento de pessoas'*, pois, *'o Trabalho e o Espírito de Equipe'*, são as *'duas forças motivadoras mais poderosas que o homem pode compreender'*.

Orador

O indivíduo pode superar a si mesmo quando *'funciona'* como *'membro de uma equipe'*, e como tal *'gera muitas forças'*, que de outro modo seria impossível.

Essa *'simbiose grupal'* é uma arma poderosíssima, porque caso se possua e funcionando a seu favor, pode-se operar maravilhas para a *Ordem*, e se não a possuir, os pequenos problemas diários assumem dimensão de grandes proporções, e por ser elevado o *'objetivo evolutivo de superação'* da *Maçonaria*, necessita-se sempre de uma *'organização de equipe'* para se lograr êxito total.

Cada componente trazendo *'seu talento, suas perspectivas e suas idéias'*, o *'conjunto'* dos mesmos poderá conseguir seus *'objetivos'*, porque da permuta dessas idéias nem sempre iguais, surgirá o melhor caminho para o *'trabalho perfeito e harmonioso'*, que é um dos Objetivos da *Maçonaria*.

O *'Grupo'* é quem decide, e não um *'único integrante'*, porque existindo uma verdadeira integração não haverá dificuldades a se opor às decisões, pois *'serão grupais e não individuais'*.

Um *'Grupo efetivamente integrado'* estimula cada elemento, criando-lhe um ambiente que permite crescer com facilidade, de acordo com sua capacidade.

Secretário

Como em nenhuma outra *Organização*, o *'trabalho em uma Oficina é de equipe'*, e por esse motivo, a *'impersonalidade'* é essencial na *Maçonaria*, porque o *'sentido'* que caracteriza seu organismo se reflete em suas obras anônimas.

Cada *Maçom* deve esquecer de si mesmo nas atividades de uma *Loja*, e pensar em termos do *'bem grupal e da prosperidade geral da Ordem'*.

E como já dito:

"O inimigo que mais pode conspirar contra a Maçonaria é o personalismo",

que pode ser traduzido por *'separatismo'*, assim, é necessário que se esteja em comunhão com os *Irmãos*, evitando conflitos entre o *'bem individual e o grupal'*.

Sendo a *Maçonaria* uma *'Escola de exercitação para o Trabalho Grupal'*, a realização do *'Trabalho'* implica na submissão da atividade personalista para o *'bem da Ordem'*, de vez que o *Maçom* ao entrar no *Templo* deve pensar que é um *'simples obreiro'*, e que todos os demais que fazem parte da *Reunião*, são também *obreiros* ocupados com a única tarefa de construir o *Templo de Salomão*.

Para o *obreiro*, quando em *Loja*, devem desaparecer as *'simpatias e antipatias'*, não permitindo que os *'propósitos egoístas e o espírito separatista'* afete o *'Trabalho'*, e assim, deve aprender a trabalhar com *'unidade de pensamento, de sentimento, de idéias e de objetivos'*, ao *'único Interesse comum'* que é o da *Ordem Maçônica*.

Guarda (ou Cobridor)

O *Ritual Maçônico* tem por finalidade, entre outras, de ajudar a exercitar o *Maçom* na *'atividade grupal'*, que é um magnífico instrumento de coordenação, estabelecendo ritmo e uniformidade na *Reunião*, que tende a levar os participantes a um *'pensamento rítmico'*, orientando para o fim específico de *'estímulo à vida grupal'*.

Através da *'atividade rítmica'* procura-se eliminar a *'desordem'*, lograr maior *'eficácia'* e a mais *'perfeita harmonia'* em tudo o que se planeja executar.

O *Ritual* ao levar à *'coordenação perfeita dos Trabalhos'*, e ao exigir *'rigorosa disciplina'*, tende a unir os participantes de modo a alcançar o *'nível mais elevado e poderoso das vibrações'*, da maneira mais precisa e perfeita, tal que o *'sentido de unidade'* existente nas partes do organismo, desperte-se entre os *Irmãos* da *Loja*.

Daí a necessidade de compreender o significado e propósito subjetivo do que transcorre na *Reunião Maçônica*, mantendo a concentração dos presentes.

Os *Ritos Maçônicos* procuram ajudar os *Maçons* a trabalhar de *'forma unida'*, como um *'corpo coerente e fulminante'*, ensinando-os a *'trabalhar, falar e pensar'*, sozinhos ou em forma simultânea, mostrando a necessidade da uniformidade de interesses em favor da *Ordem*.

VM

O *'mecanismo grupal'* existe nas *Lojas Maçônicas*, e é necessário que o *Maçom* desenvolva com esse mecanismo sua *'consciência grupal'*.

O *'Trabalho em Grupo'* que tem a *Maçonaria* por base, é o que eventualmente salvará o *Mundo*, mas os seres humanos devem estar presentes, como ensina a *Ordem* e seu *'Trabalho grupal'*, que para entenderem essa *'força'* que move a maquinária do progresso no sentido da superação do indivíduo, devem buscar *'não em seu cérebro, mas em seu coração'*.

A pergunta mais inquietante destes dias, seria:

• Se o homem aprenderá a *'educar seu coração'* como tem *'educado sua mente'*?

porque se não consegue o *'primeiro'*, dificilmente conseguirá o *'segundo'*.

Finalmente, valeria mencionar que as maiores realizações que aguardam o homem não virão, aparentemente, pelo caminho de sua *'mente'*, mas pelo caminho de seu *'coração'*, e este o conduzirá, certamente, para a *'vida grupal'*.

TRADIÇÃO SECULAR DA MAÇONARIA 90

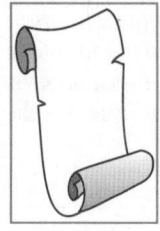

VM

A *História da Maçonaria* confunde-se em muitos pontos com a *História da Humanidade*.

Logicamente, a primeira não é tão antiga quanto a última, mas nos últimos dois séculos, tal como nas *'Grandes Ordens Esotéricas do passado como os Templários'*, muitos *Maçons* ajudaram a escrever boa parte da *História da Humanidade*.

Dentre esses integrantes da *Ordem* poder-se-ia citar alguns:

- *Mozart, Liszt, Goethe, Alexander Pope, Leadbeater, Sir Walter Scott, Robert Burns, Oscar Wilde, Mark Twain, Winston Churchill, Lenin, Xa Reza Pahlevi, Douglas MacArthur, Lindbergh, John Astor, Henry Ford, Roosevelt, George Washington, Benjamin Franklin, D. Pedro e Rui Barbosa.*

1º Vigilante

Porém, é extremamente difícil precisar *'onde e quando nasceu a Maçonaria'*, e assim:

- *Alguns julgam ser a Instituição herdeira dos Templários, cujos componentes se diluíram em várias outras Ordens, e que encontraram sua forma moderna como a Maçonaria,*
- *Outros entendem que a Instituição descende do Antigo Egito, o que pode ter algum sentido, já que a Maçonaria Moderna originou-se de Agrupamentos de Pedreiros' que deveriam guardar os Segredos das Construções, pois é no Egito que se encontra o 'maior mistério da Humanidade em termos de Arquitetura', que são as Pirâmides.*

Segundo o autor *Leadbeater*, em seu livro *Pequena História da Maçonaria*, informa:

"As 'origens reais' da Maçonaria se perdem nas brumas da Antigüidade".

Escritores *maçônicos* do *Século XVIII* especularam sobre a *História da Maçonaria* sem nenhum *'espírito crítico'*, pois basearam seus conceitos numa *'crença literal'*, isto é:

- *Na história e cronologia do Antigo Testamento, e*
- *Nas Lendas curiosas da própria Ordem, que são oriundas dos 'tempos operativos das antigas Observâncias ou Constituições'.*

2º Vigilante

E com toda sinceridade e seriedade, diz *Anderson* no seu *Livro das Constituições* que:

"Adão – o primeiro Pai, criado à imagem de Deus – G∴A∴D∴U∴, deve ter tido as Ciências Liberais, e particularmente a Geometria, escritas em seu coração",

enquanto outros ainda, atribuem a origem da *Ordem* à:

• *Abraão, Moisés ou Salomão.*

No *Século XIX*, o autor *Oliver* escreveu que a *Maçonaria*, tal como é conhecida na atualidade, seria a *'única e verdadeira relíquia da Religião dos Patriarcas'*, antes do *Dilúvio*, ao passo que os *Mistérios do Egito* e de outros países, assemelhadas àquela, foram apenas:

"Corrupções humanas da única e pura Tradição."

Existem pesquisadores sobre esse assunto, defendendo que os *Maçons Livres* surgiram de uma espécie de *Sindicato de Pedreiros*, na *Inglaterra* durante a *Idade Média*, *obreiros* que tinham permissão para viajar por todo o *País*, numa época em que tal fato era considerado autentico *'privilégio'* para poucos, tanto que, contrariamente, os camponeses viviam presos a terra, por conta do *'sistema feudal'* reinante naquele período da *História da Humanidade*.

Esses *'Pedreiros'* se reuniam em *'Associações de Grandes Grupos'* para trabalharem em *'projetos importantes'*, mudando da edificação de algum *'castelo ou catedral'*, para a próxima construção programada.

Orador

Realizavam suas *Reuniões em uma Loja*, que se compunha de uma *'edificação no canteiro de obras, onde comiam e dormiam'*, e que com o passar do tempo, o termo *Loja* veio a significar *'um grupo de Pedreiros estabelecidos em determinado local'*, cabendo ainda ser mencionado que os *'Pedreiros nos Séculos XIV e XV'* eram *arquitetos e operários braçais'*, cujo resultado de suas tarefas, aos olhos dos *'não-Iniciados'*, era considerado como:

• *O 'Trabalho' que lhes parecia Sagrado.*

Desde o *Antigo Egito*, os *'edifícios de pedras'* eram verdadeiros *'monumentos'*, erguidos com a finalidade de serem utilizados para as *'magias dos sacerdotes, e celebrações do Direito Divino dos Reis'*.

Como explica o jornalista *George Johnson*, para os estranhos eram consensualmente considerados *'especiais'* os:

• *Homens munidos com Cinzel, Malho, Compasso, Régua, Nível, Prumo e Esquadro, que erguiam os Templos do solo.*

Muitas *'Lendas'* envolvem a *Maçonaria*, mas muito poucos estudiosos, em verdade, sabem o que essas representam na realidade.

Secretário

Para o especialista *Wilmshurst*, seria a *Maçonaria*:

"Um 'Sistema Sacramental' que, como todo 'Sacramento', tem:
• *Aspecto externo visível,*
• *Consistente no cerimonial,*

• *Doutrinas e Símbolos*, e
• *Aspecto interno mental e espiritual*,
oculto nas *Cerimônias e Símbolos*, e acessível só ao *Maçom* que aprendeu a usar a *'imaginação espiritual*, e ao *'apreciador da realidade pelo Símbolo externo'.''*

Talvez um dos motivos que chamem a atenção de quem vê a *Maçonaria* de fora, seja o fato de somente homens pertencerem aos seus *Quadros de Obreiros*.

Porém, atualmente, já existem *Lojas Mistas*, e outras exclusivamente *Femininas*, que, entretanto, *'não'* são reconhecidas, bem vistas ou quistas pela *Maçonaria Tradicional*.

A *Comunidade Maçônica*, diz o autor *Leadbeater* em *A Vida Oculta na Maçonaria*:

> *"Difere das 'demais sociedades', em que os candidatos têm de aceitá-la de olhos vendados, e a seu respeito não recebem muita informação até o ingresso efetivo nas fileiras, ainda assim, a maioria só obtém, habitualmente, uma 'idéia genérica do significado das Cerimônias' e, raramente penetra mais além de uma 'elementar interpretação Moral de seus Símbolos Principais'."*

Guarda (ou Cobridor) _____

A *Maçonaria* a partir da *Inglaterra* se espalhou pelo *Mundo*, e com o passar do tempo, dividiu-se em *Associações* com diferentes nomes, mas que seguiam os mesmos *'ideais'*.

No *Brasil* operam *Três Principais Grandes Potências Maçônicas*, a saber:
• *O Grande Oriente do Brasil (GOB)* – mais antiga e única com um *Poder Central Nacional*, que congrega os *Grandes Orientes Estaduais*,
• *Os Grandes Orientes Independentes*, e
• *As Grandes Lojas*.

O *Grande Oriente do Brasil (GOB)*, *Célula-Mater* da *Maçonaria Brasileira*, também se caracteriza por:

• *Através do qual surgiriam as outras Duas Potências citadas*,
• *Sua fundação remonta a mais de 170 anos*,
• *Conta atualmente com mais de 2.000 Lojas espalhadas pelo País*,
• *Está presente em todos os Estados e Territórios da Federação*.
• *Em seus Quadros de Obreiros passaram Maçons ilustres, de reconhecida importância nas mais variadas áreas da atividade humana*.

Com base nesses aspectos, poder-se-ia concluir que a *'importância da Tradição Maçônica'* é um fato incontestável, e merecedor de grande respeito e admiração.

VM _____

Finalmente, cabe lembrar que, *'sobrevivendo aos Séculos'*, a *Maçonaria* vem procurando adaptar-se à modernidade sem *'jamais'* abandonar as *'Tradições'*, e conseguindo seus intentos, certamente continuará:

• *Marcando presença nos 'grandes acontecimentos da história*,
• *Construindo 'líderes'*, e
• *'Edificando' uma Sociedade melhor e mais humana que a atual*.

TRÊS PONTOS 91

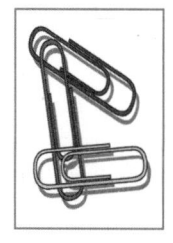

VM

A origem dos *'Três Pontos'*, enquanto *'abreviatura'*, é polêmica entre os estudiosos, pois:

- *Alguns a remontam aos tempos egípcios, com influência ateatada nos hieróglifos,*
- *Outros a remetem à Roma e Grécia Antigas, e ainda*
- *Terceiros afirmam que se originou como resultado do estreito contato entre a Maçonaria e as Seitas da Europa após a Idade Média.*

De certo tem-se que, oficialmente, essa *'abreviatura'* nas comunicações maçônicas teve início em 1774, quando o *Grande Oriente da França* comunicou a mudança de endereço de sua sede, através de uma *prancha* encaminhada às *Lojas da Obediência*, bem como à todos os *obreiros* filiados àquela *Potência*.

1º Vigilante

Existem também informações de que o *'Triponto'* foi deixado em forma de *'grafite'*, nas paredes onde estiveram presos *De Molay* e seus companheiros, porque quizeram deixar marcado que o *'Triponto'* significaria a presença reverenciada da *Trindade Divina*, a torná-los consolados, esperançosos e tolerantes com a situação vivida.

Um *'ponto'* isolado significa a *'unidade fundamental'* ou o *'princípio de tudo'*, sendo também entendido como o *'absoluto'* ou *'o que existe sem começo'*, e por isso, quando se considera o *'ponto'* isoladamente, tem-se sua correspondência com o *Oriente* representando o *'Mundo absoluto da realidade'*.

Para ser bem entendido o *'um'*, é necessário conhecer o *'zero'*, que de modo esotérico na *Maçonaria*, representa a *'fonte originária da Escala Numérica'*, é o símbolo representativo de *'Deus, o Criador Incriado, a Causa, sem Causa, de onde tudo se origina'*, e que é *'Imanifestado'* e paira no *'espaço absoluto'*.

Simbolicamente, o *'Espaço Absoluto, o Absoluto Imanifestado'*, é representado por *'Um círculo branco sobre um fundo inteiramente negro'*.

2º Vigilante

O *'zero'*, antecessor do *'um'*, mas tanto um quanto outro representando *Deus*, este *'zero'* significa *'o Criador Incriado, a Divindade sem manifestação'*, enquanto o *'um'* é a *'unidade em Manifestação Criadora, Deus Manifestado'*.

O *'dois'* em relação ao *'um'* representa *'a Divisão, o Símbolo dos contrários'*, e principalmente, *'a personificação da dúvida, do desequilíbrio e da contrariedade'*.

Ao *Aprendiz* não é recomendado se aprofundar muito no estudo do número *'dois'*, pois não tendo ainda *'sólidos'* os *'conceitos maçônicos sobre as Tradições'*, pode, eventualmente, enveredar por *'caminho oposto'* ao que deve seguir, assim, esta seria uma das razões pela qual o *'Aprendis é conduzido (guiado) nos Trabalhos da Iniciação'*, tanto que a *'passagem pelo número dois, que seria traiçoeiro, duvidoso e fatídico'*, pode levá-lo à *'dúvida'*, da qual somente poderá sair se for *'conduzido ou guiado'*.

Já o subsequente *'número três'* para a *Maçonaria*, é considerado *'o número perfeito'*.

Orador

A *Bíblia* contém diversas referências a esse último *'número'*:

- Três é o número da *'Santíssima Trindade'*,
- Três foram os *'anjos que visitaram Abraão'*,
- Três foram os *'dias que Jonas passou no ventre da baleia'*,
- Três foram os *'dias que Jesus e Lázaro permaneceram sepultados'*,
- Três foram as *'vezes que Pedro renegou o Mestre'*,
- Três vezes o *'Mestre se manifestou a seus discípulos'*, após a ressurreição,
- Três são as *'Virtudes Teológicas: Fé, Esperança e Caridade'*,
- Três as *'línguas sacras'*,
- Três as *'partes da alma'*,
- Três as *'Classes das criaturas intelectuais: anjos, homens e demônios'*,
- Três as *'Épocas da história: antes, durante e depois, da Lei'*.

Secretário

O *'número três'* para a *Sublime Instituição*, possui alguns significados:

- Três os *'fins supremos da Ordem: Liberdade, Igualdade e Fraternidade'*,
- Três são os *'passos do Aprendiz'*,
- Três é a *'idade do Aprendiz'*,
- Três são as *'partes do Sinal de Ordem'*,
- Três são os *'dirigentes da Loja: VM, 1º e 2º Vigilantes*,
- Três são as *'Colunas que sustentam a Loja'*: Sabedoria, Força e Beleza'*,
- Três são as *'Viagens realizadas durante a Iniciação'*.

Os *'Três Pontos'* também detém a significância de ser constituído pelo *'amor, vontade e inteligência'*, pois esta *'tríade'* representa *'o ápice da Perfeição'*.

O mais *'elevado Grau'* a ser alcançado na *Maçonaria Simbólica* é o *Grau Três*, ou ser conseguida a importante condição de *Mestre Maçom*, o que significa que:

- O Iniciado alcançou a *'plenitude da Sabedoria nos seus Conhecimentos Maçônicos'* relativos à *Maçonaria Simbólica*.

O *'progresso nos Conhecimentos'* também é representado pelos *'Três Pontos'*, pois cada destes mostra sinteticamente os *'Três degraus do Conhecimento dos grandes Iniciados'*, pois:

O 'primeiro degrau' significa os 'Conhecimentos da inteligência',

O 'segundo', os integrantes que os 'prendem nos sentidos', e

O 'terceiro', aqueles componentes que os aquartelam no 'âmago da Alma'.

Guarda (ou Cobridor) ───────────────────────────────

A posição gráfica dos *'Três Pontos'* seria a perfeitamente *'triangular (∴)'*, sendo que:

- *O 'ponto superior' representa a Sabedoria, o Amor', e*
- *Os 'pontos inferiores' significam a 'Vontade e a Inteligência',*

e o *'Maçom só é Perfeito quando une com harmonia as Três Qualidades'*.

Por isso é que os *'Maçons – tidos como Homens Perfeitos'*, apõem às suas assinaturas os *'Três Pontos'*, a dizer que são, sem dúvida alguma, possuidores dessas *'Três Virtudes'*.

Caso sejam *'entendidas separadamente'* as *'Três Qualidades'*, poder-se-ia constatar o *'desequilíbrio'* resultante por essa individualidade:

- *Supondo-se um homem dotado só de 'vontade', sem sentimento de afetividade e desprovido de inteligência, ter-se-á um 'Verdadeiro bruto, não lapidado',*
- *Se for dotado apenas de 'inteligência', mas suprimido de vontade e de sabedoria – expressão do amor, ter-se-á o pior dos 'Egoístas e inúteis',*
- *Caso possua unicamente o Amor = Sabedoria, sem vontade e inteligência, ver-se-á que a 'bondade é inútil', que as 'melhores aspirações serão estéreis', pois 'não' serão acionadas por qualquer 'forte vontade', agindo apenas pela razão.*

VM ──

Finalmente, seria por este motivo que os *'Três Pontos'* correspondem:

- *Aos 'três vértices' do 'Delta ao Ternário completo',*

através dos quais o 'Maçom deve dirigir todos os seus atos', a saber:

- *Sabedoria, Vontade e Inteligência.*

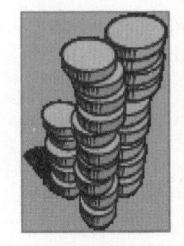

TRONCO DE SOLIDARIEDADE OU SACO DE BENEFICÊNCIA 92

VM

O *'Tronco de Solidariedade ou Saco de Beneficência'*, que são denominações conforme o *Rito* adotado pela *Loja*, deve, obrigatoriamente, ser apresentado a todos os presentes, sem nenhuma exceção, em qualquer Sessão Maçônica Ritualística, apenas por *'uma única vez'*.

1º Vigilante

No instante em que é apresentado o *'Tronco ou Saco'*, é que em realidade se materializa ao *Maçom* a *'oportunidade única de servir e colaborar'*, quando então deve ser oferecido o *'óbulo'* que a própria consciência individual determina, sem *'comparações ou verificações'* outras que se tornam absolutamente *'descabidas'*, isto é, trata-se apenas de condição exclusiva de *'foro íntimo'*.

Desta maneira, e em função da *'conceituação'* que determina a circulação do *'Tronco ou Saco'*, permite que, ritualisticamente, ocorra o procedimento da *'introdução da mão fechada'* no recipiente apropriado, o que preserva a manutenção do necessário *'segredo'*, suficiente à garantia do *'exoterismo'* que cerca o ato.

Cabe esclarecer a conveniência da *'mão introduzida fechada, ser retirada aberta'*, demonstrando toda a *'boa vontade'* do integrante quanto ao cerimonial, apesar de que, se naquele instante *'não'* for prestada a *'colaboração devida e possível'*, estará sendo perdida a *'única'* oportunidade de colaboração, e por conseqüência, não haverá outra chance na *Sessão*.

2º Vigilante

A *'grande mensagem esotérica do Tronco ou Saco'*, reside nesta oportunidade que se *'oferece uma única vez'*, além de que, se não for aproveitada se estará deixando de sentir todo o prazer e a real felicidade, embora diminuta, da *'efetiva contribuição'* buscando sempre:

• A *'não omissão'* quanto aos demais *'compromissos maiores'*.

Na *'vida' corrida, difícil, conturbada e desgastante,* em que se encontram inseridos atualmente, quantos podem afirmar que:

• *Tiveram a oportunidade de auxiliar alguém no momento certo, isto é, quando do instante da necessidade efetiva, sem outros interesses, e de modo transparente e absoluto, desde o princípio até a conclusão da tal necessidade?, e*
• *Quanto prazer este ato poderá proporcionar?*

Orador

Como exemplo, pode-se mencionar:

> • *A situação em que uma pessoa se encontre doente,*
> *Sem as mínimas condições de tratamento,*
> *Impossibilitada no aspecto geral e impotente no particular,*
> *Fadada ao fracasso e ao desânimo, e ainda*
> *Receber a assistência que poderá lhe proporcionar melhora, ou até a cura?*

Assim, será possível experimentar a *'grande satisfação'* de vê-la recuperada em sua saúde, e em condições de *'buscar e usufruir as oportunidades da vida'*.

Poder proporcionar tais condições, com absoluta certeza, trará como retribuição *'a alegria, o regozijo e a felicidade'* àqueles que, felizmente, possam criar estas chances, estimulando e amaciando até os corações mais duros e empedernidos.

Secretário

Caberia perguntar a todos se já pararam, por um instante, para pensar nos dividendos incalculáveis proporcionados ao íntimo de cada um, em função de:

> • *Poder amparar uma 'criança ou um velho' impelidos ao 'abandono',*

contribuindo:

> • *Desde a fase inicial daquela vida, até que lhe seja concedida condição de respeito e dignidade próprios, ou ainda,*
> • *Que se criem condições de envelhecimento nobre e digno daquele que já contribuiu com sua parcela de esforço e afinco para esse Mundo.*

Tudo isso deve acontecer sem qualquer tipo de *'preocupação com reconhecimento'* pelo que se fez, isto é, *'jamais'* esperar atenção ou agradecimento de nenhuma espécie, que em resumo, compõem um *'comportamento que é de suma importância e elevada dignidade'*, pois só aqueles que passam por tais situações, têm condição de aquilatar a *'pureza e a profundidade'* das emoções que *'envolvem e alimentam o próprio espírito'* com esses privilégios.

Guarda (ou Cobridor)

Certamente, nos *'atos'* descritos há uma:

> • *'Beleza tanto especial, quanto diferente',*

que torna os *Maçons*:

> • *'Agentes verdadeiros e principais protagonistas'*

no auxílio das vitórias conseguidas em prol dos seus semelhantes, participando sempre das mesmas alegrias estampadas naqueles semblantes sinceros.

Verdadeira multidão de pessoas menos favorecidas, aguardam essa *'obra maravilhosa'* que é a *'Benemerência'*, restando-lhes sempre a esperança, ainda que remota, de serem os *'escolhidos'* a quem será adjudicada toda *'atenção'*, com desprendimento integral do início ao término destas cabíveis *'ações'*.

VM

O *G∴A∴D∴U∴* apresenta uma proposta de *'restauração de confiança'* através destes *'atos'* praticados que forem devidamente escolhidos, por meio da *'marca sublime do anonimato'*, sempre em *'bases impessoais'*, praticando a *'Benemerência de forma velada, oculta e silenciosa'*.

Aos *Irmãos* aí esta a *'fórmula mágica'*, simples porém difícil, *'do silêncio e da felicidade'*, e dessa maneira, deve-se refletir muito sobre tudo isso, quando passar diante de seus olhos o *'Tronco de Solidariedade ou Saco de Beneficência'!*

D – Teor Institucional

A BÍBLIA E A MAÇONARIA

93

VM

A *'Primeira Epístola de São Paulo aos Coríntios'* diz:

• *"Se eu falar dos homens e dos anjos, e não tiver caridade, sou como o metal que soa, ou o sino que tine. E se eu tiver o dom de profecia, e conhecer todos os mistérios, é quanto se sabe. E se eu tiver toda a fé, até o ponto de transportar montanhas, e não tiver caridade, não sou nada".*

Nos *Ritos* que o adotam, o *Livro da Lei* representado pela *'Bíblia'*, somado ao *'esquadro e o compasso'*, constituem os *Paramentos da Loja*, que estão postados no *Altar dos Juramentos*, geralmente, no centro do *Oriente* ou do *Ocidente*.

1º Vigilante

No *'21º Landmark da Classificação de Mackey'* consta que:

• *"É indispensável a existência no 'Altar de um Livro da Lei', o Livro que conforme a crença, se supõe conter a 'verdade revelada pelo G∴A∴D∴U∴', não cuidando a Maçonaria de intervir nas peculiaridades de 'fé religiosa' dos seus membros, esses Livros podem variar de acordo com os credos".*

Enquanto que na *Constituição do Grande Oriente do Brasil (GOB) – no seu Item VIII, do Artigo 2º*, tem-se:

• *Artigo 2º –* São *'Postulados Universais'* da Instituição Maçônica:
• *VIII –* a manutenção das Três Grandes Luzes da Maçonaria: O Livro da Lei, o Esquadro e o Compasso, sempre à vista, em todas as Sessões das Lojas e Corpos.

Por exemplo, consta do *Brasão do Rito Adonhiramita*, o *Livro da Lei* que deve sempre estar presente, em conjunto, com *'o cordeiro, a cruz e os sete selos'*.

O *Livro da Lei* representa o *Código Moral* que individualmente cada integrante respeita e segue, que pode ser entendido como a *'filosofia'* que cada um adota, sendo enfim, a *'sua fé que governa e anima'*, em busca do próprio *'crescimento espiritual'*.

2º Vigilante

A *'parte relativa à história'* constante da *'Bíblia'* é muito interessante, pois se refere:

• *Desde a 'criação do Mundo' até a 'previsão de seu fim no apocalipse';*
• *Da 'Lei de Talião' imposta por Moisés, até a 'Lei de Amor' trazida por Jesus;*

e assim, demonstrando que *'tudo é nela registrado para a eternidade'*.

A *'Bíblia'* é dividida em dois principais grandes capítulos, os *'Velho e Novo Testamentos'*, que correspondem respectivamente às *'eras antes (a.C.) e depois (d.C.)'* de *Cristo*, sendo o *'Velho Testamento'* constituído por *'46 Livros'*, enquanto o *'Novo Testamento'* é composto por *'27 Livros'*.

Os *'Livros do Antigo Testamento'*, que foram escritos em *hebraico* e traduzidos para o *grego*, representam a *'aliança de Deus com o povo hebreu de Abrão, Isaac e Jacob'*, e estes *'46 Livros'* estão divididos em *'históricos, doutrinários e proféticos'*.

Os *'Livros Históricos'* são *'Pentateuco, Josué, Juizes, Samuel, Reis, e outros'*.

O *'Pentateuco'*, que em hebraico significa *'Cinco Livros'* é chamado *'Torá'*, isto é, *'A Lei'*, que foi escrita por *Moisés*, contando desde a *'Criação do Mundo até sua Extinção (Morte)'*, e estes *'Cinco Livros'* são *'Gênesis, Êxodo, Levítico, Números e Deuteronômio'*.

Orador

O *'Livro de Josué'* relata a *'conquista da Terra Prometida (Canaã)'* e sua distribuição em *'Tribos – as 12 Tribos de Israel'*, cujos nomes eram os dos *'Filhos de Jacob'*, exceto *José* que viveu no *Egito*.

O *'Livro de Samuel'* relata acerca dos *Reis Saul e David*, enquanto o *'Livro de Reis'* se refere à história do *Rei Salomão* e as invasões babilônicas.

Nos *'Livros Doutrinários'* encontram-se *'Salmos, Provérbios, Eclesiastes, Sabedoria e outros'*, sendo que os *'Salmos'* são uma *'Coleção de Poemas Sagrados'*, compostos por vários autores, onde se destaca o *Rei David, pai de Salomão*.

Os *'Livros Proféticos'* são de autoria de *'Isaías, Jeremias, Ezequiel, Daniel, e Joel entre outros'*, onde basicamente, estão registradas as *'Principais Profecias'* dos missionários israelitas.

Secretário

O *'Novo Testamento'* compreende *'27 Livros'*, a saber:

- *Cinco Livros Históricos: Evangelhos de Mateus, Marcos, Lucas, João e Atos dos Apóstolos;*
- *Vinte e Um Livros Doutrinais ou Epistolares, sendo:*
  - *Catorze de Paulo que são chamadas 'Epístolas Paulinas ou Pastorais'; e*
  - *Os Sete restantes são chamadas de 'Universais', e foram escritas por João (3), Pedro (2), Tiago e Judas,*
- *Um Profético – O Apocalipse, que em grego significa 'Revelação', e que foi escrito por João Evangelista na Ilha de Patmos, entre os anos 70 e 95, aproximadamente.*

Guarda (ou Cobridor)

Seria interessante citar que quando da participação do *VI ERAC*, o *'Trabalho'* apresentado pela *ARLS Graal do Ocidente*, continha sobre o tema:

- *O 'Livro da Lei ou Bíblia' para os Maçons, 'representa':*
  - *A Sabedoria de Deus – do G∴A∴D∴U∴;*
  - *A Palavra escrita de Deus;*
  - *A Inspiração de Deus;*
  - *A Luz da Humanidade;*

e ainda que:

> • *O Maçom deve ter a 'Bíblia, o Tora, o Alcorão, ou o que se lhe determina o Rito', como 'Símbolo da Espiritualidade e de Conduta de Vida', pois por ela, e somente por ela, é que se sabe como proceder no viver, para em seguida à vida, poder ser julgado por Deus.*
> • *Na Iniciação é prestado 'Juramento' sobre o Livro da Lei, sendo que é para Deus que é prestado esse 'Juramento', prometendo cumprir 'sua vontade'.*

Assim, tendo como um dos exemplos dentre os *Ritos* praticados, poder-se-ia citar que consta do *'Ritual do Grau de Aprendiz do Rito Adonhiramita'*, que o *Livro da Lei* deve sempre ser aberto pelo *Amado Irmão Orador* no *'Evangelho do Apóstolo João'*, em seu *Capítulo I – Versículos 6 à 9*, que transmitem a magnífica mensagem:

VM

> *"6 – Houve um Homem enviado por Deus que se chamava João.*
> *7 – Este veio por Testemunha, para dar Testemunho da Luz, a fim de que todos crescem por meio dele.*
> *8 – Ele não era a Luz, mas veio para que desse Testemunho da Luz.*
> *9 – Era a Luz Verdadeira, que alumia a todo o Homem, que vem a este Mundo".*

Finalmente, caberiam os votos de que:

> • *O Oriente Eterno, ininterruptamente, 'ilumine à todos', e que o 'amor e a graça do G∴A∴D∴U∴' estejam sempre nos corações.*

DIREITOS E DEVERES DO MAÇOM 94

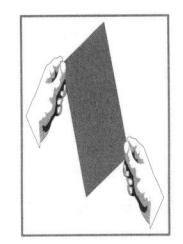

VM

Introdução

Para definir os *'Direitos e Deveres'* de todos os seres, de início seria necessário ter conhecimento das *Leis* que os originaram.

Nota-se que os seres fazem uso de seu *'Direito'*, que é o resultado das *Leis da Natureza*, isto é, se uma espécie se alimenta de outra, o faz estritamente dentro do necessário à própria sobrevivência.

Porém, se houver qualquer tipo de desequilíbrio por parte de uma espécie, como conseqüência, ocorrerá a diminuição de sua alimentação e o descontrole de seu *'habitat'*.

Portanto, essa seria a *'origem fundamental do Direito à vida'*, ou talvez seja, o *'Princípio básico e o maior ensinamento da Natureza'*, à todos os seres vivos.

1º Vigilante

O *'limite'* do *'Direito Individual'* tem como parâmetro o *'Direito Coletivo'*, que é delimitado, portanto, pela *'presteza e perfeição'* das prerrogativas dos *'Direitos e Deveres dos cidadãos, na comunidade em que vive'*.

O *'homem em seu desenvolvimento'*, vem buscando estabelecer *Leis, Pactos e Códigos* que *'garantam Direitos e determinem Deveres'*, acreditando-se que tais instrumentos legais possam estabelecer uma *'sociedade justa e perfeita'* aos seus integrantes.

Provavelmente, com base nessas observações, as *'sociedades antigas'* também tenham estabelecido suas *Leis e Códigos* para se tornarem *'justas'*.

Dentre as *'diversas e importantes civilizações'* que criaram e viveram por suas *Leis*, tem-se o *'povo hebreu'* que tem sua história narrada no *Livro Sagrado*, onde se encontram citações como a dos *Dez Mandamentos*, isto é, *'o conjunto de Normas imposto por Deus ao povo através de Moisés'*, quando, segundo o texto em *Êxodo*, esse *povo* tentava procurar *'caminhos estranhos à vontade de Deus'*.

'Moisés foi portador, executor e guardião da Lei', e pôde criar uma série de *'Normas e Interpretações'*, que relacionadas no *Livro Sagrado*, deveriam *'dirigir a vida dos homens'* em seu tempo, sendo de se notar que *'a necessidade'* originou os *'Direitos e Deveres'* de um *povo*, para manter um *'convívio de justiça e prosperidade'* a todos.

2º Vigilante

Estas *Leis*, juntamente com outros *Códigos*, originaram *'novas Cartas'*, cujas pretensões são sempre de *'estabelecerem Direitos e Deveres aos homens'*, em cada época e região.

Poder-se-ia dizer que o homem tem melhorado seu relacionamento por conta dos *'Direitos e Deveres'* estabelecidos, como por exemplo, é o que ocorre nas *'profissões'*, onde as *'Leis, Regulamentos e Códigos de Ética'* levam a cumprir uma série de *'Deveres'*, e *'honram'* com os *'Direitos do exercício da profissão escolhida'*.

Na Maçonaria

Quando da *Iniciação*, ao ser recebida a *Verdadeira Luz* do renascimento para a *Verdade*, conseqüentemente:

- *Assumem-se 'compromissos',*
- *Prestam-se 'juramentos', e*
- *Fazem-se 'declarações' de grande significado nas 'vidas' de todos,*

e que passam a ser *'verdadeiras divisas'*, independente de qualquer dos *Graus* assumidos no *Mundo Maçônico*.

Naqueles *'instantes de emoção'*, as *'palavras e atos'* poderão ter ficado na memória, porém, muitas *'não'* serão tão lembradas, senão pela *leitura e estudo do Ritual, do Regulamento Geral da Federação e da Constituição do GOB*.

Os *'questionamentos'* contidos no *Ritual* que são impostos na *Iniciação*, se detidamente analisados seus conteúdos, verifica-se que se somados ao *Regulamento Geral da Federação* e a *Constituição do GOB*, *'assume-se enorme e vital compromisso'* com a *Ordem Maçônica*, especial e principalmente junto aos *Irmãos*:

- *Quer na 'obediência' sem restrições aos Princípios da Ordem,*
- *Quer no 'dever' de cumprir o Aperfeiçoamento da sociedade humana,*

fundamentado no *'Amor fraternal à Deus, Pátria, Família e ao Próximo'*, buscando incessantemente a *'Verdade, Moral, Razão e Justiça'*, sob a *Tríade da Divisa Maçônica*:

- *Liberdade, Igualdade e Fraternidade.*

Orador

Quando introduzido na *Câmara das Reflexões:*

- *Fizeram o 'Testamento Simbólico', e*
- *Responderam um 'questionário' sobre os 'Deveres com a Humanidade, Pátria, Família, e si mesmo'.*

e em complemento:

- *Prestaram 'Juramento de Honra' de 'não' revelar ou reproduzir nada do que foi visto ou ouvido;*
- *Foram 'Interrogados' inúmeras vezes,*
- *Praticaram 'Três Viagens Simbólicas', e*
- *Diante das Três Grandes Luzes da Oficina prometeram cumprir todas as 'Obrigações e Compromissos' devidos.*

Ao final, *'são aceitas as promessas e compromissos'*, e quando recebida a *Verdadeira Luz*, depara-se com várias *'espadas'* apontadas para o peito, simbolizando que os *Maçons*, a partir daí, tornar-se-iam *'seus defensores'*, podendo, porém, tornarem-se os *'vingadores da Instituição'*, caso faltem ao *'cumprimento das promessas ou de seus Deveres'*.

Os *'Direitos e Deveres'* dos *Maçons* estão estabelecidos na *'Constituição do GOB e Garantidos no Regulamento Geral da Federação'*, havendo uma *'interpretação maior'* se buscada na *Bíblia Sagrada*, que por exemplo, onde também consta a *Jesus*, que *'sem'* recusar as *Leis ditadas por Moisés*, legou à humanidade uma *'Nova Lei – um Novo Mandamento'*:

"*Que vos amai uns aos outros, assim como Eu vos amei.*"

Secretário

Assim, podee-se-ia daí *'crer na existência de uma Lei Maior'*, que estabeleça um *'Direito mais amplo e real'*, que seria o *'Dever que estiver no homem'*, que pode torná-lo digno do *'Título de Maçom – Os homens livres e de bons costumes'*.

Que remete *'todas as coisas a justiça e a verdade'*, e que desprendido dos *'preconceitos'*, é igualmente *'amigo do rico e do pobre'*, e se são *'virtuosos'*, reafirmam o seu maior *'Direito'*, isto é, o *'Dever de viver em irmandade, respeito e união'*, buscando, independente do *'Dever de auxílio e socorro aos seus Irmãos'*, incessantemente a *'realização dos fins da Maçonaria'*.

Para tanto, deve estudar sem descanso ou emorecimento, mas com cuidado, as *'questões'* que agitam as *sociedades humanas*, procurando as *'soluções'* necessárias por vias pacíficas, e propagando ao seu derredor, os *'conhecimentos'* adquiridos.

O *Maçom* deve ser *'bom, justo, digno, dedicado, corajoso, isento de orgulho e ambição'*, pronto aos sacrifícios pelo triunfo do *'Direito e da Verdade'*, e ainda em complemento, especialmente, deve:

- *Combater sempre a 'tirania, preconceitos, ignorância e erros', glorificarndo o Direito, justiça, verdade e a razão;*
- *Agir com o espírito de 'Edificar Templos à Virtude e Cavar Masmorras ao Vício', na busca do 'aperfeiçoamento' da sociedade enquanto 'meio civilizado';*
- *Comparecer regularmente aos Templos Maçônicos;*
- *Entregar-se aos 'estudos e trabalhos' visando a soma da 'Verdade e da Luz';*
- *Entender que ser Maçom é, antes de tudo, um 'estado de espírito';*
- *Engajar-se, de corpo e alma, na sublime tarefa de tornar 'feliz a humanidade', se auto-aperfeiçoando;*
- *Construir seu 'Templo Filosófico', procurando fazer do 'corpo e da mente um Templo', sempre 'aviltando a mesquinhez profunda'.*

Guarda (ou Cobridor)

Os *'Direitos e Deveres'* dos *Maçons* encontram-se expressos e ao alcance dos *Irmãos* através dos dispositivos do *'Direito Maçônico'*, por suas *'Leis, Decretos, Normas, Regulamentos, Ritos, Jurisprudências, e das Constituições e Regulamentos Gerais'*, porém, o *Maçom* para cumprir suas *'promessas e declarações'*, além do *'respeito incondicional aos Princípios Gerais da Instituição'*, deve ater-se aos *'desdobramentos'* do *'cumprimento dos seus Direitos e Deveres'*, que são:

- *O 'Primeiro Desdobramento' refere-se à 'obediência' da 'Ordem Constituída no Mundo Maçônico', buscando o 'respeito' dos Irmãos ao 'Direito Maçônico', e ao 'cumprimento' com os ditames da Ordem em todos os sentidos, 'Simbólicos e Filosóficos', enfim, em todos os detalhes.*
- *O 'Segundo Desdobramento' refere-se à 'obediência' da 'Ordem Constituída do País' em que vive, pois a 'Constituição da Maçonaria' dispõe que são 'Deveres Essenciais dos Maçons', entre outros, a 'obediência' às 'Leis e aos Poderes Constituídos do País', dispondo também que o Maçom tem o 'Dever' de:*
- *Sustentar, quando no exercício de 'mandato de representação popular', a posição da Maçonaria ante os 'problemas sociais, econômicos e políticos', tendo presente o 'bem estar do homem e da sociedade'.*

VM

Estas posições remetem ao *'Entendimento'* de que o *Maçom*, independente do *'Cumprimento de seus Deveres'* junto ao *'Meio Maçônico ou ao Mundo Profano'*, deve *'Regrar sua Conduta'* sempre dentro dos *'Princípios da Ética – da Moral – e dos Bons Costumes'*, o que o levará a estar *'Cumprindo Todos os Seus Compromissos'*.

Finalmente, por isso deve-se estar preocupado com o *'aperfeiçoamento'*, visando trabalhar a *Pedra Bruta* para cumprir suas *'promessas'*, e ao mesmo tempo *'contribuir para a formação'* de uma *'sociedade mais justa e perfeita'*.

LANDMARKS
Comentários

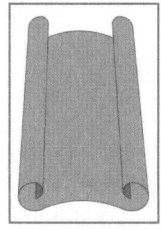

VM

A *Maçonaria* é regida por *'Princípios, Estatutos, Regulamentos, Leis, e pelos denominados 'Landmarks'*.

Os *'Landmarks'* são considerados como as mais *'antigas leis'* que regem a *Maçonaria Universal,* portanto, sendo caracterizados, principalmente, por seus *'valores morais intrínsecos'*, bem como, por sua *'antigüidade'*.

Apenas os *'Regulamentos, Estatutos e Leis'* podem ser *'revogados, modificados ou anulados'*, porém, os *'Landmarks'*, em *'nehuma hipótese e sob qualquer pretexto'* poderão sofrer qualquer *'modificação ou alteração'*.

Então, seria possível concluir que, enquanto existir a *Maçonaria*, os *'Landmarks'* deverão ser os mesmos, como há séculos, e assim, podendo ser considerados *'eternos e imutáveis'*.

Foram colecionados, dentre outras, em *'número de 25'*, e composta uma *'Classificação de Landmarks'* elaborada pelo *Poderoso Irmão Alberto G. Mackey*, e de maneira *'adaptada, resumida, e principalmente, comentada'*, buscando adequar-se a uma *Instrução:*

1º Vigilante

1. Os processos de Reconhecimento – São os mais *'legítimos e inquestionáveis'* de todos os *'Landmarks'* – *'não'* admitindo mudanças de qualquer espécie.

2. A divisão da Maçonaria Simbólica em Três Graus – É um *'Landmark'* que tem sido preservado de alterações.

3. A Lenda do 3º Grau – É um *'Landmark'* importante, cuja integridade tem sido respeitada; nenhum *Rito* existe na *Maçonaria*, em qualquer país ou idioma, em que não sejam expostos os elementos essenciais dessa *'Lenda'*.

4. O governo da fraternidade por um Oficial que a Preside, denominado Grão-Mestre – Eleito pelo povo maçônico, é o *'quarto Landmark'* da Ordem.

5. A prerrogativa do Grão-Mestre de presidir todas as Reuniões maçônicas – Feitas onde e quando se fizerem, é o *'quinto Landmark'*; em virtude desta *Lei*, derivada de antiga usança, é que o *Grão-Mestre* ocupa o *Trono* em todas as *Sessões* de qualquer *Loja*, quando se ache presente.

2º Vigilante

6. A prerrogativa do Grão-Mestre de conceder licença para conferir Graus em tempos anormais – É outro e importante *'Landmark'*; o *Grão-Mestre* tem o direito de por de lado os tempos (interstícios) de *Lei*, até dispensando a exigência, permitindo a *'elevação'* imediata.

7. A prerrogativa que tem o Grão-Mestre, de autorização para fundar e manter Lojas – É outro importante *'Landmark'*; pode o *Grão-Mestre* conceder a número suficiente de *Mestres Maçons*, o privilégio de se reunirem e conferirem *Graus*; as *Lojas assim constituídas chamam-se 'Lojas Licenciadas'*; só existem enquanto o *Grão-Mestre* não resolva o contrário, podendo ser dissolvidas por Ato seu a qualquer tempo.

8. A prerrogativa do Grão-Mestre de Iniciar Maçons – Por sua deliberação, é outro *'Landmark'* importante que carece de explicação, controvertida como tem sido sua existência; o único modo de exercer essa *prerrogativa*, é o de que o *Grão-Mestre* convoque em seu auxilio *'seis Mestres Maçons'* pelo menos, formar uma *Loja*, e sem nenhuma prova, conferir os *Graus* aos *candidatos*.

9. A necessidade de se congregarem os Maçons em Loja – O que significa que os *'Landmarks'* sempre prescreveram que os *Maçons* deviam *'congregar-se'*, com o fim de se entregarem a *'tarefas operativas'*, e que a essas *Reuniões* fosse dado o nome de *'alojar'*; antigamente, eram essas *Reuniões* extemporâneas, convocadas para *'assuntos especiais'* e logo dissolvidas, separando-se os *Irmãos*, para de novo, se reunirem em outros pontos e em outras épocas, conforme as necessidades e as circunstâncias exigissem.

Orador

10. O governo da fraternidade, quando congregado em Loja, por um Venerável e Dois Vigilantes – Qualquer *Reunião de Maçons*, congregados sob *'qualquer outra direção'*, por exemplo, por *'um Presidente e dois Vice-Presidentes'*, *'não'* seria reconhecido como *Loja*.

11. A necessidade de estar uma Loja a coberto, quando reunida – É um importante *'Landmark'*; origina-se do *'caráter esotérico da Instituição'*; o *'cargo de Cobridor ou Guarda do Templo'* que vela para que o lugar das *Reuniões* esteja *'absolutamente vedado'* à intromissão de *profanos*, independe de quaisquer *'Leis das Lojas'*, pois é seu dever guardar a *Porta do Templo*, evitando que seja ouvido o que se passa em seu interior.

12. O direito representativo de cada Irmão, nas Reuniões Gerais da fraternidade – Nas *Reuniões Gerais*, outrora chamadas *Assembléias Gerais*, todos os *Irmãos*, mesmo os *Aprendizes*, tinham *'direito'* de tomar parte; atualmente são representados por seus *Oficiais*.

13. O direito de recurso de cada Maçom, das decisões dos seus Irmãos em Loja – É um *'Landmark'* essencial para a preservação da *'justiça'* e para prevenir a *'opressão'*.

14. O direito de todo Maçom visitar e tomar assento em qualquer Loja – É um inquestionável *'Landmark* da *Ordem'*; é o *'consagrado direito de visitar'*, que é reconhecido como *'direito inerente que todo Irmão exerce'*, quando viaja pelo *Mundo*.

Secretário

15. Nenhum visitante desconhecido aos Irmãos de uma Loja, pode ser admitido em visita, sem que antes seja 'examinado', conforme os 'antigos costumes'

– Esse *'exame'* só pode ser *dispensado* se o *Maçom* for conhecido de algum *Irmão* que se responsabilize.

16. Nenhuma Loja pode intrometer-se em assuntos que digam respeito a outras, nem conferir Graus a Irmãos de outros Quadros – É em si auto-explicativo o texto desse *'Landmark'*.

17. Todo Maçom está sujeito às Leis e Regulamentos da Jurisdição Maçônica em que residir – Mesmo não sendo integrante de qualquer *Loja*, a sua *'não filiação'* é já em si uma falta *maçônica*.

18. Os candidatos à Iniciação devem ser isentos de defeitos ou mutilações, livres de nascimento, e maiores – Preservada a *Tradição*, *'a mulher, o deficiente ou o escravo', 'não'* podem ingressar na *Instituição*.

Guarda (ou Cobridor)

19. A crença no Grande Arquiteto do Universo – É um dos mais importantes *'Landmarks'* da *Ordem*; a *'negação'* dessa *crença 'é impedimento absoluto e insuperável para a Iniciação'*.

20. *(Subsidiariamente a essa crença)* É exigida a crença em uma vida futura – É importante acreditar-se na *'imortalidade'*, com base no exposto acima (19).

21. É indispensável a existência no Altar, de um 'Livro da Lei' – O *'Livro'* que, conforme a *crença*, se supõe conter a *'verdade revelada pelo Grande Arquiteto do Universo'*; não cuidando a *Maçonaria* de intervir nas peculiaridades de *'fé religiosa'* dos seus integrantes, esses *'Livros'* podem variar conforme os *credos*, exigindo este *'Landmark'* que um *'Livro da Lei'* seja parte indispensável dos utensílios de uma *Loja*.

22. Todos os Maçons são absolutamente iguais dentro da Loja, sem distinções de prerrogativas profanas, ou de privilégios que a sociedade confere – A *Maçonaria* a todos *'nivela'* nas *Reuniões*, e este *'Landmark'* prescreve a *'conservação secreta dos conhecimentos obtidos pela Iniciação, dos métodos de Trabalho, e das Lendas e Tradições'*.

VM

23. A 'conservação secreta dos conhecimentos havidos pela Iniciação, tanto dos métodos de Trabalho, quanto das suas Lendas e Tradições', que só podem ser comunicadas à outros Irmãos – Trata-se da *'essência'* do *'Sigilo maçônico absoluto'*, para que nenhum *profano* tenha acesso a uma *Reunião*; este *'Landmark'* existe desde tempos imemoriais, e é aceito mundialmente, sem restrições.

24. A fundação de uma Ciência Especulativa, segundo métodos operativos, o uso simbólico e a explicação dos ditos métodos e dos termos neles empregados, com propósito de Ensinamento Moral – Constitui outro *'Landmark'*, sendo que a preservação da *'Lenda do Templo de Salomão'*, é seu outro fundamento.

25. O último *'Landmark'* é o que 'afirma a inalterabilidade dos anteriores, nada podendo ser-lhes acrescido ou retirado, nenhuma modificação podendo ser-lhes introduzida – Assim como de nossos antecessores os recebemos, e assim os devemos transmitir aos nossos sucessores – 'NOLONUM LEGES MUTARI'.

O MAÇOM E O MUNDO PROFANO 96

VM

Muito se tem *'falado, escrito e comentado'*, tanto sobre os *'Deveres dos Pedreiros-Livres com a Ordem'*, quanto com a *'Sociedade em que vivem e participam'*.

As mais diversas *'opiniões'* têm sido constantemente externadas, sendo a maciça maioria *'desencontradas e absurdas'*, que advém dos *inimigos* que a tem *'diminuído'*, e de *Irmãos* levados:

- Pelo *'ódio sectário'*,
- Pela *'ignorância da atualidade'*, e
- Pelas *'condições da modernidade'*,

quem sabe nutrindo, uma irresponsável decepção ou saudosismo, sempre prejudicial à *Ordem*.

Felizmente, o *Mundo* na atualidade tem se tornado *'menor'*, e pleno de *'tolerância'*, graças aos *'amantes da paz e da estabilidade social'*, que se motivam:

- Pelas condições atuais de *'vida'*,
- Pelo progresso da *'ciência'*,
- Pela *'maior compreensão e entendi,ento'* entre as diversas Igrejas, e
- Pelos *'ideais'* que norteiam a própria existência do homem.

Infelizmente, há poucos anos, todos os *Maçons* eram vistos e caracterizados com severa *'desconfiança, ódio e temor'* descabidos, ao ponto de muitos integrantes *'esconderem'* sua condição de *Maçom*, como algo *'degradante e deprimente'*.

1º Vigilante

Mas, os tempos são outros, novos, é chegada a hora da *Veneranda Instituição Maçônica* voltar a ocupar o *'lugar de destaque que sempre mereceu'*, do qual foi sumariamente *'alijada'*, não tanto pelas *'pressões profanas'*, mas por sua *'própria culpa'*, mesmo porque seus *integrantes* se acomodaram sem justificativa plausível neste estado de coisas, que pouco a pouco, foi indiferentemente se concretizando.

Chegando ao nível raso de ser *'relegada a um plano sem expressão na vida da Pátria'*, e desta maneira, a *Maçonaria Brasileira* passou a viver de seu *'passado glorioso'*, bastando lembrar os *'feitos heróicos na Inconfidência Mineira, Independência, Lei do Ventre Livre, Abolição da Escravatura e Proclamação da República'*, em resumo:

- *'A Maçonaria vive do passado, no passado e para o passado'*.

Por graça do G∴A∴D∴U∴ uma *'Nova Diretriz'* surgiu, sendo o importante primeiro passo a *'pacificação da Maçonaria Brasileira'*, pois *'unidos'*, certamente, todos serão *'mais fortes'*.

A seguir, urge ser dado o segundo passo, o de devolver à *Instituição* seu lugar merecido não só no *cenário nacional*, como também na *própria sociedade*. Assim, de se indagar:

- *'E como conseguirá novamente o 'reconhecimento e respeito' nas comunidades?*

Muitos afirmam que seria possível através do *'planejamento criterioso e consciente de um plano de atividades'*, que contemplasse a:

- *Beneficência abrangente, e*
- *Relações públicas da Loja com:*
  - *As autoridades,*
  - *As igrejas, e*
  - *A própria sociedade,*

e assim, conseguiria a realização de *'sessões brancas, adoção de Lawtons, sessões dedicadas à mulher e à pátria, e até sessões especiais de difusão maçônica'*.

2º Vigilante

A par de tudo isso, dever-se-ia procurar, com *'competência e muita insistência'*, *'aumentar os contatos'* com as *'autoridades constituídas, igrejas e a comunidade'*, assim:

- *Como poderia a Loja conseguir se impor?*,

a resposta seria única, isto é, por meio do seu *Quadro de Obreiros – os Maçons*.

Para *'compreender a influência'* que os *Maçons* *'podem e devem exercer'*, na própria *Maçonaria* e nos *'meios sociais'*, é necessário relembrar:

- *"O que é ser Maçom?"*

De início, o *Maçom* deve sempre *'ser livre e de bons costumes'*, e só será *'detentor destas qualificações'* porque tem como importantes:

- *primeira obrigação = 'aprender a pensar', e como*
- *segunda obrigação = 'realizar o que pensou',*

porque *'pensar evita desperdício de energia'*, daí concluir que o *'fracasso é a ignorância das coisas que o determinam'*, e por isso:

- *'Agir sem pensar', é atirar pedras em direção ao Sol, sem noção da distância.*

O *Maçom* é:

- *'Livre' de preconceitos porque 'só se curva pela razão', e de*
- *'Bons costumes' porque 'pensa antes de agir'*

mesmo porque,

- *Ser Maçom é ter a 'melhor orientação de vida'.*

Cientes que sem um *'plano definido'* é difícil fazer-se qualquer coisa com *'acerto'*, por isso, é necessário *'trilhar a estrada da vida com direção fixa'*, não se *'afastando'* de onde se *'deseja chegar'*, e para conseguir:

- *A 'saúde' é necessária,*

- *O 'talento' vale muito,*
- *A 'energia' é de grande utilidade,*

mas se *'inexiste um plano de ação seguro, fracassa-se'* apesar de tudo.

Orador

Durante a *vida* luta-se contra a *'adversidade'*, pois *'sem orientação'* se está fadado ao *'fracasso'*, não chegando à realização das *'próprias ambições'*, mas, o *Maçom* dispõe de *'adequada orientação de vida'*, que lhe é dada pela *'Constituição, Regulamento, Rituais e a Filosofia'*, própria de cada *Grau Maçônico* na escalada da *Ordem*, assim:

- *Ser Maçom é ter compaixão pelos desviados e infelizes, já que a Maçonaria ensina que quem tem alma de tirano, tem também de escravo!; trata-se somente de uma questão acidental do lugar em que se encontra um ou outro!; eis porque se deve compadecer dos que destratam ou difamam as pessoas, rogando ao Todo-Poderoso para que os ilumine.*
- *Ser Maçom é ser inimigo da violência e arbitrariedade, pois o que pretende resolver os problemas pela violência ou força, sente o princípio de que se submeteria e acataria tudo quando vencido pela mesma força; jamais deve duvidar da vitória da razão, mesmo à custa de sacrifícios, por isso o maçom sendo inimigo da violência cultua a perseverança, tendo fé no triunfo da razão.*
- *Ser Maçom é não perder tempo com discussões estéreis e inoportunas, mas aproveitar todo o tempo que dispõe para o estudo e a prática do bem!; desperdiçar tempo na ociosidade ou discussões, é cavar a ruína e destruir a vida.*
- *Ser Maçom é ser um homem lutador!; como os marujos se formam nas tempestades e os soldados na guerra, os maçons historicamente se formaram e agigantaram nas lutas sangrentas contra a escravidão do pensamento e do corpo.*

Secretário

- *Ser Maçom é ser um homem com o espírito dirigido e preparado pelo G∴A∴D∴U∴ para o bem, a beleza e o amor, a trilogia que guia a humanidade para a felicidade e a honra; bem e beleza que elevam às altas regiões da imortalidade, amor que traz a tolerância, respeito e bondade; desculpando os erros dos iguais, e procurando com paciência libertá-los deles, é que o Maçom se realiza.*
- *Ser Maçom é proclamar que o pensamento não é um milagre instantâneo, nem a cultura é o resultado do que o prazer deixa livre; a vontade não é a soma de caprichos, e arquitetar o destino requer energia inquebrantável, pois os triunfos improvisados e fáceis, têm pouca durabilidade ou significado; quando se depara com uma existência luminosa, serena, digna e dinâmica, deve-se reverenciar a vida, porque renuncia aos prazeres e volta sua energia ao Bem dos semelhantes.*
- *A Missão maior da Maçonaria consiste justamente nisto: realizar pela convivência humana, a harmonia e equilíbrio necessários ao progresso, pelos princípios da mais rígida ética, em todas as atividades do conhecimento humano.*

• *Ser Maçom é se preocupar com a redenção dos homens, atrair para a virtude e afastar do caos; a Maçonaria ensina a marginalizar o fanatismo, para poder avaliar, com um só peso e medida, os problemas que afligem os semelhantes, e ser capaz de ajudá-los a se encontrarem.*

• *Ser Maçom é adquirir a 'noção' das Leis Naturais encontradas nos símbolos, para a unificação consciente da 'causa fundamental da grande vontade no caminho cósmico', que o homem trilha em busca do Eterno.*

Guarda (ou Cobridor)

• *Ser Maçom é isso e muito mais, porque a 'Maçonaria é o berço da liberdade, a Escola da democracia, é um Mundo de eleitos, de obreiros laboriosos do porvir, e de homens que marcham sempre, e marcharão na vanguarda do progresso e defesa dos direitos do homem'.*

• *Ser Maçom, enfim, é ser iluminado de sublime esperança, é ser unido aos seus Irmãos pelo amor, é ser legionário da abnegação e é ser homem de bem!*

Nem todos os *Maçons* se afinam a isto, já que *'nenhum obreiro é perfeito'*, porque se o fosse não seria necessária a *Maçonaria*, que não teria razão de ser.

Porém, os *'Maçons tem a obrigação de se identificar com os Sublimes Preceitos da Ordem'*, e viver com eles, mas se existem *Irmãos* que não o fazem, são *Maçons* de nome, são *Maçons* que não compreenderam as finalidades e objetivos dos ditames que norteiam a *Instituição*, e como diz o autor maçônico *Rudyard Kipling*:

• *"Jamais penetraram nos 'arcanos da Ordem', somente passaram por ela..."*

Se é difícil 'SE TORNAR MAÇOM', muito mais difícil é 'SER MAÇOM'!.

Entre os *Irmãos* jamais deve existir a *'inveja, perfídia, hipocrisia ou maus tratos'*, pois é da conduta de cada um que depende o *'prestígio da Oficina'*.

Os *Maçons* devem constituir uma *'grande família'*, ligada por *'profundos laços espirituais'*, que poderão ser *'mais fortes que os laços de sangue'*, assim, deverão compreender que a *Loja* é, antes de mais nada, uma *'associação de verdadeiros e leais amigos'*, que se querem como *'verdadeiros Irmãos'*!

VM

Quando os *Conceitos* forem aprendidos, a *'responsabilidade do compromisso do Juramento na Iniciação'*, *'deixa'* de ser uma *'carga pesada e desagradável'*, para se tornar uma *'conscientização radiosa e bela'*, e será sentida *'a alegria de ser útil, de poder ajudar um aflito, e de consolar o desafortunado'*.

Finalmente, deve-se *'rogar'* ao *Supremo Árbitro dos Mundos* para *'sentir'* este estado da alma, *'viver'* a *Maçonaria*, *'ser motivo de orgulho'* para a *Loja, para o Grande Oriente, e para a Sublime Ordem*, que se consiga captar a *'responsabilidade'* que voluntariamente foi assumida, sem constrangimentos ou coações, tornando-se mais *'útil'*, e lembrando que:

• *O G∴A∴D∴U∴ em sua Sabedoria, após fazer do homem o Rei da Criação, fez com que ele numa Loja fosse 'mais que um Rei – fosse um MAÇOM!*

MAÇONARIA – ASPECTOS DA HISTÓRIA MODERNA 97

VM

Os *'movimentos emancipadores'* da quase totalidade dos *'países sul-americanos'*, incluindo o do *Brasil,* foram *'deflagrados e conduzidos'* decisivamente pelos *integrantes da Maçonaria.*

A *Independência dos Estados Unidos da América*, foi o primeiro *'movimento emancipador'* do *Novo Mundo,* que se tornou vitorioso graças aos *Maçons George Washington e seus Irmãos.*

Segundo *'registros maçônicos'*, Antonio Gabriel de Miranda y Rodrigues, venezuelano nascido em *Caracas* em 1750, é tido como *'prócer e herói das independências'* de vários *países do Continente.*

1º Vigilante

Combateu na *África* pelo *Exército Espanhol*, depois de ter sido recusado na *Academia Militar* de seu *país* por ser plebeu, já nos *Estados Unidos* como voluntário, combateu sob o comando de *George Washington*, e teria ingressado na *Ordem* nesse período.

De volta à *Europa*, após rápida passagem pelos *Bálcãs*, se instalou em *Moscou*, onde obteve a proteção da *Rainha Catarina II.*

Militou no *Exército Franco* na batalha da *Prússia* e na conquista da *Bélgica*, e na *Inglaterra* tentou conseguir *'dinheiro, navios e tropas'* para detonar o primeiro *'movimento libertário na Venezuela'*, obtendo relativo sucesso em suas negociações, mas a promessa conseguida se submeteria à uma condição, isto é, a de um eventual *'acordo'* da *Inglaterra* com a *Espanha*, em busca de cessarem os desentendimentos entre os dois *países*, o que veio a ocorrer, e assim *'frustando a idéia'* de poder contar com tropas estrangeiras para sua empreitada.

Voltando à *pátria*, incorporou-se à outro *'movimento de diferentes conspiradores'*, que culminou lhe custando a liberdade, sendo então preso.

2º Vigilante

Esperto, conseguiu fugir da prisão com alguns companheiros, e juntos fundaram uma *'sociedade'*, recreativa na aparência, mas na realidade *'iniciática'*, com o objetivo de *'organizar a independência'*, porque havia encontrado na *'filosofia maçônica, no segredo das reuniões, e nas palavras e sinais'*, o *'sistema ideal'* a ser urilizado para alcançar sua meta.

Deste modo nasceram as *'Lojas Lactárias – em Honra do Chefe Índio Lautaro, vencedor do espanhol General Pedro Valdívia, na reconquista do território chileno Aranco'.*

Chegando a *Londres* com a *'Trilogia – União, Fé e Vitória'*, as *'Lojas Lactárias'* apesar de *maçônicas* caracterizavam-se por serem *autônomas*, e assim, estabeleciam *'Cinco Graus aos seus Iniciados'*, após o *Juramento Solene* de:

- *Nunca reconhecer por 'governo legítimo' senão o 'eleito' por vontade do povo.*

Essas *Lojas* estabeleciam, unilateralmente, que:

- *No 1º Grau os neófitos se comprometiam com a 'própria vida e seus bens', a trabalhar pela 'Independência norte-americana;*
- *No 2º Grau professavam a 'fé democrática';*
- *No 3º Grau desenvolveriam árduo trabalho de 'propaganda desses ideais';*
- *No 4º Grau influenciariam as pessoas que, no momento supremo, poderiam 'favorecer a causa'; e*
- *No 5º Grau – secreto e reservado aos chefes, discutiriam as 'ações militares, futura administração, e governos dos países a serem libertados'.*

Orador

Os *Quadros de Obreiros* das *'Lojas Lactárias'* foram compostos também pelos *'principais próceres e libertadores'* dos *países sul-americanos*, como *Bernardo O'Higgins, General San Martin, Simon Bolívar e o General Jose Sucre*.

O nome de *Miranda*, por militar e lutar no *Exército Francês*, também está gravado no *'Arco do Triunfo'* em *Paris*.

Faleceu na *Espanha* em 1816, quando contava a idade de 66 anos, na prisão do *'Arsenal de Cadiz'*, com grilhões ao pescoço.

Os *integrantes da Maçonaria* agiram igualmente no *Brasil*, conforme consta do primeiro registro de 1801 da primeira *Loja* instalada no *país*, consagrada com a denominação de *'Areópago de Itambé'*, onde conspirava-se contra o *governo português*.

Depois, a efusiva, incansável, e corajosa atuação do *Irmão Joaquim Gonçalves Ledo*, na *'liderança'* do *'movimento maçônico pela Independência'*, foi determinante para o alcance daquele objetivo, juntamente com o *Irmão José Bonifácio de Andrada e Silva – o Patriarca da Emancipação*.

Segundo *'registros maçônicos'* foi *Goncalves Ledo* o grande articulador:

- *Do episódio relativo ao "Fico" de D. Pedro I,*
- *Da concessão do 'Título' de "Defensor Perpétuo do Brasil" ao Imperador,*
- *Foi seu 'apadrinhado' ao ingresso na Maçonaria, e*
- *Sua 'escalada hierárquica' na Ordem até ao cargo de Grão-Mestre do GOB.*
- *Chegou a marcar a 'Data da Independência do Brasil para 12 de outubro' – data de aniversário do Imperador.*

Secretário

Os historiadores *Varnhagem, Pandiá Calógeras e Oliveira Lima* registraram esses acontecimentos.

A antecipação *'daquela data para 7 de setembro'* deu-se em virtude da *'ousadia e afoiteza do Imperador'*, que tão logo recebeu, às margens do *Riacho do Ipiranga*, dois mensageiros – um deles o *Irmão Paulo Bregaro da Loja Comércio e*

*Arte*s, com *'documentos confidenciais'*; que segundo a *História da Instituição*, tais *'documentos'* eram efetivamente os *'registros da Sessão Maçônica de 20 de agosto'*, nos quais eram expotas as *'estratégias'* para a *'libertação brasileira de Portugal'*.

Outros *Ilustres Maçons Brasileiros*, como:

• *Benjamin Constant, Marechais Deodoro da Fonseca e Floriano Peixoto,*

mais tarde, através de outro *'movimento'* terminaram com o *'regime monárquico'*, quando então o *Marechal Deodoro da Fonseca* proclamaria a *'República'*.

Nesse episódio histórico, de extraordinária relevância para o futuro democrático do *país*, o destaque coube ao *Irmão Benjamin Constant*, que agia com determinação de modo análogo como os *Irmãos* liderados por *Miranda*, *'influenciando, clareando e exercendo seu prestígio junto aos seus pares de farda'*, sempre empregando a *'força intelectual'* para convencer os que hesitavam ou os correligionários mais recentes.

Guarda (ou Cobridor)

E quando a vitória estava quase certa retirou-se, deixando a outro a glória daquele *'movimento'* que se prenunciava como bem sucedido.

Recolhido à *'sombra'*, sua certeza de *'sucesso'* era tanta que *Benjamin Constant*, antes da efetiva *'Proclamação'*, pediu às filhas que bordassem a *'Nova Bandeira Brasileira'* com seus *'Símbolos Positivistas – Ordem e Progresso'*.

Na mesma época, através de outro *'movimento'*, os *Maçons* conseguiram a *'Abolição da Escravatura'*, depois de algumas conquistas anteriores, como a *'Lei do Ventre Livre'* e da *'Alforria aos Escravos Sexagenários'*, e à custo de novos sacrifícios, na atualidade a *Maçonaria* continua a escrever a *'História de liberdade e suas transformações sociais'*.

Os *Maçons*, sempre fiéis à *'Coluna da Sabedoria'*, e segundo o pensador *Descartes*:

• *"Não sendo 'donos do saber ou dos conhecimentos', não aceitam 'Conceitos dados, ou Novas Idéias', como 'verdadeiros sem examiná-los' ",*

e desse modo, empregam a *'ação libertária – tal qual de Tagore e Gandhi'*, pois foi a responsável por *'libertar a Índia da Inglaterra'*, através dos bemfazejos *'conceitos de razão e moral'*, jamais utilizando armas.

VM

Finalmente, em tempos mais recentes, a *Maçonaria* muito se empenhou pela necessária e pródiga instalação do:

• *"Conselho de direitos e defesa da pessoa humana",*

denominação que por si só demonstra toda a importância de quem deve emanar as determinações em prol do *povo brasileiro*, notório fato ocorrido durante o *'Regime de Exceção'* instalado no *País* à época.

Além disso, coube aos *Maçons* as sacrificadas *'Lutas:*

• *Pela 'anistia – geral e irrestrita', à todos com 'direitos políticos' cassados, etc,*
• *Pelo aguardado 'voto dos analfabetos' – direito á cidadania sem exceção,*

- *Pelas 'eleições diretas' em todas as esferas de poder,*
- *Pela 'adoção do pluripartidarismo – demonstração maior da democracia',*
- *Pela 'legalização dos partidos políticos – como sua consequência', e*
- *Pela 'legalização do divórcio – como expressão de liberdade individual'.*

MAÇONARIA: DE OPERATIVA A ESPECULATIVA 98

VM

Na *Inglaterra* encontravam-se a *Guilda dos Pedreiros ou Free Masonry*, com características próprias e distintas de outras *'corporações'*, que em sua *'evolução'* viria a se transformar em 1717 na *'forma atual, ou moderna, de Maçonaria'*.

Os *'documentos'* disponíveis mais antigos da *Velha Maçonaria Inglesa* são as chamadas *Old Charges, ou Velhas Instruções*, que em geral ditam as diversas *'regras comportamentais aos obreiros'*.

Uma das *Old Charges* está contida no *Manuscrito Cooke*, cujo conteúdo sugere 1410 como o ano de *Origem da Maçonaria Moderna*, mas parece conter *'trechos copiados'* de originais ainda mais antigos, cujo conteúdo refere-se ao *Templo de Salomão*.

1º Vigilante

Entretanto, outro *'documento'* mais antigo *'não'* faz referência àquele *Templo*, sendo que esse *'texto'* é o *Poema Regius ou Poema Halliwel* de 1390, e por isso, é o *'documento Maçônico'* mais antigo que se tem notícia.

O *Poema Regius* remete a *Origem da Maçonaria* à *Construção da Torre de Babel*, constando como seu *Primeiro Grão-Mestre, Ninrod – Rei construtor da Torre*, pois teria proporcionado aos *'pedreiros'*:

> • As *'instruções e regulamento'* de uma confraria, possivelmente, deles próprios.

Segundo o autor *Mackey* – citado por outro, *Alex Holme*, diz:

> *"A forma primitiva da 'Lenda' prevaleceu até o correr do Século XVII, mas por volta do fim do último Século, o XVIII, ou ainda mais tarde, no princípio do atual, o XIX, a 'narrativa da origem da Franco-Maçonaria' foi 'repudiada e substituída' por outra em contradição aos Velhos Manuscritos."*

Assim, ninguém mais acreditava que a *Maçonaria* teria se originado da *'Torre'*, e daí o *'Templo'* passou a ser considerado sua *'origem'*, e a *'Salomão, não mais a Ninrod'*, se conferiu a nominação de *'Primeiro Grão-Mestre'*.

O motivo dessa *'transferência, alteração ou modificação'*, conforme *Alex Horne*, liga-se ao *'desejo'* dos *Maçons Especulativos* de:

> • Desvincularem a *'origem da Instituição'* do *'edifício erguido contra a vontade de Deus – a Torre'*, que redundou num enorme *'castigo – a dispersão e a confusão dos idiomas'*,

e por isso:

> • Preferiram acreditar e remontá-la à *'construção de outro edifício inspirado por Deus para seu culto – o Templo de Salomão'*.

Atualmente, os *Maçons* têm como:

- *'Templo', o local físico onde realizam suas reuniões',* e
- *Como Loja a 'assembléia' de Maçons reunidos,*

até porque, no *'passado operativo'*, a *Loja* onde os *Maçons* se reuniam era um simples barracão onde os operários *'Planejavam'* seu trabalho diário.

Nada se sabe quanto ao *'Ritual de abertura dos trabalhos de uma Loja operativa',* pela inexistência de documentos à esse respeito, quando a *'passagem da Tradição'* era feita *'de boca ao ouvido',* e isto se deve tanto à meritória *'imposição do Segredo',* quanto ao fato de que poucas pessoas, e portanto também os integrantes da *Ordem*, sabiam *'ler e escrever',* e ainda o excesso de *'zelo'* dos *Maçons 'impunha'* que as *'Instruções escritas a serem lidas durante a Iniciação',* fossem *'queimadas'* imediatamente após a utilização.

2º Vigilante

George Payne – Grão-Mestre entre 1718 e 1721, reclamava que:

- *Vários 'Manuscritos valiosos' foram muito 'apressadamente queimados' por Irmãos escrupulosos, para que não caíssem em mãos estranhas".*

Além das *'Iniciações e trabalhos das construções',* desconhece-se o que mais se fazia nas *'reuniões'* das *Lojas maçônicas operativas.*

Como também, são praticamente desconhecidos os *'motivos reais'* que motivaram e permitiram as *Iniciações* de pessoas *'não'* ligadas às *construções*.

À época, na *Iniciação* jurava-se com a *'mão direita sobre a Bíblia',* e se prometia *'guardar segredo pela palavra de Maçom'*, quando eram fornecidos os *'toques e sinais de reconhecimento'*.

O estudioso *Benimelli* cita o *Manuscrito de Edimburgo* de 1696 dos *'construtores de catedrais',* dizendo que:

- *Leis Inglesas dos Séculos XVI e XVII, exigiam 'Juramentos' com 'sérias ameaças ao perjúrio', como:*
  - *Extração das entranhas,*
  - *e arrojamento ao mar distando um cabo,*
  - *onde o fluxo e refluxo passam duas vezes em 24 horas.*

Talvez, como na atualidade, quando é concedido um *Título Honorário* a quem presta serviço de destaque à *Instituição*, tenham conferido o de *Maçom Honorário* aos *'patronos ou amigos da arte de construir',* denominando-os de *Maçons Aceitos.*

É possível também que a *'admissão de Maçons Aceitos',* que em geral eram pertencentes à *nobreza* ou pessoas de destaque na *administração pública*, atendesse a um *'desejo de proteção e apoio',* para facilitar os negócios e sobrevivência da *'Guilda'*.

Desconhece-se a época exata em que essa *'prática'* iniciou, porém a referência mais antiga consta no *Manuscrito Regius*, que cita que a *Maçonaria* foi dada a conhecer na *Inglaterra* ao tempo do *Rei Athelstan*, e que seu filho *Edwin*, muito interessado em *Geometria, 'filiou-se à Corporação dos Pedreiros',* e em contrapartida concedendo-lhes os *Regulamentos e Estatutos* que necessitavam para mais adequadamente se organizarem.

Orador

Já os *historiadores modernos* identificam *Edwin* como irmão carnal, e não filho, de *Athelstan*, explicando a *'relação de parentesco'* que aparece no *'documento maçônico'* como oriunda do fato de *Edwin* ter sido o *'sucessor de Athelstan'* no *trono inglês*.

Nas *'Lojas operativas'* não existia o *Grau de Mestre*, assim, um dos *Companheiros* com experiência suficiente era escolhido para *'dirigir a Loja'*, isto é, tornar-se seu *Mestre*, desse modo o *Mestre da Loja* não significava um *Grau*, mas a mais importante *'função'*, atualmente conhecida como *'Venerável Mestre'*.

Existem ainda indicações de que os *Maçons Aceitos*, que *'nada'* tinham com a *Arte de Construir*, não necessitavam de um *'período de aprendizado'*, sendo então admitidos diretamente como *Companheiros*, como esclarece o autor *Goblet d'Aviella:*

> *"Está claro,...., que não se impunha a esta 'categoria de recrutas (pessoas de alta classe) os sete anos de aprendizado comum'. Eram, portanto, recebidos de imediato como 'Fellows (Companheiros)', reservando-se aos profissionais os termos de Aprendiz e mesmo de Mestre."*

Os *Maçons Aceitos*, como quaisquer outros, participavam de todas as atividades da *Ordem*, isto é, das *'Reuniões das Lojas, do convívio com o planejamento, os traçados, o simbolismo e o que mais se praticasse em Loja'*.

Ainda assim, no *Século XVI* a *'Guilda de construtores operativos'* se encontrava em séria decadência, e àquele tempo, o número crescente de *Maçons Aceitos* tornava-se superior ao dos *'operativos'*.

Imagina-se que o aumento do número de *Maçons Aceitos*, deve ter imposto diversas alterações nos *'procedimentos e interpretações do simbolismo'*, chegando a induzir a *'criação de Lojas independentes do ato de construir – não operativas'*, e assim surgia da *'decadente corporação operativa'*, a *'nova fênix da Maçonaria – que se denominaria especulativa'*.

Foi assim que, sob as *'influências culturais da época'*, que em *'24 de junho de 1717 – dia de São João Batista'*, na *Taberna do Ganso e a Grelha* na praça da *Catedral de S. Paulo*, em *Londres*, realizou-se a *'Assembléia dos Maçons livres e aceitos'* das *Lojas* que se reuniam nas *Tabernas Ganso e a Grelha, Coroa, Macieira e Caneca de Vinho'*, formando a *Primeira Grande Loja do Mundo*, na *'data'* que ficou considerada como:

> • O *'início oficial da nova modalidade de Maçonaria – a especulativa'*.

Secretário

Entretanto, seria muito importante examinar detidamente os *'acontecimentos'* que envolveram a *'fundação da Grande Loja de Londres'*.

Relatos da época informam que a *Maçonaria* estava em *'decadência'*, principalmente pelo *'abandono das Tradições'*, pois as *'reuniões'* eram cada vez mais raras, e até o tradicionalíssimo *'banquete do solstício de inverno'* não era mais celebrado.

O importante estudioso *Anderson* assim registrou:

> *"O Rei George I chegou a Londres em 20 de setembro de 1714; algumas Lojas de Londres desejosas de um 'ativo protetor', pela incapacidade de Sir*

> *Christopher Wren, pois o novo Rei 'não' era Franco-Maçom e, além disso, não conhecia a língua do país, acharam por bem cimentar, sob um novo e grande Mestre o 'Centro de união e harmonia'; com este objetivo as Lojas:*
> *Nº 1 – Na Ganso Grelhado, na praça da Catedral de São Paulo;*
> *Nº 2 – Na Coroa, na Avenida Parker, perto da Avenida Drury;*
> *Nº 3 – Na Taberna da Macieira, na Charles Street, Convent Garden; e*
> *Nº 4 – Na Taberna Caneca de Vinho, na Channel-Row Westminster;*
> *reuniram-se com alguns outros antigos irmãos na dita Macieira e, tendo dado a 'presidência ao mais velho Mestre (Mestre de Loja)', constituíram-se numa 'Grande Loja', par ínterim na devida forma."*

O texto sugere que *Sir Christopher Wren* teria sido o *'anterior protetor da Instituição'*, e agora estava incapacitado de cumprir sias funções, e ainda, esse texto comenta que as *Lojas* decidiram unir-se sob o *'comando de um novo Grande (Grão) Mestre'*, podendo-se entender que *Wren* tenha sido o *Grão-Mestre* anterior.

Guarda (ou Cobridor)

Segundo consta, *Sir Christopher Wren* foi *Iniciado* em 1691, que nascido em 1632 foi *'anatomista, matemático, professor, inventor, arquiteto e autor de obras científicas e de inventos'*, tendo participado da reconstrução de *Londres* após o grande incêndio de 1667, e ainda *Deputado* por duas legislaturas.

Em 1669 foi nomeado *'supervisor-geral das obras reais'*, cargo que ocuparia até a subida ao trono de *George I*, que o destituiu de suas funções.

Considerando que *Wren* tinha 85 anos em 1717, a sua incapacidade de continuar sendo o *Protetor da Maçonaria*, teria como causa a *'destituição do importante cargo'* que ocupava, sua *'idade avançada'*, ou ambos razões, que poderiam estar inter-relacionadas.

Restauradas as atividades das *Lojas de Londres*, *'agora sob nova direção'*, muitos *Maçons* adormecidos voltaram às suas *Lojas*, assim como novos membros foram *Iniciados*.

A partir daí, a *Maçonaria* floresceu extraordinariamente, pois em 1725 as *'quatro Lojas'* originais tornaram-se *'64'* só em *Londres*, sem contar outras tantas instaladas nos arredores e cidades vizinhas.

Em 29 de setembro de 1720, sob o *II grão-mestrado de George Payne*, numa *'Assembléia na Taberna Armas do Rei'* com a presença de *'dezesseis Lojas'*, decidiram *'compilar as Instruções da velha Instituição operativa'*, de maneira concisa e organizada, e designaram o *reverendo James Anderson* para esta importante tarefa.

VM

Finalmente, em 1723 quando ocupava a *'2ª Grande Vigilância do Grão-Mestrado, o Duque de Wharton'*, o autor e estudioso *Anderson* apresentou sua obra denominada *As Constituições*, que viria se tornar *'referência fundamental e primeiro documento oficial'* sobre a *História da Maçonaria*.

A *Nova Instituição*, no decorrer do tempo, *'unificou'* todas as *Lojas da Inglaterra*, e se expandiu para o *continente europeu*, para posteriormente, também se transferir para todos os demais *continentes do Mundo*.

NÚMEROS E NOMES DAS LOJAS 99

VM

Caberia indagar:

• *Por que surgiu a 'numeração' para as Lojas, e quais os critérios que foram utilizados para os 'seus nomes'?*

Atualmente, todas as *Lojas* possuem um *'nome distinto'* escolhido por seus *'fundadores'*, seguido por um *'número'*, fornecido este último pela *Potência Maçônica* a cuja jurisdição pertença.

1º Vigilante

Porém, estes *'procedimentos'* nem sempre foram desta forma na *Maçonaria Moderna*.

O autor *Mackey* diz que:

• *A 'regra' declarando que a 'precedência da Loja' deve se basear na Antigüidade de sua Constituição, foi adotada em 27 de dezembro de 1727.*

Conseqüentemente, desde então o *'número'* da *Loja*, através do qual fica *'estabelecida essa precedência'*, é sempre fornecido pela *Potência* que venha a pertencer.

Na atualidade seria o *Grande Oriente do Brasil*, para as *Oficinas* à este *'federadas'*, devendo ter idêntico *'procedimento'* as demais *Lojas* filiadas às diversas *Potências Maçônicas*.

2º Vigilante

Na *Inglaterra*, ao que tudo indica, as *Lojas* *'não'* recebiam *'nomes distintos'* até o final do *Século XVIII*, sendo conhecidas apenas pelos seus respectivos *'números'*.

Prova disso, é o que consta do *Livro das Constituições de Anderson* datado de 1723, onde se encontra a *'Relação de vinte Lojas registradas'* apenas por seu *'número'*.

Assim, existiam as *'Loja de nº 1, Loja de nº 2, até a Loja de nº 20'*.

Posteriormente, estas mesmas *Lojas* foram designadas pelos *'nome das Tabernas'* em que realizavam as suas *'reuniões'*.

Orador

Assim, na *'segunda edição do Livro das Constituições'*, publicado em 1738, já são encontrados os respectivos *'números e nomes'* das *Lojas*.

Encontram-se ali registradas, por exemplo:

- *A Loja de 'número 6' da 'Taberna da Taça';*
- *A Loja de 'número 84' do 'Cão Preto'; e*
- *A Loja de 'Número 98' da 'Taberna do Baco'.*

Desde aí, pode-se observar que somente o *'nome da Taberna'* já era suficiente para localizar determinada *Loja* naquela época.

Secretário

Essa *'forma de identificação'* não ocorreu apenas na *Inglaterra*, mas também em outros *países europeus*, como:

- *A 'Loja do Leão Dourado' – na Holanda, em 1734;*
- *A 'Loja da Taberna de Hure' – na França / Paris, em 1725; e*
- *A 'Loja do Ganso e da Grelha' – na Inglaterra / Londres, em 1717.*

Posteriormente, a partir de 1739, as *Lojas* começam a adotar *'nomes'* mais *'apropriados, significativos e estéticos'*, relativos ao seu importante *'objetivo e misticismo'*.

Guarda (ou Cobridor)

Assim, surge neste mesmo ano a *'Loja Perfeita União dos Estrangeiros'*, na *Suíça*.

Neste mesmo período na *América*, a *Maçonaria* que fora recentemente introduzida, adota *'nomes'* mais significativos para as suas *Lojas*, como:

- *A 'Loja de São João' – em Boston, de 1734; e*
- *A 'Loja de Salomão' – em Savannah, de 1735.*

No *Brasil*, onde as primeiras *Lojas* começam a surgir por volta de 1800, todas que trabalhavam no *Rito Adonhiramita*, já adotavam *'nomes'* relacionados com os *Princípios da Maçonaria*, como:

- *A 'Loja Virtude e Razão' – na Bahia, de 1802.*

Mais tarde, e até recentemente, para *'batizar'* as *Lojas*, utilizam-se *'nomes'* de *'cidades, símbolos maçônicos, vultos históricos e eventos importantes da Nação e da Maçonaria'*.

VM

Finalmente, como por exemplo, no ano de 1977 era comemorado o *Cinqüentenário de Fundação da GLESP – Grande Loja Maçônica do Estado de São Paulo*, ou seja, em *10 de dezembro de 1977*, e uma *'Nova Loja'*, que se localizaria no *Oriente de Diadema – São Paulo*, era *'fundada'*, e recebia daquela *Potência* o *'número 192'*, pois este foi o *'número'* de registro de sua *Constituição na Grande Loja*, e ainda solicitava utilizar-se do *'nome'* de *'Cinqüentenário'*, logicamente, homenageando aquela *'data comemorativa'*.

TEMPLOS À VIRTUDE 100

VM

Das citações que mais chamam a atenção nos *Rituais do Grau de Aprendiz*, uma delas é a que trata da *Abertura dos Trabalhos em Loja*, por exemplo no *Rito Adonhiramita*, quando o *VM* indaga e o *Irmão 1º Vigilante* reponde:

- *"Para que nos reunimos?"*
- *"Para levantar templos à virtude, forjar algemas ao vício e cavar masmorras ao crime."*

1º Vigilante

Realmente, estas frases deixam claro o *'objetivo dos Maçons perante a humanidade'*.

Neste instante os *Aprendizes* devem refletir sobre a *'profundidade dessa norma'*, mas, ficando ao mesmo tempo diante de uma *'enorme interrogação, ou dúvida'*, e é por isso que será tentado, a título de esclarecimento, expor as várias situações existentes.

Se os *Maçons* são diferenciados dos outros homens, até porque *'reúnem-se'* com o *'objetivo precípuo'* de:

- *'Praticar o bem e levantar templos à virtude'*,

caberia perguntar:

- *Por que será que, na prática, no dia a dia, se mostra tão difícil exercer perfeitamente esses 'Princípios'?*

A *Indagação* tem por base o que acontece diariamente no *Mundo Profano*, a saber:

- *A 'corrupção desenfreada' de governantes em todos os níveis, isto é, nos diversos 'poderes constituídos', consubstanciada até no 'poder judiciário', que além do mais, conta como vitalícios seus componentes.*

2º Vigilante

Nos tempos atuais, em nosso *país*, vem acontecedo com demasiada freqüência:

- *Assaltos, arrastões, seqüestros e ocorrências que atormentam todas as pessoas de bem,*

agravado pela quantidade cada vez maior de *'delitos impunes'*, principalmente nos grandes centros, enfim:

- *A exisência de 'uma enorme inversão de valores',*

em que os *'homens de bons costumes, de caráter'*, ficam presos nas próprias casas, sofrendo *'medos e angústias, perdendo a saúde e até a própria vida'*, enquanto os delinqüentes e transgressores circulam *'livres e impunes'* pelas *ruas, hospitais, etc*.

O mais chocante para as *'pessoas de bem'*, é que esses infratores acabam se comportando como *'pobres coitados'*, e enquanto o *'poder repressivo'* os tiram de circulação, o *'judiciário'*, muitas vezes, os devolvem à *'liberdade'* rapidamente, parecendo não se importar com tudo que vem insistentemente acontecendo.

Tem-se presenciado:

- *'Crimes brutais' contra crianças e mulheres indefesas,*
- *'Atos de terror e barbárie',*
- *Verdadeiras 'organizações criminosas praticantes de tráfico de drogas e assaltos a bancos', e*
- *Arquivo de processos contra 'juristas e políticos' notoriamente corruptos, e etc,*

o que é noticiado diariamente pela imprensa.

Orador

E mais grave ainda, é a ocorrência de total *'esquecimento do próximo'* nestas situações, pois existe quem só se preocupa em levar vantagens sobre os *'fatos e as pessoas de bem'*.

Segundo o jornalista *Renato Pompeu*, em recente artigo publicado no *Jornal da Tarde*, em que discorre sobre a situação atual da *sociedade*, esclarece:

> *"... cresce a 'barbárie' difundida pelos meios de comunicação. Como a educação de massa é uma educação para tornar produtiva a mão-de-obra, não se difunde a alta cultura, então a baixa cultura é que tem mercado."*

Cientes que os integrantes da *Ordem* são *'homens fortes, puros e praticantes da virtude que condenam o vício e o crime'*, cabe indagar:

- *Bastaria apenas 'condenar' o vício e o crime?,*
- *'Praticar a virtude' apenas no meio maçônico?,*
- *Não seria 'sua competência' ampliar esse círculo de atuação?,*
- *Não seria necessário 'ir além e interferir junto às autoridades competentes' que também anseiem pelo 'bem', com objetivo de reverter essa situação?*

Secretário

É muito importante que entre os *Irmãos* exista *'grande colaboração'*, alterando o rumo dessa *história*, como já ocorreu em épocas anteriores, pois a *'meta'* seria um *Mundo melhor* para todos, principalmente às *'famílias, cidades e ao país'*, porque tais atitudes seriam demarradas caso se detivessem em pensar e responder as perguntas:

- *Que Mundo será deixado para os filhos e netos?, este que aí está?, ou*
- *Algo melhor do que foi encontrado e em que se vive?*

Para isso aconteça, a *'união'* deve iniciar-se pelos *Maçons*, pois através do *Juramento da Iniciação* todos os integrantes devem *'cooperar'* com os *Irmãos* em qualquer situação.

Essa *'união entre os Irmãos'* vinculados pelo mesmo *'ideal e princípios'*, é da máxima importância para *'levantar Templos à virtude, forjar algemas ao vício e cavar masmorras ao crime'*, pois essa *'união é a fagulha que acenderá e espalhará um novo sentido de ordem judicial'*, porque tal *'união'* se mostra nos *'grandes acontecimentos ou pequenos gestos'*, que somente demonstram sua *'real força'* em razão única dessa *'união'*.

Guarda (ou Cobridor)

A *Maçonaria* deve se unir mais, objetivando, figurativamente, acabar com os *'corruptos, corruptores, desonestos, exploradores e os que semeiam a maldade e o vício'*, e caberia detê-los nas *masmorras*, e melhorar o *Mundo* para as futuras gerações.

O escritor *Sérgio Buarque de Hollanda* no livro *Visões do Paraíso*, afirma que a *História do Brasil* foi uma sucessão de *'milagres'*, a saber:

- *Quando se esgotou o 'ciclo do pau-brasil' surgiu o do 'açúcar';*
- *Quando se esgotou o do 'ouro' surgiu o do 'café';*
- *Quando se esgotou o do 'café' surgiu o da 'indústria';*

agora parece esgotado o da *'indústria'*, e não surge nenhum *'novo milagre'*.

Mas surgem entre os *'marginalizados da indústria'*, o *'crime organizado e a economia do tráfico de drogas'*, e em termos *'culturais'* a antiga utopia do *socialismo* foi substituída por um sem número de *'heterotopias'* em que:

- *Ao invés de 'sonhar com outro Mundo',*
- *Cada grupo 'sonha em ser outro' em relação ao Mundo,*

em afirmar-se como *'membro de um grupo separado, de raça, de nacionalidade'*, ou mais extensamente, de uma *'tribo'*, como *'torcidas organizadas, punks, etc'*.

VM

Pergunta-se o que *'deve preocupar'* os *Irmãos* da *Maçonaria*:

- *A 'missão' de buscar reverter essa situação?,*
- *A 'responsabilidade' de atuar nos centros de decisão?, ou*
- *De 'interferir' no rumo desses acontecimentos?*

Todos devem acreditar que assim estarão erguendo *'Templos à virtude'*, para que não se torne o que o filósofo alemão *Kant*, no final do *Século XVIII*, escreveu esclarecendo a respeito do passado da *humanidade*:

> "Como se a *'rede da história humana'* fosse tecida a partir da *'loucura, da vaidade infantil, e do frenesi da destruição'*."

Finalizando, volta-se às *'duas indagações iniciais'*, propondo *'detida reflexão'*, e de como seria possível *'colocá-las em prática'*, a saber:

- *O 'Juramento prestado na Iniciação'?, e*
- *A 'afirmação' feita pelo Irmão 1º Vigilante no 'início dos trabalhos'?*

Bibliografia

Gratidão sincera à colaboração dos que seguem elencados, pois sem eles dificilmente haveria a possibilidade da realização deste trabalho.

I – Trabalhos e Instruções dos Irmãos

1. Agnaldo Notari
2. Álvaro Gomes dos Santos
3. Antonio Ramos Filho
4. Armando Marcon
5. Arnaldo Faria
6. Carol Goldstein
7. Cláudio Roque Buono Ferreira
8. Djalma M. Rocha
9. E. Figueiredo
10. Emerson Marcon
11. Ernesto Augusto Granado
12. Fuad Sayar
13. Hiran Luiz Zoccoli
14. João Braz S. Carvalho
15. João Deber Filho
16. João Terni Neto
17. José Martins Jurado
18. José P. Nunes
19. Luiz Goulart
20. Luiz U. Santos (Sob∴Gr∴Insp∴Ger∴ – Espanha)
21. Manoel Silvio Puig
22. Mirko Cuk Jr.
23. Nilton Gomes
24. Oclimar Dias do Amaral
25. Osmar Maranho
26. Ozanam Medeiros Moreira
27. Roberto H. Chirenti
28. Ruy José Felice
29. Serafim Ferreira Neto
30. Udo Carlos M. Eickenscheidt

II – Literatura Consultada

1. A Alquimia da Oração – Terry L. Taylor
2. A Maç. e Lit. : Poliantéia Mac. – J. N. Guimarães
3. A Maçonaria e o Cristianismo – J. B. Lyra
4. A Simbólica Maçônica – Jules Boucher
5. A Vida Oculta da Maçonaria – Leandbeater
6. ABC do Aprendiz – Jaime Pusch
7. Ao Pé das Colunas – Luiz Prado
8. Apontamentos – José Martins Jurado
9. Apostila – Lagrange T. Ferreira
10. As Abreviaturas na Maçonaria – C. Beltrão
11. Bíblia Sagrada (Diversos autores, Internet)
12. Caderno de Estudos Maçônicos – A. C. Neves
13. Caderno de Estudos Maçônicos – F. Neves
14. Caderno de Estudos Maçônicos – W. Pacheco
15. Caderno de Instruções Maçônicas – J. C. Gama
16. Caderno de Pesquisas Maçônicas – J. P. Nunes
17. Caderno de Pesquisas Maçônicas – A. Carvalho
18. Cargos em Loja – Assis Carvalho
19. Catecismo da Maçonaria – Claudio Ferreira
20. Comentários – Ritual de Aprendiz – N. Aslan
21. Conheça a Maçonaria – George Grunupp
22. Consultório de Maçonaria – José Castellani

23. Cura do Pensamento – Robert Tocquet
24. Curso de Maçonaria Simbólica – T. Varolli Fº
25. Dicción. Enciclop. Massoneria – L. F. Abrimes
26. Dicionário da Maçonaria – J. G. de Figueiredo
27. Dicionário de Filosófico de Maçonaria – Rizzardo da Camino
28. Dicionário de Termos Maçôn. – J. Castellani
29. Dicionário e Breviário Maçônico – Rizzardo da Camino
30. Dicionário Enciclopédico Maçônico – Ed. Ker
31. Dicionário Etimológico Maçônico – J. Castellani
32. Dicionário Ilustrado de Maçonaria – Sebastião Santos
33. Dicionário Maçônico – Caldas Aulete
34. Do Aprendiz ao Mestre – Sebastião D. Santos
35. Do Irreal ao Real – Trigueirinho
36. Dogma e Ritual de Alta Magia – Eliphas Levi
37. El Simb. Francm∴ Su Ciencia, Filosofia, Leyendas
38. Enciclopédia Maçônica – Otaviano M. Bastos
39. Enigmas da Maçonaria – Pedro H. L. Casals
40. Ensaio sobre o Simbolismo Maçônico – R. J. Charlier
41. Entre o Esquadro e o Compasso – Walter Pacheco Jr.
42. Ethica Nicomachea – Aristóteles I e II, trad. Ross
43. Evangelho segundo o Espiritismo – Allan Kardec
44. Franco-Maçonaria – Jean Palou
45. Gr. Dicionário de Maçonaria e Simbologia – N. Aslan
46. Grau de Aprendiz e seus Mistérios – Jorge Adoum
47. Great Ideas – Enciclopédia Britânica – A. Gorman
48. História da Maçonaria – Marcelo Linhares
49. Hora de Crescer Interiormente – Trigueirinho
50. Iniciação à Numerologia – Johann Heyss
51. Introdução à Maçonaria – Rizzardo da Camino
52. Jesus e a Esc. Essênios – Anne e Daniel M. Givaudan
53. Liturgia e Ritualística – J. Castellani
54. Livro dos Signos – Miranda B. Mitford
55. Mac. – Raízes Hist. e Filosóficas – E.N. Conceição
56. Maçonaria – Rizzardo da Camino
57. Maçonaria e Astrologia – José Castellani
58. Maçonaria e o Cristianismo – Jorge B. Lyra
59. Maçonaria e Religião – Samuel N. Filho
60. Maçonaria Esotérica – H. L. Zóccoli
61. Maçonaria Mística – Rizzardo da Camino
62. Maçonaria Simbólica – Raul Silva
63. Maçonaria Simbólica – Theobaldo Varolli Fº
64. Magia e Rituais – J. Edson Orphanake
65. Magia Interior – Robert A. Johnson
66. Magia, Uma Arte Incompreendida – Taylor
67. Manual de Dinâmica Ritualística – Rito Adonhiramita
68. Manual de Dinâmica Ritualística do 1º Grau – GOB
69. Misticismo e Esoterismo – José Castellani
70. Mitos y Simbolos – R. W. Mackey
71. O Caminho dos Essênios – Anne e Daniel M. Givaudan
72. O Livro Ilustrado dos Signos e Símbolos – Mitford
73. O que é Maçonaria – Curtis Masil
74. Os Chacras – C. W. Leadbeater
75. Os Exilados da Capela – Edgard Armond
76. Pequeno Ensaio da Simb. Maçônica – R. J. Charlier
77. Pitágoras e Versos – Roberto Medrano
78. Ritual de Aprendiz – Rito Adonhiramita

79. Ritual de Aprendiz – Rito EAA
80. Ritual de Aprendiz – Rito Moderno
81. Ritual de Aprendiz Maçom – J. M. Ragon
82. Ritual do Aprendiz Maçom – Rizzardo da Camino
83. Ritualística da Maçonaria – Rizzardo da Camino
84. Roteiro do Quarto de Hora de Estudos – Luiz Prado
85. Simbólica Maçônica – Augusto F. R. Magalhães
86. Simbolismo da Ascensão – Djalma M. R.Breviário
87. Simbolismo da Corda – Luiz C. L. Franco
88. Simbolismo da Maçonaria – Augusto F. R. Magalhães
89. Simbolismo do 1º Grau – Rizzardo da Camino
90. Simbolismo Francmasônico – R. W. Mackey
91. Simbologia dos Números Maçônicos – B. Castro
92. Símbolos da Ciência Sagrada – René Guenon
93. Taoísmo – Ricardo Kelmer
94. Temática Maçônica – Dalson Benedetti
95. The Great Ideas – Enc. Britânica – Mortimer J. Adler, Willian Gorman
96. Vade-Mecum Iniciático – Nicola Aslan
97. Vida Oculta da Maçonaria – C. W. Leadbeater

III – Publicações Diversas

1. Jornal A Gazeta Maçônica
2. Jornal Arte Real – Fev. 98
3. Jornal Espirro do Bode
4. Jornal Integr. Umbandista – Mar. 99
5. Jornal Perseverança – Ago. 98
6. Noticiário Oficial – Jul. 98
7. Revista Manchete – Abr. 92
8. Revista KETHER – Abr. 98
9. Revista A Trolha – Mar. 96
10. Revista A Verdade – Jul. 81
11. Revista A Verdade – Mai. 86
12. Revista A Verdade – Ago. 91
13. Revista A Verdade – Dez. 91
14. Revista ISIS – Mar. 96
15. Revista ISIS – Abr. 96
16. Revista Planeta – Abr. 83

IV – Trabalhos das AA∴RR∴LL∴SS∴

1. Acácia de Vila Prudente
2. Arquitetos do Progresso
3. Cavaleiros do Oriente
4. Cavaleiros do Ocidente
5. Cidade de São Paulo
6. Clodoaldo de Oliveira (Pres. Venceslau)
7. Estrela da Paz
8. Estrela do Ocidente
9. Formosa União
10. Francisco Chagas Barros
11. Fraternidade Prudentina
12. Fraternidade Estrela do Sul
13. Marquês de Pombal
14. Mateus Constantino
15. Minerva
16. Reais Construtores
17. Templários do Sul
18. Universitária de Bragança Paulista
19. Ypiranga

V – Boletins Oficiais do G∴O∴S∴P∴

Nºs 2181, 2214, 2223, 2238, 2264, 2306 e 2310

VI – Publicações Institucionais

1. Aprendiz Maçom – Instruções Gerais
2. Artigo do Dr. Salomão A. Chalib
3. Constituição do G∴O∴B∴
4. Edição Comemorativa do Cinqüentenário do G∴O∴S∴P∴ – 1921 / 1971
5. Grupo de Estudos da A∴R∴L∴S∴ Mateus Constantino – Instruções
6. Instrução do ECMA
7. Instruções Maçônicas Grau de Aprendiz – G∴O∴B∴ / Fev 97
8. Manual de Procedimentos Ritualísticos do Rito Adonhiramita
9. Regulamento Geral da Federação do G∴O∴B∴
10. Ritual Adonhiramita – 1º, 2º e 3º Graus
11. Tradução Ecumênica da Bíblia – diversos autores